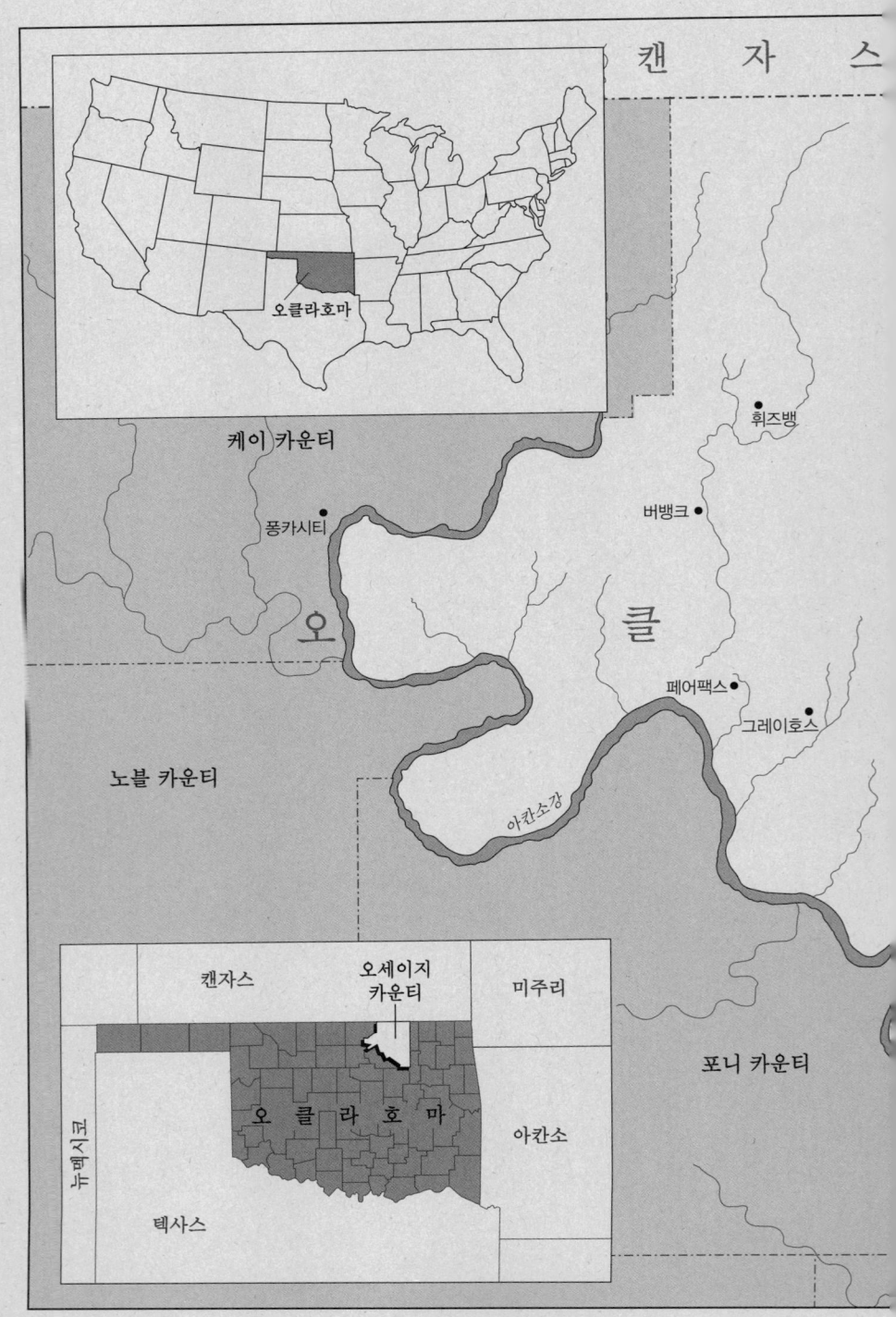

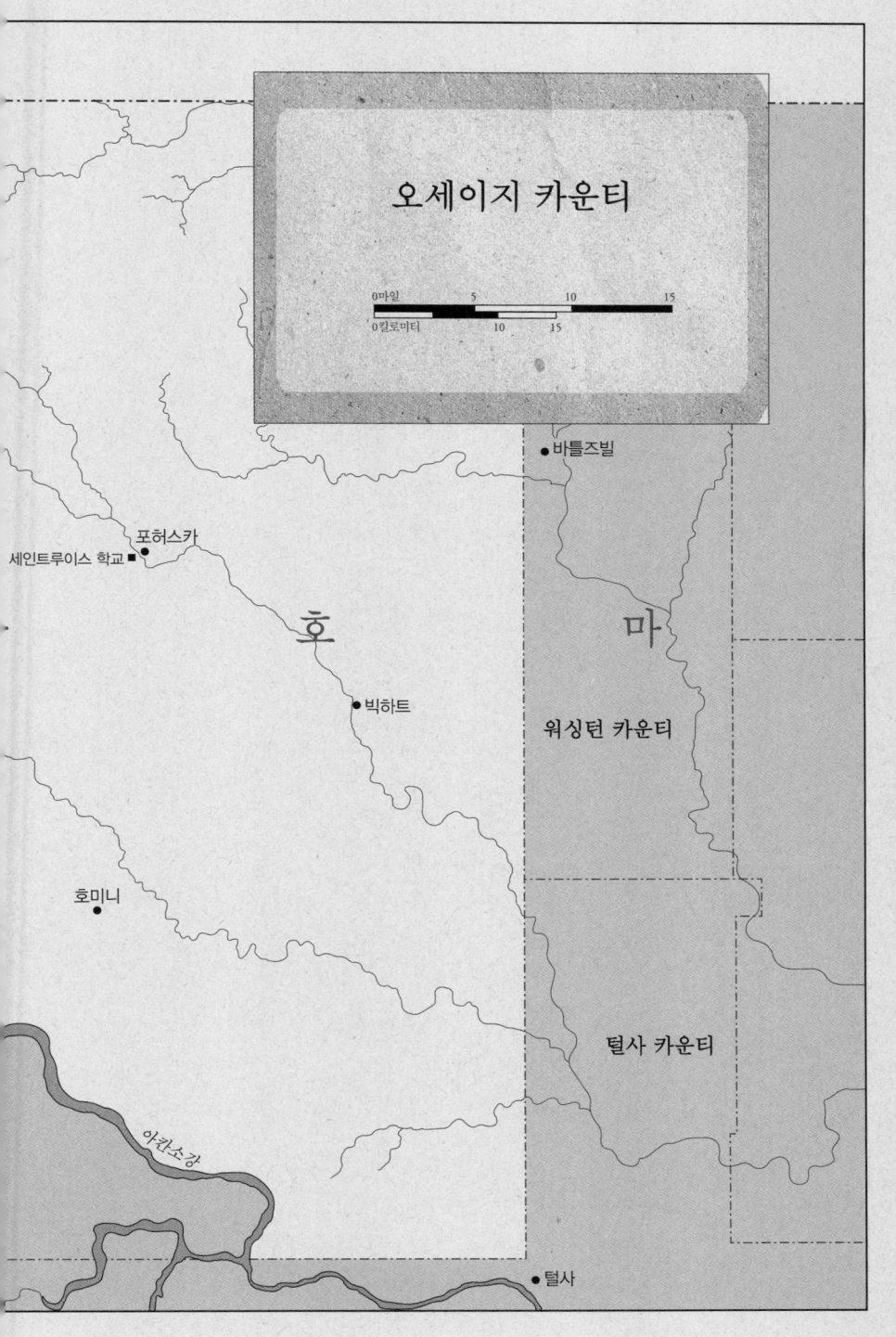

플라워 문

KILLERS OF THE FLOWER MOON by David Grann
Copyright ⓒ 2017 by David Grann
All rights reserved.

Korean translation copyright ⓒ 2018 by PSYCHE'S FOREST BOOKS
This Korean edition was published by Psyche's Forest Books in 2018 by arrangement with David Grann, Inc. c/o The Robbins Office, Inc. and Aitken Alexander Associates Ltd. through KCC(Korea Copyright Center Inc.), Seoul.

이 책의 한국어판 저작권은 (주)한국저작권센터(KCC)를 통한 저작권자와의 독점계약으로 도서출판 프시케의 숲에 있습니다. 저작권법에 의해 한국 내에서 보호를 받는 저작물이므로 무단전재와 복제를 금합니다.

플라워 문
KILLERS OF THE FLOWER MOON

거대한 부패와 비열한 폭력, 그리고 FBI의 탄생

데이비드 그랜
김승욱 옮김

차례

연대기 1 **표적이 된 여자**

1장 · 실종 _009
2장 · 신의 부름인가, 사람의 짓인가? _027
3장 · 오세이지 힐스의 왕 _037
4장 · 지하 보호구역 _055
5장 · 악마의 사도들 _081
6장 · 백만 달러 느릅나무 _101
7장 · 이 어둠이라는 것 _117

연대기 2 **현대적인 수사관**

8장 · 헤프고 방종한 _145
9장 · 비밀요원 카우보이 _159
10장 · 불가능을 제거하라 _167
11장 · 제3의 남자 _177
12장 · 거울의 황야 _187
13장 · 사형집행인의 아들 _193
14장 · 죽음 앞에서 남긴 말 _213
15장 · 숨겨진 얼굴 _221
16장 · 수사국의 발전을 위하여 _231

17장 · 권총 빨리 뽑기 기술자, 살인 청부업자, 수프맨 _241
18장 · 최고의 게임 _253
19장 · 일족의 배신자 _277
20장 · 맹세코! _303
21장 · 온실 _319

연대기 3 기자

22장 · 유령의 땅 _341
23장 · 아직 끝나지 않은 사건 _361
24장 · 두 세계에서 _373
25장 · 사라진 원고 _387
26장 · 피가 부르짖는다 _395

감사의 말 _411
자료에 대해서 _417
문서보관소 소장자료와 미간행 자료 _419
주 _421
참고문헌 _447
도판 출처 _461

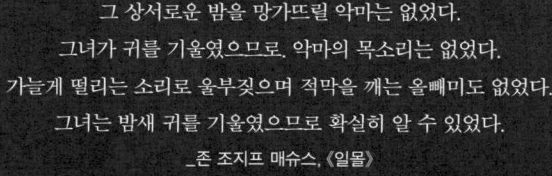

그 상서로운 밤을 망가뜨릴 악마는 없었다.
그녀가 귀를 기울였으므로. 악마의 목소리는 없었다.
가늘게 떨리는 소리로 울부짖으며 적막을 깨는 올빼미도 없었다.
그녀는 밤새 귀를 기울였으므로 확실히 알 수 있었다.

_존 조지프 매슈스, 《일몰》

연대기 1

표적이 된 여자

1
실종

4월. 헤아릴 수 없이 많은 작은 꽃들이 오클라호마주 오세이지 영토의 광대한 초원과 검은 산들을 뒤덮었다.[1] 제비꽃, 클레이토니아, 그리고 파란색의 작은 꽃들. 오세이지족 출신 작가인 존 조지프 매슈스는 꽃잎들이 은하수의 별처럼 펼쳐진 광경이 마치 "신들이 색종이 조각을 흩뿌리고 떠나간 것"[2] 같았다고 표현했다. 불안할 정도로 커다란 달 아래에서 코요테들이 울부짖는 5월이 되면 자주달개비, 노랑데이지처럼 키가 좀 더 큰 식물들이 작은 꽃들 위로 슬금슬금 번지면서 그들에게서 빛과 물을 훔쳐가기 시작한다. 작은 꽃들의 목이 부러지고 꽃잎들은 팔랑팔랑 날아간다. 그리고 오래지 않아 땅속에 묻힌다. 그래서 오세이지족 인디언들은 5월을 '꽃을 죽이는 달 flower-killing moon'의 시기라고 부른다.

1921년 5월 24일, 오클라호마주에 있는 오세이지족 정착지인 그레이호스의 주민 몰리 버크하트는 자신의 세 자매 중 한 명인 애나 브라운에게 뭔가 일이 생긴 것 같다고 슬슬 걱정하기 시작했다.[3] 서른네 살로 몰리와 채 1년 차이도 나지 않는 언니인 애나가 사라진 것은 사흘 전이었다. 애나는 자주 흥청망청 파티에 몰두해서 친구들과 밤새 술을 마시며 춤을 추곤 했다. 하지만 이번에는 하룻밤이 지나고 또 하룻밤이 지났는데도 여느 때와 달리 애나가 몰리의 집 앞에 나타나지 않았다. 길고 검은 머리카락이 조금 헝클어지고 검은 눈을 유리알처럼 반짝이며 나타나야 하는데. 애나는 집 안으로 들어오면 자연스럽게 신발을 벗었다. 몰리는 애나가 느긋하게 집 안을 돌아다니는 소리가 그리웠다. 지금 집 안은 초원처럼 적막했다.

몰리는 거의 3년 전 여동생 미니를 잃었다. 미니의 죽음은 너무 순식간에 찾아와서 충격적이었다. 의사들은 "특이한 소모성 질환"[4]을 사망원인으로 꼽았지만, 몰리는 믿을 수 없었다. 당시 미니는 겨우 스물일곱 살이었고, 언제나 지극히 건강했기 때문이다.

몰리와 자매들의 이름도 부모의 이름과 마찬가지로 오세이지 명부에 기록되어 있었다. 즉, 부족의 일원으로 정식으로 등록되어 있다는 뜻이었다. 또한 그들이 상당한 재산을 보유하고 있다는 뜻이기도 했다. 1870년대 초에 오세이지족은 캔자스주의 고향에서 쫓겨나 오클라호마 북동부의 바위투성이 인디언 보호구역으로 이주했다. 다들 아무 가치도 없는 땅이라고 생각했지만, 수십 년 뒤 이 땅이 미국 최대의 석유 매장지 몇 군데를 깔고 앉아 있음이 밝혀졌다. 탐사에 나선 사람들은 이 석유를 손에 넣기 위해 오세이지족에게 임대료와 사용료를 지불해야 했다. 부족 명부에 이름이 실려 있는 사람들에게 20세기 초부터 1년에 네 번씩 수표가 날아오기 시작했다. 처음에는 겨우 몇 달러짜리 수표였지만, 세월이 흘러 석유 채굴량이 늘어나면서 그들에게 지급되는 돈도 수백 달러, 수천 달러로 늘어났다. 초원을 흐르는 개울들이 하나로 모여 흙탕물이 흐르는 널찍한 시머론강이 되듯이, 거의 매년 늘어난 지급액 덕분에 부족원들의 재산을 모두 합하면 수억 달러에 이르렀다(1923년만 해도 부족원들에게 지급된 돈은 3,000만 달러가 넘었다. 오늘날의 가치로 4억 달러가 넘는 액수다). 오세이지족은 재산을 인구수로 나눴을 때, 세상에서 가장 부유한 사람들로 알려져 있었다. 뉴욕의 주간지 〈아웃룩〉은 이렇게 외쳤다. "보라! 인디언들이 굶어 죽는 것이 아니라 (…) 은행가들도 부러워서 얼굴이 노랗게 질릴 만한 소득을 꾸준히 올리고 있다."[5]

　사람들은 오세이지족의 부유함에서 눈을 떼지 못했다. 백인과 처음 만나 잔혹한 일을 당했을 때부터(이 원죄에서 미국이 태어났다) 굳어져 있는 미국 인디언의 이미지와 오세이지족은 너무나 달랐다. 기자들은 "재벌 오세이지족"[6]이나 "붉은 피부의 백만장자들"[7], 벽돌과 테라코타로 만든 그들의 저택과 샹들리에, 다이아몬드 반지, 모피외투, 운전기사가 딸린 자동차 등에 대한 기사로 독자들을 감질나게 만들었다. 어떤 저술가는 오세이지족 여학생들이 최고의 기숙학교에 다니며 호화로운 프랑스 옷을 입는다고 경탄했다. 마치 "파리의 대로를 걷던 어여쁜 아가씨들이 자기도 모르게 이 작은 인디언 보호구역 마을에 발을 들여놓은 듯하다."[8]

이와 동시에 기자들은 오세이지족의 전통적인 생활양식이 엿보이는 것이라면 무엇이든 놓치지 않았다. 대중의 머릿속에서 '야생' 인디언의 이미지를 부추기는 듯한 특징들이었다. 한 기사는 "값비싼 자동차들이 모닥불을 둥글게 에워싸고, 그곳에서 청동색 몸에 밝은 색 담요를 두른 자동차 주인들이 원시적인 방식으로 고기를 요리하고 있다"[9]고 묘사했다. 또 다른 기사는 오세이지족 일행이 어떤 의식에 참여하기 위해 개인 비행기를 타고 나타난 모습을 설명했다. "소설가들도 묘사하기 힘든"[10] 장면이라고 했다. 〈워싱턴스타〉는 오세이지족을 바라보는 대중의 시각을 이렇게 요약했다. "'저 가엾은 인디언을 보라'는 탄식의 말을 '호, 부유한 홍인종이로고'로 고쳐야 적절할 듯하다."[11]

그레이호스는 보호구역 내에서 비교적 역사가 오래된 정착지 중 하나였다. 그레이호스뿐만 아니라 이보다 규모가 커서 거의 1,500명이 살고 있는 인근의 페어팩스와 인구가 6,000명을 넘는 오세이지족의 수도 포허스카 등 여러 정착지들은 열에 들뜬 듯한 분위기였다. 카우보이, 한탕을 노리는 사람, 밀주업자, 점쟁이, 주술사, 무법자, 연방보안관, 뉴욕의 은행가, 석유업계 거물 등이 거리에서 시끄럽게 북적거렸다. 원래 말이 다니던 포장도로에서 자동차들이 쌩쌩 달리고, 기름 냄새가 초원의 향기를 압도했다. 전선 위에서는 까마귀들이 배심원처럼 아래를 내려다보았다. 카페라는 간판을 내건 식당, 오페라하우스, 폴로 경기장도 있었다.

몰리는 일부 이웃사람들처럼 돈을 펑펑 쓰는 편이 아니었지만, 그레이호스에 아름다운 목조주택을 지었다. 끈으로 단단히 묶은 나무 기둥들, 짚자리, 나무껍질 등으로 지었던 가족들의 옛집 근처였다. 몰리는 자동차를 여러 대 갖고 있었고, 하인들도 부렸다. 많은 주민들은 다른 곳에서 이주해온 이 하인들을 경멸하는 뜻에서 "인디언의 냄비를 핥아먹는 놈들"이라고 불렀다. 하인들 중에는 흑인이나 멕시코인이 많았다. 1920년대 초에 인디언 보호구역에 들른 적이 있는 어떤 사람은 "심지어 백인들조차 오세이지족은 결코 손대지 않을 비천한 일들을 집 안에서" 수행하고 있다며 경멸을 드러냈다.[12]

⁂

몰리는 애나가 사라지기 전에 마지막으로 그녀를 본 사람들 중 하나였다. 사건 당일인 5월 21일에 몰리는 동틀 무렵에 일어났다. 아버지가 매일 아침 해를 보며 기도하는 습관이 있어서 그녀도 일찍 일어나는 습관이 몸에 배어 있었다. 들종다리, 도요새, 초원들꿩의 합창이 그녀에게는 익숙했다. 하지만 이제는 드릴이 퍽퍽 땅을 두드리는 소리가 그 소리 위에 덧씌워져 있었다. 친구들 중에는 오세이지족의 전통의상을 꺼리는 사람이 많았지만, 몰리는 어깨에 인디언 담요를 둘렀다. 머리를 신여성처럼 단발로 자르지도 않고, 길고 검은 머리를 자연스럽게 늘어뜨렸다. 그 덕분에 광대뼈가 도드라지고, 갈색 눈이 커다란 인상적인 얼굴이 드러났다.

그녀의 남편인 어니스트 버크하트도 그녀와 함께 일어났다. 스물여덟 살의 백인 남성인 그는 서부 영화에 나오는 엑스트라처럼 몸

몰리 버크하트.

이 다부진 미남이었다. 짧은 머리카락은 갈색이었고, 눈은 회색이 섞인 암청색이었으며, 턱은 각진 모양이었다. 다만 코가 전체적인 균형을 깨뜨렸다. 술집에서 주먹다짐을 벌이다가 한두 대 맞기라도 한 것 같았다. 텍사스에서 가난한 면화 농부의 아들로 자란 그는 오세이지 힐스의 이야기에 매혹되었다. 그 옛날 개척지에서처럼 카우보이와 인디언들이 아직도 돌아다닌다는 이야기에 홀린 것이다. 열아홉 살 때인 1912년에 그는 허클베리 핀처럼 짐을 꾸려서 페어팩스에 사는 삼촌을 찾아왔다. 이름이 윌리엄 K. 헤일인 삼촌은 이곳에서 손꼽히는 목축업자였다. "삼촌은 남에게 뭘 부탁하는 사람이 아니었다. 지시를 내리는 사람이었지."[13] 어니스트는 자신에게 제2의 아버지가 된 헤일에 대해 이렇게 말했다. 그는 주로 헤일의 심부름을 했지만, 간혹 택시를 운전하기도 했다. 몰리를 처음 만난 것도 그녀를 손님으로 차에 태웠을 때였다.

어니스트는 밀주를 마시면서 평판이 나쁜 사람들과 스터드 포커를 치는 버릇이 있었다. 하지만 이런 거친 모습 밑에 연약하고 불안한 모습이 있는 듯해서 몰리는 그를 사랑하게 되었다. 날 때부터 오세이지 말을 쓰던 몰리는 학교에서 영어를 배웠다. 어니스트도 오세이지 말을 배워서 그녀와 이야기를 나눌 수 있을 정도가 되었다. 당뇨를 앓는 몰리가 관절이 쑤시고 위장이 타는 듯한 허기를 느낄 때면 어니스트가 그녀를 돌봐주었다. 어느 날 다른 남자가 몰리에게 애정을 품고 있다는 말을 들은 그는 그녀가 없이는 살 수 없다고 중얼거렸다.

두 사람의 결혼은 간단한 일이 아니었다. 어니스트의 우악스러운

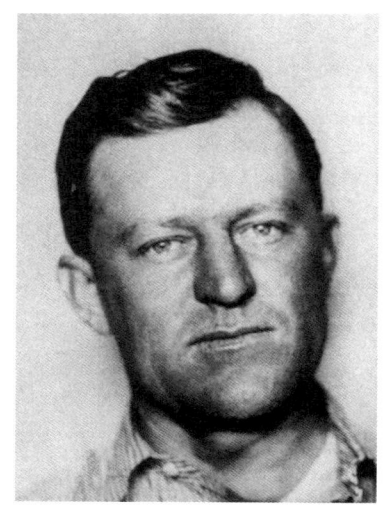

어니스트 버크하트.

친구들은 '인디언의 남자'가 되었다고 그를 놀렸다. 몰리 또한 세 자매가 모두 백인 남자와 결혼했는데도, 부모님처럼 오세이지 방식의 중매결혼을 해야 한다는 책임감을 느끼고 있었다. 하지만 오세이지 종교와 가톨릭 신앙을 함께 믿는 가정에서 자란 몰리는 자신이 어니스트를 사랑하는 것을 신이 허락했으면서 왜 그를 빼앗아가려 하는지 이해할 수 없었다. 그래서 1917년에 그녀와 어니스트는 영원히 서로를 사랑하겠다는 맹세와 함께 반지를 교환했다.

1921년에 두 사람은 두 살배기 딸 엘리자베스, 생후 8개월인 아들 제임스를 키우고 있었다. 제임스의 별명은 카우보이였다. 몰리의 노모인 리지도 몰리의 아버지가 돌아가신 뒤 아예 몰리의 집으로 들어와 그녀의 보살핌을 받고 있었다. 예전에 리지는 몰리가 당뇨병 때문에 일찍 죽을지도 모른다고 걱정하면서 다른 자식들에게 몰리를 잘 보살피라고 간청한 적이 있었다. 하지만 실제로는 몰리가 다른 식구들을 모두 돌보고 있었다.

ஐ௸

5월 21일은 원래 몰리에게 기쁜 날이 되어야 했다. 그녀는 손님들을 초대해서 소규모 오찬을 베푸는 것을 즐겼다. 그녀는 옷을 갈아입은 뒤 아이들을 먹였다. 카우보이는 귀앓이가 심하고 잦은 편이라 몰리는 아이가 울음을 그칠 때까지 귀에 입김을 불어주곤 했다. 집을 꼼꼼하고 질서 있게 유지하는 그녀는 슬슬 일어나서 분주히 움직이기 시작하는 하인들에게 지시를 내렸다. 리지는 아파서 계속 침대에 누워 있었다. 몰리는 애나에게 모처럼 이쪽으로 건너와 리지를 돌봐줄 의향이 있는지 전화로 물어봐달라고 어니스트에게 부탁했다. 장녀인 애나는 어머니에게 특별한 딸이었다. 리지를 돌보는 사람은 몰리이고 애나는 폭풍 같은 성격인데도 어머니는 장녀의 응석을 받아주었다.

어니스트가 애나에게 어머니를 돌봐줄 사람이 필요하다고 말하자 애나는 곧바로 택시를 타고 가겠다고 말했다. 그리고 정말로 금방 도착했다. 밝은 빨간색 구두를 신고, 치마와 같은 색의 인디언 담요를 걸친 차림이었다. 손에는 악어가죽 가방을 들고 있었다. 애나는 집에 들어오기 전에 바람에 날린 머리를 서둘러 빗고 얼굴에 분도 발랐다. 하지만 몰리는 그녀의 걸음걸이가 불안하고 발음도 어눌한 것을 알아차렸다. 애나는 술에 취해 있었다.

몰리(오른쪽),
애나(가운데), 미니.

몰리는 불쾌한 마음을 숨길 수 없었다. 벌써 도착해 있는 몇몇 손님들 중에는 어니스트의 형제인 브라이언 버크하트와 호러스 버크하트도 있었다.[14] 둘 다 검은 황금인 석유에 홀려서 오세이지 카운티로 옮겨와 삼촌인 헤일의 농장에서 자주 일을 돕고 있었다. 인디언에 대해 인종차별적인 말을 서슴지 않는 어니스트의 숙모도 와 있었다. 그러니 애나가 그 숙모의 심술을 부추기는 것만은 몰리가 결코 원하지 않는 일이었다.

애나는 신발을 벗고 소란을 피우기 시작했다. 그녀가 가방에서 술병을 꺼내 뚜껑을 열자 밀주 위스키의 자극적인 냄새가 퍼졌다. 그녀는 당국에 적발당하기 전에 술병을 다 비워야 한다고 고집을 피우면서(전국적으로 금주법이 시행된 지 1년째였다), 손님들에게도 이 최고의 밀주를 한 번씩 들이켜라고 권했다.

몰리는 애나가 최근 몹시 고민이 많다는 것을 알고 있었다. 남편과 얼마 전에 이혼한 탓이었다. 이름이 오다 브라운인 애나의 전남편은 마차 대여업체를 소유하고 있었다. 애나는 이혼 후 보호구역 내의 소란스러운 신흥도시에서 보내는 시간이 점점 늘어났다. 유전에서 일하는 인부들의 숙식과 오락을 위해 새로 만들어진 휘즈뱅 같은 도시들에서는 사람들이 밤낮을 가리지 않고 소란스럽게 논다고 했다. "방탕하고 사악한 일들이 모두 이곳에서 벌어진다." 미국 정부의 한 관리는 이렇게 보고했다. "도박, 음주, 간음, 거짓말, 도둑질, 살인."[15] 애나는 거리의 어두운 구석에 있는 술집들에 마음을 빼앗겼다. 겉에서 볼 때는 멀쩡한 모습이지만, 안으로 들어가면 비밀방에 반짝이는 밀주 병이 가득한 곳이었다. 애나의 하인 한 명은 나중에 관리에게 애나가 위스키를 아주 많이 마셨으며 "백인 남자에게 아주 헤펐다"[16]고 말했다.

몰리의 집에서 애나는 어니스트의 남동생인 브라이언에게 수작을 걸기 시작했다. 그녀와 브라이언은 가끔 데이트를 하는 사이였다. 브라이언은 어니스트에 비해 어두운 성격이었으며, 노란색 반점들이 있는 눈은 표정을 읽을 수 없었다. 점점 숱이 줄어들고 있는 머리카락은 매끈하게 뒤로 빗어 넘긴 모양이었다. 그를 잘 아는 한 보안관은 그를 가리켜 어린 부두노동자 같다고 말했다. 그날 몰리의 집에서 열린 오찬에서 브라이언은 어떤 하녀에게 그날 밤 함께 춤추러 가지 않겠느냐고 청했다. 애나는 그 말을 듣고 만약 그가 다른 여자랑 놀아난다면, 그를 죽여버리겠다고 말했다.

한편 어니스트의 숙모는 모든 사람이 들을 수 있을 만큼 큰소리로 투덜거리고 있었다. 조카가 홍인종이랑 결혼해서 얼마나 속이 상하는지 모르겠다는 내용이었다. 마침 그 숙모의 시중을 드는 하인 한 명이 백인이었으므로 몰리는 숙모의 말을 쉽사리 반박할 수 있었다. 백인 하인의 존재는 이 도시의 계층 질서를 노골적으로 일깨워주는 존재였다.

애나는 계속 소란을 피웠다. 손님들과도 싸우고, 어머니와도 싸우고, 몰리와도 싸웠다. 나중에 한 하인은 이렇게 진술했다. "애나는 술을 마시면서 싸워댔다. 애나가 하는 말을 내가 알아듣지는 못했지만, 어쨌든 다들 싸우고 있었다."[17] 이 하인의 말은 계속 이어졌다. "애나 때문에 분위기가 엉망이 돼서 나는 겁이 났다."

그날 저녁 몰리는 어머니를 돌보고, 어니스트는 북서쪽으로 8킬로미터 떨어진 페어팩스로 손님들을 데려갈 예정이었다. 그곳에서 헤일과 만나, 가난한 아일랜드 이민자가 100만 달러짜리 내기 돈을 딴 뒤 상류사회에 동화되려고 애쓰는 내용을 다룬 순회 뮤지컬 〈아버지 키우기〉를 보기 위해서였다. 브라이언은 카우보이모자 아래에서 고양이 같은 눈으로 애나를 바라보며 가는 길에 차로 집까지 바래다주겠다고 제안했다.

그들이 집을 나서기 전에 몰리는 애나의 옷을 빨아주고, 먹을 것도 조금 주었다. 술도 웬만큼 깨서 평소처럼 밝고 매력적인 모습이 언뜻 돌아온 것도 확인했다. 두 사람은 싸운 것을 잊어버리고 다시 차분하게 함께하는 순간을 즐기며 시간을 조금 끌었다. 그리고 애나가 작별인사를 했다. 미소 짓는 그녀의 얼굴에서 금으로 때운 치아가 반짝 빛났다.

ଓଽଓ

몰리는 하루하루 점점 불안해졌다. 브라이언은 곧바로 애나의 집으로 가서 그녀를 내려준 뒤 뮤지컬을 보러 갔다고 주장했다. 사흘이 지난 뒤 몰리는 조용하지만 강경한 태도로 모두에게 뭔가 조치를 취해보라고 압박했다. 그녀는 어니스트를 보내 애나의 집을 확인하게 했다. 어니스트는 애나의 집 문고리를 흔들어보았다. 문은 잠겨 있었다. 창문으로 들여다보니 내부가 어두웠고 사람의 기척도 느껴지지 않았다.

어니스트는 더위 속에 혼자 그 집 앞에 서 있었다. 며칠 전 서늘한 비가 내려 흙먼지를 씻어내렸지만, 그 뒤로는 검은 떡갈나무들 사이로 햇볕이 무자비하게 쨍쨍 내리쬐었다. 매년 이맘때면 초원에서 열기가 아지랑이처럼 피어오르고, 높게 자란 풀들은 바싹 말라 발밑에서 바스락거렸다. 저 멀리 이글거리는 햇빛 속에 유정탑들의 골격이 보였다.

옆집에 살고 있는 애나의 수석 하녀가 밖으로 나왔다. 어니스트가 그녀에게 물었다. "애나가 어디 있는지 아나?"[18]

하녀는 소나기가 내리기 전에 자신이 애나의 집에 들러 열린 창문들을 닫아주었다고 말했다. "비가 안으로 들이칠 것 같아서요."[19] 하지만 지금은 문이 잠겨 있고, 애나는 흔적도 없었다.

그녀가 사라졌다는 소식이 신흥도시들에 구석구석 퍼졌다. 이 집에서 저 집으로, 이 가게에서 저 가게로. 거기에 애나와 마찬가지로 오세이지족인 찰스 화이트혼이 애나보다 일주일 먼저 사라졌다는 사실이 알려지면서 사람들의 불안감을 부채질했다.[20] 상냥하고 재치 있는 서른 살 남자인 화이트혼의 아내는 백인과 샤이엔족 인디언의 혼혈이었다.[21] 지역신문은 그가 "자기 부족 사람들과 백인들 사이에서 모두 인기가 좋았다"[22]고 보도했다. 그는 5월 14일에 인디언 보호구역의 남서쪽에 있는 집을 나와 포허스카로 향했다. 그리고 영영 돌아오지 않았다.

그래도 몰리가 겁을 먹지 않은 데에는 그럴 만한 이유가 있었다. 브라이언이 차로 데려다주고 떠난 뒤 애나가 다시 집에서 빠져나와 오클라호마시티로 가거나 주 경계선을 넘어 화려한 캔자스시티로 향했을 가능성이 있었다. 어쩌면 지금쯤 자기 때문에 얼마나 난리가 났는지 까맣게 모른 채, 즐겨 찾던 재즈 클럽 어딘가에서 춤을 추고 있을지도 모르는 일이었다. 게다가 설사 곤란한 일을 당했다 하더라도, 애나는 자기 몸을 지킬 줄 아는 사람이었다. 악어가죽 가방 안에 작은 권총을 가지고 다닐 때도 많았다. 어니스트는 애나가 곧 집으로 돌아올 것이라고 몰리를 달랬다.

ಖಂಡ

애나가 사라지고 일주일 뒤, 유전에서 일하는 인부가 포허스카 시내에서 북쪽으로 1.6킬로미터 떨어진 산 위의 유정탑 기단 근처

덤불 속에서 뭔가가 삐죽 나와 있는 것을 발견했다. 그는 가까이 가 보았다. 썩어가는 시체가 거기 있었다. 미간에 총알구멍 두 개가 있는 것으로 보아, 피살자는 죄인처럼 무릎을 꿇은 채 총을 맞은 것 같았다.

산중턱은 덥고 습하고 시끄러웠다. 드릴이 땅을 뒤흔들며 석회암 퇴적층을 파고 들어갔다. 유정탑들은 짐승의 발톱처럼 생긴 커다란 팔을 앞뒤로 흔들어댔다. 사람들이 시체 주위로 모여들었다. 부패가 너무 심해서 시체의 신원을 알아볼 수가 없었다. 주머니에서 편지가 발견되었다. 누군가가 그것을 꺼내 종이를 똑바로 펴서 읽어 보았다. 찰스 화이트혼에게 보내는 편지였다. 그렇게 해서 그들은 그 시체의 정체를 알았다.

비슷한 시각에 어떤 남자가 페어팩스 근처의 스리마일 개울가에서 10대인 아들과 친구와 함께 다람쥐를 사냥하고 있었다. 어른 둘이 개울물을 마시는 동안, 소년이 다람쥐를 발견하고 방아쇠를 당겼다. 열기와 빛이 폭발하듯 터져나간 뒤, 소년은 다람쥐가 총에 맞아 생기를 잃고 협곡으로 굴러 떨어지는 것을 지켜보았다. 소년은 다람쥐의 뒤를 쫓아 나무가 우거진 가파른 비탈길을 내려가서 공기가 탁한 협곡에 들어섰다. 개울물이 졸졸 흐르는 소리가 들려왔다. 소년은 쓰러진 다람쥐를 주워 든 뒤 고함을 질러댔다. "아빠!"[23] 아버지가 그곳에 다다랐을 때쯤, 소년은 어떤 바위 위에 올라가 있었다. 이끼가 자라는 개울가를 가리키며 소년이 말했다. "사람이 죽어 있어요."

인디언 여성으로 보이는 시체가 잔뜩 부풀어서 썩어가고 있었다.

똑바로 누워 있는 시체의 머리카락은 진흙 속에 헝클어져 있고, 텅 빈 눈은 하늘을 바라보았다. 구더기들이 시체를 먹어 들어가고 있었다.

두 남자와 소년은 서둘러 협곡을 빠져나와서 말이 끄는 수레를 몰아 초원을 질주했다. 흙먼지가 소용돌이처럼 피어올랐다. 그들은 페어팩스 중앙로까지 왔지만 보안관이 눈에 띄지 않자, 대형 잡화점과 장의사를 겸하고 있는 빅힐 무역회사로 들어갔다. 그들이 상점 주인인 스콧 매시스에게 자초지종을 이야기하자 그는 장의사에게 연락했다. 장의사는 사람을 여러 명 데리고 개울로 향했다. 그들은 시체를 굴려 수레 상판에 올린 뒤 밧줄을 이용해서 협곡 꼭대기까지 끌어올려 검은 떡갈나무 그늘에서 나무 상자에 눕혔다. 장의사가 부풀어 오른 시체를 소금과 얼음으로 덮자, 시체가 쪼그라들기 시작했다. 마치 마지막까지 남아 있던 생기가 새어나오는 것 같았다. 장의사는 애나 브라운과 아는 사이였으므로, 이 여자가 그녀인지 확인해보려고 했다. "시체는 썩어서 터지기 직전까지 부풀어 있었으며, 악취가 몹시 심했다."[24] 그는 나중에 이렇게 회상했다. "검둥이처럼 시커먼 색이었다."[25]

장의사도 함께 간 남자들도 시체의 신원을 파악할 수 없었다. 하지만 애나의 돈 관리를 맡고 있던 매시스가 몰리에게 연락했고, 어니스트, 브라이언, 몰리의 여동생 리타와 리타의 남편 빌 스미스 등 여러 사람이 몰리와 함께 우울하게 개울로 향했다. 애나를 아는 많은 사람들과 못된 호기심을 품은 사람들이 그 뒤를 따랐다. 이 마을에서 가장 악명 높은 밀주업자이자 마약상인 켈시 모리슨도 오세이지족 아내와 함께 따라왔다.

  몰리와 리타는 현장에 도착한 뒤 시체에 다가갔다. 악취가 이루 말할 수 없을 정도였다. 하늘에서는 독수리들이 불길하게 빙빙 돌았다. 몰리와 리타도 시체의 얼굴만으로는 애나인지 알아볼 수 없었다. 얼굴이라고 해봤자 사실상 남은 것이 거의 없기 때문이었다. 하지만 몰리가 빨아준 옷가지와 인디언 담요를 알아볼 수 있었다. 그다음에는 리타의 남편 빌이 나서서 막대기로 시체의 입을 벌렸다. 금으로 때운 치아가 보였다. "확실히 애나로군."[26] 빌이 말했다.

  리타가 울기 시작하자 빌이 그녀를 한쪽으로 데려갔다. 마침내 몰리가 입만 움직여서 "맞다"고 말했다. 시체는 애나였다. 몰리는 식구들 중에서 항상 침착함을 잃지 않는 사람이었지만 지금은 어니스트와 함께 개울가에서 물러났다. 그녀의 가족뿐만 아니라 부족까지 위협하게 될 어둠의 첫 번째 징조를 뒤에 남겨둔 채로.

2
신의 부름인가, 사람의 짓인가?

 치안판사의 주재로 검시를 위한 배심원단이 협곡에 황급히 소집되었다.[1] 이런 방식의 검시는 평범한 시민들이 범죄수사와 질서유지에 큰 몫을 담당하던 시절의 잔재였다. 미국이 독립한 뒤 오랫동안 국민들은 경찰국 창설에 반대했다. 경찰이 시민을 억압하는 세력이 될까 우려한 탓이었다. 대신 시민들은 범죄가 발생했을 때 직접 나서서 용의자를 추적했다. 나중에 대법관이 된 벤저민 N. 카도조는 시민들이 "힘없이 느린 발걸음으로 나선 것이 아니라 성실하고 용감했으며, 자신들이 쉽게 손에 넣을 수 있는 모든 도구와 재주를 동원했다"[2]고 말했다.
 산업도시들이 성장하고 도시 폭동이 빈발하기 시작했을 때, 그러니까 이른바 위험한 계층에 대한 두려움이 국가에 대한 두려움을 압도하게 된 19세기 중반에야 미국에 경찰국이 생겨났다. 애나가 사망한 무렵에는 시민들이 치안을 담당하는 비공식적인 체제가 이미 사라졌지만, 그 흔적이 일부 남아 있었다. 특히 지리적으로나 역사적으로 변방에 존재하는 곳에서 그런 흔적을 찾아볼 수 있었다.

치안판사는 매시스를 포함해 협곡에 모인 백인들 중에서 배심원을 선정했다. 애나가 신의 부름을 받았는지 아니면 인간의 행위로 사망했는지 밝혀내는 것이 그들의 임무였다. 만약 이것이 범죄라면, 주범과 종범을 찾아내는 것도 그들이 해야 할 일이었다. 몰리의 가족을 돌보던 형제 의사 제임스 쇼운과 데이비드 쇼운이 실질적인 검시를 위해 불려와 있었다. 검시 배심원단에게 에워싸인 그들은 시체를 들여다보며 죽음의 원인을 진단하기 시작했다.

시체들은 저마다 자신의 이야기를 들려준다. 혀를 지탱하는 뼈인 설골이 부러졌다면, 피살자가 목이 졸려 죽었다는 뜻이다. 목에 나타난 흔적들은 범인이 맨손으로 목을 졸랐는지 끈을 이용했는지를 알려준다. 피살자의 손톱이 깨져 있다면, 피살자가 목숨을 걸고 반항하며 몸부림쳤음을 짐작할 수 있다. 19세기의 권위 있는 법의학 지침서에는 "의사는 죽은 시체를 볼 때 모든 것을 눈에 담아야 한다"[3]는 말이 인용되어 있었다.

쇼운 형제는 널빤지를 이용해 임시 진찰대를 만들었다. 그리고 진료 가방에서 톱을 비롯한 몇 가지 원시적인 도구들을 꺼냈다. 더위가 나무 그늘 속으로 스르르 들어오고, 파리들이 떼 지어 붕붕거렸다. 두 의사는 애나가 입은 반바지형 속옷과 치마를 살피며 혹시 이상하게 찢어진 곳이나 얼룩이 없는지 조사했다. 아무것도 찾아내지 못한 그들은 그다음으로 사망시각을 파악하려고 시도했다. 이것

애나 브라운의 시신이 발견된 계곡.

은 일반적으로 생각하는 것보다 힘든 일인데, 특히 사망한 지 여러 날이 지난 시체의 경우에는 더욱 어렵다. 19세기의 과학자들은 사망 이후 시체가 거치는 변화의 단계들을 연구해서 이 수수께끼를 풀었다고 믿었다. 시체는 먼저 사지가 딱딱해지고(사후경직), 체온이 변하고(사후 체온 하강), 혈액 정체로 인해 피부색이 달라진다(시반). 하지만 병리학자들은 공기 중의 습도에서부터 시체가 입은 옷의 종류에 이르기까지 수많은 변수들이 부패 속도에 영향을 미치기 때문에 정확한 계산이 불가능하다는 사실을 곧 깨달았다. 그래도 사망시각을 대략적으로 추정할 수는 있으므로, 쇼운 형제는 애나가 5~7일 전에 사망했다는 결론을 내렸다.

그들은 나무 상자 안에 누워 있는 애나의 머리를 살짝 움직여보았다. 뒤통수의 두피 일부가 벗겨지면서 두개골에 난, 완벽한 원형 구멍이 드러났다. "총에 맞았어요!"[4] 쇼운 형제 중 한 명이 소리쳤다.

2 신의 부름인가, 사람의 짓인가?

사람들 사이에서 동요가 일었다. 그들도 더 가까이 다가가서 확인해본 결과, 구멍의 크기가 간신히 연필 굵기만 했다. 매시스는 32구경 총탄에 맞은 자국 같다고 생각했다. 총탄의 경로를 추적해서, 총알이 정수리 바로 밑으로 들어와 아래쪽으로 움직였음을 확인하고 나니 이제 의심의 여지가 없었다. 애나의 죽음은 살인이었다.

∞♡

당시만 해도 보안관들은 대체로 아마추어였다. 훈련기관에서 교육을 받은 사람도 드물었고, 지문이나 혈흔 분석 등 그때 새로 싹을 틔우던 과학적인 수사기법을 연구한 사람도 별로 없었다. 특히 변경지역의 보안관들은 기본적으로 총잡이 겸 추적자였다. 그들의 임무는 범죄를 막는 것, 그리고 이미 이름이 알려진 악당 총잡이들을 가능하다면 산 채로, 필요하다면 죽여서라도 체포하는 것이었다. "당시의 보안관은 문자 그대로 법 그 자체였기 때문에, 순전히 자신의 판단력만으로 범죄자를 겨냥한 총의 방아쇠를 당길 것인지를 결정했다."[5] 1928년 〈털사 데일리 월드〉는 오세이지족의 땅에서 일하던 베테랑 보안관이 사망한 뒤 기사에서 이렇게 말했다. "보안관 한 명이 교활한 악마 무리를 상대해야 하는 경우가 많았다." 이런 보안관들은 봉급이 형편없고, 총을 빨리 뽑는 솜씨로 평가받았으므로, 좋은 보안관과 나쁜 보안관의 경계선에 구멍이 숭숭 뚫려 있는 것이 당연했다. 19세기에 악명을 날린 무법자 집단인 돌턴 갱의 지도자가 한때 오세이지 인디언 보호구역에서 최고보안관으로 일한 적이 있을 정도였다.

애나의 살인사건이 벌어졌을 당시 오세이지 카운티 일대에서 법과 질서를 유지하는 무거운 책임을 지고 있던 보안관은 나이가 쉰여덟 살이고, 몸무게는 136킬로그램인 개척자 출신 하브 M. 프리스였다. 1916년에 나온 오클라호마 역사책에 프리스는 "악당들에게 공포의 존재"[6]라고 묘사되어 있다. 하지만 그가 범죄적인 요소가 있는 행동에 무른 태도를 보인다고 수군거리는 사람들도 있었다. 켈시 모리슨 같은 밀주업자와 도박꾼, 그리고 살인전과가 있고 그 일대의 밀주 유통을 장악하고 있는 로데오 챔피언 헨리 그래머 같은 사람들에게 전혀 제재를 가하지 않는다는 것이었다. 그래머의 밑에서 일하던 어떤 사람은 나중에 이 사실을 시인했다. "내가 체포되더라도 (…) 5분 만에 나올 수 있으니 걱정 말라는 말을 들었다."[7] 오세이지 카운티의 시민들이 예전에 뜻을 모아 "종교, 법집행, 가정예절, 도덕"[8]을 위한 결의안을 발표한 적이 있었다. "법을 집행하겠다고 맹세한 관리가 반드시 법을 집행해야 한다고 믿는 사람이라면 당장 프리스 보안관을 만나러 가거나 그에게 편지를 써서 그 의무를 다하라고 촉구할 것을 촉구하는 바이다."

프리스 보안관은 애나의 살인사건 소식을 들었을 때 이미 화이트혼의 사건에 매달려 있었으므로, 우선 부보안관 한 명을 보내 증거를 수집하게 했다. 페어팩스에서 경찰서장에 해당하는 보안관 역시 협곡으로 달려와 부보안관과 합류했다. 쇼운 형제가 아직 검시를 하고 있을 때였다. 두 보안관이 살인흉기를 확실히 파악하려면, 애나의 두개골 안에 박혀 있을 것으로 짐작되는 총알을 꺼낼 필요가 있었다. 쇼운 형제는 톱으로 두개골을 자른 다음, 조심스레 뇌를 꺼내서 널빤지 위에 놓았다. "뇌가 워낙 심하게 손상되어 있어서 총알의 종적을 찾을 길이 없었다."[9] 데이비드 쇼운은 나중에 이렇게 회상했다. 그는 막대기를 들어 뇌 속을 여기저기 찔러보았다. 그리고 총알을 찾을 수 없다고 선언했다.

보안관들은 개울로 내려가서 사건현장을 샅샅이 뒤졌다. 개울가의 바위 옆에 핏자국이 있는 것으로 보아, 애나의 시체가 그곳에 쓰러져 있었음이 분명했다. 총알은 흔적도 없었지만, 보안관 한 명이 땅에서 병을 찾아냈다. 투명한 액체가 일부 들어 있었는데, 밀주 냄새가 났다. 보안관들은 애나가 바위 위에 앉아 술을 마시고 있을 때, 누군가가 뒤에서 다가와 근접사격을 했고, 그녀가 그대로 쓰러졌을 것이라고 추측했다.

페어팩스 보안관이 도로와 협곡 사이를 오간 두 종류의 바퀴자국을 찾아냈다. 서로 확연히 다른 자국이었다. 그가 소리치자, 부보안관과 검시 배심원들이 달려왔다. 두 자동차 모두 남동쪽에서 협곡으로 들어왔다가 돌아나간 것 같았다.

그 밖의 증거는 전혀 없었다. 보안관들은 현장 감식 훈련을 받은 적이 없기 때문에 타이어 자국의 본을 뜨지도 않았고, 술병에서 지문을 채취하지도 않았고, 애나의 시체에 탄약 잔여물이 있는지 확인하지도 않았다. 심지어 현장 사진도 찍지 않았다. 하기야 어차피 이미 수많은 사람들이 오가면서 현장이 오염된 상태이기는 했다.

하지만 누군가가 애나의 시체에서 귀걸이 한 짝을 수거해 몰리의 어머니에게 가져다주었다. 병이 너무 심해서 개울가에 나가보지 못

몰리(오른쪽)와 애나, 그리고 두 사람의 어머니인 리지(가운데).

한 리지는 귀걸이를 곧바로 알아보고 애나가 정말로 죽었음을 깨달았다. 모든 오세이지족은 아이의 탄생을 와콘타가 주는 최고의 축복으로 받아들인다. 와콘타는 해와 달과 땅과 별들에 널리 퍼져 있는 신비로운 생기이며, 오세이지족은 수백 년 전부터 이 기운을 중심으로 살아왔다. 그렇게 하면 지상의 혼돈과 혼란 속에 질서가 생겨날 것이라는 희망이 있었다. 와콘타는 존재하면서도 존재하지 않는 힘, 눈에 보이지 않고, 냉담하고, 베풀고, 경외의 대상이고, 대답하지 않는 힘이었다. 많은 오세이지족은 이런 전통적인 믿음을 저버렸지만, 리지는 아직 믿고 있었다(한 연방정부 관리가 리지 같은 여자

2 신의 부름인가, 사람의 짓인가? 033

들이 "낡은 미신을 지키면서 현대적인 생각과 관습에 코웃음을 친다"[10]고 투덜거린 적이 있다). 그런데 지금 누군가가, 또는 뭔가가 리지에게서 그녀가 가장 사랑하던 장녀를 정해진 수명보다 더 일찍 데려가버렸다. 어쩌면 와콘타가 축복을 거둬들여 세상이 더욱더 큰 혼돈 속으로 빠져들고 있다는 징조인지도 몰랐다. 마치 슬픔이 그 자체로서 병이 된 것처럼, 리지의 건강은 더욱 악화되었다.

몰리는 어니스트에게 의지했다.[11] 두 사람과 모두 아는 사이인 어떤 변호사는 "인디언 아내와 자식들에 대한 그의 헌신이 이례적이고 (…) 놀라웠다"[12]고 묘사했다. 어니스트는 애나의 장례식 준비에 몰두한 몰리를 위로해주었다. 장례식을 치르려면 꽃도 사고, 하얀 금속 관과 대리석 묘석도 사야 했다. 장의사들은 오세이지족에게 바가지를 씌우려고 장례식 비용으로 터무니없는 비용을 청구하곤 했는데, 이번에도 예외가 아니었다. 장의사는 관 값으로 1,450달러, 시신의 방부처리 비용으로 100달러, 장의차 대여료로 25달러를 요구했다. 거기에 무덤 파는 인부들에게 줄 장갑까지 포함해서 온갖 자질구레한 비용까지 모두 더하고 보니, 천문학적인 액수가 되었다. 그 마을의 한 변호사는 이렇게 말했다. "6,000달러 이하로는 오세이지족 인디언을 땅에 묻을 수 없다는 법칙이 점점 굳어지고 있었다."[13] 인플레이션을 감안하면, 당시의 6,000달러는 오늘날 8만 달러에 가까운 돈이다.

장례식에는 오세이지족 전통과 가톨릭 전통이 모두 반영되었다.[14] 포허스카에서 가톨릭 학교에 다닌 몰리는 미사에도 자주 참여했다. 그녀는 일요일 아침 햇빛이 창문으로 들어올 때 신도석에 앉아 사제의 설교에 귀 기울이는 것을 좋아했다. 일요일에 많이 만날 수 있는 친구들과 어울리는 것도 좋았다.

애나의 장례 미사가 교회에서 시작되었다. 어니스트의 숙부인 윌리엄 헤일은 애나와 몰리의 가족들과 절친한 사이였으므로, 운구에 참여했다. 사제는 13세기 성가인 〈디에스 이라이〉(진혼곡의 일부―옮긴이)를 읊조렸다. 이 노래는 절정부에서 다음과 같이 탄원한다.

> 다정하신 주 예수님 축복받은 이여,
> 망자에게 영원한 안식을 허락하소서.

사제가 애나의 관에 성수를 뿌린 뒤, 몰리가 가족들과 추도객들을 이끌고 묘지로 향했다. 한없이 펼쳐진 초원을 굽어보는, 조용하고 한적한 곳이었다. 몰리의 아버지와 여동생 미니가 묻힌 옆자리에 새로 파놓은 구덩이가 있었다. 축축하고 어두운 그 구덩이 옆으로 애나의 관이 운반되었다. 그녀의 묘석에는 "천국에서 만나자"라는 말이 새겨져 있었다. 보통은 묘지에서 관을 묻기 전에 마지막으로 관 뚜껑을 열고 사랑하는 사람들이 작별인사를 할 수 있게 해주지만, 애나는 시신의 상태가 좋지 않아서 그럴 수 없었다. 그보다 더욱 심각한 문제는, 오세이지족 장례식 전통대로 그녀의 얼굴에 부족과 일족의 상징을 그려 넣을 수가 없다는 점이었다. 몰리는 이 그림을 그리지 못한 탓에 애나의 영혼이 길을 잃고 헤매지나 않을지 두려웠다. 그래도 가족들은 오세이지족이 '행복한 사냥터'라고 부르는 곳을 찾아가는 사흘 동안의 여행에서 애나가 충분히 먹을 수 있는 음식을 관 속에 넣어주었다.

몰리의 어머니처럼 나이가 많은 사람들이 와콘타에게 목소리가 들리기를 기원하며 오세이지 기도노래를 부르기 시작했다. 위대한 역사가이자 저술가이며 오세이지족의 피가 섞여 있는 존 조지프 매슈스(1894~1979)는 이 부족의 전통들을 많이 기록으로 남겨두었다. 그는 전형적인 기도를 설명하면서 이렇게 썼다. "어린 소년이던 나의 영혼이 두려움과 달콤쌉쌀함, 이국적인 갈망으로 가득해졌다. 기도가 끝났을 때 나는 기쁨과 두려움의 무아지경에 빠진 채로 누워서 기도가 더 이어지기를 열렬히 바랐으나, 또한 더 이어지는 것이 두렵기도 했다. 나중에 조리 있는 생각을 할 수 있게 된 뒤에 보니, 이런 기도노래, 찬가, 영혼을 뒤흔드는 탄원은 언제나 좌절의 느낌 속에서 마무리되기도 전에 끝나는 것 같았다."[15]

어니스트와 함께 서 있던 몰리는 노인들이 부르는 죽음의 노래를 들었다. 흐느끼는 소리가 간간이 노래에 끼어들었다. 애나의 전 남편인 오다 브라운은 괴로움을 견디지 못하고 다른 곳으로 가버렸다. 정확히 정오에, 그러니까 위대한 신비의 가장 위대한 현현인 태양이 정점에 이르렀을 때, 남자들이 관을 들어 구덩이 안으로 내리기 시작했다. 몰리는 반짝이는 하얀 관이 땅속으로 가라앉고, 길고 괴로운 울음소리 대신 관 뚜껑에 흙이 뿌려지는 소리가 들릴 때까지 계속 지켜보았다.

3

오세이지 힐스의 왕

　애나 브라운과 찰스 화이트혼 살인사건은 커다란 화제가 되었다. 〈포허스카 데일리 캐피털〉은 "살인사건 두 건이 거의 동시에 밝혀지다"라는 제목을 큼직하게 내걸었다.[1] 범인에 대한 추측도 난무했다. 화이트혼의 두개골에서 수거된 두 개의 총알은 32구경 권총에서 발사된 것 같았다. 애나의 살인에 이용되었을 것이라고 짐작되는 무기와 같은 종류였다. 두 피살자가 모두 부유한 오세이지족이고 30대의 나이라는 사실이 단순한 우연의 일치일까? 아니면 혹시 반복적인 살인을 저지르는 살인자의 작품일까? 적어도 스물일곱 명을 살해한 H. H. 홈스 박사 같은 사람도 있지 않은가. 그는 1893년 시카고 세계박람회 기간에 대부분의 살인을 저질렀다.
　리지는 당국을 상대하는 일을 몰리에게 맡겼다. 리지는 살아오면서 오세이지족이 전통에서 급격히 멀어지는 것을 경험했다. 오세이지 역사연구가인 루이스 F. 번스는 석유가 발견된 뒤 오세이지족이 "낯선 세계를 떠돌게 되었다"면서 "백인 부자들의 세상에는 그들이 붙들고 버틸 수 있는 친숙한 것이 하나도 없었다"고 썼다.[2] 과거 '안갯속의 여행자'라고 불리는 집단이 포함된 오세이지의 한 일족은 부족이 갑작스러운 변화를 겪거나 낯선 곳에 발을 들일 때마다 앞장을 섰다. 몰리는 주위에서 벌어지는 격변에 자주 혼란스러워하면서도 가족들을 위해 맨 앞으로 나섰다. 현대판 안갯속의 여행자가 된 것이다. 그녀는 영어를 할 줄 알았으며, 백인 남편과 살고 있었다. 애나를 비롯해서 부족의 많은 젊은이들을 상하게 한 유혹에 굴복하지도 않았다. 일부 오세이지족, 특히 리지처럼 나이 많은 사람들은 석유를 저주받은 축복으로 생각했다. "언젠가 석유가 사라지면 백인 아버지가 몇 달에 한 번씩 나눠주던 두툼한 수표 다발도 끊길 것이다." 오세이지족의 한 추장은 1928년에 이렇게 말했다. "좋은 자동차도 새 옷도 살 수 없다. 그제야 내 부족은 더 행복해질 것이다."[3]

몰리는 애나의 살인사건을 수사하라고 당국을 재촉했지만, 대부분의 관리들은 '죽은 인디언'에 거의 관심이 없는 것 같았다. 그래서 몰리는 어니스트의 삼촌 윌리엄 헤일에게 도움을 청했다.[4] 사업이 번창해서 카운티 전체에 압도적인 힘을 행사하고 있는 헤일은 법과 질서를 강력히 옹호하며, "하느님을 두려워할 줄 아는 영혼들"을 보호해야 한다고 주장했다.

올빼미를 닮은 얼굴, 뻣뻣한 검은 머리카락, 움푹하게 들어간 작고 기민한 눈을 지닌 그가 이곳 인디언 보호구역에 정착한 것은 거의 20년 전이었다. 포크너의 소설에 등장하는 토머스 수트펜이 책 속에서 현실로 나타나기라도 한 것처럼 그는 어느 날 느닷없이 등장했다. 그의 과거에 대해서는 아무것도 알려져 있지 않았다. 입은 옷과 낡은 구약성서 한 권 외에는 거의 아무것도 없이 이곳에 나타난 그는 그를 잘 아는 어떤 사람의 표현처럼, "문명이 아직 날것 상태일 때 인생을 걸고 큰돈을 벌기 위한 싸움"[5]을 시작했다.

헤일은 목장에 카우보이로 취직했다. 기차가 서부를 종횡무진 달리게 되기 이전에 카우보이들은 텍사스에서 오세이지 영역까지 소떼를 몰고 와서 무성한 풀밭에 풀어놓았다. 그다음에는 캔자스로 소떼를 몰고 가 시카고를 비롯한 여러 도시의 도살장으로 보냈다. 이런 이동과정은 카우보이에 대한 미국인들의 환상을 부채질했지만, 일 자체는 낭만과는 거리가 멀었다. 헤일은 보잘것없는 보수를 받기 위해 밤낮으로 땀을 흘렸다. 폭풍, 우박, 번개, 사막을 뚫고 말을 달렸으며, 우르르 달려가는 소떼에 밟힐지도 모르는 위험을 무릅쓰고 소들을 이끌어 계속해서 점점 더 작은 원을 이루게 했다. 옷에서는 땀과 거름 냄새가 났고, 뼈가 아예 부러지지는 않더라도 온몸이 너덜너덜해질 때가 많았다. 그래도 그는 모은 돈과 빌린 돈으로 오세이지 영토에서 무리를 이룰 수 있을 만큼 소를 사들이는 데 성공했다. "나는 그렇게 정력적인 사람을 처음 보았다." 그의 사업에 돈을 내놓은 한 투자자는 이렇게 회상했다. "길을 건널 때도 그는 뭔가 아주 큰 것을 뒤쫓는 사람처럼 걸었다."[6]

헤일은 곧 파산했다. 그러나 이 씁쓸한 실패는 야망이라는 화로에 더욱 불을 지폈을 뿐이다. 목축 사업을 처음부터 다시 시작한 뒤 그는 춥고 바람 부는 초원에서 천막을 치고 자면서 홀로 분노를 삭일 때가 많았다. 세월이 흐른 뒤 어떤 기자는 그가 여전히 "줄에 묶인 짐승처럼" 불 앞을 서성거렸다면서 "그는 불꽃을 향해 신경질적으로 양손을 비볐다. 다소 불그스름한 얼굴이 추위와 흥분으로 빛나고 있었다"고 묘사했다.[7] 그가 열띠게 일하는 모습을 보면 단지 굶주림만 두려워하는 것이 아니라, 욥에게 벌을 내렸듯이 그에게도 언제든 벌을 내릴 수 있는 구약성서의 하느님 또한 두려워하는 것 같았다.

그는 소 낙인찍기, 뿔 자르기, 거세하기의 전문가가 되었다. 소를 판매하는 일에도 역시 전문가가 되었다. 버는 돈이 늘어나자 그는 오세이지족과 이웃의 주민들에게서 더 많은 땅을 사들여 나중에는 카운티 최고의 목초지 4만 5,000에이커의 주인이 되었다. 물론 적지 않은 재산도 축적했다. 그러고 나서 그는 미국인들 특유의 이상한 기질을 발휘해서 자신을 가꾸기 시작했다. 누더기가 다 된 바지와 카우보이모자를 버리고 대신 멋진 양복과 나비넥타이와 펠트 모자로 차려 입었다. 얼굴에는 눈에 띄는 둥근 안경도 썼다. 교사와 결혼해서 낳은 딸은 아버지를 우러러보았다. 그는 시도 외웠다. 전설적인 와일드 웨스트 쇼의 흥행사이자 한때 버펄로 빌(서부 개척시대의 전설적인 사냥꾼 겸 흥행사. 와일드 웨스트 쇼를 기획했다─옮긴이)의 파트너였던 포니 빌은 헤일을 "고급스러운 신사"[8]로 묘사했다.

그는 페어팩스의 예비 부보안관으로 지명되었다. 대체로 명예직이었지만, 그는 이 직위 덕분에 배지를 가지고 다니며 무장 보안대를 이끌 수 있었다. 때로는 엉덩이에 권총을 차고, 옆 주머니에 권총

카우보이 시절 스티어로핑 경기에 출전한 윌리엄 헤일(위).
다른 사람처럼 변신한 헤일이 딸과 아내와 함께 서 있다(아래).

한 자루를 더 가지고 다니기도 했다. 그는 권총이 법을 집행하는 관리로서 자신의 권위를 상징한다고 즐겨 말했다.

부와 권력이 쌓이자 정치인들이 그의 지지를 얻으려고 애썼다. 그의 지지가 없으면 선거에서 이길 수 없음을 알기 때문이었다. 그는 경쟁자들보다 더 좋은 머리로 더 많이 일했기 때문에 그가 죽기를 바라는 적이 아주 많았다. "어떤 사람들은 헤일을 정말로 미워했다."[9] 그의 친구도 이렇게 말할 정도였다. 그래도 몰리 버크하트를 비롯한 많은 사람들은 그를 오세이지 카운티 최고의 은인으로 생각했다. 그는 오세이지족이 석유 덕분에 부유해지기 전부터 그들을 위한 자선기관과 학교와 병원에 돈을 기부해서 그들을 도왔다. 서류에는 'W. K. 헤일 목사'라고 서명했다. 오세이지 카운티의 한 의사는 이렇게 말했다. "헤일 덕분에 치료를 받은 환자가 도대체 몇 명이나 되는지, 그의 돈으로 음식을 맛본 굶주린 입이 몇 개나 되는지 헤아릴 수도 없다."[10] 나중에 헤일은 부족의 부추장에게 보낸 편지에 이렇게 썼다. "내 평생 오세이지족만큼 좋은 친구는 없었습니다 (…) 나는 영원히 오세이지족의 진정한 친구입니다."[11] 미국 개척 시대의 마지막 흔적인 이곳에서 헤일은 '오세이지 힐스의 왕'으로 불리며 존경받았다.

ಬಂಧ

헤일은 어니스트를 데리러 몰리의 집에 자주 들렀다. 애나의 장례식이 있고 얼마 뒤에는 몰리 모녀를 인사차 찾아왔다. 그 자리에서 그는 애나의 죽음을 그냥 넘기지 않겠다고 맹세했다.

백인들의 비밀스러운 세계에 정통한 지식(그는 프리메이슨 지부의 다이아몬드 핀을 자주 꽂고 다녔다)과 최고의 자신감을 지니고 있었으므로, 그가 이 사건의 수사에서 공식적으로 맡은 역할이 없다는 사실쯤은 문제가 되지 않는 것 같았다. 그는 언제나 애나를 아꼈다. "우리는 엄청나게 좋은 친구였다"고 말하기도 했다.[12] 또다시 그가 찾아왔을 때, 몰리는 그와 어니스트가 머리를 모으고 있는 것을 보았다. 애나를 죽인 범인을 어떻게 잡을지 상의하는 것 같았다.

검시 배심원들과 카운티 검찰관도 애나의 죽음을 계속 수사했다. 장례식 직후 몰리는 페어팩스에서 열린 청문회에 출석했다. 내무부의 인디언실(정부와 인디언 부족들 사이의 관계를 감독하는 부서로, 나중에 인디언국으로 이름이 바뀌었다)이 오세이지 영역에 파견한 현장 직원이 몰리와 아는 사이였는데, 그는 몰리가 "죄를 지은 사람이 응분의 처벌을 받게 하기 위해 (…) 자신이 할 수 있는 일이라면 무엇이든 기꺼이 할 것"이라고 말했다.[13] 당국은 몰리를 위해 통역을 준비했지만, 그녀는 그를 물린 뒤 어렸을 때 학교의 수녀 선생님들에게서 배운 간결한 영어로 발언했다.

몰리는 배심원들에게 애나가 마지막으로 자신의 집에 왔을 때의 상황을 설명했다. 그리고 애나가 일몰 무렵 집을 나섰다고 말했다. 나중에 다른 자리에서 한 정부 관리가 몰리에게 물었다. "애나가 어떻게 집을 나섰습니까?"

"자동차를 타고 갔습니다."

"누가 같이 갔나요?"

"브라이언 버크하트입니다."

"두 사람이 어느 방향으로 가는지 봤습니까?"

"페어팩스 쪽으로 갔습니다."

"차 안에 브라이언과 애나 말고 다른 사람이 있었습니까?"

"아뇨, 브라이언과 애나만…"

"그 뒤로 애나가 살아 있는 모습을 보았습니까?"

몰리는 침착한 모습을 잃지 않았다. "아니오."

"시체가 발견된 뒤 당신도 시체를 보았습니까?"

"네."

"애나가 브라이언 버크하트와 함께 어머니의 집을 나서는 것을 보고 나서 얼마 뒤에 시체를 본 겁니까?"

"닷새나 엿새쯤 됩니다."

"시체를 어디서 보았습니까?"

"초원에서… 바로 거기서요."[14]

청문회에서 몰리는 모든 질문에 열심히 대답하면서 하나라도 놓치지 않으려고 애쓰는 것 같았지만, 치안판사와 배심원들은 그녀에게 거의 질문을 던지지 않았다. 어쩌면 그들은 편견 때문에, 즉 그녀가 오세이지족이고 여자라는 이유로 그녀를 무시했는지도 모른다. 그들은 브라이언 버크하트에게는 훨씬 더 깊이 있는 질문을 던졌다. 벌써 많은 주민들이 그에 대해 수군거리고 있었다. 애나가 실종되기 전에 마지막으로 함께 있었던 사람이기 때문이다.

브라이언은 형 어니스트처럼 미남이 아니었을 뿐만 아니라, 차가워 보이는 외모였다. 눈빛이 너무 강인한 것도 상대를 불편하게 만들었다. 예전에 그는 헤일의 소를 훔치다가 들킨 적이 있는데, 헤일은 조카에게 교훈을 주려고 그를 고발했다.

카운티 검찰관이 브라이언에게 애나를 집까지 태워다준 날에 대해 물었다. "애나를 데려다준 뒤 당신은 어디로 갔습니까?"

"시내로 갔습니다."

"그게 언제입니까?"

"5시나 4시 30분쯤입니다."

"그 뒤로 애나를 보지 못했습니까?"

"네."

카운티 검찰관이 잠시 침묵을 지키다가 물었다. "확실합니까?"

"네."[15]

나중에 어니스트도 심문을 받았다. 한 치안관이 그에게 남동생에 대한 질문으로 압박을 가했다. "당신 동생이 애나 브라운과 마지막으로 함께 있었던 사람이라는 사실을 압니까?"

"압니다." 어니스트는 브라이언이 "애나를 집에 내려주고 갔다"고 말했다고 말을 덧붙였다.

"그 말을 믿습니까?"

"믿습니다."[16]

브라이언은 첫 번째 청문회 이후 구금되었다. 심지어 어니스트까지 구금되는 바람에 몰리는 괴로워했다. 혹시 그가 동생을 감싸고 있을지도 모른다는 것이 구금의 이유였다. 하지만 두 사람 모두 곧 풀려났다. 애나가 사라지기 전에 브라이언이 그녀와 함께 있었다는 사실 외에는 다른 증거가 전혀 없었기 때문이다. 어니스트는 애나가 죽음에 이르게 된 경위에 대해 혹시 아는 것이 있느냐는 질문에 아는 것이 없다면서 "애나에게 원한을 품거나 반감을 품은 사람에 대해 알지 못합니다"라고 대답했다.

                                        ഓര

애나를 죽인 범인이 외부인일 것이라는 가설이 가장 널리 힘을 얻었다. 예전에 부족은 초원에서 적들과 전투를 치렀다. 지금은 열차강도, 권총강도 등 다양한 무법자들이 부족의 적이었다. 게다가 금주법의 시행으로 조직범죄가 늘어나고 한 역사가의 말처럼 "범죄자들에게 미국 역사상 최고의 보고寶庫"[17]가 만들어졌다. 미국에서 오세이지 카운티만큼 혼란스러운 곳은 별로 없었다. 서부의 불문율, 즉 여러 공동체를 묶어주는 전통이 힘을 잃은 탓이었다. 어떤 기록에 따르면, 석유로 벌어들인 돈이 옛날 서부 골드러시 때의 부를 모두 합한 것보다도 많았다. 이 돈을 노리고 미국 전역에서 온갖 종류의 악당들이 몰려들었다. 미국 법무부의 한 관리는 오세이지힐스에 숨어 있는 도망자들이 "아마 오클라호마주의 다른 카운티, 또는 다른 주의 어느 카운티"[18]보다도 많을 것이라고 경고했다. 이런 도망자들 중에 어빈 톰슨이라는 비정한 권총강도가 있었다. 가무잡잡한 얼굴(체로키족의 피가 4분의 1 섞여 있었다) 또는 검은 마음 때문에 블래키라는 별명으로 불리는 자였다. 한 보안관은 그를 가리켜 "내가 처리한 자들 중 가장 비열한 사람"[19]이라고 말했다. 앨 스펜서는 이런 블래키보다도 더 악명이 높았다. '공포의 유령'이라고

1923년에 치안관이 오세이지 카운티의 밀주제조시설을 단속하는 모습.

도 불리던 그는 말에서 자동차로 도주수단을 바꾸고, 이 일대의 가장 악명 높은 무법자라는 칭호를 제시 제임스에게서 물려받았다. 〈애리조나 리퍼블리컨〉은 "병든 마음과 모험에 대한 비틀린 사랑"을 지닌 스펜서가 "잘못된 우상숭배에 빠진 사람들"에게 매력을 발산했다고 말했다.[20] 딕 그레그, 프랭크 '젤리' 내시 등 그의 부하들 또한 당시 가장 무서운 무법자로 이름을 올리고 있었다.

애나의 살인자가 양의 탈을 쓰고 친한 사람들 사이에 섞여 있을지도 모른다는 가설은 사람들을 불안하게 했다. 몰리를 비롯한 여러 사람들은 애나의 전남편 오다 브라운을 의심하기 시작했다. 그는 사업을 한다고 주장했지만, 대부분 흥청망청 술을 마시며 시간을 보내는 사람이었다. 돌이켜 생각해보니, 그가 애나의 죽음 앞에

앨 스펜서 갱단의 조직원끼리 장난을 치고 있다.

서 괴로워하는 모습도 지나치게 과장된 것 같았다. 한 수사관은 수첩에 이렇게 적었다. "그것이 진정한 슬픔이었을 수도 있고 (…) 가식이었을 수도 있다."[21] 애나는 그와 이혼한 뒤 작성한 유언장에서 그에게 아무것도 주지 않았다. 애나의 재산은 거의 모두 리지에게 돌아갔다. 장례식 이후에 브라운은 변호사를 고용해서 재산다툼을 벌였지만 성공하지 못했다. 수사관은 브라운이 "아무짝에도 쓸모가 없으며, 돈을 위해서라면 못 할 일이 거의 없는 사람"[22]이라는 결론을 내렸다.

장례식을 치르고 몇 주가 지났을 때, 캔자스에서 수표 위조 혐의로 체포된 남자가 프리스 보안관에게 편지를 보내 애나의 살인사건에 관한 정보를 갖고 있다고 주장했다. "존경하는 보안관님, 제가 보안관님께 약간의 도움이 되기를 바랍니다."[23] 하지만 자신이 무엇을 알고 있는지는 편지에 밝히지 않았다. 프리스 보안관은 이 편지를 받고 곧바로 출발했다. 언론은 그가 "빠른 자동차"를 타고 갔다고 묘사했다. 헤일도 수사에 돌파구가 생길지 모르겠다는 언질을 받고 서둘러 캔자스의 감옥으로 달려갔다. 위조범으로 잡힌 남자는 안절부절못하는 스물여덟 살의 청년이었는데, 브라운이 애나를 죽여달라며 자신에게 8,000달러를 주었다고 주장했다. 그리고 자신이 애나의 머리에 총을 쏜 뒤, 애나의 시체를 품에 안고 개울로 내려갔다고 설명했다.

 그의 자백이 있은 직후 무장 보안대가 출동해서 업무차 포허스카에 가 있던 브라운을 붙잡았다. 〈포허스카 데일리 캐피털〉은 "애나 브라운 살인범 범행 자백"[24]이라는 제목의 기사로 이 소식을 전했다. "피살자의 남편 오다 브라운도 체포"라는 제목도 덧붙여졌다. 몰리와 가족들은 오다가 범인이라는 소식에 망연자실했다. 하지만 그가 교수대나 전기의자에서 응분의 벌을 받을 것이라는 생각을 하며 위안을 얻을 수 있었다. 그런데 며칠 뒤 당국은 위조범의 주장을 뒷받침하는 증거가 하나도 없다며 한 발 물러났다. 살인사건이 발생한 시기에 그가 오세이지 카운티에 있었다는 증거도, 브라운이 그와 접촉했다는 증거도 전혀 없다는 것이었다. 결국 당국은 브라운을 석방할 수밖에 없었다. 당시 보안관은 이렇게 말했다고 한다. "이야기는 무성하지만, 우리에게 필요한 것은 이야기가 아니라 증거다."[25]

많은 관리들이 그렇듯이, 카운티 검찰관 또한 선거에서 적어도 부분적으로나마 헤일의 덕을 보았다. 그가 처음 출마했을 때, 보좌관들은 그에게 헤일의 인정을 받아야 한다고 말했다. 그래서 그는 헤일의 목장을 여러 번 찾아갔으나 그를 만나지 못했다. 결국 어떤 가축 검사관이 "빌 헤일을 만나고 싶다면 일찍 농장으로 와야 한다. 아주 새벽같이 와야 한다는 뜻"[26]이라고 말해주었다. 그래서 검찰관 후보는 새벽 3시에 모델 T 자동차를 타고 목장으로 와서 차를 세우고 그 안에서 잠들었다. 오래지 않아 무섭게 생긴 남자가 자동차 창문에 손을 대고 차를 흔들어대는 바람에 그는 잠에서 깼다. 남자는 왜 남의 사유지를 침범했느냐고 그를 다그쳤다. 그 남자가 바로 윌리엄 헤일이었다. 검찰관 후보가 사정을 설명한 뒤, 헤일은 자신이 이 후보의 부모와 아는 사이임을 알게 되었다. 검찰관 후보의 집에서 눈보라를 피한 적이 있었던 것이다. 헤일은 그를 위해 표를 모아주겠다고 약속했다. 검찰관 후보의 보좌관 한 사람은 헤일이 "누구에게도 거짓말할 사람이 아닙니다. 그가 뭔가 해주겠다고 말했다면, 반드시 해줄 겁니다"[27]라고 말했다. 선거에서 검찰관 후보는 카운티 내의 그 지역 선거구를 모두 휩쓸었다.

헤일은 검찰관과 계속 가까운 사이를 유지하고 있었으므로, 그를 비롯한 여러 관리들에게 애나의 살인사건에 대한 의견을 구했다. 결국 검찰관은 애나의 검시 과정에서 찾지 못한 총알을 다시 찾아보기로 했다. 애나의 시체를 발굴하기 위한 법원의 명령이 떨어졌다. 빅힐 무역회사의 주인이자 헤일과 몰리의 친구인 스콧 매시스가 이 음산한 작업의 감독을 맡아달라는 요청을 받고, 휘하의 장의사와 무덤 파는 인부를 각각 한 명씩 데리고 묘지로 향했다. 애나의 무덤에는 아직 풀도 나 있지 않았다. 매시스 일행은 딱딱한 땅을 삽으로 파기 시작했다. 이제 흙이 묻어 검게 변한 하얀 관이 나타나자 그들은 관을 밖으로 꺼내 억지로 뚜껑을 열었다. 죽음 그 자체인 끔찍한 냄새가 사방으로 퍼졌다.

처음에 검시를 했던 쇼운 형제가 묘지에 나타나 다시 총알을 찾기 시작했다. 이번에는 둘 다 장갑을 끼고 고기 자르는 칼로 애나의 머리를 잘랐다. 장의사는 나중에 애나의 머리가 "소시지용 고기"[28]처럼 변했다고 묘사했다. 하지만 이번에도 쇼운 형제는 아무것도 찾아내지 못했다. 총알이 어디론가 사라져버린 것 같았다.

ഔരു

1921년 7월 즈음 치안판사는 애나 브라운의 죽음이 "신원불명자의 손"[29]으로 이루어졌다며 수사를 종결했다. 화이트혼 수사에서도 같은 결론이 내려졌다. 판사는 혹시 나중에 다른 정보가 나올 때를 대비해서, 그동안 모인 빈약한 증거를 자기 사무실에 보관해두었다.

한편 리지는 한때 몰리 못지않게 활기차고 고집 센 여성이었으나, 지금은 병세가 더욱 깊어진 상태였다. 날이 갈수록 현실에서 멀어져 어딘가 다른 공간으로 떠가는 것 같았다. 미니와 마찬가지로 독특한 소모성 질환을 앓고 있는 듯했다.

몰리는 어떻게든 어머니를 구하고 싶어서 오세이지족 주술사들에게 도움을 청했다. 그들은 동쪽 하늘이 피처럼 붉을 때 주문을 외웠다. 몰리는 새로운 종류의 치료사인 쇼운 형제에게도 도움을 청했다. 그들은 검은 가방에 담아서 가져온 약을 리지에게 주었다. 하지만 그 무엇도 소용이 없었다. 몰리는 밤낮으로 어머니의 병상을 지켰다. 어머니는 부족의 오랜 전통과 현대를 이어주는 마지막 인물 중 한 명이었다. 비록 몰리가 어머니의 병을 낫게 해줄 수는 없어도, 어머니에게 식사를 먹이고, 길고 아름다운 은발을 빗어줄 수는 있었다. 주름지고 표정이 풍부한 어머니의 얼굴에는 아직도 특유의 분위기가 남아 있었다.

그해 7월의 어느 날, 그러니까 애나의 살인사건으로부터 두 달이 채 되지 않았을 때, 리지의 숨결이 멎었다. 몰리는 어머니를 되살릴 수 없었다. 구세주 예수 그리스도와 위대한 신비 와콘타가 리지의 영혼을 데려갔다. 몰리는 슬퍼서 정신을 차릴 수 없었다. 오세이지의 추도 기도문 그대로였다.

> 저를 가엾게 여기소서, 위대한 영혼이여!
> 제가 한없이 우는 것이 보이나이까.
> 제 눈물을 거두시고 제게 위로를 주소서.[30]

※

몰리의 제부인 빌 스미스가 가장 먼저 리지의 죽음에 의심을 품었다. 애나와 화이트혼의 살인사건 직후에 리지가 세상을 떠난 것이 이상하다는 것이었다. 사나운 불도그 같은 빌은 당국의 수사에 대해서도 커다란 불만을 토로하며 스스로 조사를 하고 있었다. 몰리처럼 그도 리지가 앓던 병의 정체가 유난히 모호하다는 사실을 마음에서 떨쳐버릴 수 없었다. 어느 의사도 병명을 콕 집어 밝혀내지 못한 것이 이상했다. 리지의 사망원인 또한 누구도 알아내지 못했다. 빌은 의사와 지역 조사관들과 의논하며 조사를 진행할수록, 리지의 죽음이 결코 자연스럽지 않다는 확신을 얻었다. 리지는 독살된 것 같았다. 빌은 또한 이 세 사람의 죽음이 오세이지족 영토의 지하에 묻혀 있는 검은 황금과 어떻게든 연관되어 있다고 확신했다.

4
지하 보호구역

어느 날 갑자기 미친 듯이 돈이 쏟아져 들어오기 시작했다.[1] 석유가 처음 발견되었을 때 열 살이던 몰리는 그 뒤로 세상이 미친 듯이 돌아가는 모양을 직접 목격했다. 부족의 장로들이 몰리에게 해준 이야기에 따르면, 석유가 풍부하게 매장된 이 땅을 몰리의 부족이 손에 넣게 된 복잡한 역사는 17세기까지 거슬러 올라갔다. 당시 오세이지족은 미국 중부의 많은 땅을 소유하고 있었다. 현재의 미주리와 캔자스에서부터 오클라호마까지, 그리고 거기서 서쪽으로 훨씬 더 나아가서 로키 산맥까지가 그들의 영토였다.

1803년 토머스 제퍼슨 대통령이 루이지애나를 프랑스에게서 사들였다. 오세이지족이 지배하는 땅이 여기에 포함되어 있었다. 제퍼슨은 오세이지족이 훌륭한 종족이며, "그들의 땅에서 우리는 약하므로 잘 버텨야 한다"[2]고 해군장관에게 말했다. 1804년 오세이지족 추장단이 백악관에서 제퍼슨과 만났다. 제퍼슨은 전사들의 키가 보통 183센티미터를 훌쩍 넘는 오세이지족이 "지금껏 우리가 보았던 최고의 사람들"[3]이라고 해군장관에게 말했다.

이날 만남에서 제퍼슨은 추장들을 "나의 아이들"이라고 부르면서 이렇게 말했다. "우리 선조들이 저 큰 물 너머에서 온 것이 워낙 오래전의 일이라 우리는 그때의 기억을 잃어버렸습니다. 또한 여러분과 마찬가지로 이 땅보다 웃자라버린 듯 합니다. (…) 우리는 모두 한 가족입니다." 그의 말은 계속 이어졌다. "돌아가거든 모두에게 말하세요. 내가 모두의 손을 잡아줄 것이라고, 앞으로 내가 여러분의 아버지가 될 것이라고, 우리는 당신들에게 오로지 친구와 은인이 될 것이라고."[4]

하지만 그로부터 4년이 채 되지 않았을 때, 제퍼슨은 오세이지족에게 아칸소강과 미주리강 사이의 영토를 내놓으라고 강요했다. 오세이지족 추장은 그의 부족 사람들이 "달리 선택의 여지가 없었다. 협정서에 서명하든지, 아니면 미국의 적으로 선포되는 길뿐이었다"고 말했다. 그 뒤로 20년 동안 오세이지족은 조상 대대로 살아오던 땅을 거의 1억 에이커나 포기하고 결국 캔자스 남동부 80×200킬로미터(약 395만 에이커 — 옮긴이) 크기의 땅으로 피신할 수밖에 없었다. 몰리의 어머니와 아버지는 이 땅에서 성년을 맞았다.

1844년경에 태어난 몰리의 아버지는 '네카에세이'라는 오세이지족 이름으로 불렸다. 당시 오세이지족 청년의 전형적인 옷차림은 술이 달린 사슴가죽 레깅스를 입고 허리에 천을 두른 뒤 발에는 모카신을 신는 것이었다. 손으로 짠 허리띠에는 담배쌈지와 전투도끼를 걸었다. 상체는 그냥 드러내는 경우가 많았고, 머리카락은 정수리에서 목까지 스파르타의 투구 장식처럼 곧게 일어선 선 하나만 남기고 모두 박박 밀어버렸다.

네카에세이는 다른 전사들과 함께 공격자에 맞서 부족을 지켰다. 전투에 나서기 전에는 숯으로 얼굴을 검게 칠한 뒤, 와콘타에게 기도를 올리곤 했다. 오세이지족의 표현에 따르면, "적이 붉게 변해서 땅 위로 쓰러지게 만들"[5] 때가 되었음을 확인하기 위해서였다. 네카에세이는 나이를 먹으면서 부족 내에서 존재감이 두드러지는 인물이 되었다. 그는 신중하고 사려 깊은 성격이라서, 언제나 행동 방향을 정하기 전에 상황을 유심히 살필 줄 알았다. 세월이 흘러 부족이 주로 사소한 범죄를 다루는 사법체계를 처음으로 만들었을 때, 그는 세 명의 판관 중 한 명으로 선출되었다.

리지도 캔자스의 보호구역에서 자라며, 옥수수를 추수하고 멀리서 나무를 끌고 오는 식구들의 일을 도왔다.[6] 그녀는 레깅스와 천으로 만든 치마를 입고 어깨에 담요를 둘렀으며, 발에는 모카신을 신었다. 그리고 머리카락 한복판을 빨갛게 칠해서 태양의 경로를 나타냈다. 나중에 인디언실 관리는 그녀를 "근면하다" "성격이 좋다"고 묘사했다.[7]

리지와 네카에세이가 젊었을 때 부족 사람들은 1년에 두 번씩 세간(옷, 침구, 담요, 가정용품, 말린 고기, 무기)을 모두 짐으로 꾸려서 말에 싣고, 두 달 동안 신성한 버펄로 사냥에 나섰다. 정찰대가 버펄로 무리를 찾아내면, 네카에세이 등 사냥꾼들이 말을 타고 초원을 질주했다. 말발굽이 북처럼 땅을 두드리고, 땀으로 번들거리는 전사들의 얼굴을 말갈기가 후려쳤다. 1840년의 버펄로 사냥 때 오세이지족과 동행한 프랑스 의대생은 이렇게 말했다. "무자비한 질주다. (…) 그들이 나타나면 들소는 다른 방향으로 도망치려고 애쓰면서 적을 속이려 한다. 그러다 적에게 제압당했음을 깨닫고 분노해서 적에게 달려든다."[8]

네카에세이는 냉정하게 활을 꺼내들었다. 오세이지족은 총보다 활이 더 효과적이라고 생각하고 있었다. 프랑스 의대생은 들소가 치명적인 부상을 입은 뒤 "피를 콸콸 토하면서 무릎을 꿇고 땅으로 쓰러졌다"[9]고 회상했다. 승리자의 전리품으로 들소의 꼬리를 자른 뒤에는, 들소의 몸에서 버릴 것이 하나도 없었다. 부족 사람들은 고기를 말리고, 염통을 훈제하고, 창자로 소시지를 만들었다. 들소의 뇌에서 나온 기름은 가죽에 문질렀다. 그러면 그 가죽으로 옷이나 천막을 만들 수 있었다. 그것으로 끝이 아니었다. 뿔로는 숟가락을 만들고, 힘줄로는 활줄을 만들고, 쇠기름은 횃불의 연료로 사용했다. 오세이지족 추장에게 왜 백인들의 방식을 따르지 않느냐고 묻자 그는 이렇게 대답했다. "나는 지금 내 생활에 완전히 만족한다. 숲과 강이 자연의 요구를 풍부히 들어준다."[10]

미국 정부는 오세이지족에게 캔자스의 땅에서 영원히 살 수 있을 것이라고 약속했다. 하지만 오래지 않아 이주민들이 사방에서 압박을 가했다. 나중에 자신의 경험을 바탕으로《초원의 집》을 쓴 로라 잉걸스 와일더의 가족들도 그런 이주민이었다. "왜 인디언들을 좋아하지 않아요, 엄마?" 책 속에서 로라가 어머니에게 묻는다.

"그냥 싫어. 손가락 빨지 마라, 로라."

"여긴 인디언의 땅이잖아요." 로라가 말했다. "이 사람들이 싫다면서 왜 이 사람들의 땅에 온 거예요?"[11]

어느 날 저녁 로라의 아버지가 정부가 오세이지족을 곧 이주시킬 것이라고 딸에게 설명한다. "그래서 우리가 여기로 온 거야, 로라. 백인들이 이 일대에 정착할 거다. 우리가 가장 먼저 와서 마음대로 고를 수 있으니 가장 좋은 땅을 얻을 거야."

비록 책에서 잉걸스 일가는 병사들의 위협을 받으며 인디언 보호구역을 떠나지만, 많은 이주민들이 무력을 동원해서 무단으로 땅을 차지하기 시작했다. 1870년에 오세이지족은 무덤이 약탈당하고 집에서 쫓겨나는 일을 견디다 못해, 캔자스 땅을 에이커당 1.25달러를 받고 이주민들에게 팔기로 했다. 그런데도 성급한 이주민들은 오세이지족 여러 명을 죽여 시체를 훼손하고 머리가죽을 벗겼다. 인디언실의 한 관리는 이렇게 말했다. "저절로 이런 의문이 들 것이다. 이들 중 누가 야만인인가?"[12]

☙❧

오세이지족은 새로운 땅을 찾아 헤맸다. 당시 인디언 영토였던 땅, 즉 자기 땅에서 쫓겨난 많은 부족들에게 '눈물의 길'의 종착지가 된 캔자스 남쪽 지역에서 체로키족의 땅을 거의 150만 에이커나 사들이자는 논의가 있었다. 오세이지족이 눈독을 들인 이 땅은 델라웨어주보다 더 크고 아직 비어 있었다. 인디언실 관리의 말에 따르면, 대부분의 백인들은 이 땅을 "형편없는 바위투성이 불모지라

서 경작에 전혀 맞지 않는 곳"으로 생각했다.[13]

그래서 오세이지족 추장인 와티안카는 위원회에서 발언권을 얻어 이렇게 말했다. "우리 부족이 이 땅에서 행복해질 것이다. 백인은 이 땅에 쇠붙이를 들일 수 없다. 백인은 이 땅에 오지 않을 것이다. 여기에는 산이 많다. (…) 백인은 산이 많은 땅을 좋아하지 않으니 오지 않을 것이다."[14] 그의 말은 계속 이어졌다. "우리 부족이 오두막 바닥처럼 땅이 평평한 서쪽으로 가면, 백인들이 우리들의 집으로 와서 이렇게 말할 것이다. '우리에게 땅을 내놓아라.' (…) 곧 땅은 사라지고 오세이지족은 집을 잃을 것이다."

그래서 오세이지족은 에이커당 70센트로 그 땅을 사서, 1870년대 초에 대이동을 시작했다. "노인들, 특히 영원히 두고 떠나야 하는 자식들의 무덤 때문에 탄식하는 여자들의 울음소리가 사방에 가득했다."[15] 그 당시의 목격담이다. 오세이지족은 새로운 보호구역으로 이동을 마친 뒤, 여러 곳에 캠프를 만들었다. 그중에서 가장 중요한 것이 포허스카에 있었다. 인디언실도 포허스카의 우뚝 솟은 언덕 위에 현장 지부가 들어갈 건물을 사암으로 위풍당당하게 지었다.[16] 이 땅의 서쪽에 있는 그레이호스는 새로 지은 오두막 몇 채가 모여 있는 곳에 불과했다. 리지와 네카세이는 1874년에 결혼해서 이곳에 정착했다.

연달아 강제이주를 당하면서 "백인들의 질병"인 천연두까지 겪는 바람에 부족은 엄청난 대가를 치렀다. 한 추정치에 따르면, 오세이지족의 인구가 약 3,000명까지 줄어들었다고 한다. 70년 전에 비해 3분의 1 수준이었다. 인디언실 관리는 이렇게 보고했다. "한때

새로운 보호구역 내의 오세이지 캠프.

이 일대 모든 땅의 확실한 주인이었던 영웅적인 부족의 흔적은 이 사람들이 전부다."[17]

오세이지족은 여전히 버펄로 사냥에 나섰다. 그것은 식량을 구할 뿐만 아니라 과거 또한 잊지 않으려는 노력이었다. 그들의 사냥에 동행했던 백인 상인은 이렇게 회상했다. "옛날로 돌아간 것 같았다. 무리 중 나이가 많은 사람들은 버릇처럼 모닥불 주위에 모여 과거를 회상하며, 출정해서 적을 뒤쫓을 때의 무용담을 들려주었다."[18]

1877년에는 사냥할 버펄로가 사실상 존재하지 않았다. 당국이 이주민들에게 들소를 아예 멸절시키라고 부추기는 바람에 이런 상황이 더욱더 당겨졌다. 한 장교의 말에 따르면, 당국은 "버펄로 한 마리가 죽을 때마다 인디언 한 명이 사라진다"[19]고 확신했다. 인디언 부족들에 대한 미국 정부의 정책은 억제와 봉쇄에서 동화 강요로 바뀌었다. 그래서 관리들은 점점 오세이지족에게 기독교를 전파하고, 영어를 가르치고, 옷을 모두 갖춰 입고 밭을 갈게 만들려고 애썼다. 정부는 캔자스 땅을 판매한 것에 대해 부족에게 배당금을 지급할 의무가 있었으나, 네카에세이처럼 건강한 남자들이 농사를 시작할 때까지 돈을 주지 않았다. 심지어 부족이 농사를 시작한 뒤에도 정부는 돈 대신 옷과 음식을 배급하는 방식으로 지불하겠다고 주장했다. 오세이지족의 한 추장은 불만을 토로했다. "우리는 먹이를 줘야 하는 개가 아니다."[20]

백인들의 농사방법에 익숙하지 않고 버펄로 사냥도 할 수 없게 된 오세이지족은 차츰 굶주리게 되었다. 그들은 곧 뼈가 살갗을 뚫고 나올 것처럼 앙상한 몰골이 되었다. 죽은 사람도 많았다. 와티안카 추장 등 오세이지족 대표단이 급히 워싱턴으로 파견되었다. 배급제를 없애달라고 인디언실에 청원하기 위해서였다. 존 조지프 매슈스의 설명에 따르면, 대표단은 자기들이 가진 것 중 가장 좋은 담요와 레깅스를 몸에 걸쳤으나, 와티안카는 빨간 담요로 온몸을 완전히 감싸서 눈밖에 보이지 않았다. 어두운 우물 같은 그 눈 속에서 그들의 역사 전체가 타오르고 있었다.

대표단은 인디언실의 실장 방으로 가서 그를 기다렸다. 얼마 뒤 나타난 실장은 통역에게 이렇게 말했다. "내가 지금 다른 약속이 있어서 미안하다고 이분들에게 전하게. 방금 전까지 이 일을 까맣게 잊고 있어서 미안하다고 해."[21]

실장이 자리를 뜨려고 하자 와티안카가 그의 앞을 막고 몸에 걸친 담요를 놓아버렸다. 그가 허리에 두르는 천과 모카신 외에는 몸

오세이지 추장 와티안카.

에 아무것도 걸치지 않은 것을 보고 오세이지족 동료들조차 깜짝 놀랐다. 얼굴에는 전장에 나갈 때처럼 물감이 칠해져 있었다. "그는 어두운 숲의 원시 신처럼 그렇게 우뚝 서 있었다." 매슈스는 이렇게 썼다.

와티안카가 통역에게 말했다. "이분에게 앉으라고 말하시오." 실장이 그 지시에 따르자 와티안카가 말했다. "우리는 이 일을 이야기하러 먼 길을 왔습니다."

실장이 말했다. "이 사람은 예의라는 걸 모르는 모양이군. 얼굴에는 전쟁을 위한 색칠을 하고 거의 벌거벗은 몸으로 내 사무실을 찾아오다니. 문명을 몰라서 돈도 사용할 줄 모르는 건가."

4 지하 보호구역

와티안카는 자신의 몸이 부끄럽지 않다고 대답했다. 그와 그의 일행이 압박을 가하자 실장은 배급제를 중단하라는 요청을 받아들였다. 와티안카는 담요를 집어 들고 말했다. "이분에게 이제 괜찮다고 말해요. 이제 가도 된다고."

                              ಸಂ

부족의 많은 사람들이 그렇듯이, 몰리의 부모도 관습을 지키려고 애썼다. 오세이지족에게 이름을 지어주는 것은 무엇보다 중요한 의식 중 하나였다. 이름을 받은 뒤에야 부족에게 사람으로 인정받을 수 있기 때문이다. 1886년 12월 1일에 태어난 몰리는 와콘타헤움파라는 오세이지 이름을 받았다. 그녀의 자매들도 오세이지 이름으로 불렸다. 애나는 와흐라룸파, 미니는 와샤셰, 리타는 메세모이였다.

하지만 이주민들이 인디언 보호구역으로 이주해오기 시작하면서 문화의 변화속도가 빨라졌다. 이주민들은 오세이지족과 생김새가 달랐다. 샤이엔족이나 포니족과도 닮지 않았다. 몸도 제대로 씻지 못한 그들은 절박해 보였다. 윌리엄 헤일도 누더기가 다 된 옷을 걸친 채 말을 타고 나타났다. 하늘에서 뚝 떨어진 사람 같았다. 헤일처럼 오세이지족과 긴밀한 유대를 맺은 이주민들도 백인의 길을 피할 수 없으며, 오세이지족이 살 길은 그 길을 따르는 것뿐이라고 주장했다. 헤일은 자신뿐만 아니라 자신이 거쳐온 황무지 또한 완전히 바꿔놓을 결심을 다지고, 드넓은 초원에 울타리를 쳐서 무역거점과 도시로 이루어진 네트워크를 만들 계획을 짰다.

그레이호스에 있던 존 플로러의 상점.

 1880년대에 캔자스의 개척자로 오세이지 영토를 '신의 나라'라고 부르던 존 플로러가 그레이호스에 최초의 무역거점을 세웠다. 몰리의 아버지 네카에세이는 그 가게 앞 응달에서 시간을 보내며 동물 가죽을 팔곤 했다. 몰리는 상점 주인의 아들과 친해졌다. 그때까지 몰리는 백인을 몇 명 본 적이 없었기 때문에, 그의 피부가 물고기 배처럼 허옇다고 생각했다.
 상점 주인의 아들은 일기에 몰리의 가족들이 경험한 엄청난 변화를 기록해두었다. 하지만 그저 장부에 새로운 품목을 적듯이 지나가는 말처럼 언급해두었을 뿐이다. 이 일기에 따르면, 어느 날 어떤 상인이 네카에세이를 지미라고 부르기 시작했다. 그러자 곧 다른 상인들도 몰리의 아버지를 지미라고 부르기 시작했고, 오래지 않아 그의 오세이지 이름 대신 지미라는 이름이 굳어졌다. "가게에 자

플로러의 상점 앞에 서 있는 몰리의 아버지(오른쪽).

주 오던 그의 딸들도 그런 식으로 이름이 생겼다."[22] 상점 주인의 아들은 일기에 이렇게 썼다. 이렇게 해서 와콘타헤움파가 몰리가 되었다.

몰리는 어머니처럼 레깅스와 스커트와 블라우스를 입고, 모카신을 신고, 담요를 걸친 차림으로 집의 한 귀퉁이 바닥에서 잠을 잤으며, 힘든 집안일을 도와야 했다. 하지만 그때는 비교적 평화롭고 행복한 시기였다. 몰리는 의식이 열릴 때 춤과 잔치를 즐기고, 개울에서 물총놀이를 하고, 초록색 벌판에서 남자 어른들이 망아지를 타고 질주하는 모습을 지켜보았다. 상점 주인의 아들은 이렇게 썼다. "반쯤 기억에서 사라진 꿈같은 기억이 아직도 남아 있다. 아이의 의식 속에 경이롭고 신비로운 모습으로 점차 다가오던 매혹적인 세계의 기억이다."[23]

몰리가 일곱 살이던 1894년에 아이를 세인트루이스 학교에 보내야 한다는 통보가 왔다. 포허스카에서 문을 연 가톨릭 기숙 여학교인 그곳까지 가려면 수레를 타고 북동쪽으로 이틀 동안 가야 했다. 인디언실 실장은 이렇게 말했다. "인디언은 반드시 백인의 방식을 따라야 한다. 그들이 기꺼이 따르면 평화로울 것이고, 필요하다면 강제적인 방법을 쓸 것이다."[24]

당국은 몰리의 부모에게 이 통보를 따르지 않으면 정부가 배당금 지불을 중단해서 식구들이 굶주리게 만들겠다고 경고했다. 그래서 3월의 어느 날 아침, 몰리는 집에서 나와 말이 끄는 수레에 올라야 했다. 수레가 보호구역 중심부에 있는 포허스카를 향해 출발하자 몰리는 지금껏 자신이 알던 세상의 전부였던 그레이호스가 점차 사라지는 모습을 지켜보았다. 남은 것은 천막 꼭대기에서 솟아나와 하늘로 사라져가는 연기뿐이었다. 앞에는 초원이 아주 오래된 해저처럼 한없이 펼쳐져 있었다. 마을도 없고 사람도 없었다. 소설가인 윌라 캐더의 표현을 빌리자면, 세상 가장자리에서 미끄러져 "인간의 관할구역 밖으로" 떨어진 것 같았다.

흔들리는 수레를 타고 몰리는 아무것도 없는 황무지를 달렸다. 아직은 이곳의 그 무엇도 다듬어져 있지 않았다. 해가 지기 시작하자 마부와 몰리는 수레를 멈추고 야영준비를 했다. 해가 지평선 아래로 떨어진 뒤, 하늘이 피처럼 붉게 변했다가 검은색이 되었다. 짙은 어둠을 조금이나마 희석해주는 것은 달과 별뿐이었다. 오세이지족은 달과 별에서 많은 일족들이 내려왔다고 믿었다. 몰리는 안갯속의 여행자가 되었다. 밤의 세력들이 그녀를 에워싸고 있었지만,

소리만 들릴 뿐 눈에 보이지는 않았다. 코요테들이 횡설수설하는 소리, 늑대가 울부짖는 소리, 그리고 악령이 깃들어 있다고들 하는 올빼미의 비명 같은 울음소리.

다음 날 단조로운 초원이 끝나고 나무가 우거진 산이 나타났다. 몰리와 마부는 검은 떡갈나무가 자라고 햇빛 한 줌 없는 동굴이 있는 산길을 넘어갔다. 인디언실의 한 관리가 불안한 얼굴로 말했듯이 "매복공격"[25]을 하기에 완벽한 곳이었다(그 관리는 이런 말을 덧붙였다. "분명히 말하지만 […] 무슨 짓이든 서슴지 않는 무지한 범죄자들이 있다"). 몰리와 마부는 인간의 흔적이 나타날 때까지 계속 달렸다. 인간의 흔적이란 바로 황폐해진 빨간색 단층 목조건물이었다. 오세이지족의 상점인 이 건물 근처에 더러운 하숙집과 말굽이 엄청나게 쌓여 있는 대장간도 있었다. 진흙길은 더 넓어져서 더욱더 진흙탕 길로 변했다. 그 길 양편에 상점들이 점점이 흩어져 있었다. 이 상점들은 손님들이 진흙탕 길을 피해서 걸을 수 있게 판자를 깔아두었고, 말을 매어둘 기둥도 갖추고 있었다. 풍상에 시달린 상점 외관은 산들바람만 불어도 폭삭 쓰러질 것 같았다. 개중에는 마치 2층이 있는 것처럼 진짜 같은 그림을 그려놓아 제법 웅장하게 보이는 곳도 있었다.

몰리는 포허스카에 도착했다. 보호구역의 수도인 이 도시가 비록 작고 지저분해 보이기는 했지만(이곳을 다녀간 어떤 사람은 "진흙투성이의 작은 무역거점"이라고 묘사했다), 몰리는 아마 이만큼 규모가 큰 정착지를 처음 보았을 것이다. 그녀는 1.6킬로미터쯤 떨어진 건물로 안내되었다. 4층 높이의 무서운 석조건물이었다. 이 세인트루이

몰리는 세인트루이스 학교에 억지로 다닐 수밖에 없었다.

스 가톨릭 학교에서 그녀는 흑백 옷을 입은 여자들의 손에 맡겨졌다. 몰리는 학교 정문을 통과해서(매슈스는 오세이지족이 다닌 다른 기숙학교의 입구를 "크고 검은 입, 살쾡이의 입보다 더 크고 더 어두운 곳"[26]이라고 묘사했다), 바람이 잘 통하는 미로 같은 복도를 지나갔다. 어둠 속에서 석탄 등롱들이 빛나고 있었다.

몰리는 어깨에 걸친 인디언 담요를 벗고 평범한 옷으로 갈아입어야 했다. 오세이지 말을 사용하는 것은 금지되었다. 백인의 말을 배워야 하기 때문이었다. 그녀가 받은 성경에는 뚜렷한 우주관이 첫 페이지부터 적혀 있었다. "하느님이 가라사대 빛이 있으라 하시매 빛이 있었고 그 빛이 하느님의 보시기에 좋았더라 하느님이 빛과 어두움을 나누사."

학생들은 정해진 시간표에 따라 줄을 지어서 이리저리로 행군하

듯 이동했다. 그들은 피아노, 글씨 쓰기, 지리, 산수 등을 배웠다. 세상이 낯선 기호들로 정리되었다. 이 학교의 가르침은 몰리를 백인 사회에 동화시켜, 당국이 생각하는 이상적인 여성으로 만들기 위한 것이었다. 그래서 다른 학교에 다니는 오세이지족 소년들이 농사와 목공을 배우는 동안, 몰리는 바느질, 빵 만들기, 세탁 등 '살림의 기술'을 배웠다. "인디언 소녀들을 세심하게 교육하는 것이 얼마나 중요한지 이루 말할 수 없다." 미국 정부 관리의 말이다. 그는 이런 말을 덧붙였다. "남자가 근면하게 열심히 일해서 식구들에게 먹을 것과 입을 것을 마련해주더라도, 아내가 요리를 할 줄 모르고 바느질에 익숙하지 않고 깔끔하게 정돈하는 습관이 없어서 즐겁고 행복해야 할 가정을 더럽고 불결한 곳으로 만들어버린다면 무슨 소용이 있겠는가? (…) 이교도의 의식과 미신에 끈질기게 집착하며 그 가르침을 자녀들에게 전달하는 사람이 바로 여자들이다."[27]

몰리의 학교에 다니던 많은 오세이지족 학생들이 도망치려고 시도했지만, 보안관들이 말을 타고 그들을 쫓아가 밧줄로 묶어서 다시 데려왔다. 몰리는 매년 8개월씩 수업을 들었다. 그러다 그레이호스의 집으로 돌아가면, 담요를 걸치고 모카신을 신은 소녀들이 점점 줄어드는 것을 알 수 있었다. 청년들도 허리에 천을 두르는 대신 바지를 입었고, 투구 장식 모양으로 머리를 깎는 대신 챙이 넓은 모자를 썼다. 영어를 배우지 않고 과거의 관습을 지키는 부모를 창피하게 생각하는 학생들도 많아졌다. 오세이지족의 한 어머니는 아들에 대해 이렇게 말했다. "우리가 하는 말에 아이가 귀를 닫아버렸다."[28]

몰리의 가족은 200년의 역사 위에 걸터앉아 있을 뿐만 아니라, 두 개의 문명 사이에 걸쳐져 있었다. 1890년대 말에 미국 정부가 동화 정책을 더욱 강화하기 위해 토지분할을 실시하면서 몰리 가족의 고민은 더욱 깊어졌다. 정부는 오세이지족 보호구역의 땅을 160에이커씩 분할해서 진정한 '부동산'으로 만든 뒤, 부족원 한 사람당 한 필지씩 나눠주었다. 그리고 남는 땅은 이주민들에게 개방했다. 이미 많은 부족에게 실시된 적이 있는 이 분할제도는 옛날식 공동체 생활에 종지부를 찍고 미국 인디언들을 개인 재산 소유주로 만들기 위해 고안된 것이었다. 이 정책이 시행되면 인디언들의 땅을 손에 넣기가 쉬워지는 것 또한 우연한 결과가 아니었다.

오세이지족은 체로키 영토의 일부였으며, 오세이지족 보호구역의 서쪽 경계선 근처의 광대한 초원지대인 체로키 하구가 어떻게 되었는지 이미 보았다. 미국 정부는 체로키족에게서 이 땅을 사들인 뒤, 1893년 9월 16일 정오에 4만 2,000필지를 이주민들에게 선착순으로 나눠주겠다고 발표했다. 이주민 한 명은 한 필지만 차지할 수 있었다. 그러자 며칠 전부터 남녀노소를 막론하고 수만 명의 사람들이 몰려들었다. 개중에는 저 멀리 캘리포니아나 뉴욕에서 온 사람들도 있었다. 누더기를 입은 더러운 사람들이 필사적인 표정으로 지평선을 따라 장사진을 이루었다. 마치 내분이 일어난 군대 같았다.

일찍 온 사람 여러 명이 남들보다 먼저 경계선을 몰래 넘어가려

1893년에 땅을 차지하려고 달려가는 사람들.

다가 총에 맞은 뒤, 마침내 출발신호가 울렸다. "지상 최초의 땅을 향한 질주."[29] 한 신문은 이런 제목을 달았다. 어떤 기자는 "남자들이 앞으로 달려나가며 서로를 쓰러뜨렸다. 여자들은 비명을 지르며 쓰러져 기절하는 바람에 사람들의 발에 짓밟혔다. 죽은 사람도 있을 것이다. 남자, 여자, 말이 초원 사방에 쓰러져 있었다. 여기저기서 남자들이 서로 자기가 먼저 발을 들여놓았다며 땅을 놓고 다투다 목숨을 잃었다. 칼과 총이 모습을 드러냈다. 무시무시하고 오

싹한 광경이었다. 어떤 펜으로도 그 광경을 제대로 묘사할 수 없다. (…) 누구의 도움도 기대할 수 없고, 뒤처진 사람은 악마에게 잡아먹히는 투쟁의 현장이었다."[30] 해가 질 때까지 체로키 하구는 조각조각 나뉘었다.

오세이지족은 땅을 구매해서 살고 있었으므로, 정부가 쉽사리 토지분할 정책을 시행할 수 없었다. 부족 역사상 가장 위대한 추장 중 한 명인 제임스 빅하트(그는 수족의 언어, 프랑스어, 영어, 라틴어 등 7개

언어를 할 수 있었고, 양복을 입었다)의 지도로 오세이지족은 미리 기선을 제압할 수 있었다. 하지만 압박이 점점 강해지고 있었다. 시어도어 루스벨트는 토지분할을 거부하는 인디언에게 어떤 운명이 닥칠지 이미 경고한 바 있었다. "일하지 않는 백인들처럼 그런 인디언도 자신이 훼방을 놓고 있는 이 지상에서 사라지게 하라."[31]

20세기 초에 빅하트를 비롯한 여러 오세이지족 인물들은 정부 관리들의 표현대로 "거대한 폭풍"이 다가오는 듯한 이 상황을 더 이상 피할 수 없음을 깨달았다.[32] 미국 정부는 인디언 영토를 분할해서 오클라호마라고 불리는 새로운 주에 편입시킬 계획이었다. ('오클라호마'는 촉토족 말로 '붉은 사람들'이라는 뜻이다.) 빅하트는 토지분할을 몇 년 동안 미루는 데 성공했다. 오세이지족은 인디언 영토에서 가장 마지막으로 토지분할을 겪은 부족이었다. 그 덕분에 그들은 오클라호마주의 성립을 막는 최후의 장애물을 제거하려고 애쓰던 정부 관리들 앞에서 좀 더 유리한 입장이 될 수 있었다. 1904년에 빅하트는 존 파머라는 젊은 열혈 변호사를 멀리 워싱턴까지 보냈다. "워싱턴의 맥박을 계속 손가락으로 재기"[33] 위해서였다. 백인 상인과 수족 여성 사이에서 태어나 고아가 된 파머는 오세이지족 가정에 입양되어 오세이지족 여성과 결혼했다. 오클라호마의 연방 상원의원은 파머를 가리켜 "현존하는 인디언 중 가장 달변가"[34]라고 말했다.

빅하트와 파머, 그리고 여러 부족원들은 토지분할의 조건을 놓고 정부 관리들과 몇 달 동안 협상을 벌였다. 오세이지족은 땅을 부족원들에게만 나눠준다는 조건을 관철시켰다. 그 결과 각자에게 돌아가는 땅의 면적이 160에이커에서 657에이커로 늘었다. 나중에 백인들이 부족원들에게서 땅을 사들일 수는 있겠지만, 일단은 땅을 차지하려고 수많은 사람들이 미친 듯이 달려가는 사태를 피하려는 방책이었다. 오세이지족은 또한 합의서에 언뜻 이상하게 보이는 조항도 끼워넣는 데 성공했다. "땅 밑에 묻힌 석유, 가스, 석탄, 기타 광물은 (…) 이로써 오세이지족의 몫이 된다."[35]

오세이지족은 땅 밑에 석유가 어느 정도 묻혀 있다는 사실을 알고 있었다. 10여 년 전, 한 오세이지족이 그레이호스에서 상점을 경영하던 존 플로러에게 보호구역 동쪽의 개울물 위에서 반짝이는 무지개를 보여준 적이 있었다. 그 오세이지족 인디언은 바로 그 자리에서 자신의 담요를 개울물에 적신 뒤 그릇에 물기를 짰다. 플로러는 자기 가게에서 파는 차축 윤활유와 비슷한 냄새가 그 액체에서 나는 것 같다고 생각했다. 그가 그 액체를 들고 서둘러 달려가 다른 사람들에게 보여주자, 다들 그의 짐작이 맞다고 확인해주었다. 그 액체는 석유였다. 플로러는 부유한 금융가와 짝을 이루어, 부족의 허락을 받아서 땅을 빌려 시추를 시작했다. 오세이지족이 막대한 재산을 땅 밑에 깔고 앉아 있다고 짐작하는 사람은 거의 없었지만, 토지분할 협상이 진행될 무렵에는 이미 소규모 유정 여러 개가 작동하고 있었다. 그래서 오세이지족은 자신들이 살고 있는 땅의 지하자원, 자기들은 눈으로 볼 수도 없는 지하의 영토를 기민하게 지켜냈다. 1906년에 토지분할법의 조항들에 합의하고 난 뒤, 파머는 의회를 향해 이렇게 자랑했다. "내가 오세이지 합의서를 제대로 작성했다."[36]

오세이지족 명부에 올라 있는 다른 사람들과 마찬가지로 몰리의 가족들도 각자 정해진 몫을 받았다. 다시 말해서, 부족의 광물 트러스트에서 한몫을 확보한 것이다.[37] 이듬해에 오클라호마가 46번째 주로 아메리카 합중국에 편입되자, 부족원들은 이제 오세이지 카운티가 된 지역에 있는 자기들의 땅을 판매할 수 있게 되었다. 하지만 광물 트러스트에 대한 부족의 통제권을 유지하기 위해, 땅에 묻힌 광물에 대한 균등 수익권은 아무도 사고팔 수 없었다. 주인이 바뀌는 것은 상속을 통해서만 가능했다. 몰리의 가족들은 최초로 결성된 이 지하 보호구역의 일원이 되었다.

ഐര

부족은 곧 탐사를 하고 싶어 하는 많은 백인들에게 땅을 빌려주기 시작했다. 몰리는 인부들이 열심히 일하는 모습을 보았다. 진흙투성이 인부들은 니트로글리세린을 채운 폭파관을 땅속으로 집어넣은 뒤 폭파시켰다. 그 와중에 가끔 고대 인디언들의 창이나 화살촉 조각이 튀어나오기도 했다. 그들은 그런 물건을 황당한 눈으로 바라보았다. 그들은 신전처럼 하늘로 솟아오른 목조 구조물을 만들고, 자기들만의 언어로 노래를 불렀다. "뛰어라, 고양이야, 뛰어. 거기에 고리를 걸어, 딱딱이야. 높구나. 보내버려, 곡괭이야. 더벅머리 위로. 나와라, 불평꾼 판자야."[38] 석유를 찾겠다고 무모하게 돌아다니는 많은 사람들이 땅을 팠다가 먼지만 풀풀 날리는 것을 보고 절망하며 급히 물러갔다. 한 오세이지족은 그런 백인들이 "내일이면 세상이 멸망할 것처럼 군다"[39]고 말했다.

미니애폴리스의 변호사인 조지 게티는 20세기 초에 오세이지 영토 동쪽의 50번 필지를 500달러에 빌려서 가문의 사업인 석유탐사를 시작했다. 그의 아들인 진 폴 게티는 아직 어렸을 때 아버지와 함께 그곳에 간 적이 있었다. 나중에 게티 석유회사를 설립한 진 폴은 이렇게 회상했다. "그때는 개척시대였다. 자동차도 없고, 전화기도 거의 없고, 전기를 쓰는 곳도 많지 않았다. 20세기가 시작되었는데도, 19세기의 영향이 아직 많이 남아 있었다." 그의 말은 계속 이어졌다. "대단한 모험 같았다. 부모님은 그 일에서 나처럼 매력을 발견하지 못했다. 우리는 오세이지 영토 안쪽으로 9마일(14.4킬로미터—옮긴이)쯤 들어간 곳에 있는 50번 필지까지 말이 타는 수레를 타고 자주 갔다. 그곳까지 가는 데는 두어 시간쯤 걸렸고, 도중에 강을 하나 건너야 했다."[40]

진 폴은 인디언들을 직접 만나기 전에 아버지에게 이렇게 물었다. "위험한 사람들인가요? 우리가 싸워서 물리쳐야 해요?"[41]

아버지는 웃음을 터뜨렸다. "아니. 조용하고 평화로운 사람들이야."

1917년 비가 내릴 것 같던 어느 봄날에 프랭크 필립스(원래 대머리를 치료해준다는 약을 팔다가 무모하게 석유를 찾아나선 사람)는 50번 필지에서 채 800미터도 떨어지지 않은 185번 필지에 인부들과 함께 나와 있었다. 그들이 단 위에서 시추공을 파고 있는데, 유정탑이 덜덜 떨리기 시작했다. 마치 기관차가 바로 옆에서 질주하고 있는 것 같은 진동이었다. 구멍 속에서 우르릉거리고 쿨렁거리는 소리가 나

오세이지의 땅에서 석유가 솟는 모습.

자 인부들은 도망쳤다. 모두들 비명을 질렀지만, 곧 포효처럼 커진 소리에 비명이 묻혀버렸다. 시추공을 파던 인부가 필립스를 붙잡고 단에서 끌어내리는 순간 땅이 폭발하듯 터지면서 검은 석유 기둥이 공중으로 솟아올랐다.

새로 석유가 발견될 때마다 점점 더 숨이 막힐 만큼 굉장한 광경이 펼쳐지는 것 같았다. 한때 너무나 가난해서 기차표를 살 돈도 없었던 E. W. 말런드는 1920년에 미국에서 생산량이 가장 많은 유전 중 하나인 버뱅크를 찾아냈다. 이 유전은 처음 24시간 동안 680배럴의 석유를 생산했다.

유정에서 기름이 터지면, 많은 오세이지족이 기름 기둥이 가장 잘 보이는 곳을 찾아 이리저리 달려갔다. 그들은 불꽃이 튀지 않게 주의하면서, 15미터나 18미터, 때로는 무려 30미터까지 공중으로 솟아오르는 석유를 눈으로 좇았다. 허공에서 호선을 그리며 커다란 검은 날개처럼 흩뿌려지는 석유는 죽음의 천사 같았다. 벌판과 꽃에 석유가 한 꺼풀씩 내려앉았고, 인부들과 구경꾼들의 얼굴에도 얼룩으로 남았다. 그래도 사람들은 좋아서 서로를 끌어안고 모자를 허공으로 던졌다. 토지분할이 실시되고 곧 세상을 떠난 빅하트는 "오세이지족의 모세"로 찬양받았다. 검고 미끈거리고 냄새가 나는 이 광물이 세상에서 가장 아름다운 물건으로 보였다.

5

악마의 사도들

　돈은 몰리가 무심한 백인 관리들을 움직여서 인디언들을 살해한 범인을 찾게 만들 수 있는 수단이었다. 1921년 7월에 리지가 세상을 떠난 뒤, 몰리의 제부인 빌 스미스는 리지가 서서히 독에 중독된 것 같다는 의심을 당국에 알렸다. 하지만 8월이 되어도 보안관들은 전혀 수사를 하지 않았다. 이제 석 달이 되어가는 애나의 살인 사건 수사에도 전혀 진척이 없었다. 몰리의 가족들은 수사를 촉구하기 위해 성명서를 발표했다. "범죄의 비열함"과 "다른 사람들 또한 위험해질 수 있다는 점"[1] 때문에 범인의 체포에 결정적인 정보를 제공하는 사람에게 현금으로 2,000달러의 보상을 지급하겠다는 내용이었다. 화이트혼의 가족들도 찰스를 죽인 범인을 잡는 일에 2,500달러의 보상금을 제시했다. 오세이지 카운티에서 범죄의 싹을 짓밟아버리자고 나선 윌리엄 헤일은 범인을 살려서든 죽여서든 일단 잡아오는 사람에게 자신 역시 보상금을 지급하겠다고 약속했다. 그는 "이 유혈극에 이만 종지부를 찍어야 한다"고 말했다.[2]

하지만 수사 당국의 태도는 계속 뒷걸음질쳤다. 오클라호마주 법무장관은 프리스 보안관이 밀주와 도박을 허용함으로써 "법을 집행하는 데 실패했다"[3]는 이유로 그를 기소했다. 프리스는 혐의를 부인했고, 그의 사건이 재판을 기다리는 동안, 치안을 책임진 이 두 권력자는 서로 대립했다. 헤일은 이런 소란을 감안해서, 이제 사립탐정을 고용해야 할 것 같다고 선언했다.

19세기와 20세기 초에 사립탐정들은 중앙의 통제를 받지 않고, 자금도 부족하고, 무능하고, 부패한 보안관과 경찰국의 공백을 메워주었다. 범죄에 강력히 맞서 싸우는 보안관 대신 모르는 것이 없는 사립탐정이 문학과 대중의 상상 속에서 거친 방법으로 정의를 실현하는 '좋은 사람'의 원형이 되었다. 탐정은 위험한 미지의 땅인 깊은 골목들과 어지러운 빈민가를 누볐다. 탐정의 상징은 총구에서 연기가 피어오르는 6연발 권총이 아니었다. 그들은 셜록 홈스처럼 놀라운 머리와 추리력에 의존했다. 그들은 세상의 왓슨들이 그냥 보아 넘기는 것들을 '관찰'하는 능력을 지니고 있었다. 탐정은 어지럽게 뒤섞인 단서들 속에서 질서를 찾아냈다. 한 저술가는 이것을 이렇게 표현했다. "잔혹한 범죄, 사람들 속의 야수가 남긴 흔적을 지적인 퍼즐로 바꿔놓았다."[4]

하지만 사람들이 사립탐정에게 느끼는 매혹에는 처음부터 반감 또한 섞여 있었다. 탐정들은 제대로 훈련받지 않았고, 규정에 얽매이지 않았으며, 아예 전과가 있는 경우도 많았다. 그들은 대개 자신에게 돈을 지불하고 일을 맡긴 고객을 위해 남들의 비밀을 함부로 파헤치는 수상쩍은 인물로 여겨졌다('탐지하다'라는 뜻의 단어 'to detect'는 '지붕을 벗긴다'는 뜻의 라틴어 동사에서 유래했다. 전설에 따르면, 악마는 주택의 지붕을 벗겨 제 부하들이 그 안을 음탕하게 엿볼 수 있게 해준다고 한다. 따라서 탐정detective은 '악마의 사도'로 불렸다)[5]. 1850년에 앨런 핑커튼이 미국 최초의 사립탐정 사무소를 차렸다. 광고에는 이 회사의 좌우명인 "우리는 결코 잠들지 않는다"는 문장이 적혀 있고, 그 위에는 커다랗고 신비로운 눈이 하나 그려져 있었다. 여기에서 탐정을 가리키는 표현인 'private eye'라는 말이 나왔다. 핑커튼은 탐정산업을 위한 청사진 역할을 한 지침서에서, 탐정이 때로는 "엄격한 진실의 길에서 벗어나" "속임수에 의존해야" 할 때가 있음을 인정했다.[6] 그러나 탐정이라는 직업을 경멸하는 사람들조차 탐정을 필요악으로 보았다. 한 사립탐정은 자신이 "파렴치한 뱀" 같은 존재일 수도 있지만 또한 "다른 방법이 모두 실패했을 때, 분노에 찬 법의 제왕을 위해 조용하고 비밀스럽게 효과적인 복수를 해주는 사람"이기도 하다고 표현했다.[7]

헤일은 캔자스시티에서 파이크라는 이름으로 통하는 우울한 탐정을 찾아냈다. 옥수수 모양의 파이프로 담배를 피우고 얼룩 같은 콧수염을 기른 파이크는 자신의 신분이 노출되지 않도록, 휘즈뱅 근처의 은밀한 곳에서 헤일을 만났다(헤일 같은 유력한 시민들은 휘즈뱅이라는 이름이 품위가 없다고 보고, 오세이지족의 한 유명한 가문 이름을 따서 드노야라고 불렀다.) 유전에서 올라온 연기가 하늘로 사라지는 가운데, 헤일은 파이크와 이야기를 나눴다. 그리고 파이크는 슬그머니 그 자리를 떠나 수사를 시작했다.

몰리와 가족들의 지시에 따라, 애나의 돈도 사립탐정을 고용하는 데 이용되었다. 애나의 재산은 빅힐 무역회사의 주인인 스콧 매시스가 관리하고 있었다. 그가 이미 오래전부터 애나와 리지의 후견인으로서 재산관리를 맡았기 때문이었다. 미국 정부는 많은 오세이지족이 돈을 관리할 능력이 없다면서, 부족민 중에서 그들의 신탁기금을 관리할 능력이 있는 사람을 가려내라고 인디언실에 요구했다. 부족이 격렬히 반대했으나 리지와 애나를 포함한 많은 오세이지족이 "재산관리 능력이 없는 사람"으로 판정되어서, 인근의 백인을 후견인으로 지정해 구멍가게에서 치약 하나를 사는 일에 이르기까지 모든 지출에 대한 감독과 승인을 맡길 수밖에 없었다. 제1차 세계대전에 참전한 경력이 있는 한 오세이지족은 이렇게 불평했다. "나는 프랑스에서 이 나라를 위해 싸웠는데, 내 수표에 서명할 권리조차 없다니."[8] 후견인은 보통 오세이지 카운티의 가장 유력한 백인 시민들 중에서 선정되었다.

매시스는 사립탐정 여러 명을 모아 팀을 구성했다. 화이트혼의 재산관리인도 같은 방법을 선택했다. 오세이지족의 죽음을 수사하게 된 이 탐정들은 대부분 윌리엄 J. 번스 국제 탐정사무소에서 일하다가 독립해 나온 사람들이었다. 전직 비밀경호국 요원인 번스는 핑커튼의 뒤를 이어, 세계에서 가장 유명한 사립탐정이 되었다. 땅딸막한 몸매에 화려한 콧수염을 기르고 머리카락은 빨간색이고 한때 배우를 꿈꿨던 번스는 자신에게 신비롭고 매력적인 분위기를 만들어냈다. 자신이 다룬 사건들을 소재로 대중적인 탐정소설을 쓴

빅힐 무역회사를 경영하는 스콧 매시스는 애나와 리지의 후견인이었다.

것이 여기에 어느 정도 작용했다. 그는 한 작품에서 이렇게 선언했다. "내 이름은 윌리엄 J. 번스, 내 주소는 뉴욕, 런던, 파리, 몬트리올, 시카고, 샌프란시스코, 로스앤젤레스, 시애틀, 뉴올리언스, 보스턴, 필라델피아, 클리블랜드, 그 밖에 법을 준수하며 똑바로 살아가는 시민들을 노리는 범죄자들을 밝혀내고, 몰래 잠복해 있던 암살자들을 끌어내는 일을 조용히 해낼 줄 아는 사람들이 필요한 곳이라면 어디든."[9] 그는 끊임없이 자기 홍보를 해댄 탓에 "신문 1면용 탐정"이라고 불렸지만, 사실 1910년에 〈로스앤젤레스 타임스〉 본사를 폭파시켜 스무 명의 인명을 앗아간 범인들을 잡는 등 대단한 기록을 갖고 있었다. 〈뉴욕타임스〉는 번스를 가리켜 "어쩌면 이 나라가 만들어낸 단 한 명의 진정 위대한 탐정, 천재적인 탐정"[10]이라

탐정 윌리엄 번스.

고 묘사했다. 또한 아서 코난 도일 경은 번스가 바라 마지않던 별명을 그에게 지어주었다. "미국판 셜록 홈스"라고.

하지만 셜록 홈스와 달리 번스는 배심원들에게 수작을 부리고, 용의자를 납치했다고 알려져 있다. 그는 제국 첩자들의 지저분한 수법들을 일상적으로 사용했다. 증거를 훔치기 위해 뉴욕의 한 법률사무소에 무단침입하다 붙잡혔을 때, 그는 음모의 존재를 증명하기 위해 가끔은 이런 방법이 필요하다면서, 사립탐정들이 이미 "수천 번이나"[11] 이런 일을 했다고 말했다. 번스는 탐정이라는 새로운 직업을 완벽하게 구현한 인물이었다.

그해 여름, 매시스가 고용한 사립탐정팀이 오세이지 카운티에 스며들기 시작했다.[12] 탐정들 각자는 일일 보고서에 자신의 신원을 숫자로만 표기했다. 수사를 처음 시작할 때, 10번 탐정은 애나의 검시에 참가한 배심원이었던 매시스에게 범죄현장으로 안내해달라고 말했다. "매시스와 나는 시체가 발견된 곳으로 나갔다."[13] 10번 탐정은 이렇게 썼다.

또 다른 탐정은 애나의 수석 하녀를 만났다. 그녀는 시체가 발견된 뒤 애나의 열쇠꾸러미를 찾아내서 애나의 여동생인 리타 스미스와 함께 애나의 집으로 갔다고 말했다. 보안관실에서 그 집을 단 한 번도 수색한 적이 없다는 것은 믿을 수 없을 만큼 놀라운 사실이었다. 하녀와 리타는 조심스레 문을 열고 고요한 집 안으로 들어갔다. 애나의 보석 장신구와 담요와 사진이 보였다. 그녀가 평생 모은 삶의 보물들이 이제는 사라진 도시의 폐허 같았다. 애나가 사라진 날 애나에게 옷을 입혀주었던 수석 하녀는 "모든 것이 우리가 마지막으로 이 집을 나왔을 때와 똑같았다"[14]고 말했다. 하지만 한 가지 예외가 있었다. 애나가 몰리의 집에서 열린 오찬에 참석하러 갈 때 가져갔던 악어가방이 바닥에 떨어져 있었다. 수석 하녀는 "누가 그 안의 물건을 찢듯이 빼간 것 같았다"고 말했다.

그 외에는 아무것도 도난당한 흔적이 없었다. 악어가방이 집 안에 있는 것으로 보아, 애나가 그날 오찬 이후 집에 들렀을 가능성이 높았다. 애나를 집까지 데려다주었다는 몰리의 시동생 브라이언의 말이 사실인 것 같았다. 그렇다면 그가 애나를 다시 데리고 나간 걸까? 아니면 애나가 다른 사람과 외출했을까?

10번 탐정은 풍부한 단서를 찾아낼 가능성이 있는 다른 방향으로 주의를 돌렸다. 바로 애나의 통화기록이었다. 당시 전화는 교환대의 교환수가 직접 손으로 선을 연결해주는 방식이었다. 장거리 전화는 여러 대의 교환대를 거치는 경우도 많았다. 교환수들은 대개 자신이 이어준 전화들을 문서로 기록해두었다. 애나가 사라진 날 저녁 8시 30분경 페어팩스의 한 교환수가 남긴 기록에 따르면, 그레이호스에서 남서쪽으로 약 10킬로미터 떨어진 마을 랠스턴의 한 업체 전화기로 누군가가 애나의 집에 전화를 걸었다. 십중팔구 애나로 짐작되는 누군가가 전화를 받았다는 기록도 남아 있었다. 그렇다면 8시 30분에 애나가 아직 집에 있었을 가능성이 높다는 뜻이었다. 그녀를 집까지 데려다주었다는 브라이언의 증언이 사실임을 보여주는 또 하나의 증거였다.

10번 탐정은 자신이 일종의 돌파구 앞에 서 있음을 깨닫고, 그 전화의 출발지인 랠스턴의 업체로 서둘러 달려갔다. 그 업체 주인은 애나의 집에 전화를 건 적이 없다고 주장했다. 자신의 전화기로 장거리 전화를 걸 수 있는 사람은 자신뿐이라는 말도 했다. 랠스턴의 교환수 중 누구도 이 전화를 페어팩스의 교환수에게 연결해주었다는 기록을 남기지 않은 것이 업체 주인의 주장을 뒷받침해주었다. "수수께끼의 전화통화다."[15] 10번 탐정은 이렇게 썼다. 그는 랠스턴의 전화번호가 사실은 '차단막' 역할을 한 것 같다고 짐작했다. 어떤 교환수가 뇌물을 받고, 처음 전화연결을 요청한 사람의 정체가 드러나 있는 기록 원본을 파기한 것 같다는 얘기였다. 다시 말해서, 누군가가 자신의 흔적을 지우려고 애쓰는 듯했다.

10번 탐정은 오다 브라운을 자세히 들여다보아야겠다고 생각했다. "이혼한 남편에게 전체적인 의심이 쏠리고 있다."[16] 그는 이렇게 썼다. 하지만 시간이 늦었으므로 그는 다음과 같은 말로 보고서를 마무리했다. "밤 11시 조사 중단."

⋆⋆⋆

1주일 뒤, 이 팀의 또 다른 구성원인 46번 탐정이 브라운의 위치를 파악하기 위해 그레이호스에서 북서쪽으로 40킬로미터 떨어진 퐁카시티로 파견되었다. 지독한 폭풍이 초원을 가르며 불어와서 거리를 진흙탕으로 바꿔놓았으므로, 46번 탐정은 날이 어두워진 뒤에야 퐁카시티에 도착했다. 게다가 알고 보니 브라운은 이곳에 있지 않았다. 그의 아버지가 살고 있는, 오클라호마주 페리에 갔다고 했다. 다음 날 46번 탐정은 남쪽으로 향하는 기차를 타고 페리까지 갔지만, 브라운은 그곳에도 없었다. 사람들 말로는 포니 카운티에 있을 것이라고 했다. "따라서 나는 기차가 들어오자마자 페리를 떠났다."[17] 46번 탐정은 보고서에 이렇게 썼다. 셜록 홈스 이야기에 나오지 않는 부분이 바로 이런 것이다. 진짜 탐정들이 지루하게 거짓 단서를 쫓아다니다가 막다른 길과 부닥치는 이야기.

46번 탐정은 이런 식으로 계속 여기저기 오가다가 마침내 포니 카운티에서 호리호리하고 믿음이 가지 않는 인상의 남자가 담배를 피우고 있는 것을 언뜻 보았다. 머리는 적갈색이고 회색 눈은 단조로웠다. 오다 브라운이었다. 그는 애나가 죽은 뒤 재혼했다고 알려진 포니족 여성과 함께 있었다. 46번 탐정은 그들에게 바짝 붙어서 미행했다. 어느 날 그는 브라운에게 접근해서 친해지려고 시도해보았다. 핑커튼 지침서의 조언을 따른 행동이었다. "언제나 경계를 늦추지 않는 탐정은 범죄자가 가장 약한 순간을 포착해서, 범죄자가 탐정에게 품은 공감과 믿음을 이용해 그를 집어삼킬 비밀을 억지로 털어놓게 만든다."[18] 46번 탐정은 브라운에게 차츰 신뢰를 얻었다. 브라운이 전처가 살해되었다는 이야기를 꺼내자, 46번 탐정은 그녀가 사망할 당시 브라운이 어디에 있었는지 알아내려고 시도했다. 브라운은 새로 사귄 친구가 직업적인 탐정일지도 모른다고 의심했는지, 다른 여자와 다른 곳에 가 있었다고만 말할 뿐 정확히 어디에 있었는지는 말해주지 않았다. 46번 탐정은 브라운을 아주 주의 깊게 살펴보았다. 범인이 품은 비밀은 그의 내면에서 그의 '적'이 되어, "그가 내면에 구축한 요새를 모두 약화시킨다"[19]고 지침서에 적혀 있기 때문이었다. 하지만 브라운에게는 불안한 기색이 전혀 없었다.

46번 탐정이 브라운을 조사하는 동안, 또 다른 조사원인 28번 탐정은 오세이지 카운티의 서쪽 경계선 근처에 사는 젊은 코족 여성에게서 몹시 중요해 보이는 비밀을 알아냈다. 그 여성은 직접 서명한 진술서에서, 페어팩스에 사는 인디언 로즈 오세이지가 자신에게 직접 애나를 죽인 사실을 인정했다고 주장했다. 애나가 로즈 오세이지의 남자친구인 조 앨런을 유혹하려 했다는 것이 범행의 이유였다. 로즈는 남자친구까지 셋이서 함께 차를 타고 가다가 자신이 "그녀의 정수리를 총으로 쏘았다"고 말했다.[20] 그러고 나서 그녀는 조의 도움으로 시체를 스리마일 개울에 버렸다. 또한 로즈의 옷에 애나의 피가 잔뜩 튀었기 때문에 옷도 벗어서 개울에 버렸다.

오싹한 내용이었지만, 28번 탐정은 기분이 들떴다. 그는 일일 보고서에서 아직 재판을 기다리는 중인 프리스 보안관과 매시스를 찾아가 "사건 해결에 좋은 단서가 될 것 같은 이 이야기를" 몇 시간 동안 뒤쫓았다고 말했다.[21]

하지만 탐정들은 이 인디언 여성의 이야기를 쉽사리 확인할 수 없었다. 애나가 로즈나 조와 함께 있는 모습을 본 사람이 하나도 없었고, 시체 옆의 개울에서 발견된 옷가지도 없었다. 혹시 그 인디언 여성이 순전히 보상금을 노리고 거짓말을 했을까?

두툼한 목과 가슴에 살이 늘어져 있는 프리스 보안관은 탐정들에게 로즈와 그녀의 남자친구를 용의자에서 제외하라고 촉구했다. 그러고는 이 이야기를 반박하는 소문을 제시했다. 애나가 죽기 직전에, 비정한 유전 인부 두 명이 그녀와 함께 있는 모습이 목격되었으며, 사건 이후 그 둘이 급히 떠나버렸다는 내용이었다. 탐정들은 이 소문의 진위를 살펴보기로 했다. 하지만 로즈가 범인이라는 주장과 관련해서 28번 탐정은 "이 가설도 끝까지 따라가볼 것"이라고 다짐했다.[22]

탐정들은 조사결과 알아낸 사실들을 몰리의 제부인 빌 스미스에게 알렸다. 스물아홉 살인 스미스는 여전히 나름대로 조사를 진행 중이었다. 그는 원래 말도둑이었으나, 처음에는 몰리의 동생 미니와 결혼했고, 미니가 1918년에 정체불명의 '소모성 질환'으로 죽은 뒤에는 겨우 몇 달 만에 몰리의 또 다른 동생인 리타와 결혼해 오세이지의 재산에 발을 담그게 되었다. 빌은 술에 취해 리타에게 손찌검을 한 적이 한두 번이 아니었다. 나중에 한 하인은 리타가 빌과 한바탕 싸우고 난 뒤 "잔뜩 맞은 것 같은 모습으로 나왔다"[23]고 회고했다. 빌은 그 하인에게 "인디언 여자들과 잘 지내는 방법은 이것뿐"이라고 말했다. 리타는 빌과 헤어질 것이라고 자주 으름장을 놓았지만, 결코 헤어지지 않았다.

리타는 머리가 명석했지만, 그녀와 가까운 사람들은 그녀가 누군가의 표현처럼 "진정 눈먼 사랑"[24] 때문에 판단력이 떨어진 것 같다고 생각했다. 몰리는 혹시 빌이 미니의 죽음과 관련되어 있지 않은지 의심을 품고 있었다. 헤일 역시 빌을 믿지 않는다는 점을 분명히 했다. 그 지역의 변호사 중 한 명도 빌이 "탐욕을 위해 결혼이라는 신성한 결합을 더럽히고 있다"[25]고 의심했다.

하지만 애나의 살인사건 이후 빌은 어느 모로 보나 범인을 찾는 데 열성이었다. 빌은 마을의 재단사가 뭔가 알고 있을 것 같다는 말을 듣고 사립탐정 한 명과 함께 그를 찾아갔으나, 그는 로즈 오세이지가 질투 때문에 분노해서 애나를 죽였다는, 이미 친숙해진 소문

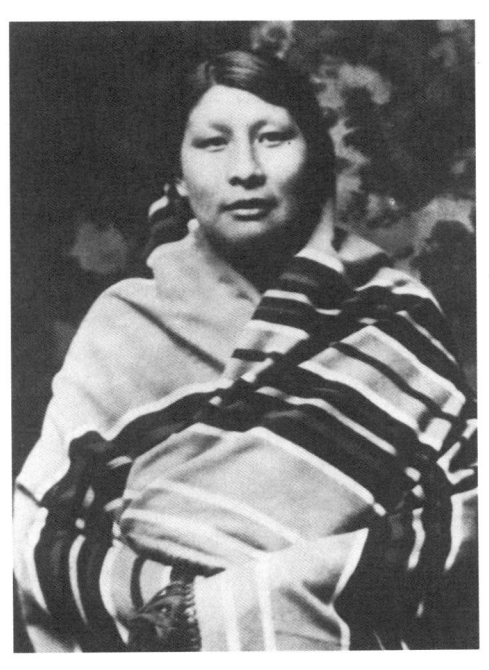

몰리의 동생 리타.

을 늘어놓을 뿐이었다.

 탐정들은 어떻게든 돌파구를 찾고 싶어서 로즈와 남자친구에게 도청장치를 설치하기로 했다. 당시에는 전자 감시장비와 관련된 법이 아직 모호해서, 번스는 시계에서부터 샹들리에에 이르기까지 어디에나 숨길 수 있는 원시적인 도청장치인 딕토그래프를 열렬히 애용했다. "번스는 그 장비가 탐정들에게 지닌 엄청난 가능성을 가장 먼저 알아본 미국인이었다." 1912년에 〈리터러리 다이제스트〉는 이렇게 보도했다. "그는 그 장치를 워낙 좋아해서 언제나 주머니에 가지고 다녔다."[26] 19세기에 앨런 핑커튼의 상징이 '눈'이었다면,

5 악마의 사도들　093

20세기 번스의 상징은 '귀'였다.

　탐정들은 다른 방에 숨어서 이어폰을 귀에 꽂고, 지직거리는 소음과 함께 들려오는 로즈와 남자친구의 목소리에 귀를 기울였다. 하지만 곧 흥분이 사라지고 두 사람의 지루한 사생활만 남았다. 원래 감시를 하다 보면 자주 있는 일이다. 탐정들은 결국 도청장치를 통해 엿들은 시시콜콜한 이야기들을 받아 적는 일을 아예 중단해버렸다.

　하지만 이보다 전통적인 방법을 통해 놀라운 사실 하나가 발견되었다. 애나가 사라진 날 그녀를 몰리의 집까지 태워준 택시기사가 애나의 요청으로 그레이호스의 공동묘지에 먼저 들렀다는 이야기를 탐정들에게 해준 것이다. 그녀는 택시에서 내려 묘비들 사이를 휘청휘청 통과해서 아버지의 무덤 앞에 걸음을 멈췄다고 했다. 그로부터 얼마 되지 않아 그녀는 그 옆자리에 묻혔다. 그날 그 자리에 서 있는 모습이 마치 자신에게 추도의 기도를 하는 것 같았다고 택시기사는 말했다. 그러고 나서 애나는 다시 차로 돌아와 기사에게 사람을 시켜 아버지의 무덤에 꽃을 보내달라고 부탁했다. 아버지의 무덤이 항상 예쁜 모습으로 있기를 바란다는 말도 덧붙였다.

　몰리의 집으로 가는 동안 애나는 택시기사를 향해 몸을 기울였다. 그녀가 곧 '아기'를 낳을 것이라고 비밀을 털어놓을 때, 택시기사는 그녀의 입에서 술 냄새를 맡았다.

　"세상에, 설마요." 택시기사가 대답했다.

　"진짜예요." 애나가 말했다.

　"그래요?"

"네."²⁷

탐정들은 애나와 가까웠던 사람 두 명에게 이 이야기가 맞는지 확인해보았다. 두 사람 모두 애나에게서 임신 소식을 들었다고 말했다. 하지만 아기 아버지가 누구인지는 아무도 몰랐다.

∽∾∿

그해 여름 어느 날, 채플린을 닮은 콧수염을 기른 남자가 그레이호스에 나타나 탐정들을 돕겠다고 나섰다. 44구경의 잉글리시불도그 권총으로 무장한 그 남자의 이름은 A. W. 콤스톡. 그는 이 지역에서 활동하는 변호사이자 여러 오세이지족 인디언들의 후견인이었다. 일부 주민들은 매부리코와 구릿빛 피부를 지닌 콤스톡이 인디언 혼혈인지도 모른다고 생각했다. 콤스톡 본인도 법률가로서 자리를 잡는 동안 이런 짐작을 별로 반박하지 않았다. "그가 인디언으로 자신을 소개하면, 인디언들과 상당히 잘 지낼 수 있겠지, 안 그래?"²⁸ 어느 법률가가 회의적인 말투로 한 말이다. 윌리엄 번스는 한때 땅 임대조건 완화를 위해 오세이지 부족회의에 뇌물을 쓰려 한 석유회사를 도운 혐의로 콤스톡을 조사한 적이 있지만, 그의 혐의를 입증하지는 못했다.

콤스톡이 오세이지족과 여러 면에서 접촉하고 있었기 때문에, 탐정들은 조사를 돕겠다는 그의 제안을 받아들였다. 탐정들이 찰스 화이트혼과 애나 브라운의 살인사건이 어떻게 연결되어 있는지 밝혀내려고 애쓰는 동안, 콤스톡은 스스로 구축한 정보망을 통해 자잘한 정보를 수집해서 알려주었다. 화이트혼의 아내인 해티가 남편의 돈을 탐냈다는 소문, 그가 다른 여자와 바람을 피워서 해티가 질투했다는 소문 등이었다. 혹시 그가 바람을 피운 상대가 애나 브라운일까? 이 의문은 논리적으로 또 다른 의문을 이끌어냈다. 화이트혼이 아기 아빠일까?

탐정들은 24시간 내내 해티 화이트혼을 따라다니기 시작했다. 남에게 들키지 않고 누군가를 감시할 수 있다는 사실이 아주 즐거웠다. "조사원들은 포허스카에서 오클라호마시티까지 화이트혼 부인을 미행했다. (…) 화이트혼 부인을 따라 오클라호마시티에서 거스리로 갔다. (…) 화이트혼 부인을 따라 털사에서 포허스카로 갔다."[29] 하지만 아무런 소득이 없었다.

화이트혼과 애나 브라운이 살해당한 지 9개월 뒤인 1922년 2월에 조사원들은 도저히 뚫을 수 없는 막다른 길에 부닥친 것 같았다. 헤일이 불러온 탐정 파이크는 이미 손을 떼고 떠났다. 프리스 보안관도 수사를 지휘하지 않았다. 그 2월에 그는 법을 제대로 집행하지 못했다는 배심원 평결에 따라 파면되었다.

같은 달 어느 추운 밤에 오세이지족 출신으로 스물아홉 살의 스티어로핑(로데오 경기 중 소를 잡아서 묶는 시간을 재는 종목―옮긴이) 챔피언인 윌리엄 스텝슨에게 전화가 한 통 걸려왔다. 페어팩스의 집에서 나오라는 내용이었다. 몇 시간 뒤 아내와 두 아이가 있는 집으로 돌아온 그는 확연히 아파 보였다. 그는 언제나 놀라울 정도로 건강했지만, 전화를 받고 겨우 몇 시간 만에 죽어버렸다. 그의 시신을 조사한 관계자들은 그가 밖에서 만난 누군가가 그에게 아마도 스트

윌리엄 스텝슨.

리크닌으로 짐작되는 독을 슬쩍 먹였다는 결론을 내렸다. 스트리크닌은 쓴 맛이 나는 흰색 알칼로이드로, 19세기의 의학 논문에 따르면 거의 모든 독약에 비해 "더 파괴적인 에너지를 지니고 있다"[30]고 했다. 이 논문에는 실험실에서 동물에게 스트리크닌을 주입했더니, 그 동물이 "흥분해서 부들부들 떨다가 다리부터 뻣뻣해져서 발작을 일으켰다"고 묘사되어 있었다. 또한 "이런 증상들이 점점 심해지다가 마침내 온몸이 격렬하게 경련하면서 고개가 뒤로 젖혀지고, 척추가 뻣뻣해지고, 다리는 쫙 뻗은 채로 경직되고, 가슴도 굳어서 호흡이 곤란해졌다"는 설명도 있었다.[31] 스텝슨은 숨을 거둘 때까지 마지막 몇 시간 동안 지독한 고통에 시달렸을 것이다. 전기충격을 받은 사람처럼 근육이 경련하고, 목이 쭉 늘어나고, 턱에 힘이 들어가고, 숨을 쉬려고 애써도 허파가 수축해서 결국 질식했을 것이다.

5 악마의 사도들

스텝슨이 세상을 떠날 무렵에는 시신에서 독약을 감지해낼 수 있는 도구들이 다양하게 개발되어 있었다. 시신의 조직 샘플을 채취해서 검사하면 스트리크닌에서부터 비소에 이르기까지 여러 독약의 존재를 알아낼 수 있었다. 그러나 이런 감식방법은 대부분의 지역에서 지문감식이나 탄도검사보다 훨씬 덜 적용되었다. 1928년 미국 국립연구회의가 실시한 조사에서는 미국 내 대부분의 카운티에서 검시의가 "훈련과 경험이 없는 사람"이며 "직원들의 실력도 뛰어나지 않고 장비도 부족하다"[32]는 결론이 나왔다. 감식방법을 배운 검시의도 없고 감식을 담당할 기관도 없는 오세이지 카운티 같은 곳에서는 독살이야말로 완벽한 살인방법이었다. 독약은 약국이나 식료품점에서 얼마든지 구할 수 있었다. 그리고 총을 이용할 때와 달리, 아무런 소리도 나지 않았다. 독에 중독되었을 때 나타나는 증상 또한 자연스러운 질병과 비슷한 경우가 많았다. 구토와 설사는 콜레라 증상과 비슷하고, 경련은 심장발작 환자와 비슷한 식이었다. 금주법 시대에는 메틸알코올을 비롯한 여러 독성물질로 만든 밀주 위스키 때문에 수많은 사람들이 목숨을 잃었으므로, 밀주를 마시는 누군가의 잔에 살인자가 독을 첨가하더라도 전혀 의심받지 않고 무사히 빠져나갈 수 있었다.

1922년 3월 26일, 즉 스텝슨의 사망으로부터 한 달도 채 되지 않았을 때 한 오세이지족 여성이 독살로 의심되는 죽음을 맞았다. 이번에도 철저한 독물검사는 실시되지 않았다. 7월 28일에는 30대 오세이지족 남성인 조 베이츠가 낯선 사람에게서 받은 위스키를 한 모금 마신 뒤 입가에 거품을 물고 쓰러졌다. 그의 목숨을 앗아간 것도, 당국의 묘사에 따르면, 정체를 알 수 없는 독약이었다. 그는 아내와 자녀 여섯 명을 유족으로 남겼다.

이처럼 수상쩍은 죽음이 계속 늘어나고 있던 그해 8월, 많은 오세이지족이 쉰다섯 살의 부유한 백인 석유 사업가인 바니 맥브라이드에게 워싱턴으로 가서 연방기관에 수사를 요청하라고 압력을 넣었다. 맥브라이드는 크리크족 인디언인 아내가 세상을 떠난 뒤 아내가 데려온 딸을 혼자 키우고 있었다. 그는 오클라호마의 인디언들 사이에서 벌어지는 일에 커다란 관심을 갖고 있었으며, 오세이지족도 그를 신뢰했다. 한 기자는 그를 가리켜 "상냥한 백발 남성"[33]이라고 묘사했다. 그는 워싱턴의 관리들을 많이 알고 있었으므로, 사람들은 자신의 뜻을 전달할 전령으로서 그가 안성맞춤이라고 생각했다.

맥브라이드는 워싱턴에 도착해 숙소에 들어간 뒤, 동료가 보낸 전보가 놓여 있는 것을 보았다. "조심하시오."[34] 전보에는 이렇게 적혀 있었다. 맥브라이드는 성경책과 45구경 연발권총을 가지고 다녔다. 저녁에 그는 당구를 치려고 엘크스 클럽에 들렀다. 얼마 뒤 밖으로 나가려는데, 누군가가 그를 붙잡고는 머리에 마대자루를 씌워 단단히 묶어버렸다. 다음 날 아침 메릴랜드의 배수용 도랑에서 맥브라이드의 시신이 발견되었다. 몸에는 스무 개가 넘는 자상이 있었고, 두개골도 얻어맞아 함몰된 상태였다. 옷은 완전히 벗겨지고 양말과 신발만 남아 있었는데, 그중 한 곳에 그의 이름이 적힌 카드가 들어 있었다. 현장에서 수집한 증거들로 보아 그를 공격한 사람이 두 명 이상인 듯했다. 당국은 범인들이 오클라호마에서부터 그를 미행했을 것이라고 짐작했다.

　이 살인사건 소식은 몰리의 가족들에게 금방 알려졌다. 〈워싱턴 포스트〉가 "이 도시의 범죄역사 중 가장 잔혹하다"[35]고 표현한 이 사건은 단순한 살인사건이 아닌 것 같았다. 범인이 모종의 경고를 전달하려고 한 기색이 역력했다. 〈워싱턴 포스트〉는 점차 분명해지는 의심을 헤드라인에 실었다. "부유한 인디언들을 죽이려는 음모가 있는 듯."[36]

6
백만 달러 느릅나무

 이렇게 살인사건이 이어지는데도, 세계 최대의 석유재벌들은 계속 이곳을 찾았다. 이 석유사업가들, 즉 E. W. 말런드, 빌 스켈리, 해리 싱클레어, 프랭크 필립스와 그의 형제들은 3개월에 한 번씩 오전 10시에 호화로운 기차를 타고 포허스카의 기차역으로 들어왔다. 신문들은 이 소식을 속보로 전했다. "백만장자 특급 곧 도착."[1] "포허스카시가 오늘은 석유사업가들의 것."[2] "백만장자들 절호의 순간을 기다리다."[3]
 그들이 온 것은 오세이지 땅의 임대 경매를 위해서였다. 1년에 약 네 번씩 열리는 이 행사는 내무부가 주관했다. 한 역사가는 이 행사를 "오세이지 몬테카를로"[4](몬테카를로는 도박장으로 유명한 곳이다. 오세이지 경매에서 잘만 하면 일확천금을 노릴 수 있다는 뜻—옮긴이)라고 부르기도 했다. 1912년에 이 경매가 시작된 이후로, 오세이지 카운

프랭크 필립스(아래쪽 계단에 서 있는 사람)를 비롯한 석유 사업가들이 1919년에 오세이지의 땅에 도착한 모습.

티의 광대한 지하 보호구역 중 시추가 이루어진 곳은 극히 일부에 불과했다. 그리고 그동안 보통 160에이커에 해당하는 한 필지의 임대료 경매가는 하늘 높은 줄 모르고 치솟았다. 1923년 〈데일리 오클라호먼〉은 "《브루스터의 수백만 달러》의 주인공인 브루스터는 한 해에 100만 달러를 쓰려다가 거의 신경쇠약에 걸릴 뻔했다. 만약 브루스터가 오클라호마에 왔다면 (…) 고개를 살짝 끄덕이는 것만으로 100만 달러를 쓸 수 있었을 것"[5]이라고 말했다.

날씨가 좋을 때면 포허스카의 산꼭대기 야외에서 경매가 열렸다. "백만 달러 느릅나무"라고 불리는 커다란 나무 그늘이 경매장이었다. 구경꾼 중에는 몇 킬로미터나 떨어진 곳에서 온 사람들도 있었다. 어니스트도 가끔 경매를 보러 갔고, 몰리를 비롯한 다른 부족원들도 마찬가지였다. "구경꾼들 사이에도 유색 피부가 조금 보인다. 오세이지 인디언들은 (…) 대개 금욕적이지만 경매에 흥미를 보인다."[6] AP통신의 이 기사에는 일반적인 인식이 드러나 있다. 동네의 다른 사람들, 즉 빅힐 무역회사의 주인인 매시스와 헤일처럼 저명한 이주민들도 경매에 촉각을 곤두세웠다. 석유 붐 덕분에 이 지역으로 흘러 들어오는 돈이 그들의 사업체를 키우는 데에도, 허허벌판을 상업의 횃불로 변화시키겠다는 허황된 꿈을 현실로 만드는 데에도 도움이 되었기 때문이다.

경매사는 키가 크고 머리가 점점 벗어지고 있는 백인 남자로, 우렁찬 목소리를 지니고 있었다. 번드르르한 줄무늬 셔츠와 셀룰로이드 옷깃, 길게 흐르듯이 늘어진 타이가 그의 전형적인 옷차림이었다. 시계와 연결된 금속 사슬이 그의 주머니에서 대롱거렸다. 그는 오세이지족의 모든 거래를 주관했으며, "대령"이라는 별명으로 불렸다. 그 덕분에 마치 제1차 세계대전에 참전한 퇴역군인처럼 보였다. 하지만 사실 '대령Colonel'은 그의 세례명 중 일부였다. 커널Colonel 엘즈워스 E. 월터스. 최고의 흥행사인 그는 "자, 자, 얼른 부르세요. 이러다 시추공이 새끼를 치겠습니다"[7] 같은 서민적인 말로 입찰자들을 독려했다.

가장 가치가 떨어지는 땅이 가장 먼저 제시되기 때문에, 재벌들은 보통 뒤에서 꾸물거리며 풋내기들이 가장 먼저 입찰하도록 내버려두었다. 오세이지 경매에 여러 차례 참여한 진 폴 게티는 석유가

대령 월터스가 백만 달러 느릅나무 밑에서 경매를 진행하고 있다.

묻혀 있는 이 땅의 임차권이 사람의 운명을 크게 바꿔놓곤 했다고 회상했다. "막다른 곳까지 몰려서 현찰도, 돈을 빌릴 곳도 남지 않은 빈털터리가 (…) 유정 하나로 부자가 되는 일이 드물지 않았다."[8] 하지만 잘못 입찰했다가는 파멸할 가능성도 있었다. "큰돈을 벌거나 (…) 잃는 일이 일상이었다."

석유사업가들은 열심히 지도를 연구하는 한편, '유전탐색'과 정보수집을 위해 고용한 사람들에게서 땅 임대에 관한 정보를 얻었다. 점심 휴식시간이 지나고 나면, 좀 더 가치 있는 땅이 경매에 나오기 시작했다. 그러면 사람들의 눈은 필연적으로 석유업계의 거물들에게 향했다. 그들은 19세기 철도재벌과 강철재벌을 능가하지는 못할망정 최소한 우열을 다툴 수 있을 정도의 힘을 지니고 있었다. 그들 중 일부는 이미 자신의 영향력을 이용해서 역사의 방향을 바꾸는 중이었다. 1920년에 싱클레어와 말런드를 비롯한 여러 석유 사업가들이 대통령 선거에서 워런 하딩을 경제적으로 지원해 성공을 거둔 것이 한 예다. 오클라호마 출신의 한 석유사업가는 하딩을 후보로 올리기 위해 자신의 세력이 100만 달러를 들였다고 친구에게 털어놓았다. 하딩이 백악관에 입성한 뒤, "석유사업가들은 입맛을 다시며 기대했다."[9] 한 역사가가 한 말이다. 싱클레어는 가짜로 회사를 설립해서 신임 내무장관인 앨버트 B. 폴에게 20만 달러가 넘는 돈을 몰아주었다. 또 다른 석유사업가는 아들을 시켜 검은 가방에 든 10만 달러를 내무장관에게 건넸다.

그 대가로 내무장관은 이들이 해군이 전략적으로 보유하고 있는 귀중한 석유매장지를 이용할 수 있게 해주었다. 싱클레어는 와이오밍의 한 매장지를 독점적으로 임대했다. 그 근처에 있는 사암의 모양을 따서 티포트 돔이라고 불리는 곳이었다. 스탠더드 오일의 사장은 선거 때 하딩의 보좌관을 지낸 사람에게 이렇게 경고했다. "내가 알기로 내무부가 티포트 돔의 임대계약을 곧 체결할 작정이라던데, 업계 전반에서 냄새가 납니다. (…) 당신이 대통령한테 냄새가 난다는 이야기를 꼭 해야 할 것 같아요."[10]

이런 식의 부정한 보은은 아직 국민들에게 알려지지 않았다. 그래서 오세이지 카운티의 경매장에서 백만 달러 느릅나무 앞으로 접근하는 거물들은 자본주의의 왕 같은 대접을 받았다. 사람들은 양편으로 갈라져 그들에게 길을 내주었다. 입찰이 진행되는 동안 때로는 거물들 사이의 긴장이 끓어 넘치기도 했다. 한 번은 프랭크 필립스와 빌 스켈리가 미친 너구리처럼 바닥을 뒹굴며 싸움을 벌인

적도 있었다. 그동안 싱클레어는 대령에게 고개를 한 번 끄덕이고는, 임차권을 따낸 뒤 의기양양하게 자리를 떴다. 한 기자는 이렇게 말했다. "뉴욕 증권거래소의 베테랑들도 전국적인 명성을 지닌 석유사업가들이 원하는 땅을 얻기 위해 소란 속에 몸을 던져 몸부림치는 모습보다 더 짜릿한 쟁탈전은 본 적이 없다."[11]

ఎరం

1923년 1월 18일, 즉 맥브라이드가 살해당한 지 5개월이 되었을 때, 석유업계의 많은 거물들이 또 경매를 위해 한자리에 모였다.[12] 겨울이었으므로 그들이 모인 장소는 포허스카의 콘스탄틴 극장이었다. "오클라호마의 극장 건물 중 최고"[13]라고 선전되던 이 극장에는 그리스식 기둥과 벽화가 있었고, 무대 주위에는 불빛들이 목걸이처럼 빙 둘러 설치되어 있었다. 여느 때처럼 대령은 가치가 덜 나가는 땅부터 경매에 내놓았다. "호가하시겠습니까?" 그가 소리쳤다. "잊지 마세요. 500달러 이하의 물건은 없습니다."[14]

사람들 사이에서 누군가가 외쳤다. "500달러."

"500달러 나왔습니다." 대령이 우렁차게 말했다. "600달러 안 계십니까? 500에서 600, 500에서 600, 500에서 600, 감사합니다. 600 나왔습니다. 그러면 이제 700 갑니다. 600에서 700…" 대령은 잠시 멈췄다가 소리쳤다. "이 신사 분에게 600달러로 낙찰되었습니다."

그날 하루 종일 새로운 땅이 경매에 나올 때마다 값이 꾸준히 올라갔다. 1만 달러… 5만 달러… 10만 달러…

대령이 놀리듯이 말했다. "월스트리트가 깨어나고 있군요."

13번 땅은 60만 달러가 넘는 가격으로 싱클레어에게 임대되었다.

대령은 심호흡을 했다. "14번 물건입니다." 풍요로운 버뱅크 유전 한복판에 있는 땅이었다.

사람들은 숨을 죽였다. 이윽고 경매장 한복판에서 겸손한 목소리가 들려왔다. "50만 달러." 그는 걸프 오일의 계열사인 집시 석유회사에서 대표로 나온 사람이었다. 그는 지도를 무릎 위에 펼쳐놓고 앉아서 계속 지도를 내려다보며 가격을 불렀다.

"60만 달러 안 계십니까?" 대령이 물었다.

대령은 알아보기 힘든 아주 작은 동작까지도 잘 알아보기로 유명했다. 경매에서 프랭크 필립스와 그의 형제 한 명은 거의 알아보기 힘든 신호들을 사용했다. 한쪽 눈썹을 치뜬다거나 시가를 한 번 튕기는 식이었다. 프랭크는 자신의 형제가 파리 한 마리를 찰싹 때리는 바람에 10만 달러를 손해본 적이 있다고 우스갯소리를 했다.

대령은 이곳에 모인 사람들을 잘 알고 있었으므로, 불을 붙이지 않은 시가를 꽉 물고 있는 반백의 남자를 가리켰다. 그는 프랭크 필립스와 스켈리를 포함한 여러 세력의 컨소시엄이 내보낸 대표자였다. 과거의 적들이 이제는 동맹이 된 셈이었다. 반백의 남자는 거의 알아볼 수 없을 만큼 살짝 고개를 끄덕였다.

"70만." 대령이 처음 50만 달러를 불렀던 사람을 재빨리 가리키며 소리쳤다. 그도 고개를 끄덕였다.

"80만." 대령이 말했다.

그는 다시 첫 번째 입찰자, 즉 무릎에 지도를 펼쳐놓은 남자를 바

석유 붐이 일기 전 1906년의 포허스카 시내.

라보았다. 그 남자가 말했다. "90만."

불을 붙이지 않은 시가를 문 반백의 남자가 또 고개를 끄덕였다. 대령은 우렁차게 소리쳤다. "100만 달러."

입찰자들은 계속 가격을 높여 불렀다. "110만에서 120만." 대령이 말했다. "110만에서 120만… 120만."

마침내 아무도 입을 열지 않았다. 대령은 반백의 남자를 바라보았다. 그는 불을 붙이지 않은 시가를 계속 씹고 있었다. 경매장 안에 있던 한 기자는 이렇게 말했다. "방 안에 공기가 부족한 것 같았다."

대령이 말했다. "이건 버뱅크입니다."

움직이는 사람도, 입을 여는 사람도 없었다.

"낙찰!" 대령이 소리쳤다. "110만 달러입니다."

새로 경매가 열릴 때마다 입찰가격 기록이 갱신되는 것 같았

| 석유 러시로 달라진 포허스카.

다. 단일 필지의 임대가격으로는 200만 달러에 근접한 액수가 최고였고, 경매의 낙찰가격 총합은 1,400만 달러 가까이 치솟았다. 〈하퍼스 먼슬리 매거진〉에서 나온 기자는 이렇게 썼다. "이 끝이 어디일까? 새로운 시추공이 뚫릴 때마다 인디언들은 그만큼 부유해진다."[15] 그는 이런 말도 덧붙였다. "오세이지족 인디언들이 너무 부자가 되고 있기 때문에 뭔가 조치를 취해야 할 것 같다."[16]

ജരു

오세이지족의 부유함에 대해 경계심을 표현하는 백인들이 점점 늘어났다. 언론도 그들의 분노에 불을 지폈다. 기자들은 오세이지족이 그랜드피아노를 잔디밭에 버린다느니, 타이어가 터졌다는 이

6 백만 달러 느릅나무

언론은 자동차를 소유한 미국인의 비율이 열한 명 중 한 명꼴인 반면, 오세이지족은 거의 모두가 자동차 열한 대를 갖고 있다고 주장했다.

유로 차를 새로 산다느니 하는 이야기들을 신문에 실었다. 사실을 터무니없이 윤색할 때도 많았다. 잡지 〈여행〉은 이렇게 썼다. "오세이지족 인디언들은 오늘날 헤픈 씀씀이로 왕좌에 올랐다. 성경에 나오는 탕자는 선천적으로 쓸모없는 껍데기만 좋아할 뿐, 실제로는 검소한 사람처럼 보일 정도다." 주간지인 〈인디펜던트〉에 날아온 독자 편지에도 비슷한 감정이 표현되어 있었다. 이 편지의 필자는 오세이지족이 "우리 백인들이 개발해놓은 석유의 땅에 불행히도 정부가 그들을 정착시키는 바람에"[17] 부유해진, 아무짝에도 쓸모없는 인간들이라고 표현했다. 존 조지프 매슈스는 기자들이 "배우지 못한 사람들 특유의 말쑥함과 지혜를 지닌 신석기시대 인간들에게 재산이 미치는 기괴한 영향을 즐거이 묘사했다"[18]고 회상하면서 씁쓸해했다.

많은 오세이지족들이 능숙하게 돈을 투자했다는 이야기나 그들의 소비습관에 조상 대대로 내려온 관습, 즉 후한 씀씀이를 과시하는 것이 곧 부족의 위신이 되는 관습이 반영되어 있다는 이야기는 거의 언급되지 않았다.[19] F. 스콧 피츠제럴드가 "역사상 가장 위대하고 가장 번지르르한 흥청망청 시기"[20]라고 묘사한 광란의 1920년대에 오세이지족만 풍요를 누린 것은 아니었다. 버뱅크 유전을 찾아낸 석유재벌 말런드는 퐁카시티에 방이 스물두 개나 되는 저택을 지은 뒤, 그 집을 버리고 훨씬 더 큰 집을 새로 마련했다. 14세기 피렌체의 다반자티 저택을 본 따 실내를 꾸민 이 집에는 방이 쉰다섯 개(천장에 금박을 입히고 워터포드 크리스털 샹들리에를 매단 무도장도 포함)나 되고, 욕실은 열두 개였으며, 벽난로는 일곱 개, 주방은 세 개였다. 버펄로 가죽으로 내부를 마감한 엘리베이터도 한 대 있었다. 뜰에는 수영장, 폴로 경기장, 골프장, 섬이 있는 호수 다섯 개가 있었다. 너무 지나친 것 아니냐는 물음에도 말런드는 꺼리는 기색이 없었다. "내게 돈은 뭔가를 사고 짓는 데 필요한 것이다. 그래서 그렇게 했다. 그것이 지나치다고 지적하는 것이라면, 그런 것이겠지."[21] 하지만 겨우 몇 년 뒤 그는 완전히 무일푼이 되어서 전기요금도 내지 못해 저택을 비워주어야 했다. 그는 정치에 잠깐 발을 담갔다가 다시 한 번 유정을 찾아보려고 했지만 실패했다. 그의 집을 지어준 건축가는 이렇게 회상했다. "마지막으로 만났을 때 그는 도시 북동쪽에서 못을 담아놓은 통 같은 곳에 앉아 있는 것 같았다. 비가 내리는 날씨라 비옷을 입고 모자를 쓴 차림이었지만 낙담한 사람처럼 가만히 앉아 있기만 했다. 그의 휴대용 시추장비에서 인부 두세

명이 작업하면서 석유를 찾을 수 있으면 좋겠다고 말했다. 나는 목이 메고 눈물을 글썽거리며 그 자리를 떠났다."[22] 오클라호마에서 명성을 떨친 또 다른 석유사업자도 5,000만 달러를 순식간에 다 써버리고 빈민으로 추락했다.

이런 부자 미국인들과 달리 오세이지족은 연방정부가 강요한 재정 후견인 제도 때문에 마음껏 돈을 쓸 수 없는 처지였다(한 후견인은 오세이지족 성인이 "여섯 살이나 여덟 살짜리 아이와 같다. 새로운 장난감을 보면 사고 싶어 한다는 점에서 그렇다"고 주장했다[23]). 법에 따라, 내무부가 '무능력하다'고 판정한 미국 인디언들에게는 모두 후견인이 있어야 했다. 미국 인디언을 사실상 반쪽짜리 시민으로 만들어버린 이 후견인 제도에서 판정의 기준이 되는 것은 재산을 소유한 인디언의 몸속에 인디언의 피가 얼마나 섞여 있는가 하는 점이었다. 한 지방법원은 이것을 "종족적 취약점"이라고 표현하기도 했다.[24] 순혈 인디언에게는 예외 없이 후견인이 할당된 반면, 혼혈 인디언에게 후견인이 할당되는 경우는 드물었다. 수족의 피가 섞인 고아로 오세이지족 가정에 입양되었으며, 석유에 대한 이 부족의 권리를 지키는 데 아주 중요한 역할을 한 존 파머는 의원들에게 다음과 같이 호소했다. "백인의 피나 인디언의 피가 얼마나 되는지에 따라 여러분이 이 부족의 사람들에게서 가져가는 양이 결정되어서는 안 됩니다. 중요한 것은 인디언의 피가 얼마나 되는가 하는 점이 아닙니다. 여러분들이 다루는 것은 그런 문제가 아닙니다."[25]

이런 호소는 당연히 무시되었고, 의원들은 나무 패널로 장식된 위원회 회의실에 모여 오세이지족의 지출을 하나하나 꼼꼼히 조사하며 몇 시간을 보내곤 했다. 마치 국가안보가 걸린 문제를 다루는 사람들 같았다. 1920년에 열린 하원 소위원회 청문회에서 의원들은 몰리의 가족을 포함한 오세이지족의 지출습관을 조사하기 위해 파견되었던 정부 감찰관의 보고서를 샅샅이 살폈다. 감찰관은 마뜩잖은 얼굴로 '증거 Q'를 인용했다. 몰리의 어머니 리지가 세상을 떠나기 전에 정육점에서 받은 319.05달러짜리 청구서였다.

감찰관은 정부가 오세이지족과 석유 관련 협약 조건을 협상할 때 악마의 손에서 놀아난 것 같다고 주장했다. 그는 지옥의 형벌을 내리는 사람처럼 단언했다. "저는 우리나라의 거의 모든 도시에 가서 샅샅이 살펴본 사람이라서, 각 도시의 더러운 상처들과 부정한 쓰레기장에 대해 그럭저럭 잘 알고 있습니다. 그래도 죄악과 악덕이 쌓여 스스로 멸망한 소돔과 고모라의 이야기에 온전히 공감하지 못했는데, 이 인디언 땅에 간 뒤 생각이 달라졌습니다."[26]

그는 더 강력한 조치를 취해야 한다고 의회를 향해 탄원했다. "오세이지 카운티의 백인이라면 누구나 인디언들이 지금 미쳐 날뛰고 있다고 말할 겁니다." 그의 말은 계속 이어졌다. "우리가 그들의 돈에 규제를 가하든지, 아니면 오세이지족을 진정한 시민으로 만들 수 있을 것이라는 희망을 우리의 마음과 양심에서 완전히 지워버리든지 해야 할 때가 왔습니다."[27]

몇몇 의원들과 증인들은 오세이지족을 희생양으로 삼으려는 사람들의 기세를 누그러뜨리려고 애썼다. 그 뒤에 열린 청문회에서는 오세이지족의 후견인으로 있는 법관조차도 부유한 인디언과 부유한 백인의 소비습관이 다르지 않다는 사실을 인정했다. "이 오세이지족은 대단히 인간적입니다."[28] 그는 이렇게 말했다. 헤일도 정부가 오세이지족의 돈에 간섭해서는 안 된다고 주장했다.

하지만 1921년 의회는 오세이지족의 지출을 훨씬 더 엄격하게 통제하는 법률을 제정했다. 과거 정부가 예전에 오세이지족에게 땅의 대가로 배급제를 채택한 것과 비슷한 행동이었다. 정부는 상대를 계몽한다면서 실제로는 언제나 망치를 들고 을러대기만 하는 것 같았다. 후견인들이 인디언들의 돈 관리를 감독해야 한다는 규정은 변하지 않았다. 하지만 새로운 법률에 따라 후견인이 있는 오세이지족 인디언들조차 '규제' 대상이 되었다. 다시 말해서, 인디언들이 매년 자신의 신탁기금에서 일인당 몇 천 달러 이상 돈을 인출할 수 없게 되었다는 뜻이다. 오세이지족이 교육비나 병든 아이의 병원비로 지출할 돈이라 해도 예외가 없었다. "우리에게는 어린아이들이 많다."[29] 부족의 마지막 세습 추장은 이렇게 말했다. 당시 80대이던 그는 언론에 발표한 성명서에서 상황을 설명했다. "우리는 아이들을 잘 기르고 교육시키고 싶다. 아이들을 편안하게 해주고 싶다. 우리에게는 신경도 쓰지 않는 누군가 때문에 우리가 우리 돈을 손에 넣을 수 없는 것은 옳지 않다." 그의 말은 계속 이어졌다. "우리는 지금 우리 돈을 원한다. 그것은 우리 돈이다. 어떤 독재적인 사람이 그것을 붙잡고 있어서 우리가 쓸 수 없게 되는 것은 (…) 우리 모두에게 부당한 일이다. 우리는 어린아이들 무리처럼 대우받고 싶지 않다. 우리는 성인이며, 우리 자신의 일을 충분히 알아서 처리할 수 있다." 순혈 오세이지족인 몰리도 신탁기금을 마음대로 사용할 수 없게 되었다. 남편인 어니스트가 그녀의 후견인인데도 어쩔 수 없었다.

　오세이지족의 돈 문제에 끼어든 것은 연방정부만이 아니었다. 오세이지족은 약탈자들에게 에워싸여 있었다. 어떤 부족원은 회의에서 그들을 가리켜 "멍청이 무리"[30]라고 투덜거렸다. 타락한 지방 관리들은 오세이지족의 재산을 날름 집어삼키려 들었다. 권총강도들은 오세이지족의 은행계좌를 털려고 나섰다. 상인들은 오세이지족에게 '특별가격,' 즉 평소보다 부풀린 가격을 불렀다. 염치를 모르는 회계사와 변호사는 순혈 오세이지족의 법적인 지위가 모호하다는 점을 악용하려고 시도했다. 심지어 오리건주의 한 30세 백인 여성은 부유한 오세이지족과 결혼하고 싶다는 편지를 보내기까지 했다. "여러분이 아는 가장 부유한 인디언에게 말을 전해주세요. 그러면 그 사람은 제가 누구보다 착하고 진실된 사람임을 알게 될 겁니다."[31]

　의회에서 열린 어느 청문회에서 베이컨 라인드라는 이름의 오세이지족 추장은 백인들이 "미국에서 가장 살기 힘든 이 궁벽한 곳으로 우리를 몰아냈다. 그들은 '이 인디언들을 바위투성이 땅으로 쫓아서 구석진 곳에 몰아넣자'고 생각했다"[32]고 증언했다. 그런데 그 바위투성이 땅이 막대한 가치를 지니고 있음이 밝혀지자 "모두들 이곳에 와서 돈을 손에 넣으려고 한다." 그는 이렇게 말했다.

7

이 어둠이라는 것

1923년 2월 초에 심한 추위가 몰려왔다. 얼음처럼 차가운 바람이 초원을 가로질러 불어와서 협곡에서 휭휭 울부짖으며 나뭇가지들을 흔들어댔다. 초원은 돌처럼 딱딱하게 얼어붙었고, 하늘에서 새들이 사라졌으며, 할아버지 같은 태양도 멀고 창백하게 보였다.

어느 날 두 남자가 페어팩스에서 북서쪽으로 6.5킬로미터 떨어진 곳에서 사냥을 하다가 바위투성이 저지대 바닥에서 자동차 한 대를 발견했다.[1] 그들은 그 차에 다가가지 않고 페어팩스로 돌아와 당국에 알렸다. 부보안관과 연방보안관이 현장으로 출동했다. 점점 저물어가는 햇빛을 받으며 두 사람은 가파른 비탈길을 내려가 차가 있는 곳으로 향했다. 당시에는 차창에 커튼이 있는 자동차들이 많았으므로, 이 자동차 역시 커튼 때문에 안이 보이지 않았다. 뷰익 자동차가 마치 검은 관처럼 보였다. 운전석 쪽의 커튼이 살짝 열려 있어서 부보안관이 그 틈으로 안을 들여다보았다. 어떤 남자가 운전석에 늘어져 있었다. "아무래도 술에 취한 모양인데요."[2] 부보안관이 말했다. 하지만 힘주어 운전석 문을 열자 좌석과 바닥에 피가 보였다. 남자는 뒤통수에 총을 맞고 죽어 있었다. 현장에 총이 없다는 점과 총알 각도 때문에 자살 가능성은 배제되었다. "살인사건이라는 것을 금방 알아보았다."[3] 부보안관은 나중에 이렇게 회상했다.

석유사업가 맥브라이드가 냉혹하게 살해된 뒤 거의 6개월 동안 수상쩍은 죽음은 발생하지 않았다. 하지만 두 보안관은 차 안의 남자를 빤히 바라보면서, 그동안 살인사건이 멈춘 것이 아니었음을 깨달았다. 시체는 추위 때문에 미라처럼 변해 있었으므로, 두 사람은 그의 신원을 쉽사리 파악할 수 있었다. 그는 마흔 살의 오세이지족 인디언 헨리 론이고, 유족으로는 부인과 두 자녀가 있었다. 원래 그는 긴 머리를 두 갈래로 땋고 다녔지만, 기숙학교에 다닐 때 강요로 인해 어쩔 수 없이 머리를 자르고 이름도 론 호스에서 헨리 론으로 바꿔야 했다. 하지만 길게 땋은 머리가 없어도, 자동차를 무덤 삼아 쓰러져 있어도, 그의 갸름하고 잘생긴 얼굴과 키 크고 호리호리한 몸은 오세이지족 전사를 연상시켰다.

두 보안관은 페어팩스로 돌아가 치안판사에게 사건을 알렸다. 헤일에게도 잊지 않고 소식을 전했다. 페어팩스 시장의 회상에 따르면, "론은 W. K. 헤일을 최고의 친구로 생각"[4]했기 때문이다. 론은 순혈 인디언이라서 사용할 수 있는 돈의 액수가 공식적으로 축소되었으므로, 헤일에게 미리 현찰을 좀 줄 수 있느냐고 자주 부탁하곤 했다. "우리는 좋은 친구였고, 그는 어려울 때 내게 도움을 청했

헨리 론.

다."⁵ 헤일은 나중에 이렇게 회상하면서, 자신이 친구 론에게 빌려준 돈이 워낙 많아서 론이 2만 5,000달러짜리 생명보험의 수혜자로 자신을 지정할 정도였다고 말했다.

죽기 2주쯤 전에 론은 괴로운 목소리로 헤일에게 전화를 걸었다. 아내가 로이 번치라는 남자와 바람을 피우고 있다는 사실을 알게 되었기 때문이었다. 헤일은 론에게 가서 그를 위로해주었다.

며칠 뒤 헤일은 페어팩스 시내의 은행에서 론과 우연히 마주쳤다. 론은 그에게 돈을 몇 달러 빌려줄 수 있느냐고 물었다. 여전히 아내 때문에 우울해서 밀주라도 좀 마시고 싶다는 것이었다. 헤일은 그에게 위스키를 사지 말라고 충고했다. "헨리, 그런 짓은 그만

두는 게 좋아. 자네한테 해롭다고."[6] 그는 또한 금주법 때문에 사람들이 그를 "단속하러 나올 것"이라고 경고했다.

"술을 시내로 가지고 들어올 생각은 없어. 잘 숨겨둘 거야." 론이 말했다.

그러고 나서 론은 사라졌다가 시체가 되어 나타났다.

섬뜩한 절차가 다시 시작되었다. 부보안관과 연방보안관이 다시 협곡으로 갈 때 헤일도 동행했다. 이미 어둠이 사건현장을 수의처럼 덮고 있었다. 그들은 비탈길 위에 자기들의 자동차를 줄지어 세워두고 헤드라이트로 저 아래를 비췄다. 한 관리는 "진정한 죽음의 계곡"[7]이라는 표현을 썼다.

헤일은 비탈길 위에 남아 검시 절차가 시작되는 것을 지켜보았다. 여러 남자들이 윤곽으로만 보이는 뷰익 자동차를 드나들었다. 쇼운 형제 중 한 명은 사망시각이 대략 열흘 전이라는 결론을 내렸다. 보안관들은 시체의 자세를 살펴보았다. "양손이 가슴 앞에 포개져 있고 머리는 좌석 위에 있다."[8] 총알이 그의 오른쪽 눈으로 빠져나와 자동차 앞유리창을 박살낸 것도 확인했다. 깨진 유리조각이 자동차 보닛과 그 너머의 땅바닥에 흩어져 있었다. 보안관들은 론의 소지품도 확인했다. "지폐로 20달러, 1달러 은화 두 개, 그리고 (…) 금시계 하나."[9] 진흙이 그대로 얼어붙은 땅바닥에서는 다른 자동차의 바퀴자국이 발견되었다. 뷰익 자동차와 가까운 곳에 나 있는 그 자국은 아마도 범인이 남긴 것인 듯했다.

이 살인사건이 알려지면서 사람들은 다시 두려움에 빠져 예민해졌다. 〈오세이지 추장〉은 1면에서 "헨리 론, 미지의 범인에게 피격"[10]

이라는 제목을 실었다. 공교롭게도 에이브러햄 링컨이 미국인들에게 영감을 주었다고 찬사를 보내는 글이 같은 호에 실려 있었다.

몰리도 큰 충격을 받았다. 어니스트를 만나기 10여 년 전인 1902년에 그녀는 론과 잠깐 결혼생활을 한 적이 있었다. 두 사람의 관계에 대한 상세한 자료는 거의 남아 있지 않지만, 아마도 중매결혼이었을 가능성이 높다. 사라져가는 전통을 보존하려는 어른들이 두 어린 청소년(당시 몰리는 겨우 열다섯 살이었다)을 결혼시켰을 것으로 짐작된다. 이 결혼은 오세이지족의 관습에 따라 성립되었으므로, 헤어질 때 법적인 이혼절차는 필요하지 않았다. 두 사람이 각자 제 갈 길로 갔을 뿐이었다. 그래도 두 사람은 스치듯 짧았던 그 시절의 기억을 공유하고 있었다. 두 사람이 헤어질 때 사이가 나빴던 것 같지는 않으니, 어쩌면 내심 서로를 향해 따뜻한 마음을 간직하고 있었는지도 모른다.

카운티의 많은 주민들이 론의 장례식에 참석했다. 오세이지족 장로들이 고인을 위해 전통적인 노래를 불러주었다. 하지만 이제 그 노래는 살인이 난무하는 이 세상을 견뎌야 하는 산 사람들을 위한 노래처럼 보였다. 헤일은 이번에도 운구에 참여해서 친구의 관을 높이 들었다. 헤일이 가장 좋아하는 시에는 예수의 산상수훈 구절이 포함되어 있었다.

> 사람의 판단은 그릇될 수 있으나, '모든 일을 잘하는' 사람이 있다.
> 인생이라는 항해 내내 이 가르침을 잊지 말라.
> '남에게 대접받고자 하는 대로 너희도 남을 대접하라.'[11]

몰리는 언제나 당국의 조사를 도왔지만, 그들이 론의 죽음을 들여다보기 시작하자 마음이 불편해졌다. 그녀는 나름대로 구축한 미국적인 자아를 갖고 있었다. 그래서 집 안을 깔끔하게 정리하듯이 자신의 과거를 정리했으며, 본능적으로 질투심이 많은 두 번째 남편 어니스트에게는 오세이지 전통으로 치러진 론과의 결혼을 이야기하지 않았다. 어니스트는 이 힘든 시기에 몰리에게 많은 의지가 되었고, 몰리는 얼마 전 셋째 아이인 딸을 낳기도 했다. 두 사람은 그 아기의 이름을 애나라고 지었다. 만약 몰리가 론과의 관계를 당국에 알린다면, 자신이 그동안 내내 어니스트를 속여왔음을 어니스트에게도 인정할 수밖에 없었다. 그래서 그녀는 남편에게도, 당국에게도 말하지 않기로 결심했다.[12] 몰리에게도 비밀이 생겼다.

※

론의 죽음 이후 오세이지의 주택들 외부에 전구가 내걸리기 시작했다. 지붕과 창턱에서, 뒷문 위에서 전구들이 대롱거리며 어둠을 도려냈다. 오클라호마의 한 기자는 이렇게 말했다. "포허스카에서 어느 방향으로 가든 밤이면 전구들이 오세이지족 인디언들의 집 윤곽선을 그려내고 있는 모습을 보게 될 것이다. 이곳에 처음 온 사람은 석유로 부자가 된 것을 보란 듯이 자랑하는 짓이라고 생각할지도 모른다. 하지만 모든 오세이지족이 잘 알고 있듯이, 그 전구들은 오세이지족의 땅을 마르게 하고 변화시킨 무자비한 망령과 보이지 않는 손이 은밀하게 다가오는 것을 막기 위해 달아놓은 것이다. 다른 인디언 부족들은 오세이지족의 땅을 낙원에 버금간다며 부러워하지만, 그 망령과 보이지 않는 손은 그 땅을 망자들의 해골이 널린 죽음의 땅이자 골고다 언덕으로 바꿔놓았다. (…) 오세이지족의 땅에 항상 떠돌아다니는 질문이 있다. '다음 차례는 누구일까?'"[13]

살인자들이 만들어낸 공포 분위기가 동네의 분위기를 갉아먹었다. 사람들은 이웃을 의심하고, 친구를 의심했다. 찰스 화이트혼의 부인은 남편을 죽인 자들이 곧 "자신도 처리할 것"[14]이라고 확신했다. 당시 페어팩스에 잠시 다녀온 적이 있는 어떤 사람은 그곳 사람들이 "공포에 마비되어 있었다"[15]고 나중에 회상했으며, 한 기자는 "수수께끼와 공포의 어두운 장막이 (…) 석유가 여기저기 흩어져 있는 오세이지의 계곡들을 뒤덮었다"[16]고 말했다.

이처럼 위험이 점점 높아지는데도 몰리와 가족들은 범인을 찾으려는 노력을 계속했다. 빌 스미스는 탐정 노릇에 점점 "열정적으로" 몰두하고 있다고 여러 사람에게 털어놓았다.[17] 어느 날 밤 그가 페어팩스 외곽의 외진 곳에 있는 집에서 리타와 함께 있을 때, 집 근처에서 뭔가가 움직이는 소리가 들린 것 같았다. 하지만 그 소리는 곧 그쳤다. 소리를 낸 것이 물건인지 사람인지는 알 수 없었지만, 어쨌든 사라진 것 같았다. 하지만 며칠 뒤 밤에 그 소리가 또 들렸다. 침입자들이 밖에서 여러 물건들을 덜걱덜걱 뒤지고 있음이 분명했다. 이번에도 그 소리는 곧 사라졌다. 빌은 친구에게 "리타가 겁에 질렸다"[18]고 말했다. 그도 자신감을 잃어버린 것 같았다.

론의 죽음 이후 한 달도 채 되지 않아 빌과 리타는 가진 것들을 대부분 버려두고 집에서 도망쳐 우아한 이층집으로 이사했다. 포치와 차고가 있는, 페어팩스 중심가 근처의 집이었다(그들은 빌의 절친한 친구인 의사 제임스 쇼운에게서 이 집을 샀다). 집 지키는 개를 기르는 이웃들이 여럿이라, 조금이라도 이상한 낌새가 있으면 개들이 짖어 댔다. 그러니 다시 침입자들이 나타난다면 개들이 알려줄 터였다. 빌은 친구에게 말했다. "우리가 이사했으니 놈들이 이제 우리를 건드리지 않을지도 모르지."[19]

그로부터 오래지 않아 어떤 남자가 집으로 빌 부부를 찾아왔다. 그는 빌에게 농경지를 팔 예정이라는 말을 듣고 왔다고 말했다. 빌은 그에게 사실이 아니라고 말했다. 남자는 무법자처럼 흉흉한 분위기를 풍기면서, 마치 사전답사라도 하듯이 집 안 여기저기를 계속 힐끔거렸다.

3월 초에 이웃집 개들이 차례차례 죽어가기 시작했다. 현관 앞 계단이나 길거리에 개들의 시체가 늘어져 있었다. 빌은 누군가가 개들에게 독을 먹였다고 확신했다. 그와 리타는 긴장 속에서 침묵에 사로잡혔다. 그는 자신이 "오래 살 수 있을 것"[20] 같지 않다고 친구에게 털어놓았다.

3월 9일, 회오리바람이 불던 날에 빌은 친구와 함께 차를 몰고 밀주업자인 헨리 그래머의 농장으로 갔다. 보호구역의 서쪽 경계선 근처에 있는 곳이었다. 빌은 친구에게 술이 필요하다고 말했다. 하지만 빌은 〈오세이지 추장〉이 "카운티에서 가장 악명 높은 인물"[21]이라고 묘사한 그래머가 비밀을 지니고 있으며, 보이지 않는 세계를 주무르는 인물이라는 사실을 알고 있었다. 론의 살인사건 수사에서 밝혀진 사실은 하나였다. 론이 실종되기 전에 그래머의 농장

헨리 그래머는 몬태나에서 사람을 죽인 뒤 징역 3년을 선고받았다.

에 가서 위스키를 사야겠다고 말했다는 것. 우연인지 아닌지는 몰라도, 몰리의 언니인 애나도 그곳에서 자주 위스키를 사곤 했다.

그래머는 로데오 경기의 스타로서 매디슨 스퀘어 가든에서 공연한 적이 있으며, 세계 스티어로핑 챔피언의 왕관을 쓴 적도 있었다. 또한 그가 열차강도, 캔자스시티 마피아와 관련된 밀주조직의 중심인물, 대단한 총잡이라는 이야기도 돌아다녔다. 구멍이 숭숭 뚫린 사법체계로는 그를 잡아넣을 수 없었다. 1904년 몬태나에서 그는 양털 깎는 인부를 총으로 쏘아 죽였지만, 고작 징역 3년을 선고받았다. 나중에 오세이지 카운티에서는 어떤 남자가 총에 맞아 피를 철철 흘리면서 병원에 와서 "죽을 것 같아, 죽을 것 같아"[22]라고 말하더니, 그래머를 범인으로 지목하고 정신을 잃었다. 하지만 다음 날 정신을 차린 그 남자는 자신이 적어도 한동안은 천국의 주님을 만나러 가지 않게 되었음을 깨닫고, 총을 쏜 사람이 누군지 전혀 모른다고 고집스레 주장했다. 그래머의 밀주 왕국이 점점 성장하면서, 그는 범죄자 무리를 완전히 장악하게 되었다. 그들 중에는 앞니를 반짝이는 금으로 해 넣은 권총강도 애사 커비, 그래머의 악당 부하들 중에서 그나마 가장 덜 악하게 보이던 소도둑 존 램지도 포함되어 있었다.

빌은 어스름 녘에 친구와 함께 그래머의 농장에 도착했다. 커다란 목조주택과 헛간이 불쑥 나타났다. 주위의 숲속에는 500갤런 규모의 구리 증류기들이 숨겨져 있었다. 그래머는 자체 발전설비를 구축해서 밤낮을 가리지 않고 밀주공장을 가동했다. 은밀한 달빛 속에서 밀주를 제조하는 것은 이미 옛말이었다.

그래머가 농장을 비운 것을 알게 된 빌은 인부 한 명에게 위스키 여러 병을 사겠다고 말했다. 그리고 그 자리에서 술을 한 모금 마셨다. 근처의 풀밭에서는 그래머가 애지중지하는 말들이 자주 돌아다녔다. 전직 말 도둑인 빌이 그중 한 마리에 올라타서 사라지는 것쯤 얼마나 쉬운 일이었을까. 빌은 술을 조금 더 마셨다. 그러고는 친구와 함께 차를 몰고 페어팩스로 돌아왔다. 도중에 줄줄이 늘어선 전구들이 바람에 떨고 있는 것이 보였다. 사람들은 그 전구들을 "두려운 불빛"이라고 불렀다.

빌은 친구를 내려준 뒤 집으로 가서 차고에 차를 세웠다. 스튜드베이커 사에서 나온 자동차였다. 리타는 열아홉 살의 백인 하녀인 네티 브룩셔와 함께 집 안에 있었다. 네티가 여기서 밤을 보내는 것은 자주 있는 일이었다.

리타 스미스와 하녀 네티 브룩셔가 여름 휴양지에서 찍은 사진.

그들은 곧 잠자리에 들었다. 그리고 새벽 3시 직전에 커다란 폭음이 났다. 충격파가 동네 전체로 퍼져나가면서 나무와 이정표 기둥이 휘어지고 창문 유리가 날아갔다. 페어팩스 호텔의 창가에 앉아 있던 야경꾼은 깨진 유리조각을 소낙비처럼 맞으며 바닥으로 내동댕이쳐졌다. 호텔의 또 다른 방에서는 숙박객이 뒤로 내동댕이쳐졌다. 폭발 진원지와 가까운 곳에서는 문짝이 박살나고, 나무 기둥이 쩍쩍 쪼개졌다. 당시 어린 소년이었던 한 목격자는 나중에 이렇게 썼다. "그날 밤의 진동이 영원히 멈추지 않을 것 같았다."[23] 몰리와 어니스트도 폭발을 느꼈다. "모든 것이 뒤흔들렸다." 어니스트는 나중에 이렇게 회상했다. "처음에 나는 천둥인 줄 알았다."[24] 몰리는 겁에 질려서 깨어나 창가로 갔다. 저 멀리 하늘에서 뭔가가 불타는 것이 보였다. 마치 태양이 밤의 어둠 속으로 강렬하게 폭발한 것 같았다. 어니스트도 창가에 그녀와 나란히 서서 그 섬뜩한 불길을 바라보았다.

어니스트는 바지를 입고 밖으로 달려나갔다. 다른 사람들도 겁에 질려 비틀거리며 밖으로 나왔다. 전등을 들고 있는 사람도 있고, 허공을 향해 총을 쏘는 사람도 있었다. 그것은 경고이자 다른 사람들을 불러내는 신호였다. 점점 불어난 사람들이 걸어서, 또는 차를 몰고 행렬을 이루어 폭발 현장으로 달려갔다. 거리가 가까워지자 사람들이 소리쳤다. "빌 스미스의 집이야! 빌 스미스의 집이야!"[25] 하지만 집은 이미 남아 있지 않았다. 검게 그을린 막대기들과 뒤틀린 금속과 조각난 가구가 여기저기 쌓여 있을 뿐이었다. 빌과 리타가 겨우 며칠 전에 빅힐 무역회사에서 사들인 가구들이었다. 갈기갈기 찢어진 침구 조각들이 전신줄에 걸려 있고, 유독물질이 떠다니는 밤공기 속에는 가루가 된 잔해들이 둥둥 떠 있었다. 스튜드베이커 자동차조차 파괴되었다. 한 목격자는 이 광경을 묘사할 말을 생각해내지 못했다. "그건 뭐랄까, 정말 뭐라고 해야 할지 모르겠다."[26] 누군가가 집 아래에 폭탄을 묻어둔 뒤 폭발시켰음이 분명했다.

폐허 속에서 타오르는 불길이 집의 잔해들을 불사르며 허공을 향해 확 타올랐다. 자원 소방대가 우물에서 물을 길어와 불길을 잡으려고 애쓰고 있었다. 사람들은 빌과 리타와 네티를 찾아 헤맸다. "저기예요. 저쪽에 여자가 있어요."[27] 누군가가 소리쳤다.

치안판사도 수색에 동참했다. 매시스와 쇼운 형제도 나섰다. 유해가 발견되기도 전에 빅힐 무역회사의 장의사가 장의차를 끌고 도착했다. 경쟁업체의 장의사도 나타나 육식조처럼 주위에서 얼쩡거렸다.

사람들은 폐허를 샅샅이 뒤졌다. 한때 이 집의 주인이었던 제임스 쇼운은 중앙 침실의 위치를 알고 있었으므로 그 주위를 샅샅이 훑었다. 그때 누군가가 외치는 소리가 들렸다. 다른 사람들의 귀에도 그 소리가 희미하지만 또렷하게 들렸다. "살려줘요… 살려줘요!" 누군가가 연기를 피워 올리는 둔덕 하나를 가리켰다. 소방대원들이 그곳에 물을 흠뻑 뿌린 뒤, 수증기 속에서 모두들 손으로 잔해를 들어내기 시작했다. 점점 목소리가 커져서 주위의 잔해들이 삐걱거리는 속에서도 잘 들리게 되었다. 마침내 검게 변한 얼굴이 괴로운 표정을 짓고 있는 것이 보였다. 빌 스미스였다. 그는 침대 옆에서 몸부림치고 있었다. 두 다리는 불에 타서 원래 형태를 알아볼 수 없었다. 등과 양손도 마찬가지였다. 데이비드 쇼운은 의사로 일하면서 그렇게 심한 고통에 시달리는 사람은 본 적이 없다고 나중에 회상했다. "그는 엄청난 고통 속에서 사람들을 향해 외치고 있었다."[28] 제임스 쇼운은 빌을 위로하려고 애썼다. "내가 고통을 없애줄게."

남자들이 잔해를 전부 들어내자, 잠옷차림의 리타가 빌 옆에 누워 있는 것이 보였다. 얼굴에 상처가 전혀 없어서 그냥 평화로이 꿈을 꾸며 잠들어 있는 것처럼 보였다. 하지만 그녀의 몸을 들어올리자 뒤통수가 박살난 것이 보였다. 그녀의 몸에는 이미 생기가 없었다. 빌은 그녀가 죽었음을 깨닫고 고통스러운 비명을 질렀다. "리타가 죽었어."[29] 그는 이 말을 되풀이했다. 그리고 그 자리에 있던 친구에게 말했다. "자네 권총 갖고 있나…"

누군가가 건네준 목욕가운을 몸에 걸친 어니스트는 그 광경을 지켜보았다. 그 참상에서 눈을 돌릴 수 없었다. 그는 계속 같은 말을 중얼거렸다. "이런 불길이라니."[30] 빅힐에서 나온 장의사가 그에게 리타의 유해를 수습해도 되느냐고 허락을 구했다. 어니스트는 그러라고 했다. 몰리가 보기 전에 리타의 시신을 깨끗이 단장할 필요가 있었다. 이번에는 여동생이 살해당했다는 것을 알면 몰리가 뭐라고 할까? 당뇨병 때문에 자매들 중 가장 먼저 죽을 줄 알았던 몰리가 이제는 유일한 생존자가 되었다.

사람들은 네티의 시신을 찾지 못했다. 치안판사는 결혼해서 자녀가 한 명 있는 그 젊은 여성의 시신이 "산산조각"[31] 난 것 같다는 결론을 내렸다. 하다못해 검시를 할 수 있을 정도의 유해도 남아 있지 않았다. 하지만 빅힐의 경쟁업체 장의사는 장례비용을 청구할 수 있을 만큼 유해 조각들을 찾아냈다. "나는 현장으로 돌아가서 그 하녀를 장의차로 데려올 생각이었지만, 그가 선수를 쳤다."[32] 빅힐의 장의사가 말했다.

의사들을 포함해서 여러 사람들이 빌 스미스를 들어올려 구급차에 태워서 페어팩스 병원으로 데려갔다. 병원에 도착한 뒤 데이비드 쇼운은 그에게 여러 번 모르핀을 주사했다. 그는 유일한 생존자였지만, 보안관들이 심문하기도 전에 의식을 잃었다.

보안관들은 조금 시간이 흐른 뒤에야 병원에 도착했다. 연방보안관을 비롯한 여러 관리들이 재판에 참석하기 위해 오클라호마시티

리타와 빌 스미스가 살던 집의 폭발 전과 후.

에 가 있었기 때문이다. "사건 발생시각 또한 신중히 선택되었다."[33] 한 수사관이 관리들이 "모두 자리를 비웠을 때" 이 일이 벌어진 것을 지적하며 한 말이다. 보안관들은 소식을 듣고 페어팩스로 달려와 병원 정문과 뒷문에 환한 조명을 설치했다. 범인들이 병원에서 빌을 끝장내려 할 때를 대비한 조치였다. 무장 경비원들도 배치되었다.

혼몽한 상태로 삶과 죽음 사이에서 흔들리던 빌은 가끔 이렇게 중얼거렸다. "리타는 이미 당했고, 이제는 나도 당할 것 같아."[34] 그와 함께 그래머의 농장에 다녀온 친구가 병원으로 문병을 왔다. 그는 "빌이 그냥 알아듣기 힘든 소리만 중얼거렸다"면서 "한 마디도 알아들을 수 없었다"[35]고 말했다.

거의 이틀이 흐른 뒤 빌은 의식을 되찾았다. 그는 리타가 어찌 되었느냐고 묻더니, 그녀를 어디에 묻었는지 알려달라고 말했다. 데이비드 쇼운은 빌이 자기도 죽을지 모른다는 생각에 폭발사건과 범인들에 대해 아는 것을 털어놓으려 했던 것 같다고 말했다. "나는 그에게서 정보를 알아내려고 했다."[36] 의사는 나중에 수사관들에게 이렇게 말했다. "나는 빌에게 '누가 범인인지 짚이는 데가 있어?'라고 물었다. 정말로 범인을 알고 싶었다." 하지만 빌은 중요한 정보를 하나도 털어놓지 않았다. 폭발이 있은 지 나흘 뒤인 3월 14일에 빌 스미스는 숨을 거뒀다. 이제 "오세이지 공포시대"라고 불리게 된 사건의 또 다른 희생자였다.

페어팩스의 한 신문에 그 폭발사건을 도저히 이해할 수 없다고 주장하는 사설이 실렸다. "인간이 그토록 저열해질 수 있음을 우리 능력으로는 이해할 수 없다."[37] 이 신문은 "단 하나의 단서도 놓치지 말고 범인을 찾아내서 정의의 심판을 받게 하라"고 다그쳤다. 당시 현장에 출동했던 소방관 한 명은 어니스트에게 이 사건의 범인들을 "반드시 불길 속에 던져 타죽게 해야 한다"고 말했다.[38]

1923년 4월 오클라호마의 잭 C. 월튼 주지사가 자기 휘하의 가장 뛰어난 수사관인 허먼 폭스 데이비스를 오세이지 카운티로 파견했다. 변호사이자 번스 탐정사무소에서 일한 전직 사립탐정인 데이비스는 아주 말쑥하고 맵시 있는 사람이었다. 그가 피우는 시가의 파란 연기 장막 너머에서 그의 두 눈이 반짝였다. 한 치안관은 그를 가리켜 "대중적인 소설 속의 탐정" 그대로라고 말했다.

많은 오세이지족은 지역 수사관들이 범인들과 은밀히 결탁하고 있다고 믿었으므로, 데이비스처럼 외부에서 온 사람만이 부패의 고리를 끊고 점점 불어나기만 하는 살인사건들을 해결할 수 있을 것이라고 보았다. 하지만 며칠 되지도 않아서 데이비스가 카운티 내의 악명 높은 범죄자 몇 명과 어울리는 모습이 눈에 띄었다. 그리고 얼마 뒤 데이비스는 이 지역 도박조직의 우두머리에게 그의 불법적인 영업을 눈감아주는 대가로 뇌물을 받다가 다른 수사관에게 발각되었다. 결국 오세이지 살인사건을 해결하기 위해 주정부가 파견한 특별수사관이 형편없는 악당이라는 사실이 곧 분명해졌다.

1923년 6월, 데이비스는 뇌물 혐의에 대해 유죄를 인정하고 징역 2년을 선고받았으나, 몇 달 뒤 주지사의 사면을 받았다. 그러고는 여러 공범들과 함께 유명한 변호사를 상대로 강도살인을 저질렀다. 이번에는 종신형이 선고되었다. 11월에 월튼 주지사가 탄핵되었다. 사면과 가석방 제도를 악용한 것(그래서 "정직한 시민들 사이에 수많은 살인자들과 범죄자들을 풀어놓은 것"[39])이 그의 탄핵사유 중 일부였다. 또한 석유사업가인 E. W. 말런드에게서 불법자금을 받아 호화주택을 지은 혐의도 탄핵사유에 포함되었다.

이렇게 화려한 부정부패가 저질러지는 와중에, 포허스카의 변호사 W. W. 보건(54세)은 품위 있게 행동하려고 애썼다.[40] "정직하게 살아가는 사람들에게 기생하는"[41] 범죄자들을 제거하겠다고 서약한 전직 검사로서, 그는 오세이지 살인사건을 해결하려고 애쓰는 사립탐정들과 긴밀히 협조했다. 1923년 6월 어느 날, 보건에게 다급한 전화가 걸려왔다. 전설적인 추장 제임스 빅하트의 조카인 조지 빅하트의 친구에게서 걸려온 전화였다. 당시 마흔여섯 살이던 빅하트(그는 예전에 입학 지원서에서 "어려운 사람을 돕고, 가난한 사람을 먹이고, 헐벗은 사람을 입히고"[42] 싶다는 포부를 밝힌 적이 있었다)가 독에 중독된 듯한 증상을 보여서 급히 오클라호마시티의 병원으로 이송되었다는 내용이었다. 빅하트의 친구는 오세이지의 살인사건들에 대한 정보를 갖고 있으며, 오직 보건만 믿기 때문에 그에게만 정보를 털어놓겠다고 말했다. 보건은 빅하트의 상태를 물었으나, 서두르라는 대답만 돌아왔다.

집을 나서기 전에 보건은 얼마 전 열 번째 아이를 출산한 아내에게 그동안 살인사건과 관련된 증거들을 모아서 숨겨둔 곳에 대해 말해주었다. 혹시 자신에게 무슨 일이 생기면, 그 증거들을 즉시 꺼내서 당국에 넘기라면서, 그녀와 아이들을 위해 돈을 함께 숨겨두었다는 말도 해주었다.

보건이 병원에 도착했을 때 빅하트는 아직 의식이 있었다. 병실에 다른 사람들이 있었으므로, 빅하트는 그들에게 나가달라고 손짓했다. 그러고는 자신이 갖고 있는 정보를 털어놓은 듯하다. 범인과 관련된 서류도 내놓았다. 보건은 빅하트가 사망 판정을 받을 때까지 몇 시간 동안 그의 병상을 지켰다. 그러고는 오세이지 카운티의 신임 보안관에게 전화를 걸어 자신이 중요한 정보를 모두 갖고 있으니 가장 빨리 오는 기차를 타고 서둘러 돌아가겠다고 말했다. 보안관은 그에게 빅하트를 죽인 범인을 아느냐고 다그쳤다. 보건은 그것뿐만이 아니라 더 많은 것들을 알고 있다고 말했다.

보건은 전화를 끊은 뒤 역으로 갔다. 그가 야간기차에 오르는 모습이 사람들에게 목격되었다. 그러나 다음 날 기차가 역에 들어섰을 때 그는 흔적도 없었다. "풀먼 기차에 옷가지만 남기고 사라진 주인."[43] 〈털사 데일리 월드〉는 이렇게 보도했다. "포허스카의 W. W. 보건의 실종을 둘러싼 수수께끼."

1909년에 포허스카에서 미국 최초로 조직된 보이스카우트가 보건을 찾으려는 수색에 참여했다. 경찰견들은 그의 냄새를 추적했다. 36시간 뒤, 보건의 시체가 오클라호마시티에서 북쪽으로 48킬로미터 떨어진 기찻길 옆에 쓰러져 있는 것이 발견되었다. 기차에서 내던져지면서 목이 부러졌고, 석유사업가 맥브라이드처럼 거의 알몸이었다. 빅하트가 그에게 주었다는 서류는 사라졌다. 보건의 아내가 남편이 가르쳐준 장소에 가보니, 그곳 역시 깨끗이 치워져 있었다.

검사가 치안판사에게 보건이 너무 많은 정보를 알았기 때문인 것 같으냐고 물었다. 치안판사는 이렇게 대답했다. "그렇습니다. 게다가 귀중한 문서도 몸에 지니고 있었죠."[44]

오세이지 공포시대의 공식적인 희생자 수가 부족원만 따져서 적어도 스물네 명까지 늘어났다. 다른 희생자들 중에는 보건 외에 수사를 도우려 했던 사람 두 명이 더 포함되어 있었다. 오세이지에서 농장을 경영하던 저명인사는 약에 취한 채 계단 아래로 내던져져 목숨을 잃었고, 또 한 사람은 이 사건에 대해 주정부 관리들에게 브리핑을 하러 가던 길에 오클라호마시티에서 총에 맞아 쓰러졌다. 전국적인 간행물인 〈리터러리 다이제스트〉는 "오세이지족의 '검은 저주'"라는 표현을 쓰면서, 이 부족 사람들이 "인적 드문 풀밭에서 총에 맞거나, 자동차 안에 앉아 있다가 쇠기둥에 찔리거나, 독에 중독되어 서서히 죽어가거나, 집에서 자다가 다이너마이트에 날아갔다"[45]고 보도했다. 기사는 계속 이어졌다. "저주는 계속된다. 저주가 어디에서 끝날지는 아무도 알지 못한다." 1인당 소득이 세계에서 제일 높은 사람들이 세계에서 가장 많이 살해당하고 있었다. 나중에 언론은 이 살인사건들에 대해 "금세기의 어느 살인사건 못지않게 어둡고 야비하다"[46]면서 "미국 범죄 역사 중 가장 유혈이 낭자한 페이지"[47]라고 표현했다.

이 사건을 해결하려는 모든 노력은 제대로 풀리지 않았다. 익명

W. W. 보건과 그의 아내, 그리고 자녀들.

의 위협 때문에 치안판사는 가장 최근에 일어난 살인사건들을 조사할 검시 배심원단도 소집하지 못했다. 그는 너무나 공포에 질려서, 단순히 그 사건에 대한 이야기를 나눌 때도 구석진 방으로 들어가 문을 잠가버렸다. 신임 카운티 보안관은 범죄를 수사하는 시늉조차 하지 않았다. "난 그 일에 엮이고 싶지 않았다."[48] 그는 나중에 이렇게 시인하면서, 이해하기 힘든 말을 덧붙였다. "계곡의 첫머리에 있는 샘처럼 저류가 있었다. 샘은 이미 바짝 말라버렸지만, 바닥까지 부서졌다." 사건 수사에 대해서는 "엄청난 일이라서 보안관과 소수의 사람들만으로는 해낼 수 없다. 정부가 나서야 한다"고 말했다.

스미스의 집에서 폭발사건이 일어난 뒤 1923년에 오세이지족은 연방정부에 수사관들을 보내달라고 요구하기 시작했다. 보안관이나 데이비스와 달리 오세이지 카운티나 주정부 관리들과 아무런 연관이 없는 사람을 보내달라는 것이 그들의 요구였다. 부족회의는 공식적인 결의안을 채택했다.

> 어떤 사건에서도 범인이 체포되어 심판받지 못했다.
> 오세이지 부족회의는 부족원들의 생명과 재산을 보존하는 일이 반드시 필요하다고 판단하여, 범죄자들을 체포해서 처벌하기 위한 열성적인 조치를 촉구한다. (…)
> 또한 훌륭하신 내무장관이 법무부의 도움을 얻어 오세이지 부족원들을 죽인 살인범을 붙잡아 기소할 것을 요구한다.[49]

수족의 피가 섞인 변호사 존 파머는 나중에 캔자스주의 상원의원이자 코족과 오세이지족 혼혈인 찰스 커티스에게 편지를 보냈다. 당시 커티스는 인디언 혈통을 인정한 사람 중에서 선거를 통해 가장 높은 공직에 선출된 사람이었다.[50] 파머는 커티스에게 상황이 누구도 상상할 수 없을 만큼 심각하며, 커티스처럼 영향력이 있는 사람들이 나서서 법무부가 조치를 취하게 만들지 않는다면 "이 나라에서 저질러진 모든 범죄들 중 가장 음험한 연쇄범죄"의 뒤에 버티고 있는 "악마"가 법망을 피해 달아날 것이라고 말했다.[51]

∞○∞

오세이지족이 연방정부의 반응을 기다리는 동안, 몰리는 자신의 가족을 모두 없애려고 나선 것 같은 범인들이 이제 자신을 노릴 차례라는 생각에 두려움 속에서 하루하루를 보냈다. 그녀는 폭발사건이 있기 몇 달 전, 밤에 어니스트와 함께 침대에 누워 있을 때 집 밖에서 무슨 소리가 났던 것을 잊을 수 없었다. 어니스트는 몰리를 달래면서 "가만히 누워 있어"[52]라고 속삭였다. 그동안 밖에서는 범죄자가 자동차를 훔쳐 요란한 엔진 소리를 내며 사라졌다.

폭발사건이 났을 때 헤일은 텍사스에 있었으므로 나중에야 전쟁의 폐허와 비슷하게 검게 그을린 폐허를 보았다. 한 수사관은 그 폐허를 가리켜 "오싹한 기념비"[53]라고 표현했다. 헤일은 몰리에게 어떻게든 가족의 복수를 해주겠다고 약속했다. 그러고 나서 한 무법자 무리(어쩌면 공포시대를 만들어낸 범인이 그들일 수도 있었다)가 다이아몬드를 금고에 보관해둔 상점 주인의 집을 털 계획이라는 말을

왼쪽부터 리타, 애나, 몰리, 미니.

듣고, 자신이 직접 나서기로 했다. 그는 상점 주인에게 미리 알려 역으로 도적 무리를 기다리게 했다. 과연 밤이 되자 침입자들을 발견한 상점 주인은 총구가 하나인 12구경 엽총으로 한 놈을 쏘아버렸다. 나머지 무법자들이 도망친 뒤, 보안관들이 죽은 범인의 시체를 조사하다가 앞니가 금으로 씌워져 있는 것을 발견했다. 헨리 그래머의 부하인 애사 커비였다.

어느 날 헤일 소유의 풀밭에 불이 났다. 불길이 몇 킬로미터나 번져나가고, 검게 그을린 땅 여기저기에 소들이 죽어서 쓰러졌다. 몰리는 오세이지 힐스의 왕인 헤일조차 약한 존재라는 생각이 들어서, 범인을 찾으려고 그토록 오랫동안 노력하던 것을 포기하고, 집의 문과 창문을 꼭꼭 닫아건 채 틀어박혔다. 손님도 초대하지 않고 교회에도 나가지 않았다. 살인사건들로 인해 하느님을 믿는 마음조차 산산이 부서진 것 같았다. 사람들은 몰리가 미치지 않으려고, 또는 벌써 스트레스를 이기지 못하고 정신이 헝클어지고 있어서 집에 틀어박혔을 것이라고 수군거렸다. 당뇨병도 점점 심해지는 것 같았다. 몰리와 아는 사이라는 어떤 사람은 인디언실에 보낸 편지에서 그녀가 "건강이 점점 악화해서 오래 살 것 같지 않다"[54]고 말했다. 두려움과 병에 지친 그녀는 셋째 아이인 애나를 친척에게 맡겼다.

시간은 가차 없이 흘러갔다. 이 기간 동안 몰리의 생활을 보여주는 기록, 그러니까 적어도 권위 있는 기록은 거의 없다. 수사국(잘 알려지지 않은 법무부의 한 부서. 1935년에 연방수사국FBI으로 이름이 바뀌었다) 요원들이 마침내 오세이지 카운티에 나타났을 때 몰리의 심정이 어땠는지 보여주는 기록도 전혀 없다. 쇼운 형제처럼 끊임없이 오가며 그녀에게 기적의 신약으로 일컬어지던 인슐린을 주사해준 의사들을 그녀가 어떻게 생각했는지도 알 수 없다. 마치 어쩔 수 없이 비극적인 카드를 뽑은 그녀가 스스로 역사에서 물러나버린 것 같았다.

하지만 1925년 말에 카운티 사제에게 몰리의 비밀 전언이 도착했다. 그녀의 목숨이 위험하다는 내용이었다. 얼마 뒤 인디언실의 한 관리도 보고를 받았다. 몰리는 당뇨병으로 죽어가는 것이 아니라, 다른 식구들처럼 독에 중독되었다고 했다.

7 이 어둠이라는 것

음모는 평범한 삶과 닮은 구석이 하나도 없다.
그것은 차갑고 확실하고 흔들림 없는 내부자의 수작이며,
우리와는 영원히 차단되어 있다.
혼잡한 일상을 대략적으로나마 이해하려고
애쓰는 우리는 결함 있는 자, 무고한 자이다.
음모꾼들은 우리가 도달할 수 없는 대담성과 논리를 지니고 있다.
모든 음모는 범죄적인 행동에서 통일성을 본 사람들이 늘어놓는,
긴장된 이야기이다.

_돈 드릴로, 《리브라》

연대기 2

현대적인 수사관

8

헤프고 방종한

1925년 여름 어느 날, 수사국의 휴스턴 현장 사무소 책임자인 톰 화이트 특수요원에게 워싱턴 본부에서 긴급 명령이 내려왔다. 신임 수사국장인 J. 에드거 후버가 당장 그를 직접 만나 이야기를 나누고 싶어 한다는 내용이었다. 화이트는 재빨리 짐을 꾸렸다. 후버는 직원들에게 검은 양복, 수수한 넥타이, 반짝반짝 광을 낸 검은 신발을 착용하라고 요구했다. 요원들이 법률가나 전문 직업인의 분위기를 풍기는 백인 미국인의 전형적인 모습이 되기를 바랐기 때문이었다. 그는 매일 요원들에게 '이러이러한 일을 하면 안 된다'는 식의 지령을 새로이 내려 보내는 것 같았다. 화이트는 이런 분위기에 반항하려고 일부러 커다란 카우보이모자를 썼다.

그는 아내와 두 아들에게 다녀오겠다고 인사하고, 오래전 기차로 이 역 저 역 돌아다니며 범죄자들의 뒤를 쫓는 수사관으로 일할 때처럼 기차에 올랐다. 하지만 이번에 그가 좇는 것은 범죄자가 아니라 그 자신의 운명이었다. 수도에 도착한 그는 시끄럽고 번쩍거리는 거리를 통과해서 본부로 향했다. 후버가 그에게 "중요하게 전달할 말"[1]이 있다고 했다는데, 그것이 도대체 무슨 이야기일지 짐작도 가지 않았다.

화이트는 구식 치안관이었다. 그는 19세기 말에서 20세기로 바뀔 무렵에 텍사스 기마경찰관으로 근무하면서 말을 타고 남서쪽 변경지대를 돌아다니는 일에 많은 시간을 보냈다. 손에는 윈체스터 라이플이나 손잡이가 진주로 장식된 6연발 권총을 들고, 도망자와 살인자와 권총강도를 추적하는 것이 그의 일이었다. 그는 키가 193센티미터였고, 팔다리가 강인한 근육질이었으며, 총잡이답게 으스스할 정도로 침착했다. 집집마다 돌아다니며 물건을 파는 판매원처럼 딱딱한 정장을 입어도 그는 신화시대에서 튀어나온 사람 같았다. 화이트 밑에서 일한 적이 있는 한 수사국 요원은 세월이 흐른 뒤 그가 "알라모의 훌륭한 수호자들만큼 하느님을 경외"했으며, "스웨이드로 만든 커다란 카우보이모자를 쓴 모습이 아주 인상적이었다. 그의 뒤통수에서 발꿈치까지 다림줄을 늘어뜨리면, 몸 뒷면의 모든 부분이 그 선에 닿을 것 같았다. 발걸음은 당당하면서도 고양이처럼 부드럽고 조용했다. 그의 말솜씨는 외모 그대로였으며, 총을 쏘면 백발백중이었다. 그를 존경심과 두려움이 뒤섞인 감정으로 우러러보던 나 같은 동부 청년들은 그를 최고로 존경하면서도 제대로 정신을 차릴 수 없을 만큼 무서워했다. 하지만 강철 같은 회색을 띤 그의 눈을 열심히 들여다보면, 그 눈이 상냥하고 이해심 깊

톰 화이트.

게 반짝이고 있음을 알 수 있었다"[2]고 썼다.

화이트는 1917년에 수사국에 들어왔다. 원래 군대에 들어가 제1차 세계대전에 참전하려 했으나, 얼마 전 수술을 받은 탓에 입대하지 못했다. 그는 자기 나름대로 조국에 봉사하기 위해 특수요원이 되었다고 말했다. 하지만 이것만이 이유는 아니었다. 사실 그는 자신과 같은 변경 치안관들이 점점 사라지고 있음을 알고 있었다. 아직 마흔 살도 되지 않았는데, 벌써 와일드 웨스트 순회공연에나 나오는 유물이 될 판이었다. 그는 살았으되 죽은 자나 마찬가지였다.

시어도어 루스벨트 대통령은 연방정부의 치안 공백을 메우려고

1908년에 수사국을 만들었다(전국을 아우르는 경찰력을 만드는 것에 대해 끈질긴 반대가 있었기 때문에, 당시 법무장관은 의회의 승인 없이 일단 일을 벌이고 보았다. 이로 인해 한 하원의원은 새로운 수사국에 "관료적인 사생아"[3]라는 꼬리표를 붙였다). 화이트가 수사국에 들어왔을 때는 아직 요원이 고작 몇 백 명밖에 되지 않았고, 현장사무소도 아주 드문드문 설치되어 있을 뿐이었다. 범죄에 대한 관할권도 제한되어 있어서, 요원들이 다루는 사건들도 독점금지법 위반과 은행 관련 사건들, 도난차량과 피임도구와 돈을 걸고 싸우는 장면을 담은 필름과 외설서적 등을 다른 주로 보내고 받는 행위, 연방 죄수들의 탈옥사건, 인디언 보호구역에서 일어난 범죄 등 잡다했다.

화이트도 다른 요원들과 마찬가지로 엄격히 사실만 수집해야 했다. "당시 우리에게는 체포권이 없었다."[4] 화이트는 나중에 이렇게 회상했다. 요원들에게는 총을 소지하는 것도 허락되지 않았다. 화이트는 변경지대에서 많은 치안관들이 목숨을 잃는 것을 보았기 때문에, 비록 그런 이야기를 자주 입에 올리지는 않았어도 하마터면 아예 일을 그만둘 뻔했다. 사후의 영광을 바라며 이 세상을 버리는 것은 그가 원하는 일이 아니었다. 죽음은 그냥 죽음이었다. 따라서 가끔 수사국에서 그에게 위험한 일을 맡기면, 그는 6연발 권총을 허리띠에 찔러 넣었다. 위에서 내려온 지령 따위 알 게 뭐람.

그의 동생인 J. C. 화이트(별명 '박사') 또한 텍사스 기마경관으로 일하다가 수사국에 들어와 있었다. 퉁명스러운 술고래인 그는 손잡이가 뼈로 되어 있는 6연발 권총을 자주 들고 다녔으며, 그것으로도 모자라서 가죽 부츠에도 칼을 숨겼다. 그는 톰보다 더 무모한 성격이었다. 한 친척은 그를 가리켜 "거칠지만 유능하다"[5]고 묘사했다. 화이트 형제는 수사국 안에서 '카우보이'라고 불리는 소수의 변경 치안관대에 속해 있었다.

톰 화이트는 치안관으로서 정식 훈련을 받은 적이 없었으므로, 머리가 빙빙 돌 것 같은 지문의 형태를 해독하는 기법 등 새로 나온 과학수사 방법들을 익히려고 무진 애를 썼다. 하지만 그는 젊었을 때부터 법을 수호하는 일을 하면서 수사관으로서 솜씨를 갈고 닦은 사람이었다. 따라서 눈에 보이지 않는 패턴을 찾아내고 산만하게 흩어진 사실들을 모아서 사건의 앞뒤를 파악하는 능력이 있었다. 그는 위험을 피하려고 예민하게 굴면서도 거친 충격을 여러 번 경험했으나, 동생인 박사(한 요원은 그의 "직장생활 여기저기에 총알이 흩어져 있다"[6]고 묘사했다)와 달리 거의 괴짜처럼 보일 정도로 총 쏘기를 싫어했다. 그래서 자신이 누구도 죽이지 않았다는 사실을 자랑스럽게 생각했다. 그는 자기 내면의 어두운 본능을 두려워하는 것 같았다. 그가 보기에 좋은 사람과 나쁜 사람을 가르는 경계선은 아주 가늘었다.

톰 화이트는 수사국의 많은 동료들이 그 선을 넘는 것을 목격했다. 하딩이 대통령이던 1920년대 초에 법무부에는 정치적인 동지들과 부도덕한 관리들이 우글거렸다.[7] 악명 높은 사립탐정 출신으로 당시 수사국장이던 윌리엄 번스도 예외가 아니었다. 번스는 1921년에 수사국장으로 임명된 뒤 법의 빈틈을 마음대로 이용해서 수상한 사람들을 요원으로 고용했다. 개중에는 지하세계 사람들에게 돈을 받고 그들을 보호해주거나 봐준 사기꾼도 포함되어 있었다. 그래서 법무부가 헤프고 방종한 부서로 불리게 되었다.

석유재벌 해리 싱클레어가 내무장관 앨버트 폴에게 뇌물을 줘서 연방정부 소유인 티포트 돔(이 이름은 언제나 이 추문과 함께 연상되고 있다)의 석유 매장지를 시추하려 한 사실이 의회 위원회를 통해 밝혀진 뒤, 1924년에 실시된 후속수사에서 미국의 사법체계가 얼마나 썩었는지 백일하에 드러났다. 의회가 법무부를 들여다보기 시작하자 번스와 법무장관은 자신들이 동원할 수 있는 권한과 수단을 모두 이용해서 조사를 방해하려 했다. 하원의원들이 미행당하고, 그들의 사무실에 괴한이 침입하고, 전화기에는 도청장치가 설치되었다. 어떤 상원의원은 "범죄를 잡아내서 고발하기 위해서가 아니라 (…) 모리배, 부패관리, 총애하는 부하 등을 보호하기 위해" 사용되고 있는 "불법적인 음모, 의표를 찌르는 계략, 정탐, 미끼, 도청장치"[8] 등을 공개적으로 비난했다.

하딩의 후임인 캘빈 쿨리지는 1924년 여름 무렵 번스를 해임하고 할런 피스크 스톤을 신임 법무장관으로 임명했다. 미국이 점점 성장하면서 수많은 연방법이 만들어졌기 때문에 스톤은 전국적인 경찰력이 반드시 필요하다는 결론을 내렸다. 그러나 그의 뜻에 맞는 기관을 만들기 위해서는 기존의 수사국을 머리부터 발끝까지 완전히 탈바꿈시켜야 했다.

스톤은 신임 수사국장을 물색하는 동안 스물아홉 살의 수사국 부국장이던 J. 에드거 후버를 국장대리로 선택함으로써 법무부를 비판하던 많은 사람들에게 놀라움을 안겼다. 후버는 비록 티포트 돔과 관련해서 얼룩이 묻지는 않았지만, 그동안 멋대로 날뛴 수사국 정보부, 즉 단순히 정치적 신념이 다르다는 이유로 사람들을 정탐한 부서의 책임자였다. 후버는 또한 수사 경험이 전혀 없었다. 총격전을 직접 경험한 적도 없고, 범인을 체포해본 적도 없었다. 이미 세상을 떠난 그의 조부와 아버지는 생전에 연방정부 공무원이었고, 아직 어머니와 함께 살고 있는 후버는 관료제의 피조물이었다. 그래서 그는 관료들 사이의 가십, 그들 사이에서 통하는 언어, 은연중에 이루어지는 거래, 피는 흐르지 않지만 지독한 영역싸움 등에 대해 잘 알고 있었다.

자기만의 관료적인 제국을 건설하기 위해 수사국장의 자리를 탐낸 후버는 자신이 국내 인사들의 감시활동에서 어떤 역할을 했는지를 스톤에게 숨긴 채 정보부를 해체하겠다고 약속했다. 그리고 스톤이 요구하는 개혁조치들을 열심히 실행했다. 그것은 수사국을 현대적인 세력으로 재편하려는 그 자신의 욕망을 더욱 진전시키는 일이기도 했다. 후버는 스톤에게 보낸 메모에서, 자신이 인사자료들을 샅샅이 훑으며 해고해야 마땅한 무능력자와 부정한 요원들을 가려내기 시작했다고 알렸다. 후버는 또한 신입 요원들의 채용요건을 높여서 법률이나 회계에 대한 어느 정도의 지식을 요구하기로 했다고 스톤에게 말했다. "수사국의 직원들이 수사국의 사기를 높이고 장관님의 정책을 문자 그대로 엄밀히 시행하기 위해 모든 노력을 기울일 것입니다."[9]

1924년 12월 스톤은 후버가 그토록 바라 마지않던 자리를 그에게 주었다. 후버는 수사국을 통일된 세력으로 급속히 재편했다. 거의 50년 동안 국장으로 재직하면서, 그는 이 세력을 휘둘러 범죄와 싸우는 한편, 기가 막힐 정도로 엄청난 권력남용도 저질렀다.

ഓരു

후버는 이미 티포트 돔 사건의 후속조치로 수사기관 부패사건 중 하나를 화이트에게 맡긴 바 있었다. 화이트는 애틀랜타 연방교도소 소장으로 취임해서, 뇌물을 받고 죄수들에게 편안한 생활과 조기 석방을 제공해주는 교도소 관리들을 잡기 위한 위장작전을 이끌었다. 이 수사 도중 어느 날 화이트는 교도관이 죄수 두 명을 마구 구타하는 모습을 우연히 보게 되었다. 그는 교도관들에게 또다시 재소자들을 학대한다면 해고하겠다고 위협했다. 나중에 죄수 한 명이 화이트를 따로 만나고 싶다고 요청했다. 그는 고마운 마음을 표현하기 위해 화이트에게 성경 한 권을 보여준 뒤, 요오드를 섞은 물을 표지 안쪽 백지에 가볍게 문질렀다. 그러자 마법처럼 글자들이 나타나기 시작했다. 보이지 않는 잉크로 거기에 적혀 있는 것은 화이트가 소장이 되기 전에 탈옥한 은행강도의 은신처 주소였다. 이 비밀스러운 제보 덕분에 은행강도는 다시 체포되었다. 한편 다른 죄수들도 화이트에게 정보를 제공하기 시작해서 화이트는 "황금을 입힌 총애와 백만장자의 면죄부"[10]라고 묘사된 부패조직을 밝혀낼 수 있었다. 화이트가 모은 충분한 증거로 전임 소장은 유죄판결을 받고, 자신이 근무하던 교도소의 24207번 죄수가 되었다. 이 교도소를 찾은 수사국 관리는 보고서에 다음과 같이 썼다. "톰 화이트의 행동에 대한 재소자들의 감정에 대단히 충격을 받았다. 그들은 전반적으로 만족감과 신뢰, 즉 이제 자신들이 공정한 대우를 받고 있다는 기분을 느끼는 듯했다."[11] 이 수사가 끝난 뒤 후버는 화이트에게 보낸 표창장에 이렇게 썼다. "당신은 당신 자신뿐만 아니라 우리 모두 마음으로 수행하는 공무에 영예와 수훈을 안겨주었습니다."[12]

화이트는 수사국 본부에 도착했다. 당시 수사국은 케이 스트리트와 버몬트 애버뉴가 교차하는 모퉁이 건물의 두 개 층을 임대해서 본부로 쓰고 있었다. 후버가 변경 치안관 출신 요원들을 수사국에서 많이 내보냈으므로, 후버의 방으로 가는 화이트의 눈에 새로운 종류의 요원들이 들어왔다. 총 쏘는 속도보다 타자 속도가 더 빠른 대학 출신 요원들이었다. 고참들은 그들을 가리켜 "대학에서 훈련받은 평발의 보이스카우트"라고 놀려댔다. 사실과 그리 동떨어진 말은 아니었다. 한 요원은 나중에 이렇게 인정했다. "우리는 자기가 해야 하는 일이 뭔지도 모르는 풋내기들이었다."[13]

화이트는 티끌 하나 없는 후버의 방으로 안내되었다. 방 안에는 커다란 나무 책상이 하나 있었고, 벽에 붙은 지도에는 수사국 현장 사무소들의 위치가 표시되어 있었다. 그리고 수사국장이 바로 화이트의 눈앞에 있었다. 당시 후버는 대단히 호리호리한 소년 같은 인상이었다. 그보다 몇 달 전에 찍은 사진 속에서 그는 세련된 검은색 정장을 입고 있다. 머리는 풍성하고 살짝 웨이브가 있으며, 턱은 굳게 다물고 있다. 입술 또한 엄격하게 다물어져 있다. 갈색 눈은 주의 깊게 상대를 응시하고 있어서, 마치 그가 누군가에게 카메라를 들이대고 있는 것 같다.

카우보이모자를 쓴 화이트가 자그마한 몸집의 후버를 굽어보았

1924년 12월에 수사국에서 찍은 후버의 사진.

다. 후버는 자신의 몸이 작은 편이라는 사실에 대해 몹시 예민했기 때문에 자기보다 키가 큰 요원을 승진시켜 본부로 불러들이는 일이 드물었다. 나중에는 책상 뒤에 단을 하나 가져다두고 그 위에 올라서곤 했다. 거대한 몸집을 자랑하는 텍사스 출신의 화이트 앞에서 후버가 심리적으로 움츠러들었는지는 알 수 없지만, 어쨌든 겉으로는 그런 내색을 하지 않았다. 그는 대단히 긴급한 사안을 의논하기 위해 화이트를 불렀다고 말했다. 오세이지에서 발생한 여러 건의 살인사건 이야기였다. 화이트는 대단한 화제가 된 그 사건이 수사국이 처음 담당한 주요 살인사건 중 하나라는 사실만 알고 있을 뿐, 자세한 내용에 대해서는 잘 알지 못했다. 그래서 그는 스타카토처럼 딱딱 끊어지는 말투로 폭발하듯 이야기하는 후버에게 귀를 기울였다. 이 특유의 말투는 후버가 젊은 시절 심한 말더듬 증상을 극복하기 위해 고안한 것이었다.

오세이지 부족회의가 법무부에 도움을 청하자는 결의안을 통과시킨 뒤인 1923년 봄에 당시 수사국장이던 번스가 요원 한 명을 파견해 오세이지 살인사건들을 수사하게 했다. 그때까지 살해된 오세이지족이 이미 최소한 스물네 명이었다. 요원은 오세이지 카운티에서 몇 주 동안 시간을 보낸 뒤 "수사를 계속하는 것은 소용없는 일"[14]이라는 결론을 내렸다. 그 뒤에도 여러 요원들이 파견되었지만 모두 성과를 거두지 못했다. 한편 오세이지족은 연방정부가 파견한 수사관들의 비용 일부를 어쩔 수 없이 부담해야 했는데, 그 액수가 모두 합해 2만 달러에 이르렀다. 오늘날의 화폐가치로 30만 달러에 육박하는 금액이다. 후버는 수사국의 국장 자리에 앉은 뒤, 그때까지 수사에 쓴 비용을 무시해버리고 이 사건을 다시 주정부에 떠넘기기로 결정했다. 수사에 실패한 책임을 피하기 위해서였다. 오클라호마 현장사무소를 책임진 FBI 요원은 후버에게 이렇게 수사를 떠넘겨도 언론은 "마뜩잖은 반응"[15]을 보이지 않을 것이라고 확언했다. 하지만 이것은 후버가 지휘하는 수사국의 손에 피가 묻기 전의 일이었다. 몇 달 전 요원들이 오클라호마의 신임 주지사를 설득해 무법자 블래키 톰슨을 석방시켰다. 그는 은행강도 혐의로 체포되어 유죄판결을 받은 인물이었으나, 요원들은 그를 비밀 수사관으로 이용해서 오세이지 사건에 대한 증거를 모을 작정이었다. 현장보고서에서 요원들은 이 "비밀 수사관"이 "유전의 악당들" 사이에서 일하면서 "약속대로 증거를 모으기 시작했다"[16]고 기대를 드러냈다. 그들은 "놀라운 결과를 기대하고 있다"[17]고 단언했다.

하지만 원래 블래키를 엄중히 감시해야 할 요원들이 오세이지 힐스에서 그의 종적을 놓쳤다. 그리고 그 이후 블래키는 다시 은행강도로 나서서 경찰관 한 명을 죽였다. 당국은 몇 달이 지난 뒤에야 블래키를 다시 체포했는데, 이 과정에서 후버의 지적처럼 "이 실수를 바로잡기 위해 많은 경찰관과 수사관이 목숨을 걸어야 했다."[18] 화이트를 만날 때까지 후버는 이 일에 수사국이 연관되어 있다는 사실이 언론에 알려지지 않게 막고 있었다. 하지만 막후의 정치적 압력은 계속 높아지는 중이었다. 법무부 장관은 후버에게 보낸 전신에서 수사 "실패의 책임"[19]을 오클라호마주의 수사국에 묻겠다는 뜻을 밝혔다. 오세이지족의 변호인으로 유명한 존 파머는 캔자스주 상원의원인 찰스 커티스에게 보낸 편지에서 수사국의 수사가 부패로 얼룩졌다고 성난 목소리로 넌지시 암시했다. "살인범들의 교활함, 정치적 능력과 경제적 능력 등이 대단해서 정직하고 유능한 수사관들을 제거하거나 다른 지역으로 보내버릴 뿐만 아니라, 원래 이 끔찍한 범죄를 저지른 자들을 추적해서 잡아야 하지만 맡은 바 일에 성실하지 않은 관리들의 입까지 막아버리고 있다는 사람들의 믿음에 저도 동의하게 되었습니다."[20] 오클라호마의 변호사이며 여러 오세이지 부족원들의 후견인 역할을 했던 콤스톡은 수사국의 엄청난 실수에 대해 커티스 상원의원에게 직접 알려주었다.

화이트를 만났을 때의 후버는 아직 힘이 별로 없었다. 그런 상태로 국장에 취임한 뒤 줄곧 어떻게든 피하려고 애쓰던 추문과 갑자기 맞닥뜨리게 되었다. 후버는 오클라호마의 상황이 "심각하고 예민하다"[21]고 보았다. 티포트 돔의 추문 이후 이토록 빨리 조금이라도 부정행위가 발생한다면 그의 공직생활이 아예 끝나버릴 수도 있었다. 겨우 몇 주 전에 그는 화이트 등 특수요원들에게 보낸 '기밀' 메모에서 "수사국은 공개적인 추문을 감당할 수 없다"[22]고 이미 밝힌 바 있었다.

화이트는 후버의 이야기를 들으면서 자신이 왜 이곳으로 불려왔는지 분명히 깨달았다. 오세이지의 살인사건들을 해결하고, 더불어 후버의 목까지 보존하려면 소수의 노련한 요원들 중 한 명, 즉 카우보이 중 한 명인 화이트가 필요했다. "당신이 수사 지휘를 맡아주었으면 합니다."[23] 후버가 말했다.

그는 화이트에게 오클라호마시티로 가서 그곳 현장사무소의 지휘를 맡으라고 지시했다. 나중에 후버는 화이트에게 그 지역이 무법지대라서 현장 "사무소가 이 나라의 다른 모든 현장사무소보다 더 많은 일에 허덕이고 있을 가능성이 높으므로, 최고로 유능하고 노련하며 사람을 다룰 줄 아는 수사관이 그곳의 책임을 맡아야 한다"[24]는 점도 알려주었다. 화이트는 오클라호마로 부임하는 것이 가족들에게 커다란 부담이 될 것임을 깨달았다. 하지만 이번 임무의 무게를 이해했으므로 후버에게 이렇게 말했다. "저도 사람이고 포부가 있어요. 그 일을 맡고 싶습니다."[25]

화이트는 자신이 수사에 실패했을 때 어떤 일을 겪을지 확실하게 알고 있었다. 전에 이 사건을 맡았던 요원들이 외딴 변경지대로 좌천되거나 아예 수사국에서 쫓겨난 것을 알기 때문이었다. 후버는 이렇게 말했다. "실패할 경우 (…) 변명은 용납되지 않습니다."[26] 화이트는 범인을 잡으려고 애쓰다가 목숨을 잃은 사람들이 벌써 여러 명이라는 사실 또한 알고 있었다. 후버의 방에서 걸어 나오는 순간부터 그는 표적이 된 것이나 마찬가지였다.

9
비밀요원 카우보이

1925년 7월에 오클라호마시티 현장사무소를 맡은 화이트는 오세이지 살인사건에 관한 두툼한 수사기록을 살펴보았다. 지난 2년 동안 쌓인 기록이었다. 살인사건은 발생 이후 곧 해결되지 않으면 영구미제로 남는 경우가 많다. 증거들이 사라지고 사람들의 기억도 희미해지기 때문이다. 그런데 애나 브라운과 찰스 화이트혼이 살해당한 지 벌써 4년이 넘었다. 이런 사건을 해결하는 방법은 보통 기존의 수사기록 속에서 남들이 미처 보지 못한 단서를 찾아내는 것뿐이다.

오세이지 살인사건의 수사기록에는 가장 날것 그대로의 역사가 담겨 있었다. 연대순으로 정리하거나 통일된 이야기로 정리하지도 않은 채 진공청소기로 빨아들이듯이 무작정 쓸어 담은 정보들이 모여 있어서, 마치 페이지 순서가 뒤죽박죽 엉켜버린 소설 같았다. 화이트는 숨은 패턴을 찾으려고 이 엉망진창의 기록을 샅샅이 뒤졌다. 그는 변경지대에서 참혹한 죽음을 다루는 일에 익숙해진 상태였는데도, 이 수사기록 속에 자세히 묘사되어 있는 범행의 참혹성에는 숨이 막힐 지경이었다. 한 요원은 스미스의 집에서 폭탄이 터진 사건에 대해 이렇게 기록해두었다. "두 여성이 즉사했고, 시신은 산산조각 났다. 그들의 살점이 300피트(90여 미터—옮긴이) 떨어진 집에 붙어 있는 것이 나중에 발견되었다."[1] 전에 이곳에 파견된 요원들은 해결 가능성이 가장 높아 보이는 네 사건에 힘을 집중했다. 리타 스미스와 빌 스미스 부부의 집에서 폭탄이 터져 그들 부부와 그 집의 하인인 네티 브룩셔가 목숨을 잃은 사건. 그리고 애나 브라운, 헨리 론, 찰스 화이트혼이 각각 총격으로 사망한 사건이 그것이었다.

  화이트는 도합 스물네 명이 목숨을 잃은 여러 살인사건들 사이에서 연결고리를 찾으려고 애썼지만, 확실히 눈에 띄는 것은 몇 개 되지 않았다. 오세이지족의 부유한 인디언들이 표적이라는 것. 피살자들 중 애나 브라운, 리타 스미스, 리지는 혈연관계라는 것. 그런데 놀랍게도 리지의 딸이자 아직 살아 있는 몰리 버크하트를 만나 이야기를 나눠본 요원이 한 명도 없었다. 수사관들은 타인의 눈으로 세상을 보라고 배운다. 하지만 화이트가 몰리의 시각을 과연 상상이나 할 수 있을까. 몰리는 대초원의 천막집에서 태어나 엄청난 부자가 되었다가, 가족들을 비롯한 여러 오세이지 부족원들이 한 명씩 차례로 사라져가면서 공포에 떨고 있는 사람이었다. 수사기록에는 몰리의 인생을 들여다볼 수 있는 말이나 단서가 거의 없었다. 다만 그녀가 당뇨병을 앓고 있으며 집 안에만 틀어박혀 있다는 언급이 있을 뿐이었다.

상당히 중요해 보이는 기록도 몇 개 있었다. 연쇄살인범들은 보통 범행을 저지를 때 스스로 정한 절차를 엄격히 따르는 경향이 있다. 하지만 오세이지 살인사건들은 당혹스러울 정도로 다양한 방법으로 저질러졌다. 뚜렷한 특징이 없었다. 여기에 피살자들의 시신이 오클라호마주와 미국 전역의 다양한 지역에서 발견되었다는 사실을 덧붙이니, 범인이 한 사람이 아닌 것 같다는 결론이 나왔다. 이 범죄의 흑막이 누구인지는 몰라도, 그가 여러 부하들을 부리고 있음이 분명했다. 화이트는 살인사건들을 살펴보며 흑막에 대해서도 조금 단서를 얻을 수 있었다. 그는 충동적인 살인자가 아니라, 정교한 계획에 정통한 사람이었다. 그는 독에 대해 이해할 수 있을 만큼 머리가 좋고, 몇 년에 걸쳐 악마적인 계획을 실행에 옮길 만큼 치밀한 자였다.

이런 식으로 기록을 샅샅이 살피다 보니 그럴듯한 이야기들이 차례로 모습을 드러내는 것 같았다. 하지만 더 자세히 살펴보면, 언제나 정보의 출처가 선뜻 믿기 힘든 사립탐정과 지역 치안관이었다. 그들이 내놓은 정보의 근거라고 해봤자 풍문에 불과했다. 오세이지 카운티의 모든 기관에 부정부패가 만연하고 있다는 점을 감안하면, 이 사람들이 진짜 범인을 감추기 위해 일부러 잘못된 정보를 퍼뜨렸을 가능성이 있었다. 화이트는 초기 수사에서 가장 큰 문제는 요원들이 단서를 찾아내지 못한 것이 아니라, 단서가 너무 많다는 점이었음을 깨달았다. 요원들은 단서 하나를 추적하다가 그냥 그만두

거나, 확인하는 데 실패하거나, 틀린 단서였다는 결론을 내렸다. 올바른 단서를 잡은 것처럼 보일 때에도, 법정에서 받아들여질 만한 증거를 확보하지 못했다.

화이트는 증거를 중시하는 현대적인 수사관이 되려고 애쓰면서 새로운 수사기법을 많이 배웠지만, 가장 유용한 것은 역시 시대를 초월한 방법, 즉 떠돌아다니는 풍문과 입증 가능한 사실을 우선 냉정하고 체계적으로 구분하는 것이었다. 화이트는 자기가 멋대로 구축한 멋들어진 정황만을 근거로 엉뚱한 사람을 교수대에 세우는 짓은 하고 싶지 않았다. 오세이지 살인사건의 수사는 이미 몇 년 동안 실수로 점철되었고 심지어 부정한 손길이 끼어들었을 가능성도 있었으므로, 화이트는 불확실한 사실들을 솎아내고, 이른바 "탄탄하게 연결되는 증거들"[2]을 바탕으로 사건의 정황을 의심의 여지 없이 밝혀낼 필요가 있었다.

☙❧

화이트는 혼자서 수사하는 편을 더 선호했지만, 오세이지 살인사건의 피살자와 단서가 워낙 많았기 때문에 팀을 만들어야 한다는 사실을 깨달았다. 하지만 설사 팀을 구성한다 해도, 예전 수사관을 방해한 가장 큰 난관을 극복하기는 힘들 것 같았다. 편견, 부정부패, 또는 한 요원의 표현처럼 "거의 보편적으로 퍼져 있는 '처치당할 수 있다'는 두려움"[3] 때문에 증인들이 협조를 거부하는 것이 바로 그 난관이었다. 그래서 화이트는 자신이 수사의 전면에 나서서 대중에게 얼굴을 드러내고, 다른 요원들은 대부분 은밀히 수사를 진행하는 방식을 취하기로 했다.

후버는 그에게 이렇게 약속했다. "당신이 필요한 만큼 인력을 배정해주겠습니다."[4] 후버는 대학 출신 풋내기 요원들의 한계를 알고 있었으므로, 화이트의 동생인 박사를 포함한 소수의 카우보이들을 계속 요원 명부에 남겨두었다. 이 요원들은 아직 과학적인 수사방법을 배우는 중이고, 타자기로 보고서를 완성하는 방식에 적응 중이었다.[5] 하지만 화이트는 그들만이 이런 수사를 감당할 수 있다고 보았다. 거친 시골마을에 침투해서 무법자들을 상대하고, 용의자들을 미행하고, 필요하면 며칠 동안 잠 한 숨 자지 않고 버티고, 압박 속에서도 정체를 들키지 않고, 여차하면 치명적인 무기도 다뤄야 했기 때문이다. 화이트는 카우보이들로 팀을 짜기 시작했지만, 박사는 거기에 포함시키지 않았다. 화이트 형제는 기마경관 시절 이후로 같은 사건을 맡는 것을 피했다. 가족들을 위해 혹시라도 두 명이 동시에 목숨을 잃는 일만은 막고 싶어서였다.

화이트가 가장 먼저 팀원으로 포섭한 사람은 전직 뉴멕시코 보안관이었다. 나이가 쉰여섯 살인 그는 최고령 팀원이 되었다.[6] 그는 수줍은 성격이라고 해도 될 만큼 말이 없었으나, 신분을 위장하는 솜씨가 뛰어났다. 이미 소도둑부터 위조범에 이르기까지 온갖 행세를 해본 적이 있었다. 화이트가 그다음에 끌어들인 사람은 땅딸막하고, 수다스러운 금발의 전직 텍사스 기마경관이었다.[7] 상관의 표현에 따르면, 그는 "위험한 요소가 있는"[8] 상황에 가장 적합한 인물이었다. 화이트는 노련한 위장 공작원도 한 명 데려왔다. 그는 공작

화이트의 수사팀에는 "위험한 요소가 있는" 상황에 적합하다고 알려진 전직 텍사스 기마경관이 포함되었다.

원이라기보다 보험 판매원처럼 보였는데, 아마도 그것이 그의 전직이기 때문인 것 같았다.[9]

화이트는 또한 예전에 수사를 맡았던 요원들 중 존 버거를 계속 수사에 투입하기로 했다. 그는 용의자들부터 증거의 추적결과에 이르기까지 사건을 전체적으로 잘 이해하고 있었으며, 많은 무법자들이 포함된 광범위한 정보원 조직망을 갖고 있었다. 버거는 오세이지 카운티에서 이미 잘 알려진 인물이었으므로 화이트와 함께 공개적으로 활동할 예정이었다. 텍사스 출신인 또 다른 요원 프랭크 스미스도 마찬가지였다. 그는 자신의 취미를 다음과 같이 적었다. "권총과 라이플 사격연습, 대형동물 사냥, 낚시, 등산, 모험, 사람 추적."[10] 후버의 수사국에서 스미스는 "교육받지 못한 구식 요원"[11]으로 분류되었다.

화이트가 마지막으로 데려온 사람은 비범한 인물인 존 렌이었다. 한때 멕시코에서 혁명지도자들을 위해 첩자로 활약한 적이 있는 렌은 수사국에서 보기 드문 미국 인디언이었다(어쩌면 그가 유일한 인디언 요원이었을 가능성이 있다). 오늘날의 콜로라도와 유타 지역에서 번성했던 우트족의 피가 섞인 렌은 둥글게 말린 콧수염을 길렀으며, 눈동자는 검은색이었다. 그는 재능 있는 수사관이었으나, 보고서를 제대로 제출하지 않고 규정을 지키지 못했다는 이유로 얼마 전 수사국에서 쫓겨나고 말았다. 그를 담당한 특수요원은 화를 내면서 이렇게 말했다. "그는 사건을 다루는 솜씨가 무척 뛰어나다. 그의 성과 중에는 눈부시다고밖에 표현할 수 없는 것들도 있다. 그러나 몇 날 며칠 밤낮을 가리지 않고 열심히 임무에 임한다 해도, 그 결과가 서면 보고서로 구현되지 않는다면 무슨 소용인가? 그는 머릿속에 온갖 정보를 갖고 있으면서도 그것을 종이에 기록하려 하지 않는다."[12] 1925년 3월에 후버는 렌을 복직시키면서 경고를 곁들였다. "당신이 현재 이 수사국에서 시행되는 기준에 맞추지 않는다면, 나는 당신에게 사직을 요구할 수밖에 없을 겁니다."[13] 화이트는 렌이 수사팀에 반드시 필요한 시각을 제공해줄 것이라고 확신했다. 버거를 포함해서 전에 이 사건을 맡았던 요원들 중 일부는 오세이지족에 대해 흔히 퍼져 있는 편견을 드러냈다. 공동 보고서에서 버거와 또 다른 요원은 다음과 같이 서술했다. "인디언들은 대체로 게으르고, 한심하고, 비겁하고, 방탕하다."[14] 버거의 동료는 또한 "방탕하고 완고한 오세이지족 인디언들이 입을 열게" 만드는 유일한 방법은 "그들에게 지급되는 돈을 깎는 것뿐이다. (…) 필요하다면 그들을 감옥에 가둘 수도 있다"[15]고 강력하게 주장했다. 이처럼 인디언을 무시하고 경멸하는 태도 때문에 오세이지족은 연방요원들을 더욱 불신하게 되었으며, 수사도 제대로 이루어지지 못했다. 하지만 후버의 "인디언 전사"라고 자처하는 렌은 인디언 보호구역에서 까다로운 사건들을 몇 번이나 유능하게 처리한 경험이 있었다.

 화이트는 자신이 원하는 사람들의 이름을 후버에게 전달했다. 그리고 수사국 본부는 그들 중 오클라호마 현장사무소가 아닌 다른 곳에서 일하던 사람들에게 암호로 긴급명령을 하달했다. "신분을 감추고 즉시 톰 화이트 요원에게 가라."[16] 팀 구성을 마친 뒤, 화이트는 총을 챙겨 들고 오세이지 카운티로 향했다. 이번에는 그가 안갯속 여행자였다.

10
불가능을 제거하라

 낯선 자들이 한 명씩 차례로 오세이지 카운티에 슬그머니 들어왔다.[1] 전직 보안관은 텍사스 출신의 조용하고 나이 많은 목부로 위장하고 모습을 드러냈다. 그다음에 나타난 수다쟁이 전직 텍사스 기마경관도 목부로 행세했다. 그리고 오래지 않아 전직 보험 판매원이 페어팩스 시내에 사무소를 열고 진짜 보험상품을 팔기 시작했다. 마지막으로 렌 요원이 친척을 찾는 인디언 주술사 행세를 하며 등장했다.[2]

 화이트는 팀원들에게 정체가 들통나지 않게 소박한 신분으로 위장하라고 조언했다. 목부로 위장한 두 요원은 곧 윌리엄 헤일의 환심을 샀다. 헤일은 두 사람이 자기와 같은 텍사스 출신 카우보이라고 믿고 많은 마을 유지들에게 두 사람을 소개해주었다. 보험 판매원은 보험상품 판매를 핑계로 여러 용의자들의 집에 들렀다. 렌 요원은 부족 모임에 참석해서, 오세이지 부족원들로부터 백인 수사관은 알아내기 힘든 정보를 모아왔다. "렌은 인디언들과 산 적이 있어서 (…) 그들에게 들키지 않고 놀라울 정도로 훌륭하게 일을 해냈습니다." 화이트는 후버에게 이렇게 보고하면서, 신분을 감춘 자신의 팀원들이 "삶의 어려움을 잘 견뎌내고"[3] 있는 것 같다고 말을 덧붙였다.

화이트는 수사를 어디서부터 시작해야 할지 쉽게 파악할 수 없었다. 애나 브라운의 시신을 살핀 검시 배심원단의 기록은 어찌 된 영문인지 찾을 길이 없었다. "누가 내 책상을 뒤져 증언을 가져갔다."[4] 페어팩스의 치안판사는 이렇게 말했다.

여러 범죄현장의 증거들은 보존된 것이 사실상 거의 없었다. 하지만 애나의 경우 장의사가 몰래 보관해둔 두개골이 있었다. 멜론 크기만 한 두개골의 무게가 신경에 거슬릴 정도로 가벼웠다. 햇볕에 하얗게 바랜 조개껍질을 들고 있을 때처럼 두개골에서 바람 소리도 났다. 화이트는 두개골 뒤쪽에서 총알이 들어간 구멍을 살펴보았다. 그리고 예전의 수사관들과 마찬가지로, 32구경이나 38구경 같은 작은 구경의 총이 사용되었음이 분명하다는 결론을 내렸다. 애나의 두개골 앞쪽에 총알의 사출구가 없다는 기묘한 사실 또한 확인했다. 다시 말해서, 총알이 그녀의 머릿속에 박혀 있었다는 뜻이었다. 검시 중에는 총알의 존재를 놓치려야 놓칠 수가 없을 터이니, 현장에 있던 누군가가 총알을 훔쳐갔음이 분명했다. 그는 공범일 수도 있고 살인범 본인일 수도 있었다.

치안판사는 자신도 그런 의심을 하고 있었다고 털어놓았다. 화이트는 치안판사를 다그쳤다. 혹시 의사 형제인 데이비드 쇼운과 제임스 쇼운이 총알을 가져갔을까요? "모르겠습니다."[5] 치안판사가 대답했다.

 데이비드 쇼운은 사출구가 없다는 사실을 인정하면서도, 자신과 제임스가 총알을 찾으려고 "열심히 애썼다"[6]고 주장했다. 제임스 쇼운도 비슷한 주장을 내놓았다. 화이트는 누군가가 범죄현장에 손을 댔다고 확신했다. 하지만 이 지역 치안관들, 장의사, 빅힐 무역회사의 주인인 매시스 등 검시 때 그 자리에 있던 사람들의 숫자를 생각해보면, 그들 중 누가 범인인지 영영 밝혀낼 수 없을 것 같았다.

          ର୍ଚ୍ଚ

 수사국의 사건기록에서 사실과 풍문을 구분하기 위해 화이트는 간단하지만 멋진 접근방법을 결정했다. 용의자 각자의 알리바이를 꼼꼼히 확인할 것. 셜록 홈스의 유명한 말 그대로였다. "불가능한 것들을 제거하고 나서 남은 것이 무엇이든, 아무리 터무니없어 보이는 것일지라도 그것이 바로 틀림없는 진실이다."[7]

 화이트는 안갯속 같은 예전 수사기록을 헤쳐나갈 수 있게 해주는 길잡이 역할을 버거 요원에게 맡겼다. 버거 요원은 1년 반 동안 이 사건을 조사하면서 많은 단서를 추적했다. 헤일과 매시스와 몰리의 가족들이 고용한 사립탐정들이 조사한 바로 그 단서들이 많은 부분을 차지했다. 화이트는 버거 요원의 조사결과를 바탕으로 애나의 전남편 오다 브라운을 비롯한 많은 용의자들을 신속히 수사대상에서 제외할 수 있었다. 오다 브라운은 사건 당시 다른 여자와 함께 있었다는 알리바이가 확인되었다. 또한 오다 브라운을 범인으로 지목한 위조범은 복역 환경 개선을 놓고 검사 측과 흥정하려는 목적으로 거짓 진술을 했음이 밝혀졌다. 쫓겨난 보안관 하브 프리스가 지목한, 유전에서 일하는 불량한 인부들 같은 다른 용의자들도 지속적인 조사 끝에 용의자 명단에서 제외되었다.

화이트는 이어서 로즈 오세이지가 자신의 남자친구 조 앨런을 유혹하려 한 애나를 죽였다는 소문을 조사해보았다(로즈와 조는 그 뒤로 결혼해서 살고 있었다). 화이트는 28번 사립탐정이 코족 인디언 여인에게서 확보한 진술이 있음을 알게 되었다. 이 진술에 따르면, 로즈가 살인범이라고 자백했다고 했다. 수사국의 한 요원은 현장보고서에 다음과 같이 썼다. "로즈가 (…) 폭력적인 성격이며 질투심이 많다는 사실은 널리 알려져 있다."[8] 페어팩스 보안관도 요원들에게 거슬리는 사실을 한 가지 알려주었다. 애나가 살해당한 즈음에, 자신이 로즈의 자동차 뒷좌석에서 어두운 색 얼룩을 발견했다는 내용이었다. 그는 핏자국인 것 같았다고 말했다.

버거 요원은 자신이 로즈 오세이지와 조 앨런을 예전에 보안관서로 불러들여 심문한 적이 있다고 화이트에게 알렸다. 그는 두 용의자를 각각 다른 방에 넣어두고, 그들이 동요할 때까지 가만히 내버려두었다. 그러고 나서 버거 요원이 심문에 나섰을 때, 로즈는 자신이 애나의 죽음과 아무런 관계도 없다고 주장했다. "난 애나랑 싸운 적이 없어요."[9] 그녀가 말했다. 그다음 차례로 버거 요원은 조를 만났다. 버거 요원의 말에 따르면, 조는 "대단히 과묵하고, 무뚝뚝하

존 버거 요원.

고, 사악해 보였다."[10] 또 다른 수사관이 조에게 별도로 물었다. "애나와 친밀한 관계였습니까?"[11]

"아뇨, 그런 적 없습니다." 조가 대답했다.

조는 로즈와 똑같은 알리바이를 댔다. 1921년 5월 21일 밤에 두 사람이 그레이호스에서 남서쪽으로 27킬로미터쯤 떨어진 포니에 함께 가서 어떤 하숙집에 들렀다는 내용이었다. 그 하숙집은 보통 섹스와 밀주 냄새가 진동하는 곳이었는데, 그곳 주인도 조와 로즈의 주장을 뒷받침해주었다. 하지만 수사관들은 로즈와 조의 진술이 마치 미리 연습하기라도 한 것처럼 단어 하나까지 거의 똑같다는 사실을 알아차렸다.

버거 요원은 일단 로즈와 조를 풀어준 뒤 정보원을 활용하기로 했다. 밀주업자이자 마약상인 켈시 모리슨이 이상적인 정보원이 될

10 불가능을 제거하라 171

것 같았다. 그는 한때 오세이지족 여성과 결혼생활을 한 적이 있어서 로즈를 비롯한 여러 용의자들과도 가까운 사이였다. 하지만 그를 정보원으로 활용하기 전에, 우선 그의 행방을 찾는 것이 문제였다. 모리슨이 밀주를 단속하는 공무원을 공격한 뒤 오세이지 카운티에서 도망친 뒤였기 때문이다. 버거를 포함해서 여러 요원들이 수소문한 결과, 모리슨이 텍사스주 댈러스에서 로이드 밀러라는 가명을 쓰고 있음을 알게 되었다. 요원들은 덫을 놓았다. 밀러의 이름으로 되어 있는 사서함에 등기로 편지를 보낸 뒤, 그가 편지를 가지러 왔을 때 붙잡은 것이다. "우리는 '로이드 밀러'와 면담했다. 그는 약 1시간 동안 자신은 켈시 모리슨이 아니라고 부인했으나 결국 사실을 인정했다."[12] 버거 요원은 보고서에 이렇게 썼다.

버거 요원은 모리슨을 가리켜 "보기 드물게 교활하고 무모하며, 본인도 인정하는 범죄자"[13]라고 묘사했다. 그는 무도장에서 활동하는 사기꾼 같은 복장이었다. 키가 크고, 총에 맞은 흉터가 있고, 눈이 작은 그는 신경이 곤두서 있었으며, 안에서부터 말라가는 것 같았다. 그래서 별명도 '슬림'이었다. 버거 요원은 보고서에서 다음과 같이 말했다. "말을 많이 하고 담배도 많이 피웠다. 거의 끊임없이 코를 킁킁거리고 토끼처럼 입과 코를 움직였다. 흥분했을 때 특히 더 심했다."[14]

연방수사관들은 모리슨과 거래를 했다. 공무원을 습격한 범죄에 대한 체포영장을 없던 일로 해주는 대가로, 그에게 오세이지 살인 사건들에 대해 정보원 노릇을 하라고 말한 것이다. 버거 요원은 본부에 이렇게 보고했다. "이 거래는 기밀이므로, 어떤 경우에도 수사국 외부의 사람에게 누설되어서는 안 된다."[15]

 모리슨이 슬그머니 도망칠 우려가 있기는 했다. 그래서 버거 요원은 그를 풀어주기 전에 베르티용 측정법이라고 불리는 엄격한 절차를 그에게 적용했다. 1879년에 프랑스의 범죄학자 알퐁스 베르티용이 고안한 이 측정법은 상습적인 범죄자의 신원을 확인하기 위해 만들어진 최초의 과학적인 방법이었다. 버거 요원은 캘리퍼스(내부 지름이나 두께 등을 재는 기구—옮긴이)를 비롯한 여러 특수 도구들로 모리슨의 신체에서 열한 가지 치수를 쟀다. 댈러스 경찰도 이 작업에 협조해주었다. 그가 측정한 치수 중에는 모리슨의 왼발 길이, 머리의 폭과 길이, 오른쪽 귀의 지름 등이 포함되었다.

 버거 요원은 모리슨에게 이렇게 신체를 측정하는 목적을 알려준 뒤, 머그샷 촬영도 의뢰했다. 머그샷 역시 베르티용이 고안한 것이었다. 1894년에 추문 전문기자인 이다 타르벨은 베르티용의 측정법을 거친 죄수는 모두 언제나 "쉽게 잡힐 것"이라고 썼다. "문신을 지우고, 가슴을 압박하고, 머리를 염색하고, 이를 뽑고, 몸에 흉터를 만들고, 키를 숨겨도 소용이 없다."[16]

 하지만 베르티용 측정법은 이미 더 효율적인 신원확인 방법에 밀려나고 있었다. 과학수사의 세계에 혁명을 일으킨 이 새로운 방법은 바로 지문 감식이었다. 몇몇 사건에서 이제는 목격자가 없는 경우에도 용의자가 범행현장에 있었음을 증명할 수 있었다. 후버는 수사국장 대리가 된 뒤, 신원확인과를 신설했다. 그리고 전국에서 체포된 범죄자들의 지문을 이곳에 보관했다.[17] 후버는 이런 과학적인 방법이 "공통의 위험 앞에서 문명의 수호자들"[18]을 도울 것이라고 주장했다.

버거 요원은 모리슨의 손끝을 잉크에 살짝 담갔다. "우리는 혹시 그를 체포해야 하는 일이 생길 경우를 대비해서 그의 사진, 인상착의, 신체치수, 지문을 확보했다."[19] 그는 본부에 이렇게 알렸다.

그러고 나서 모리슨에게 경비로 쓸 돈을 조금 주었다. 모리슨은 로즈 오세이지와 조 앨런은 물론 지하세계 사람들도 찾아가서 살인 사건에 대해 알아보겠다고 약속했다. 또한 자신이 연방수사관들을 위해 움직이고 있다는 사실을 누가 알게 된다면 자신은 곧 죽은 목숨이라는 경고도 남겼다.

그는 로즈에게 애나의 죽음에 대해 물어보았다고 보고했다.[20] "왜 그런 짓을 했어?"[21] 로즈는 이렇게 대답했다. "당신은 아무것도 몰라요, 슬림. 난 애나를 죽이지 않았어요." 버거 요원은 메모에서 이 귀중한 정보원에 대해 이렇게 썼다. "그가 너무 빨리 떨려나가지만 않는다면, 우리에게 큰 도움이 될 수 있다."[22]

∞○♋

화이트는 모리슨과 요원들이 로즈 오세이지와 조 앨런에 대해 수집해온 정보를 모두 검토했다. 로즈가 모리슨에게 한 말, 그리고 하숙집 주인이 로즈와 조의 알리바이를 증명해주었다는 사실을 생각해볼 때 로즈가 살인을 자백했다는 코족 인디언 여성의 진술은 이해하기 힘들었다. 특히 묘한 부분이 하나 있었다. 이 코족 인디언 여성의 진술에 따르면, 로즈가 차 안에 있는 애나에게 총을 쏘았으며,

그 뒤에 애나의 시신을 스리마일 개울에 버렸다고 했다. 로즈는 이곳에 피가 묻은 자신의 옷도 버렸다.

검시에서 발견된 사실들은 달랐다. 범죄 전문가들은 사람이 죽은 뒤 시체의 아래 부분에 피가 응고되어 피부에 어두운 색의 얼룩이 생긴다는 사실을 이미 알고 있었다. 따라서 시신이 발견되었을 때 시체의 윗부분에 이런 얼룩이 있다면, 그것은 곧 누군가가 시신을 옮겼다는 뜻이었다. 하지만 애나의 경우 의사들은 이런 흔적을 발견하지 못했다. 범죄현장에 대한 조사에서도 자동차에서 개울까지 이어진 핏자국이 발견되지 않았다.

따라서 증인의 진술이 거짓이며, 로즈와 조는 무고한 것 같았다. 몰리 버크하트의 가족들이 고용한 사립탐정들의 도청기에 범죄를 입증하는 말이 전혀 잡히지 않은 것이나 로즈의 옷가지가 개울에서 발견되지 않은 것도 이해가 되었다. 요원들은 코족 인디언 여성을 불러서 심문한 결과, 별로 힘들이지 않고 사실을 알아낼 수 있었다. 그녀는 로즈가 살인사건에 대해 자신에게 그런 이야기를 한 적이 없다고 시인했다. 사실은 낯선 백인 남자가 그녀의 집으로 찾아와 진술서를 써준 뒤 억지로 서명하게 만들었다는 것이다. 물론 진술서의 내용은 모두 거짓이었다. 화이트는 범인들이 증거를 없애기만 하는 것이 아니라, 날조도 하고 있음을 깨달았다.

11
제3의 남자

 수사가 시작되자마자 후버는 화이트에게 진행상황을 보고하라고 쪼아댔다. 한 번은 화이트가 현장에 나가 있어서 곧바로 대답하지 못하자, 후버가 그를 질책했다. "하루 일을 마친 뒤 수사 현황과 전반적인 상황에 대해 내게 자세한 연락을 보내지 못하는 이유가 무엇인지 이해할 수가 없습니다."[1] 후버가 이 사건에 쏟는 관심은 그 이전 몇 년 동안 들쭉날쭉했지만, 오클라호마에서 자신에게 점점 강하게 쏟아지던 비난에 동요한 나머지 화이트가 수사를 시작하기 전에 직접 수사에 나선 적도 있을 정도였다. 비록 그가 어지러운 현장에 직접 나가지는 않았지만(그는 집에 공기를 정화하는 특수 여과장치를 설치할 정도로 세균 공포증이 있었다), 대신 이 위험한 세상에서 자신의 눈과 귀 역할을 하고 있는 요원들의 보고서를 자기 사무실에 앉아 열심히 들여다보았다.

이렇게 오세이지 살인사건들에 대한 보고서를 연구하다가 그는 애나 브라운과 론이 모두 뒤통수에 총을 맞고 죽었다는 사실이 "흥미롭다"[2]고 생각했다. 그는 "모든 각도에서 꼼꼼히 살펴본 뒤" 백인 여성으로 오세이지족 남성과 결혼한 네시아 케니가 사건의 열쇠를 쥐고 있는 것 같다고 믿게 되었다. 케니는 여러 오세이지족 사람들의 후견인 역할을 하던 변호사 A. W. 콤스톡이 이 살인음모의 공범일 가능성이 높다고 요원들에게 말했다. 후버는 콤스톡이 수사국을 비난한 것과 커티스 상원의원에게 찾아가 후버에게 불리한 이야기를 하겠다고 위협했던 것을 잊지 않았다. 따라서 후버의 눈에 콤스톡은 사악한 쥐새끼였다. "나는 케니 부인이 방향을 아주 제대로 짚었다고 확신합니다." 후버는 부하 요원에게 이렇게 말한 적이 있었다.

케니는 정신이 불안했던 과거가 있었다(자신이 주문에 걸렸다고 주장했다). 그리고 한 번은 그 지역에서 활동하던 변호사를 살해하려고 한 적도 있었다. 그래도 후버는 워싱턴에서 직접 그녀를 만나 면담했다. 한 번도 아니고 두 번이나. 그다음에는 '정신질환'에 대한 정부 전문가에게 그녀의 정신감정을 부탁했다. 그 정신과의사는 케니에게 편집증이 있다는 결론을 내렸지만, 그녀가 "평범한 사람들은 알아차리기 힘든 것들을 인식한다"고 지적했다. 따라서 후버는 케니가 "증인으로서보다는 우리에게 단서를 제공해주는 사람으로서 훨씬 더 큰 가치가 있다"고 말했다.

화이트는 케니의 주장이 사실인지 확인할 수 없었으나, 콤스톡에 대해서도 섣불리 판단을 내리지 못했다. 잉글리시불도그 권총으로

A. W. 콤스톡과 오세이지족 인디언.

무장하고 돌아다니는 콤스톡은 오세이지 카운티의 저명한 백인이면서도 수사관들을 기꺼이 도와줄 것처럼 보이는 보기 드문 인물이었다. 그는 자신이 틀림없이 중요한 증거를 확보할 수 있을 것이라고 요원들에게 말한 적이 있었다. 하지만 여기에는 자신이 수사국의 기록을 볼 수 있어야 한다는 조건이 붙었다. 화이트는 기밀자료를 내어줄 수 없다고 말했다. 그런데도 콤스톡은 자주 화이트를 찾아와 유용한 정보를 한두 가지씩 알려주며 수사 진척상황을 확인했다. 그러고는 반짝이는 잉글리시불도그와 함께 거리로 사라지곤 했다.

ഊര

　1925년 7월 말에 화이트는 애나 브라운의 사건에서 용의자로 꼽힌 사람들 중 마지막으로 남은 한 명인 브라이언 버크하트에게 집중하고 있었다. 화이트는 1921년의 조사 때 몰리의 시동생인 브라이언이 애나가 사라진 날 자신이 어니스트와 몰리의 집에서 애나의 집까지 애나를 곧장 데려다주었으며, 애나를 내려준 시각은 오후 4시 30분에서 5시 사이라고 진술했음을 알게 되었다. 브라이언은 애나를 내려준 뒤 페어팩스로 가서 헤일, 어니스트, 그리고 그를 만나러 온 삼촌 부부와 함께 있는 모습이 목격되었다. 그들은 브라이언과 함께 뮤지컬 〈아버지 키우기〉를 관람했다. 따라서 그가 개울까지 가서 애나를 총으로 쏘아 죽인 뒤 뮤지컬 시간에 맞춰 시내로 돌아올 시간은 없었을 것이다. 그의 알리바이는 아주 탄탄해 보였다.
　버거 요원은 이 알리바이를 확인하기 위해 동료 한 명과 텍사스 북부의 캠벨로 떠났다. 어니스트와 브라이언의 삼촌 부부가 그곳에 살고 있었다. 두 요원은 예전에 카우보이들이 다니던 길을 빠르게 지나쳤다. 지금은 칙칙폭폭 비명을 질러대는 기차들이 소를 운반하기 때문에 쓰이지 않는 길이었다. 두 요원은 헤일이 캠벨에서 겨우 몇 마일 떨어진 숲속에서 자랐음을 알게 되었다. 그의 어머니는 그가 세 살 때 세상을 떠났다. 오세이지 힐스의 왕에게도 과거는 무거운 것이었다.
　캠벨에 도착한 요원들은 브라이언의 삼촌 부부가 사는 금욕적인 집에 들렀다. 삼촌은 집에 없었지만, 숙모가 요원들을 안으로 청한 뒤 백만장자 홍인종과 결혼한 어니스트에 대해 폭언과 독설을 늘어놓기 시작했다. 버거 요원은 그녀에게 애나가 사라진 날 밤에 대해 물었다. 그녀는 브라이언이 그 주정뱅이 인디언의 죽음에 관련되어 있다고 사람들이 쑥덕거리는 소리를 들었다고 말했다. 하지만 그들의 말은 모두 거짓말이며, 브라이언은 애나를 내려준 뒤 페어팩스에서 일행과 틀림없이 합류했다고 그녀는 주장했다.

그때 삼촌이 갑자기 문간에 나타났다. 그는 연방요원 두 명이 자기 집에 들어와 있는 것을 보고 마뜩잖은 표정을 지었다. 말도 잘 하려고 하지 않았다. 하지만 그는 브라이언이 애나를 내려준 뒤 페어팩스로 와서 자기들과 만났다고 확인해주었다. 그리고 공연이 끝난 뒤 자신과 아내가 브라이언과 한 집에서 밤을 보냈으며, 브라이언이 내내 같이 있었다고 덧붙였다. 즉 그가 살인범일 리가 전혀 없다는 뜻이었다. 삼촌은 이어서 요원들에게 어서 썩 꺼지라고 말했다.

ഗര

1925년 8월에 화이트는 비밀요원들을 랠스턴으로 보내 마을에 침투시켰다. 예전에 제대로 조사되지 않은 단서를 살펴보는 것이 그들의 임무였다. 사건기록에 따르면, 애나 브라운이 실종된 날 밤에 랠스턴 중앙대로에서 호텔 앞에 앉아 있던 백인 남자들 한 무리가 자동차 안에 앉아 있는 애나를 목격했을 가능성이 있었다. 카운티 치안관들과 사립탐정들을 포함해서 예전 조사자들은 이 귀한 증인들과 이야기를 나눴으면서도 자신들이 알아낸 사실을 그냥 묻어버린 것 같았다. 그 뒤로 증인들 중 적어도 한 명이 사라졌다. 화이트는 한 요원이 보고서에서 지적한 것처럼 그 사람들이 "용의자에게 매수당해 어딘가로 도망쳐서 숨어 있을 것"[3]이라고 확신했다.

화이트와 그의 요원들은 이 증인들을 추적했다. 그중에는 예전에 요원의 질문에 응한 늙은 농부도 있었다. 그때 농부는 치매 증세가 있는지 멍한 눈으로 요원을 빤히 바라보기만 했다. 하지만 얼마 뒤 활기를 띠었다. 그는 자신의 기억력에 아무런 이상이 없다면서, 요원이 정말로 수사관인지 확인하고 싶다고 말했다. 살인사건에 대해 엉뚱한 사람에게 말했다가는 자칫 땅에 묻힐 수도 있다는 것이었다.

이번에는 화이트와 그의 요원들이 이 농부를 만났다. 그는 진실을 말하겠다고 선서한 뒤 들려준 증언에서 그날 밤을 잘 기억한다고 말했다. 호텔에서 정기적으로 만나는 친구들과 그때 일을 자주 얘기했기 때문이었다. "우리같이 늙은 사람들은 시내에서 시간을 보낼 때가 아주 많아요. 그럴 때 거기 앉아 있지."[4] 그가 말했다. 그는 차가 길가에 멈췄을 때 열린 창문을 통해 애나가 보였다고 회상했다. 그녀가 바로 자기 앞에 앉아 있었다는 것이다. 애나가 인사를 건네자 농부의 일행 중 누군가가 인사에 답했다. "안녕, 애나."

그날 밤 농부와 함께 랠스턴에 있었던 농부의 아내도 차 안의 여자가 애나라고 확신했다. 하지만 그녀가 애나와 이야기를 나누지는 않았다. "그 동네에 인디언들이 아주 많았어요. 나는 그 사람들하고 이야기를 나눌 때도 있고 아닐 때도 있었죠. 어떤 때는 내가 말을 걸어도 그쪽에서 대답을 하지 않기도 했어요."[5] 애나가 술에 취해 늘어져 있는 것처럼 보였느냐는 질문에 부인은 이렇게 말했다. "그냥 다른 사람들처럼 앉아 있었어요. 이렇게요." 부인은 허리를 곧게 펴고 자세를 흉내 냈다. 금욕적인 인디언의 모습을 한 조각상 같았다.

차 안에 다른 사람이 애나와 함께 있었느냐는 질문에는 이렇게 답했다.

"네."

"누구였습니까?"

"브라이언 버크하트였어요."

그녀는 브라이언이 카우보이모자를 쓰고 차를 운전하고 있었다고 말했다. 또 다른 증인도 브라이언이 차 안에 애나와 함께 있는 것을 보았다고 증언했다. "두 사람은 거기서 곧장 서쪽으로 갔어요. 목적지가 어디였는지는 모릅니다."[6]

브라이언의 알리바이를 깨는 최초의 증언이었다. 그가 애나를 집까지 데려다준 것이 사실일 수는 있겠지만, 결국은 다시 그녀와 함께 외출한 것 같았다. 한 요원은 보고서에 이렇게 썼다. 브라이언은 "페어팩스에서 검시 배심원 앞에서 사실을 말하겠다고 선서한 뒤 (…) 4시 30분에서 5시 사이에 페어팩스에 있는 애나의 집까지 그녀를 무사히 데려다주었다고 증언했으나 위증이었다."[7]

화이트는 애나와 브라이언이 랠스턴에서 어디로 갔는지 확인할 필요가 있었다. 버거 요원이 예전에 수사하면서 들은 이야기들

브라이언 버크하트.

과 비밀요원팀이 찾아낸 증인들의 이야기를 한데 맞춰보니 시간대별 행적이 만들어졌다. 브라이언과 애나는 밀주를 파는 근처 술집에 들어가 10시경까지 있었다. 거기서 나온 뒤에도 페어팩스에서 북쪽으로 몇 킬로미터 떨어진 또 다른 비밀 술집으로 향했다. 이때 브라이언의 삼촌이 두 사람과 함께 있는 것이 목격되었다. 따라서 삼촌이 브라이언뿐만 아니라 자신을 위해서도 버거 요원에게 거짓말을 했을 가능성이 있었다. 술집 주인은 브라이언과 애나가 새벽 1시경까지 술을 마셨다고 요원들에게 말했다.

브라이언과 애나가 그 뒤에 어디로 향했는지에 대한 증언들은 두루뭉술했다. 한 목격자는 두 사람이 페어팩스에서 가까운 또 다른 비밀 술집에 갔다고 말했다. 다른 사람들은 브라이언과 애나가 '제3의 남자'와 함께 그 술집을 나서는 것을 보았는데, 그 남자는 브라이언의 삼촌이 아니었다고 말했다. "제3의 남자가 애나 브라운, 브라이언 버크하트와 함께 있었다고 한다."[8] 버거 요원은 이렇게 적었다. 애나와 브라이언이 함께 있는 모습이 마지막으로 목격된 것은 새벽 3시경이었다. 두 사람을 모두 안다는 증인은 페어팩스에 있는 자기 집 근처에 자동차가 멈추는 소리를 들었다고 말했다. 그리고 브라이언으로 짐작되는 남자가 고함을 질렀다. "멍청한 짓 그만하고 얼른 차에 타, 애나."[9]

그 뒤로는 애나의 흔적이 완전히 사라졌다. 유령이 된 것 같았다. 하지만 브라이언의 이웃은 그가 일출 무렵에 집으로 돌아오는 것을 보았다. 나중에 브라이언은 그 이웃에게 그 사실을 아무에게도 말하지 말라고 부탁하면서 그 대가로 돈을 주었다.

화이트는 가장 유력한 용의자를 찾았다고 생각했다. 하지만 수수께끼들이 대개 그렇듯이, 한 가지 의문의 답을 찾고 나면 또 다른 의문이 생겨났다. 만약 브라이언이 애나를 죽였다면, 동기는 무엇인가? 다른 살인사건들에도 그가 관련되어 있는가? 제3의 남자는 누구인가?

12
거울의 황야

그해 여름이 끝나갈 무렵, 화이트는 수사팀 내에 첩자가 있는 것 같다는 의심을 하기 시작했다. 요원 한 명이 이 지역에서 평판이 나쁜 변호사(정보원은 그가 정부의 조사를 "질식"[1]시키려 했다고 말했다)를 심문하던 중 그가 수사팀의 내부 사정을 놀라울 정도로 많이 알고 있음을 눈치챘다. 결국 그 변호사는 "수사국이 작성한 보고서의 일부를 보았으며 (…) 그것을 더 많이 볼 기회가 있었다"[2]고 시인했다.

수사국의 수사는 오래전부터 정보 누출과 방해공작으로 얼룩져 있었다. 한 요원은 "보고서에 들어 있는 정보가 그 정보를 다뤄도 좋다는 승인을 받지 못한 부도덕한 사람들의 손에 곧바로 들어간다"[3]고 불평했다. 수사국이 연방검사에게 제공한 보고서가 그 검사의 사무실에서 사라진 적도 있었다. 이런 틈새들은 요원들의 목숨을 위협하고, 수사관들 사이에 음험한 의심의 싹을 뿌려 그들이 서로를 의심하게 만들었다. 한 연방검사는 자신의 보고서가 "오클라호마주를 대표하는 사람이라면 누구의 손에도 넘어가지 않게"[4] 할 것을 요구할 정도였다.

하지만 수사에 이보다 더욱 심각한 피해를 입힌 것은, 번스 탐정 사무소에서 나온 사립탐정을 포함한 사립탐정 두 명이 수사국의 중요 정보원인 켈시 모리슨의 신원을 폭로하려 한 사건일 것이다. 이 사립탐정들은 모리슨이 수사국을 위해 일하고 있다는 사실을 여러 지역 관리들에게 누설했을 뿐만 아니라, 강도 누명을 씌워 그를 구금하기까지 했다. 버거 요원은 이 두 사립탐정 중 한 명의 행동이 "괘씸하다"면서 "확실히 우리 수사를 해치고 있다"[5]고 말했다. 그는 이 사립탐정들의 "유일한 목적"[6]은 수사방해인 것 같다는 지적과 더불어, "그들이 누군가에게 매수되었음이 분명하다"고 덧붙였다. 한 요원은 모리슨이 감옥에서 석방된 뒤 "겁을 먹어서 혼이 달아난 것"[7] 같았다고 보고했다. 모리슨은 요원들과 만난 자리에서 살인을 저지른 그 "개자식들"[8]이 자신을 잡기 전에 제발 그놈들을 먼저 붙잡아달라고 간청했다. 버거 요원은 모리슨에게 주의를 주었다. "배신과 함정을 조심하세요."[9]

화이트는 가끔 밤에 시골로 수사팀을 소집해서 회의를 열었다. 그들은 마치 도망자들처럼 어둠 속에 웅크린 채 대화를 나눴다. 과거에 이 사건을 수사하던 요원들이 미행을 눈치챈 적이 있었으므로, 화이트는 부하들에게 혹시 위장신분이 탄로 날 때를 대비한 조언을 해주었다. "균형을 잃지 말고, 가능한 한 거친 놈들은 무조건 피해요."[10] 그는 또한 반드시 무기를 소지하고 다녀야 한다고 강조

화이트의 수사팀에서 목부로 위장해 활동했던 전직 뉴멕시코 보안관.

하면서 이렇게 덧붙였다. "만약 목숨을 위해 싸워야 한다면, 최선을 다해 잘해내야 합니다."

༺༻

화이트는 거울의 황야(흔히 안개가 낀 것처럼 앞이 잘 보이지 않는 첩보세계의 은유―옮긴이)를 헤매고 있는 것 같았다. 자신이 범죄수사보다는 첩보활동을 하는 것 같다는 기분이 들었기 때문이다. 수사팀 내에 첩자와 이중첩자가 있었다. 어쩌면 삼중첩자까지 있을 가능성도 있었다. 수사팀 내에서 가장 의심스러운 사람은 파이크라는 사립탐정이었다. 오세이지 카운티에서 예전에 한 신사가 버거 요원에게 접근해 자신이 파이크의 중간 연락책이라고 밝힌 적이 있었다. 요원들은 파이크가 1921년에 윌리엄 헤일에게 고용되어 오세이지 살인사건들을 조사했으나 별다른 진전 없이 조사를 그만둔 적이 있다는 사실을 알고 있었다.

하지만 그 중간 연락책은 파이크가 조사 중에 찾아낸 중요한 정보를 숨기고 있다고 말했다. 애나가 살해된 시각 즈음에 브라이언, 애나와 함께 있었던 제3의 남자의 신원을 그가 알고 있다는 것이었다. 버거 요원은 파이크가 "이 제3의 남자가 누군지 알고 그와 이야기를 나눈"[11] 것 같다고 썼다. 중간 연락책은 파이크가 이 정보를 공개하는 데 조건이 하나 있다고 분명히 말했다. 자신에게 거액의 돈을 지불하라는 것. "부정한 일이 벌어지고 있음이 분명하다."[12] 버거 요원은 보고서에 이렇게 썼다.

요원들은 중간 연락책을 통해 파이크에게 당당히 앞으로 나서라고 요구했다. 하지만 그는 이 말을 따르지 않았다. 수사를 방해하고 돈을 뜯어내기로 단단히 마음먹었음이 분명했다. 요원들은 파이크를 찾기 위해 그의 행적을 뒤쫓기 시작했다. 그의 가장 최근 주소지는 캔자스시티였다. 버거 요원은 이렇게 썼다. "파이크를 찾아내서 체포해야 할 것이다. 그는 우리가 그를 조사하고 있다는 사실이 알려진 직후 캔자스시티의 주소를 바꿨다. 그에게 도주비용을 대주는 사람이 있음이 분명하다."[13]

오래지 않아 파이크는 털사에서 붙잡혔다. 노상강도를 저지른 혐의를 받고 있다고 했다. 궁지에 몰린 그는 어떤 도박사의 이름을 댔다. 요원들은 그 도박사가 5월 21일 밤에 브라이언, 애나와 함께 비밀 술집 한 곳에서 술을 마셨음을 확인할 수 있었다. 하지만 계속된 조사에서 도박사는 집으로 돌아간 시각이 너무 일러서 제3의 남자가 될 수 없음이 밝혀졌다.

이번에도 요원들이 바보 취급을 당한 것 같았다. 하지만 그들이 계속 파이크에게 압박을 가하자 그가 사건의 숨은 측면을 조금씩 밝히기 시작했다. 그는 자신이 사실 애나 브라운의 살인사건을 조사하라는 명목으로 고용된 적이 없다고 밝혔다. 그의 의뢰인이 그에게 요구한 것은 살인이 벌어진 그날 밤 브라이언의 행적을 은폐하라는 것이었다.

파이크는 없는 증거를 만들고 가짜 증인들을 동원해서 "알리바이를 형성"[14]하는 것이 자신의 일이었다고 요원들에게 말했다. 뿐만 아니라 그는 자신이 윌리엄 헤일에게서 직접 지시를 받고 움직였다고 주장했다.

파이크는 브라이언이 애나의 살인사건에 관련되어 있다는 사실을 헤일이 결코 분명하게 말하지 않으려고 애썼으나, 헤일이 자신에게 맡긴 임무만 봐도 그 사실을 분명히 알 수 있다고 설명했다. 만약 파이크의 말이 사실이라면, 법과 질서를 지키는 모범적인 시민으로서 몰리 버크하트의 가장 든든한 보호자 역할을 자임하던 헤일이 애나의 살인사건에 대해 그동안 내내 거짓말을 했다는 뜻이었다. 하지만 파이크는 화이트가 가장 답을 알고 싶어 하는 질문에 답변하지 못했다. 헤일은 단순히 브라이언을 보호했을 뿐인가, 아니면 치밀하고 사악한 음모의 일원인가?

  파이크가 요원들에게 놀라운 사실을 하나 더 말해주기는 했다. 자신이 헤일과 브라이언을 만날 때 가끔 다른 사람이 동석했는데, 그가 바로 어니스트 버크하트라는 것이었다. 파이크는 어니스트가 "몰리 버크하트 앞에서는 이 사건에 대한 이야기를"[15] 절대 하지 않도록 주의를 기울였다고 덧붙였다.

13
사형집행인의 아들

 톰 화이트가 범죄자의 사형집행 장면을 처음 본 것은 아직 어릴 때였다. 사형집행인은 바로 그의 아버지였다. 그의 아버지 로버트 에밋 화이트는 1888년 텍사스주 트래비스 카운티의 보안관으로 선출되었다. 당시 인구가 1만 5,000명도 안 되는 도시였던 오스틴도 여기에 포함되어 있었다. 근육이 단단하고 키가 탑처럼 큰 에밋(톰의 아버지는 이 이름을 좋아했다)은 가난하고, 엄격하고, 근면하고, 경건한 사람이었다. 열여덟 살 때인 1870년에 그는 테네시에서 아직 개척되지 않은 변경이던 텍사스 중부로 이주했다. 그리고 4년 뒤 톰의 어머니 매기와 결혼했다. 두 사람은 오스틴 외곽의 황량한 산속에서 통나무집에 살면서 소를 몰았다. 어떻게든 먹을 것을 찾아 보려고 땅을 헤집기도 했다. 1881년에 태어난 톰은 5남매 중 셋째였다. 박사는 막내였고, 톰은 거친 성격의 형 더들리와 유독 친했다.

톰(왼쪽에 서 있는 아이), 박사(당나귀에 탄 아이), 그리고 더들리(맨 오른쪽).

톰의 형제들은 집에서 가장 가까운 학교(교실 하나에서 교사 한 명이 8개 학년 학생들을 가르쳤다)까지 5킬로미터 가까이 되는 거리를 걸어서 오갔다.

톰이 여섯 살 때 어머니가 세상을 떠났다. 출산 합병증 때문이었던 것 같다. 톰은 어머니가 묻힌 땅에 풀이 자라는 것을 볼 수 있었다. 이제는 에밋 혼자서 아직 열 살도 되지 않은 아이들을 키워야 했다. 뛰어난 텍사스인들의 프로필을 기록한 19세기의 책에는 에밋에 대해 다음과 같이 적혀 있다. "화이트 씨는 트래비스 카운티의 자랑인 튼튼하고 착실한 농부 계층에 속한다. (…) 그는 이 지역의 유명인사이며, 사람들은 그의 성실한 성격과 에너지에 커다란 신뢰를 갖고 있다."[1] 1888년에 마을 대표단이 에밋을 찾아와 제발 카운티 보안관 선거에 출마해달라고 간청했다. 그는 그들의 간청을 받아들였고, 선거에서 쉽게 이겼다. 그렇게 해서 톰의 아버지가 곧 법이 되었다.

보안관으로서 에밋은 오스틴에 있는 카운티 감옥의 책임자였다. 그는 아이들과 함께 감옥에 인접한 집으로 거처를 옮겼다. 감옥은 창살이 있는 창문과 차가운 돌로 지어진 복도, 층층이 쌓여 있는 감방 때문에 요새와 비슷하게 보였다. 에밋이 보안관으로 취임한 첫해에 이 감옥에는 살인범 네 명, 절도범 예순다섯 명, 방화범 두 명, 빈집털이 스물네 명, 위조범 두 명, 강간범 다섯 명, 정신병자로 분류된 사람 스물네 명 등 거의 300명이 수감되어 있었다. 나중에 톰은 이렇게 회상했다. "나는 사실상 감옥 안에서 자랐다. 내 방 창문에서 아래를 내려다보면 감옥의 복도와 몇몇 감방의 문이 보였다."[2]

마치 그의 눈앞에서 성서에 나오는 선과 악, 구원과 천벌이 그대로 펼쳐지는 것 같았다. 한 번은 감옥에서 난투가 벌어졌다. 화이트 보안관이 폭동을 진압하려고 애쓰는 동안 그의 자녀들은 근처의 법원으로 달려가 도움을 청했다. 〈오스틴 위클리 스테이츠먼〉은 이 사건을 다룬 기사에 "피, 피, 피: 카운티 감옥이 진정한 도살장으로 변하다"[3]라는 제목을 붙였다. 기자는 어린 톰이 그날 목격한 광경을 다음과 같이 묘사했다. "필자는 기자로 일하면서 유혈이 낭자하고 속이 메스꺼워지는 광경을 많이 보았으나, 그 어느 것도 어제 오후 5시 반경에 카운티 감옥에 들어갔을 때 맞닥뜨린 무서운 광경과는 비교가 되지 않았다. 어느 쪽을 돌아봐도 보이는 것이라고는 피뿐이었다."

　다섯 명이 중상을 입은 이 사건 이후로 에밋 화이트는 단호하다 못해 고집불통인 보안관이 되었다. 그래도 자신이 담당한 사람들에 대해 놀라운 배려를 보여주며, 범죄자들을 체포할 때 6연발 권총을 휘두르지 않는다는 원칙을 고수했다. 그가 법이나 자신의 책임에 대해 깊은 철학을 갖고 있었던 것은 아니지만, 톰은 죄수가 흑인이든 백인이든 멕시코인이든 상관없이 아버지가 항상 똑같은 태도로 그들을 대한다는 사실을 알아차렸다. 당시에는 법의 테두리를 벗어난 린치, 특히 남부에서 흑인들을 대상으로 한 린치가 미국 사법 제도의 가장 커다란 실패사례 중 하나로 꼽히고 있었다. 에밋은 주민들이 "넥타이 파티(린치 중에 교수형을 집행하듯이 피해자의 목을 매다는 것—옮긴이)"를 계획한다는 소식이 들릴 때마다 그들을 저지하려고 급히 달려가곤 했다. 한 기자는 그런 사례 중 하나를 기사화한 글에서 보안관에게서 "폭도들이 검둥이를 빼앗아가려고 하면 큰 소란이 벌어졌다"[4]고 지적했다. 에밋은 젊고 폭력적이지 않은 죄수들과 나이 많고 위험한 기결수들을 감옥에 나란히 두지 않으려 했다. 그러나 달리 그들을 가둬둘 곳이 없었기 때문에 그는 자녀들이 있는 자기 집에 젊은 죄수들을 데려와 머무르게 했다. 한 젊은 여성 죄수는 몇 주 동안이나 계속 그 집에 머무르기도 했다. 톰은 그녀가 감옥에 갇힌 이유를 끝내 알아내지 못했고, 그의 아버지도 그것을 결코 입에 올리지 않았다.

　톰은 범죄자들이 범죄를 저지르는 이유에 대해 자주 생각해보았다. 수감자들 중 일부는 철저하게 사악해서 마치 악마의 화신처럼

톰의 아버지는 오스틴에서 카운티 감옥을 관리했다.

보였다. 머리에 병이 들어서 남들이 보지 못하는 것을 보는 사람들도 있었다. 하지만 대부분의 죄수들은 절박한 상황에서 어쩔 수 없이 폭력적이고 비열한 짓을 저지른 사람들이었다. 그들은 나중에 죄를 뉘우치면서 구원을 얻고자 했다. 어떤 면에서 보면 이런 죄수들을 생각할 때 가장 무서웠다. 누구라도 악에 사로잡힐 수 있음을 보여주는 사례였기 때문이다. 톰은 가족들과 함께 인근의 침례교회에 다녔는데, 목사는 모두가 죄인이라고 말했다. 법과 정의를 지키는 에밋조차 죄인이었다. 톰은 평생 이 수수께끼를 풀기 위해 노력했으나 끝내 풀지 못한 듯하다.

❧❧

톰은 아버지가 일하는 모습을 지켜보았다. 아버지는 범죄자를 잡기 위해 시도 때도 없이 출동해야 했다. 안식일도 예외가 아니었다. 당시에는 범죄학이 아직 원시적인 수준이었으므로, 에밋은 먼저 총을 챙기고, 증인들에게 증언을 간청한 뒤 말에 올라 범인 추적에 나섰다. 때로는 자신이 데리고 있는 경찰견들을 추적에 동원하기도 했다.

톰이 열한 살이던 1892년 여름 어느 날 아버지가 경찰견들을 데리고 서둘러 나갔다. 어떤 가장이 말을 타고 가다가 총에 맞는 사건이 벌어진 탓이었다. 톰의 아버지는 피살자가 쓰러진 곳에서 30발짝 떨어진 곳에 땅이 짓밟힌 자국이 있는 것을 발견했다. 불에 탄 화약마개(총구에서 총알을 장전하게 되어 있는 총에서 화약을 약실에 고정하려고 채워넣는 솜뭉치 같은 것 ─ 옮긴이)도 떨어져 있었다. 살인범이 그 자리에 서 있었다는 뜻이었다. 화이트가 경찰견들을 풀자 녀석들이 범인의 행적을 찾아냈다. 그런데 그 행적이 묘하게도 피살자의 집으로 곧장 이어져 있었다. 화이트 보안관은 증인들에게서 증거를 수집하는 과정에서, 피살자의 아들이 범인임을 알게 되었다.

몇 주 뒤 톰의 아버지는 또 불려나갔다. 이번에는 강간범을 추적하기 위해서였다. 〈스테이츠먼〉에는 "백주대낮에 성폭행: D. C. 에번스 부인이 자신의 차에서 끌려나와 잔인한 폭행과 성폭행을 ─ 치안관들이 야만적인 범인을 열심히 추적 중"[5]이라는 제목의 기사가 실렸다. 그러나 치안관들이 녹초가 될 때까지 추적했는데도 강간범은 빠져나갔다. 이럴 때 톰의 아버지는 무서운 병에 시달리며 고통받는 사람처럼 말수가 줄어들었다. 한 번은 어떤 기자가 도망자를 체포하기 전 그의 모습을 설명하며, "솔직히 말해서 화이트 보안관은 밤낮으로" 그 도망자만 생각한 나머지 "곧 그를 사로잡는 것이 화이트 보안관의 삶의 일부가 되었다"[6]고 묘사했다.

아버지가 경찰견들이 짖어대는 어둠 속으로 나갈 때마다 톰은 어쩌면 아버지가 이대로 영영 돌아오시지 않을지도 모른다는 두려움, 어머니가 그랬듯이 아버지도 이 세상에서 영원히 사라져버릴지도 모른다는 불안감을 견뎌야 했다. 사회를 지키기 위해 자신의 목숨을 거는 것은 엄청나게 용감하고 훌륭한 일이지만, 적어도 그를 사랑하는 사람들의 관점에서 보면 이런 이타적인 행동이 조금 잔인하게 보이기도 했다.

한 번은 무법자가 에밋의 머리에 총을 들이댄 적도 있었으나, 에밋은 어찌어찌 놈의 무기를 빼앗는 데 성공했다. 감옥에서 죄수가 칼을 꺼내 등 뒤에서 에밋을 찌른 적도 있었다. 톰은 아버지의 등에 꽂혀 있는 칼, 바닥으로 콸콸 쏟아지는 피를 직접 보았다. 아버지의 몸속에 피가 그토록 많이 있다는 사실이 놀라울 따름이었다. 죄수는 찔러넣은 칼을 비틀려고 했고 아버지는 금방이라도 생명을 놓아버릴 것처럼 보였으나, 갑자기 손가락으로 죄수의 눈을 찔러 안구가 툭 튀어나오게 만들었다. 톰은 안구가 눈구멍에 대롱대롱 매달려 있는 모습도 그 자리에서 직접 목격했다. 아버지는 그렇게 죄수를 제압했지만, 톰은 평생 그날 그 광경을 잊지 못했다. 자신의 아버지를 죽이려 한 죄인을 용서할 수 있는 사람이 어디 있겠는가?

톰이 처음으로 교수형을 목격한 때는 1894년 1월이었다. 열아홉 살의 흑인 남성인 에드 니컬스가 강간 혐의로 유죄판결을 받고, "죽을 때까지 목을 매다는"[7] 벌을 선고받았다. 10년 만에 처음인 이 사형의 집행자로 지목된 사람은 보안관이었다.

톰의 아버지는 목수를 고용해서 감옥의 남쪽 담장 근처에 교수대를 세웠다. 천장이 높은 곳이 그 자리뿐이었다. 니컬스의 감방까지의 거리가 3미터였으므로, 니컬스(계속 무죄를 주장하며 주지사가 사형을 유예해줄 것이라는 희망을 아직 품고 있었다)도 톱질 소리와 못을 박는 소리를 들을 수 있었다. 작업 속도가 점점 빨라졌다. 톰의 아버지는 죄수를 위해 형을 최대한 신속하게 집행할 작정이었으므로, 교수대가 완성된 뒤 모래자루로 몇 번이나 시험을 해보았다.

주지사는 니컬스의 마지막 탄원을 기각하면서 "법이 정해진 길을 따르게 하라"[8]고 말했다. 톰의 아버지가 니컬스에게 이 소식을 전했을 때, 그는 감방에서 열심히 기도를 하는 중이었다. 그는 차분함을 유지하려고 애썼지만, 손이 떨리기 시작했다. 그가 죽음과의 약속을 위해 수염을 깨끗이 깎고 좋은 검은색 정장을 입고 싶다고 말하자 톰의 아버지는 그 소원을 들어주겠다고 약속했다.

사형 집행일에 열두 살이던 톰은 감옥 안에 있었다. 아무도, 심지어 그의 아버지도 그를 내보내려 하지 않았기 때문에, 그는 니컬스가 새 양복을 입고 아버지의 손에 이끌려 교수대에 오르는 모습을 지켜볼 수 있었다. 그가 내딛는 발걸음 하나, 내쉬는 숨결 하나가 곧 그에게 남은 시간이었다. 톰은 목사가 니컬스의 최후진술을 읽는 소리에 귀를 기울였다. "화이트 보안관은 내게 몹시 친절했습니다. 이제 죽음을 맞이할 준비가 된 것 같습니다. 내 영혼이 모든 인류와 화해했습니다."[9] 이 글을 다 읽은 뒤 목사가 자신의 말을 덧붙였다. "에드 니컬스는 흔들리며 영원한 세상으로 향할 것입니다. 죽음 보안관이 검은 말을 타고 근처까지 와 있습니다. 그가 이 사람의 영혼을 붙잡아, 하느님이 최고의 판관이 되시고 아드님인 예수는 변호사가 되시고, 성령은 검사가 되는 저 위의 법정에 출두시킬 것입니다."[10]

목사의 말이 끝나자 톰의 귀에 친숙한 목소리가 들렸다. 그의 아버지가 사형 집행영장을 읽고 있었다. 올가미가 니컬스의 목에 맞게 조정되고, 머리에는 검은 두건이 씌워졌다. 톰은 이제 니컬스의 얼굴을 볼 수 없었지만, 뚜껑문의 레버를 잡고 있는 아버지는 볼 수 있었다. 오후 4시 2분 전, 아버지가 뚜껑문을 열었다. 죄수의 몸은 아래로 떨어졌다가 격렬하게 경련하듯 위로 튀어올랐다. 그리고 사람들 사이로 놀라움과 두려움의 탄식이 퍼져나갔다. 꼼꼼히 준비했는데도, 니컬스가 여전히 부들부들 떨면서 살아서 움직이고 있었다. 톰은 나중에 이렇게 회상했다. "그는 한참 동안 발길질을 하고 꿈틀거렸다. 포기하고 죽음을 받아들일 생각이 전혀 없는 것 같았다."[11] 마침내 그의 움직임이 멎자 사람들은 밧줄을 잘라 시체를 아래로 내렸다.

이날의 일을 비롯한 여러 처형 장면을 직접 보았기 때문인지, 아니면 이런 시련을 겪을 때마다 아버지가 어떤 영향을 받는지 보았기 때문인지, 아니면 무고한 사람이 잘못 사형을 선고받을 수 있다는 두려움 때문인지, 톰은 때로 '합법적인 살인'이라고 불리는 사형제도에 점점 반대하게 되었다. 그가 보기에 법은 다른 사람들의 폭력적인 충동뿐만 아니라 각자 자신 안의 폭력적인 충동 또한 제압하려는 몸부림이었다.

                      ೞಛ

톰은 스물네 살이던 1905년에 텍사스 기마경찰대에 들어갔다. 19세기에 변경지대에서 인디언들과 싸우는 자원 민병대로 창설된 이 기마경찰대는 나중에 국경 지역에서 멕시코인들과도 맞서 싸웠으며, 차츰 일종의 경찰력으로 발전했다. 인디언들과 멕시코인들은 총부터 먼저 쏘고 보는 잔인한 방식 때문에 기마경찰대를 오래전부터 증오했으나, 텍사스의 백인 주민들 사이에서 기마경찰대는 신화적인 존재였다. 린든 B. 존슨은 나중에 이런 말을 했다. "텍사스의 모든 소년들은 텍사스 기마경찰대에 대한 이야기를 들으며 어른이 된다. 나도 예외가 아니었다."[12]

톰의 형 더들리도 기마경찰대 신화에 누구 못지않게 홀딱 반해서 톰과 같은 해에 기마경찰대원이 되었으며, 박사도 곧 그 뒤를 따랐다. 톰의 또 다른 형제인 콜리는 아버지의 발자취를 아예 그대로 따르려는 듯이 트래비스 카운티의 보안관이 되었다. 박사는 아버지가 치안관이 되는 것에 대해 해주었던 간단한 조언을 떠올렸다. "네가 모을 수 있는 모든 증거를 모아야 한다. 그다음에는 너 자신을

뒷줄 왼쪽부터 박사, 더들리, 콜리. 앞줄은 왼쪽부터 톰의 아버지, 할아버지, 톰.

텍사스 치안관들과 함께 사진을 찍은 톰 화이트(12번), 박사(6번), 더들리(7번), 콜리(13번).

범인의 입장에 놓고 곰곰이 생각해보는 거야. 구멍들을 잘 막아야 한다."[13]

기마경찰대에서 각각 다른 부대에 배치된 박사와 더들리처럼 톰의 월급도 고작 40달러밖에 되지 않았다. 그는 "카우보이와 똑같다"[14]고 표현했다. 톰은 애빌린에서 서쪽으로 104킬로미터 떨어진 곳에 숙영 중인 부대에 합류했다. 예전에 한 기마경찰대원은 이 숙영지에 도착한 뒤 다음과 같은 글을 남겼다. "펜을 놀릴 가치가 있는 광경이 펼쳐졌다. 긴 턱수염과 콧수염을 기르고 온갖 다양한 옷을 입었으나, 단 한 가지 텍사스 기마경찰대의 제복임이 틀림없는 늘어진 모자를 쓰고 허리에 권총 여러 정을 찬 남자들이 여러 무리를 지어 담요를 말리고, 총을 청소하느라 여념이 없었다. 여러 군데에 피워진 모닥불에서 요리를 하는 사람도 있고, 말을 돌보는 사람들도 있었다. 이보다 더 거친 광경은 한 번도 본 적이 없었다."[15]

톰은 누구보다 노련한 경관들의 모범을 따르며 치안관이 되는 법을 터득했다.[16] 술과 매춘부에게 지나치게 시간을 쏟지 않고(많은 기마경찰관들이 여기에 시간을 쏟았다) 열심히 관찰한다면, 숲에서도 말이 지나간 흔적을 찾는 법을 배울 수 있었다. 톰은 도둑들이 경관을 속이려고 말굽의 방향을 뒤로 돌려놓더라도, 역시 흔적을 좇을 수 있다는 사실도 배웠다. 그러다 보면 사소한 요령도 생겼다.[17] 전갈이나 벌레가 신발 속에 기어 들어가 있을 우려가 있으니 아침마다 부츠를 뒤집어서 턴다든가, 밤에 잠자리에 눕기 전에 담요를 흔들어 방울뱀이 있는지 확인하는 요령 같은 것. 유사流砂를 피하는 법, 바싹 마른 땅에서 개울을 찾아내는 법도 배웠다. 밤에 총잡이의 눈에 띄지 않으려면 악마의 화신처럼 검은 옷을 입고 검은 말을 타는 것이 좋다는 사실도 알게 되었다.

톰은 곧 첫 번째 임무를 받았다. 대장과 부사관을 따라 애빌린 북쪽의 켄트 카운티로 가서 소도둑을 추적하는 임무였다. 도중에 톰과 부사관은 식량을 준비하려고 상점에 들렀다. 상점 밖에 말을 매어두고 안으로 들어가는데 부사관이 톰에게 윈체스터 라이플을 어디에 두었느냐고 물었다. 톰이 말에 두고 왔다고 대답하자, 다혈질인 부사관이 고함을 질렀다. "그런 짓을 하는 놈이 어디 있어! 당장 가서 총 가져와. 항상 네가 가지고 다니라고."[18]

톰은 기가 죽어서 총을 가져왔다. 그리고 오래지 않아 부사관이 왜 그토록 다급하게 굴었는지 이해했다. 도둑들이 두 사람의 뒤를 쫓고 있었던 것이다. 두 사람은 몇 번이나 총에 맞을 뻔한 위기를 넘긴 뒤에야 비로소 도둑 무리를 체포할 수 있었다.

톰은 이른바 '악당들,' 즉 소도둑, 말도둑, 폭력배, 포주, 주류 밀수범, 역마차 강도, 무법자 등을 점점 능숙하게 다룰 수 있게 되었다. 그가 동료 기마경찰관인 오스카 라운드트리와 함께 무법자들을 소탕하러 보위라는 마을에 파견되었을 때, 그 마을 목사는 화이트의 상관에게 쓴 편지에서 "대장님이 보내주신 두 기마경찰관 덕분에 이 마을에서 무법적인 행태가 완전히 사라지는 것"[19]을 목격했다고 말했다.

톰은 기마경찰관으로 일하면서 여러 건의 살인사건을 수사했다. 톰의 동생 박사는 이렇게 회상했다. "우리에게는 아무것도 없었다. 심지어 지문조차 없었다. 우리가 활용할 수 있는 것은 보통 증인뿐이었으나, 그나마도 잘 나타나지 않았다."[20] 그러나 이보다 골치 아픈 일은 참을성이 모자라서 법을 정확하게 지키지 않는 기마경찰관들이 간혹 있다는 점이었다. 톰과 같은 부대에서 근무하던 한 기마경찰관은 마을에서 가장 무자비한 악당을 일부러 찾아낸 다음 그를 도발해서 싸움을 걸었다. 그를 죽이고 싶어서였다. 치안관이 "이성을 잃지만 않으면 살생을 피할"[21] 수 있다고 믿은 톰은 나중에 한 작가에게 자신이 이 기마경찰관과 열띤 논쟁을 벌였다고 털어놓았다. 누구든 혼자서 판사, 배심원, 사형집행인의 역할을 한꺼번에 하는 것은 옳은 일이 아닌 것 같았다.

༄༅

톰은 애빌린 동쪽의 웨더퍼드에 주둔해 있던 1908년에 베시 패터슨이라는 젊은 여성을 만났다. 그녀는 적어도 그와 나란히 있을 때는 몸집이 자그마했으며, 짧은 갈색 머리카락과 성실한 눈을 지니고 있었다. 주로 남자들 사이에서만 살아온 톰은 그녀에게 사로잡혔다. 그는 조용한 성격인 반면, 그녀는 솔직한 행동파였다. 그에게 감히 이래라저래라 하는 사람은 거의 없었지만, 그녀는 해냈다. 그래도 그는 별로 개의치 않는 것 같았다. 그녀와 함께 있을 때만은 그도 주변상황이나 내면의 감정을 통제하려고 애쓸 필요가 없었다. 하지만 그의 직업은 결혼생활에 적합하지 않았다. 박사의 상관은 이런 말을 했다. "필사적으로 도망치는 범죄자들을 추적하는 경관에게 아내와 가족은 다른 나라 이야기야."[22]

오래지 않아 톰은 어쩔 수 없이 그녀와 멀어졌다. 절친한 친구이자 동료 기마경찰관인 N. P. 토머스와 함께 텍사스 팬핸들의 아마릴로에 역병처럼 퍼지고 있던 범죄자들을 처리하기 위해 파견된 탓이었다. 한 기마경찰관의 보고에 따르면, 이 도시에 누구보다 단련된 범죄자들이 있으며, 보안관서는 그들을 없애는 데 전혀 도움이 되지 않는다고 했다. 그는 또한 이렇게 덧붙였다. "보안관의 두 아들은 매음굴에서 살고 있다."[23]

토머스는 이미 그곳의 부보안관과 여러 번 부딪힌 적이 있었다. 결국 1909년 1월의 어느 날 아침 카운티 검사의 사무실에 앉아 있는 N. P. 토머스에게 부보안관이 총을 겨누더니 그의 얼굴을 향해 총을 쏴버렸다. 토머스는 입에서 피를 쾰쾰 쏟으며 앞으로 쓰러졌다. 의료진이 도착했을 때 그는 아직 숨을 쉬고 있었으나, 출혈이 멎지 않아 고통 속에서 숨을 거두었다.

기마경찰대에서 톰이 함께 일했던 동료들 중 많은 사람들이 이른 나이에 죽음을 맞았다. 그중에는 미숙한 경찰관도 있고, 베테랑 경찰관도 있었다. 무책임한 치안관도, 양심적인 치안관도 있었다. 라운드트리는 나중에 부보안관이 되었으나, 부유한 지주의 총에 머리를 맞았다. 톰이 법을 지키는 문제로 논쟁을 벌였던 기마경찰관은 나중에 자경단에 들어갔다가 동료가 실수로 발사한 총에 맞아 죽었다. 톰의 부사관은 총을 난사하는 범인 때문에 여섯 발이나 총을 맞았다. 옆에서 구경하던 사람은 두 발을 맞았다. 부사관은 피를 흘리며 바닥에 쓰러진 상태에서 종이를 달라고 하더니, 기마경찰대 본부로 보낼 쪽지를 갈겨썼다. "총에 맞아 엉망이 됐음. 모두 진정

됨."²⁴ 그는 어찌어찌 목숨을 건졌지만, 무고한 구경꾼은 사망했다. 톰의 부대에 들어온 신참이 범인을 저지하려다가 총에 맞아 쓰러진 일도 있었다. 톰은 시체를 수습해서 부모가 사는 고향까지 운반했다. 부모들은 왜 아들이 상자 안에서 구더기의 먹이가 되어 있는지 이해하지 못했다.

N. P. 토머스가 세상을 떠난 뒤, 톰은 자신의 내면에서 무법적인 욕망이 꿈틀거리는 것을 느꼈다. 톰의 친구는 그의 생애를 간단히 스케치한 글에서 이렇게 썼다. "[토머스의] 죽음에 (…) 복수해야 하는가를 놓고 톰은 짧지만 격렬하게 고민했다."²⁵ 톰은 아예 기마경찰대를 그만두고 베시와 결혼하기로 마음을 정했다. 총무 담당자는 톰의 상관에게 보낸 편지에서 톰이 "뛰어난 능력을 입증"했으므로 그가 "사직하게 내버려둔다면 후회하게 될 것"²⁶이라고 썼다. 하지만 톰은 결정을 되돌리지 않았다.

그는 베시와 결혼한 뒤 샌안토니오에 정착해 아들 둘을 낳았다. 그는 열차 수사관으로 일하면서 들어오는 꾸준한 수입 덕분에 가정을 꾸릴 수 있었다. 이때도 말을 타고 도둑들을 추적하는 일을 하는 것은 똑같았지만, 예전보다는 대체로 위험이 덜했다. 거짓 주장으로 변상을 요구한 사람들의 거짓을 밝혀내는 일이 대부분이었기 때문이다. 톰은 이런 사람들이 비겁하다는 사실을 깨닫고, 목숨을 걸고 기차를 터는 무법자들보다 그들을 더 경멸했다.

톰은 가정에 헌신적이었다. 하지만 아버지처럼 어둠의 세계에 끌리는 측면도 갖고 있었기 때문에, 1917년에 수사국의 특수요원이 되었다. 특수요원의 서약문은 다음과 같다. "나는 모든 적을 상대로

미합중국의 헌법을 지지하고 수호할 것이다. (…) 맹세코."

∞○○

톰이 수사국에 들어온 지 얼마 되지 않은 1918년 7월에 톰의 형 더들리가 다른 기마경찰대원과 함께 탈영병 두 명을 잡기 위해 텍사스 동부의 외진 삼림지대인 빅시켓으로 파견되었다. 모든 것이 말라죽을 만큼 가뭄이 심할 때, 더들리와 그의 파트너는 흙먼지 날리는 더위 속에서 두 수배자가 숨어 있을 것으로 짐작되는 집을 수색했다. 그러나 용의자들이 발견되지 않았으므로, 더들리와 파트너는 그 집 포치에서 놈들을 기다리기로 했다. 그런데 새벽 3시에 총격과 함께 사방이 갑자기 환해졌다. 탈영병들의 기습이었다. 더들리의 파트너는 총알 두 방을 맞고 피를 흘리며 포치에 쓰러졌다. 더들리가 우뚝 서서 6연발 권총으로 사격하는 모습이 보였다. 그러나 곧 더들리도 쓰러졌다. 마치 누가 아래쪽에서 그의 다리를 잘라버리기라도 한 것처럼, 그의 커다란 몸이 쿵 하는 소리를 냈다. 파트너는 나중에 그 장면을 회상하면서 그가 "쓰러지더니 다시 일어나지 않았다"[27]고 말했다. 더들리의 심장 근처에 총알 하나가 박혀 있었다.

톰은 이 소식을 듣고 정신을 차릴 수 없었다. 결혼해서 아직 여덟 살이 되지 않은 세 아이를 기르고 있던 형은 톰에게 무적의 사나이 같았다. 두 탈영병이 체포되어 살인 혐의로 기소되자, 톰의 아버지는 매일 재판정에 나갔다. 결국 두 탈영병은 유죄판결을 받았다.

톰의 형 더들리.

　더들리의 시신이 집으로 운반되었다. 한 기마경찰관은 보고서에서 그 모습을 냉정하게 묘사했다. "화이트 경관의 시신을 운반하는 데는 수레 바닥에 까는 캔버스 천 한 장, 침대보 한 장, 베개 한 개가 사용되었다."[28] 톰과 가족들은 더들리의 소지품을 돌려받았다. 그의 목숨을 앗아간 총알도 거기에 포함되어 있었다. 그는 자신이 태어난 농가 근처의 공동묘지에 묻혔다. 성경말씀 그대로였다. "너는 흙이니 흙으로 돌아갈 것이니라(창세기 3장 19절 ─ 옮긴이)." 그의 무덤 옆 묘비에 적힌 말은 다음과 같았다.

존 더들리 화이트

텍사스 기마경찰대

임무 중 순직 (…)

1918년 7월 12일

장례식 2주 뒤 마침내 서늘한 빗줄기가 초원을 씻어내렸다. 톰은 이미 수사국에 돌아가 있었다.

14
죽음 앞에서 남긴 말

 화이트는 1925년 9월에 윌리엄 헤일, 그리고 그의 두 조카인 어니스트와 브라이언이 무슨 비밀을 숨기고 있는지 알아내려고 애쓰던 중, 문득 전에 몰리의 제부인 빌 스미스가 그들의 정체를 알아낸 것인지도 모르겠다는 생각이 들었다. 리지가 독살당했다는 의심을 가장 먼저 품은 사람도 스미스이고, 석유가 가져다준 재산과 관련해서 더 커다란 음모가 도사리고 있는 건 아닌지 조사한 사람도 스미스였다. 만약 스미스가 그렇게 알아낸 사실로 인해 죽임을 당한 것이라면, 그 정보야말로 비밀을 푸는 열쇠일 가능성이 있었다.
 폭발로 스미스의 집이 무너진 뒤, 요원들은 병원에서 빌을 치료한 간호사에게 혹시 그가 살인사건에 대해 말한 것이 없느냐고 물어보았다. 간호사는 빌이 고열에 시달리며 잠결에 사람들 이름을 자주 중얼거렸으나, 잘 알아들을 수 없었다고 말했다. 가끔 빌은 잠에서 깬 뒤 자신이 잠결에 해서는 안 되는 말을 하지나 않았는지 걱정스러운 표정을 지었다. 간호사는 빌이 눈을 감기 얼마 전에 의사인 제임스와 데이비드 쇼운 형제, 그리고 변호사를 만났다고 말했다. 두 의사는 간호사에게 자리를 비켜달라고 말했다. 그들이 빌과 나누는 대화를 간호사에게 들려주고 싶지 않은 기색이 역력했다. 간호사는 빌이 자기 집을 폭파시킨 범인에 관해서 모종의 진술을 한 것 같다고 추측했다.

애나 브라운 사건에서 끝내 총알을 찾지 못한 것과 관련해서 이미 쇼윤 형제를 의심하고 있던 화이트는 그때 빌과 함께 병실 안에 있던 사람들을 각각 따로 만나 조사하기 시작했다. 나중에 연방검사들도 그들을 심문했다. 이 심문기록에 따르면, 데이비드 쇼운은 자신과 제임스가 변호사를 부른 것은 빌이 살인범의 이름을 밝힐지도 모른다는 생각에서였는데, 결과적으로 아무것도 나오지 않았다고 말했다. "자기 집을 폭파한 범인이 누군지 빌 스미스가 알았는지는 몰라도, 우리에게는 결코 말해주지 않았습니다."[1]

한 검사가 그에게 왜 일부러 간호사를 밖으로 나가게 했느냐고 다그쳤다. 쇼운은 간호사들은 "의사가 들어오면 밖으로 나갈 때가 자주 있습니다"[2]라고 설명했다.

"당신이 간호사에게 자리를 비켜달라고 말했다는 진술이 있다면, 그것이 거짓이라는 뜻입니까?"[3]

"아닙니다. 간호사가 그렇게 진술했다면, 제가 그렇게 말한 것이 맞습니다." 쇼운은 빌이 살인범의 이름을 밝히지 않았다고 열두 번이라도 맹세할 수 있다고 말했다. 그리고 그는 자신의 모자를 가리키며 말을 덧붙였다. "빌 스미스가 이 모자를 내게 주었습니다. 빌 스미스는 내 친구예요."

제임스 쇼운도 데이비드 못지않게 열띤 태도로 검사에게 말했다. "빌은 폭파범이 누군지 끝내 말하지 않았습니다."

"빌이 틀림없이 그런 얘기를 했을 텐데요."

"폭파범이 누군지 끝내 말하지 않았습니다."

"폭파범에 대해 말했습니까?"

"폭파범에 대해 말하지 않았습니다."[4]

빌 스미스의 변호사 역시 스미스의 집을 폭파시킨 범인이 누군지 전혀 모른다고 강력히 주장했다. "그 문제는 제게도 수수께끼입니다."[5] 하지만 검사들이 거세게 다그치자 그는 빌 스미스가 병원에서 "알다시피 이 세상에 내 적은 딱 두 명뿐입니다"[6]라고 말했는데, 여기서 적이란 오세이지 힐스의 왕인 윌리엄 K. 헤일과 그의 조카인 어니스트 버크하트를 뜻한다고 밝혔다.

검사가 제임스 쇼운에게 이 진술을 거론하며 질문을 던지자, 결국 그가 진실을 털어놓았다. "그가 빌 헤일을 폭파범으로 지목했다고 (…) 확실하게 말씀드릴 수는 없습니다만, 빌 헤일이 자신의 유일한 적이라는 말을 하기는 했습니다."[7]

"어니스트 버크하트에 대해서는 무슨 말을 했습니까?" 검사가 물었다.

"자기가 알기로 자신의 적은 그 두 명뿐이라고 말했습니다."

쇼운 형제는 헤일과 버크하트 형제의 주치의였기 때문에 그들과 가까운 사이였다. 쇼운 형제 중 한 명은 병원에서 문제의 대화를 나눈 지 얼마 되지 않아 간호사에게 브라이언 버크하트가 아프다고 알렸다. 그는 간호사에게 브라이언의 집으로 가서 그를 살펴봐주겠느냐고 부탁했고, 간호사는 그러겠다고 했다. 그녀가 브라이언의 집에 있는 동안 헤일이 나타났다. 그는 브라이언과 단 둘이 뭔가 의논하더니 간호사에게 다가와 가벼운 잡담을 잠시 나눈 뒤에, 그녀에게 혹시 빌 스미스가 죽기 전에 범인의 이름을 말했느냐고 물었다. 간호사는 이렇게 대답했다. "그가 말했다 해도 저는 말하지 않을 겁니다."[8] 헤일은 간호사가 아는 것이 있는지 확인해보려는 것 같았다. 어쩌면 그녀에게 혹시 아는 것이 있더라도 한 마디도 하지 말라고 경고하려는 것 같기도 했다.

화이트와 요원들은 병원의 그 대화를 깊이 파고 들어가면서 의사들이 빌 스미스와 은밀히 만나는 자리를 마련한 것은 그의 증언을 듣기 위해서가 아니라 모종의 숨은 의도 때문인 듯하다고 의심하기 시작했다. 그날 병원의 그 만남에서 제임스 쇼운은 빌 스미스의 살해당한 아내 리타의 재산관리인으로 지명되었다. 다시 말해서, 그가 그녀의 유언장을 집행하게 되었다는 뜻이었다. 백인들은 이런 자리를 몹시 탐냈다. 수고비가 기가 막힐 정도로 높은 데다가, 부정하게 이득을 챙길 수 있는 기회도 아주 많기 때문이었다.

화이트의 팀이 이 사실을 알아낸 뒤, 검사 한 명이 데이비드 쇼운에게 질문을 던졌다. "의사로서 죽음을 앞둔 진술의 필수요건에 대해 알고 있을 겁니다. 그때 그런 진술을 얻어내려고 한 것이 아닙니까?"[9]

"아닙니다." 쇼운이 얌전하게 대답했다.

두 의사가 그때 보안관이나 검사 대신 빌 스미스의 개인변호사를 부른 이유가 무엇인지 이제 분명히 알 수 있었다. 그들은 변호사에게 빌이 죽기 전에 서명할 수 있게 서류를 준비해오라고 미리 일러두었다.

또 다른 검사가 데이비드 쇼운에게 당시 빌이 그런 결정을 내릴 수 있을 만큼 정신이 맑은 상태이기는 했느냐고 물었다. "자신이 무슨 서류에 서명하는지 빌 스미스가 알고 있었습니까?"[10]

"저는 그렇게 생각했습니다. 이성적인 상태 같았습니다."

"당신은 의사입니다. 빌 스미스가 이성적인 상태였습니까?"

"이성적인 상태였습니다."

"빌 스미스가 당신 형제를 자기 아내의 재산관리인으로 지명하려고 직접 그 자리를 준비했고요?"

"그렇습니다." 그리고 계속된 심문 끝에 그는 "재산이 아주 많았다"고 인정했다.

오세이지족이 석유로 벌어들이는 돈의 흐름을 조사할수록, 화이트는 겹겹이 쌓인 부정부패의 증거들을 발견했다. 일부 백인 후견인과 관리인은 부족을 위해 최선을 다하려고 노력했지만, 후견인 제도를 이용해서 자신이 보호해야 하는 사람들의 돈을 사취하는 백인들은 헤아릴 수 없을 만큼 많았다. 많은 후견인들이 피후견인에게 필요한 물건을 자신이 운영하는 상점에서 부풀린 가격으로 구입했다. 자신이 이미 보유하고 있는 물건을 부풀린 가격에 내놓는 경우도 있었다(어떤 후견인은 자동차를 250달러에 사서 피후견인에게 되팔면서 1,250달러를 받았다). 피후견인이 특정한 상점이나 은행하고만 거래를 하게 만든 뒤, 리베이트를 챙기는 후견인도 있었다. 또는 사실 자기 집이나 땅을 사면서 피후견인의 집이나 땅을 구매하는 것이라고 주장하는 후견인도 있었다. 심지어 아예 대놓고 돈을 훔치는 후견인도 있었다. 정부가 실시한 연구에서는 1925년 이전에 후견인들이 오세이지족 피후견인들의 계좌에서 적어도 800만 달러를 직접 훔쳤을 것이라는 추정치가 제시되었다. "우리 주의 역사에서 가장 어두운 부분은 인디언들의 재산관리를 위한 후견인 제도일 것이다." 한 오세이지족 지도자는 이렇게 말했다. "후견인들이 많은 오세이지족의 돈을 수백만 달러나, 다시 말해서 수천 달러가 아니라 수백만 달러나 탕진해버렸다."[11]

화이트는 이른바 인디언 사업이라는 것이 치밀한 범죄임을 깨달았다. 사회의 다양한 부문들이 여기에 공범으로 참여하고 있었다. 사기꾼 후견인과 재산관리인은 대개 사업가, 목장주, 변호사, 정치가 등 백인 지도층 중에서 뽑힌 사람들이었다. 그들의 도둑질을 도와주고 은폐해준 치안관, 검사, 판사 등도 백인 지도층이기는 마찬가지였다(때로는 이들 자신이 후견인과 재산관리인 역할을 하기도 했다). 1924년에 인디언 권리연맹이 이른바 "부당이득과 착취의 흥청망청 잔치"[12]에 대한 조사를 실시했다. 그들은 오클라호마주의 부유한 인디언들이 어떻게 "과학적이고 가차 없는 방법으로 노골적으로 파렴치한 도둑질을 당하고"[13] 있는지 기록했다. 후견인이 "판사

오세이지족의 추장 베이컨 라인드는 "모두들 이곳에 와서 돈을 손에 넣으려고 한다"고 반발했다.

들이 선거에서 자신을 지지해준 충실한 친구들에게 보답으로 나눠주는 자리"라는 점도 밝혔다. 판사들은 "내게 표를 주면, 당신에게 좋은 후견인 자리를 주겠다"고 말한다고 했다. 오세이지족 남성과 결혼한 어떤 백인 여성은 기자에게 어떻게 음모가 진행되는지 설명해주었다. "상인과 변호사 무리가 갑자기 나타나서 특정한 인디언을 먹잇감으로 점찍었다. 그들은 모든 공무원을 손에 쥐고 있었다. (…) 그들은 서로를 잘 이해하는 사이였으며, '당신이 이러이러한 것을 갖고, 나는 이것을 갖겠다'며 냉혹한 대화를 나눴다. 그들은 유전에서 나오는 돈에 대한 권리와 대형 농장을 갖고 있는 인디언들을 골라서 점찍었다."[14]

이런 음모들 중 일부는 타락했다는 말로도 모자랄 정도였다. 인디언 권리연맹은 어느 후견인이 인디언 과부의 재산을 거의 모두 챙겨서 달아나버린 사건을 자세히 설명했다. 이 후견인은 나중에 오세이지 카운티에서 다른 곳으로 이사한 그 여성에게 돈이 하나도 남지 않았다고 통보했다. 결국 그 여성은 가난에 시달리며 어린 두 자녀를 길러야 했다. "그녀와 어린 두 자녀의 집에는 침대도 의자도 먹을 것도 없었다."[15] 아기가 병들었을 때도 후견인은 그녀의 돈을 내어주려 하지 않았다. 그녀가 간청했는데도 소용없었다. "제대로 먹지도 못하고 치료도 받지 못한 아기는 세상을 떠났다." 보고서는 이렇게 밝혔다.

오세이지족도 이런 음모에 대해 알고 있었지만 저지할 방법이 없었다. 과부가 아기를 잃은 뒤, 후견인이 저지른 사기의 증거가 법정에 제출되었으나 판사는 무시해버렸다. "이런 상황이 계속 유지되는 한, 정의로운 판결을 얻어낼 희망은 없다."[16] 보고서는 이렇게 결론지었다. "이 여성의 눈물은 미국을 향한 외침이다." 한 오세이지족은 후견인 제도와 관련해서 기자에게 이렇게 말했다. "놈들이 우리 돈에 이끌려서 달려드는데도 우리는 아무것도 할 수 없다. 법과 제도가 모두 그들 편이다. 기사를 통해 모두에게 알려달라. 그들이 여기서 우리 영혼을 깎아내고 있다고."[17]

15
숨겨진 얼굴

그해 9월 어느 날, 보험설계사 행세를 하던 비밀요원이 페어팩스의 주유소에서 그곳의 여종업원에게 말을 걸었다. 요원이 인근에 집을 하나 사려고 알아보는 중이라고 말하자, 여종업원은 이 지역에서 윌리엄 헤일이 "모든 것을 손에 쥐고 있다"[1]고 언급했다. 그녀는 자신도 헤일의 목초지 외곽에 있는 집을 헤일에게서 샀다고 했다. 그런데 어느 날 밤, 헤일의 땅 수천 에이커에 화재가 발생한 적이 있었다. 모두 불에 타고 남은 것은 재뿐이었다. 불을 지른 사람이 누구인지 대다수의 사람들은 알지 못했지만 그녀는 알고 있었다. 헤일의 인부들이 헤일의 지시로 땅에 직접 불을 질렀다고 했다. 이 화재로 헤일은 모두 3만 달러의 보험금을 타냈다.

화이트는 의심이 가는 또 다른 문제에 대해서도 조사해보았다. 헤일이 어떻게 해서 헨리 론의 생명보험금 2만 5,000달러의 수령자가 되었는가 하는 점이었다. 론이 1923년에 뒤통수에 총을 맞은 시신으로 발견되었을 때, 가장 분명한 살인동기를 지닌 사람은 헤일이었다. 하지만 보안관은 헤일을 한 번도 조사하지 않았다. 카운티의 다른 치안관들도 마찬가지였다. 이런 허술함이 이제는 단순한 우연처럼 보이지 않았다.

화이트는 1921년에 론에게 보험을 판매한 보험설계사를 찾아냈다. 헤일은 항상 론이 자신의 절친한 친구이며, 자신이 론에게 오랫동안 많은 돈을 빌려주었기 때문에 보험금 수령자로 자신을 지명했다고 주장했었다. 하지만 보험설계사의 이야기는 달랐다.

그의 기억에 따르면, 헤일이 론과는 상관없이 직접 보험을 요구했다. "제길. 이건 통 안에 든 물고기를 찌르는 것과 같아."[2] 헤일은 보험료를 추가로 더 지불하겠다고 했고, 보험설계사는 이렇게 대답했다. "음, 그럼 보험금을 1만 달러로 하죠."

"아냐, 난 2만 5,000달러를 원하네." 헤일이 말했다.

보험설계사는 헤일이 론의 친척이 아니기 때문에, 론의 채권자여야만 보험금 수령인이 될 수 있다고 헤일에게 말해주었다. 그러자 헤일은 이렇게 말했다. "그래, 론은 나한테 빚이 많아. 1만 달러나 1만 2,000달러쯤 되지."

화이트는 이 채무가 정말로 존재했다고 믿기 힘들었다. 만약 론이 헤일에게 그만한 액수의 빚을 졌다면, 헤일은 부자인 론에게 채무의 증거를 제출하는 것만으로도 돈을 받아낼 수 있었을 것이다. 친구의 목숨을 담보로 보험을 들 필요가 없었다는 얘기다. 그가 이 보험금을 수령하려면 당시 30대 후반이던 론이 반드시 갑작스러운 죽음을 맞아야 했다.

  헤일과 가까운 사이인 보험설계사는 그런 채무가 존재한다는 증거를 본 적이 없으며, 자신은 그저 보험을 팔고 수수료를 받고 싶었을 뿐이라고 인정했다. 그 역시 '인디언 사업'에 엮인 사람이라는 뜻이었다. 론은 이런 음모를 알지 못했는지, 절친한 친구 행세를 하는 헤일이 자신을 돕고 있다고 믿었다. 하지만 헤일의 계획에는 한 가지 문제가 있었다. 의사가 론(그는 술을 많이 마시는 편이어서, 예전에 음주운전을 하다가 차를 망가뜨린 적이 있었다)을 진찰해서 보험회사에 그의 안전성을 확인해주어야 한다는 점이었다. 한 의사는 그 "주정뱅이 인디언"[3]이 건강하다고 증명해줄 사람이 하나도 없을 것이라고 말했지만, 헤일은 수소문 끝에 포허스카에서 기꺼이 론의 건강을 확인해주겠다는 사람을 찾아냈다. 여기저기 끼지 않는 곳이 없는 것처럼 보이는 쇼운 형제 중 제임스도 론의 건강을 확인해주었다.

  화이트는 보험회사가 처음에 이 보험가입 신청을 거절했다는 사실을 알아냈다. 이 회사의 한 직원은 보험금이 2만 5,000달러인 보험에 가입하려던 헤일의 노력에 대해 나중에 이렇게 말했다. "그것이 평범한 일처럼 보일 것 같지는 않다."[4] 그래도 헤일은 굴하지 않고 다른 보험회사에 신청서를 넣었다. 이 신청서에는 론이 다른 보험회사에서 거절당한 적이 있는지 묻는 항목이 있었다. 헤일은 '아니오'라고 답변했다. 이 신청서를 검토한 보험회사 직원은 나중에 수사당국에 이렇게 말했다. "그 질문의 답이 거짓이라는 사실을 알고 있었다."[5]

  이번 신청서에는 헤일이 론에게 돈을 꿔준 사실을 증명하는 차용증서도 포함되어 있었다. 헤일이 처음에 1만 달러나 1만 2,000달러라고 주장했던 빚이 이 서류에는 이상하게 2만 5,000달러로 적혀 있었다. 보험금과 정확히 일치하는 액수였다. 론이 직접 서명했다는 이 차용증서의 날짜는 '1921년 1월Jany'로 되어 있었다. 이 부분이 중요했다. 헤일이 보험에 가입하려고 시도하기 전의 날짜라서, 헤일의 주장에 정당성을 부여해주기 때문이었다.

당시 필적감정과 문서감정은 범죄수사 분야에서 새로이 떠오르는 수사기법이었다. 많은 사람들이 새로운 감식기법에 경외심을 보이며 신처럼 엄청난 위력을 발휘할 것이라고 믿었지만, 사실은 인간의 실수에 취약할 때가 많았다. 예를 들어, 1894년에 프랑스 범죄학자 베르티용은 알프레드 드레퓌스의 반역재판에서 완전히 잘못된 필적감정 결과를 제출함으로써 드레퓌스가 억울하게 유죄판결을 받는 데 일조했다. 그러나 신중하고 조심스럽게 사용하기만 한다면, 문서감정과 필적감정은 수사에 도움이 될 수 있었다. 1924년에 발생한 네이선 레오폴드와 리처드 러브의 악명 높은 살인사건에서 수사관들이 레오폴드가 타자기로 작성한 학창시절의 편지와 역시 타자기로 작성한 몸값 편지 사이에 유사성이 있음을 제대로 밝혀낸 것이 한 예다.

론의 살인사건을 조사하던 요원들은 나중에 재무부의 분석가에게 이 차용증서를 보여주었다. "의문스러운 문서의 조사자"로 유명한 이 분석가는 원래 이 문서에 타자기로 친 날짜는 '6월June'이었으며, 누군가가 u와 e를 세심하게 긁어냈음을 알아냈다. "빛을 비스듬한 각도로 놓고 사진을 찍으니, 글자를 긁어낸 탓에 종이의 섬유가 거칠게 일어나 있는 것이 확실하게 드러났다."[6] 조사관은 이렇게 썼다. 그는 누군가가 u를 a로, e를 y로 바꿔서 해당 월을 '1월'로 바꿨다는 결론을 내렸다.

화이트는 헤일이 보험에 가입하기 위해서 이 문서를 만들어냈으나, 날짜를 잘못 기입했음을 깨닫고 글자를 바꿨을 것이라고 짐작했다. 헤일은 이 차용증서를 다른 사람이 타자기로 작성해주었다고 주장했다. 그러나 나중에 한 연방수사관이 그 남자에게 물어보았을 때, 그는 이 문서를 한 번도 본 적이 없다고 말했다. 그렇다면 헤일의 말이 거짓이라는 뜻이냐는 질문에 그는 "물론"[7]이라고 대답했다.

헤일은 론을 포허스카의 의사에게 또 데려가 보험가입에 필요한 검진을 받게 한 뒤에야 비로소 두 번째 보험회사의 승인을 얻었다. 의사는 자신이 헤일에게 던진 질문을 기억하고 있었다. "빌, 무슨 생각입니까? 이 인디언을 죽일 거예요?"[8]

헤일은 웃으며 대답했다. "이런, 맞아."[9]

헤일이 론의 장례식에서 운구를 맡은 뒤, 카운티 치안관들은 헤일을 용의자에서 제외했을 뿐만 아니라, 론의 아내와 불륜을 저지른 로이 번치를 범인으로 몰려고 했음을 화이트는 알아냈다. 화이트와 요원들이 이 일과 관련해서 질문을 던졌을 때, 번치는 자신의 무고함을 주장하며 헤일에 대해 이상한 이야기 하나를 들려주었다.

론이 살해당한 뒤, 헤일이 번치에게 와서 "내가 자네라면 이 도시를 떠나겠네"라고 말했다는 것이었다.

"내가 왜 도망쳐요? 내가 저지른 짓이 아닌데."

"사람들은 자네가 범인인 줄 알아." 헤일이 말했다.[10]

그는 번치에게 도주비용으로 돈을 조금 주겠다고 제의했다. 그 후 번치가 친구에게 의논했더니, 친구는 도망치지 말라고 그를 설득했다. 도망치면 정말로 범인처럼 보일 것이라는 논리였다. "자네가 도망치면, 놈들은 확실히 자네 짓으로 몰 거야."

화이트와 요원들은 번치를 철저히 조사한 뒤, 그를 용의자에서 제외했다. 한 요원은 이렇게 말했다. "번치와 론의 아내 사이의 그 악명 높은 관계는" 진짜 살인범들을 위한 "훌륭한 가림막으로 계산된 일이었다."[11] 번치에게 누명을 씌우는 데 가장 열성적인 사람은 바로 오세이지 힐스의 왕 헤일인 것 같았다. 론이 살해당한 뒤 헤일은 론의 아내를 여러 번 찾아가 론의 재산과 관련된 다양한 서류에 서명을 받아내려고 했다. 한번은 헤일이 론의 아내에게 선물로 위스키 한 병을 남긴 적도 있었다. 그러나 그녀는 밀주에 독이 들어 있을까 봐 맛도 보려고 하지 않았.

∞∞

화이트는 론의 살인사건과 헤일의 관련성에 대한 정황증거들을 수집했지만, 아직 커다란 구멍이 몇 개 남아 있었다. 헤일이 론에게 총을 쏘았거나, 그가 조카 또는 다른 부하에게 그 일을 지시했다는 증거(지문이나 믿을 만한 목격자)가 전혀 없었다. 수상쩍은 생명보험이 헤일과 론의 살인사건을 하나로 묶어주는 것 같기는 해도, 오세이지족 마을의 다른 살인사건들에서는 범행동기가 될 수 없었다.

그러나 화이트는 론의 사건을 계속 파고들다가 한 가지 단서를 찾아냈다. 헤일이 론을 계약자로 내건 생명보험에 들기 전에, 오세이지족의 광물신탁 중 론의 몫을 사들이려고 시도했음을 알아낸 것이다. 이 권리는 다이아몬드나 황금 창고보다도 훨씬 값진 것이었다. 헤일은 이 권리를 사고파는 것이 법으로 금지되어 있음을 알면서도, 영향력 있는 백인들이 계속 로비를 하면 이 조항이 곧 사라질 것이라고 자신했다. 실제로 이런 말을 한 적도 있었다. "다른 선한 사람들과 마찬가지로, 나 역시 교육받은 인디언이 자격을 입증하는 서류만 있다면 자신의 광물권을 원하는 사람에게 팔거나 이전할 수 있도록 의회가 법을 곧 개정할 것이라고 믿었다."[12] 그러나 법은 바뀌지 않았고, 화이트는 바로 이 때문에 헤일이 보험살인 음모를 꾸몄을 것이라고 짐작했다.

석유에서 나오는 수익을 균등하게 배당받는 권리를 합법적으로 얻는 방법은 유산상속밖에 없었다. 화이트가 피살자들의 유언 검인 기록을 조사해보니, 살인사건이 발생할 때마다 점점 더 많은 균등 수익권이 단 한 사람, 즉 몰리 버크하트의 손에 들어왔음이 분명해졌다. 그런데 공교롭게도 그녀는 헤일의 조카인 어니스트의 아내였다. 한 요원은 보고서에서 어니스트가 "철저히 헤일의 의도대로 움직인다"[13]고 썼다. 수사국의 정보원으로 활동하는 밀주업자 켈시 모리슨은 요원들에게 어니스트와 브라이언 형제가 모두 삼촌의 말을 곧이곧대로 따른다고 말해주었다. 모리슨은 또한 헤일이 "무슨 짓이든 할 수 있는 사람"[14]이라는 말을 덧붙였다.

 화이트는 몰리의 가족들이 맞은 죽음의 패턴을 조사해보았다. 이제는 시간 순서조차 우연이 아니라 비정한 계획의 일부로 보였다. 자녀가 없는 이혼녀인 애나 브라운의 재산은 거의 모두 어머니인 리지에게 상속되었다. 살인음모의 주모자는 애나를 가장 먼저 죽임으로써, 그녀의 균등 수익권이 여러 상속자들에게 나눠지는 것을 방지했다. 그 뒤 리지가 자신의 균등 수익권 대부분을 딸인 몰리와 리타에게 물려준다는 유언장을 작성했으므로, 그녀가 다음 목표가 된 것은 논리적인 결과였다. 그다음 차례는 리타와 빌 스미스 부부였다. 화이트는 이 두 사람을 폭파라는 이례적인 방법으로 죽인 데에도 사악한 논리가 숨어 있음을 깨달았다. 리타와 빌의 유언장에는, 만약 두 사람이 동시에 사망하는 경우 리타의 균등 수익권 중 상당 부분을 살아 있는 언니 몰리에게 상속한다고 되어 있었다. 그런데 계획에 어긋나는 일이 하나 발생했다. 뜻하지 않게 빌이 리타보다 며칠 더 살아 있었기 때문에 리타의 재산 대부분이 그에게 상속된 것이다. 그래서 그가 죽은 뒤 그 돈은 그의 친척들 중 한 명에게 상속되었다. 그래도 몰리 가족들의 균등 수익권 중 상당 부분이 몰리 버크하트에게 집중되었다. 그리고 그녀의 재산을 관리하는 사람은 어니스트였다. 화이트는 헤일이 말 잘 듣는 조카를 통해 이 재산에 간접적으로 손을 뻗을 수 있는 채널을 비밀리에 만들어놓았을 것이라고 확신했다. 화이트는 나중에 후버에게 이렇게 보고했다. "헤일이 버크하트 형제를 통해 몰리의 식구들 모두의 재산에 눈독

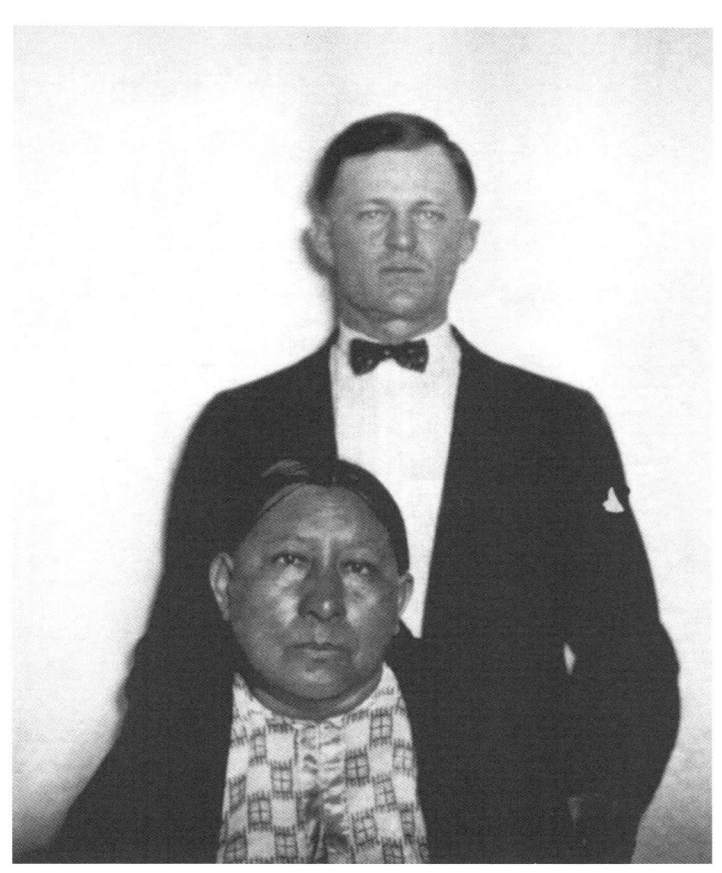
어니스트와 몰리.

을 들이게 된 첫 계기가 바로 몰리였던 것 같다."[15]

화이트는 어니스트와 몰리의 결혼(애나가 살해당하기 4년 전)도 처음부터 음모의 일환이었는지, 아니면 헤일이 나중에 조카를 압박해서 아내를 배신하게 만든 것인지 결론을 내릴 수 없었다. 어느 쪽이든 상상조차 힘들 만큼 뻔뻔하고 사악한 음모였다. 어니스트는 몰리와 한 침대에서 잠을 자고, 몰리와 함께 아이를 낳아 기르면서 내내 그녀의 가족들을 해치는 음모를 꾸며야 했다. 셰익스피어가 쓴 〈율리우스 카이사르〉의 한 구절이 생각난다.

그대의 괴물 같은 얼굴을 가려줄
어두운 동굴이 어디 있을까? 그런 것을 찾지 말라, 음모여.
미소와 상냥함 속에 그것을 숨기라.

16
수사국의 발전을 위하여

 화이트와 요원들의 수사에 점점 진전이 있는 것 같았다. 법무부 소속 검사는 후버에게 보낸 서신에서, 화이트가 수사의 지휘권을 쥔 뒤 몇 달 만에 "새로운 시각에서 많은 조사가 성공적으로 이루어"졌으며, "우리 모두의 마음에 새로운 열정이 스며든 것 같다"[1]고 썼다.
 그러나 화이트는 몰리 버크하트의 가족들이 살해당한 사건을 수사하면서도 론의 죽음을 수사할 때와 똑같은 문제에 직면했다. 헤일이 살인을 직접 저지르거나 지시했다는 물리적 증거 또는 목격자가 전혀 없다는 것. 물 샐 틈 하나 없이 치밀하게 범행을 밝혀내지 못한다면, 화이트는 존경스러운 시민의 모습을 겹겹이 둘러쓰고 숨어 있는 이 남자(그는 목사를 자처했다)를 쓰러뜨릴 수 없었다. 게다가 헤일은 보안관서, 검사, 판사, 몇몇 고위 관료들을 후원하는 네트워크를 이용해서 그들에게도 영향력을 발휘하고 있었다.

요원들은 엄밀한 보고서에서, 빅힐 무역회사의 주인이자 애나 브라운과 리지의 후견인인 스콧 매시스가 "악당이며, 헤일의 지배하에 있음이 분명하다"[2]고 지적했다. 매시스의 동료 한 명이 "빌 헤일과 빅힐 무역회사를 위해 첩자로 활동하면서, 인디언들을 등치는 그들의 사악한 거래를 위한 틀을 모두 짜고 있다"는 구절도 있었다. 퐁카시티의 경찰서장이 "빌 헤일에게서 돈을 받았다"는 내용, 페어팩스의 경찰서장이 "헤일에게 맞서는 일은 종류를 막론하고 결코 하지 않을 것"이라는 내용, 지역 은행가이자 인디언의 후견인인 어떤 사람이 "헤일이 너무나 많은 것을 가지고 있다는 이유로, 헤일 일파에게 불리한 이야기를 하려고 하지 않았다"는 내용, 페어팩스의 시장은 "교활한 악당"이자 헤일의 절친한 친구라는 이야기, 오랫동안 카운티 검사로 활약한 인물도 헤일의 정치조직의 일원이며 "아무짝에도 쓸모없고" "비뚤어진" 인간이라는 내용, 인디언실의 연방관리조차 "헤일의 손아귀에 잡혀서 그가 시키는 대로 할 것"이라는 내용도 있었다.

화이트는 범인을 잡아 정의를 실현하려는 싸움이 이제 겨우 시작 단계임을 깨달았다. 수사국 보고서에는 헤일이 "지역 정치를 지배하고 있어서 처벌하기 힘들 것 같다"[3]고 적혀 있었다. 후버는 일찍이 화이트를 칭찬하면서, 그가 사건을 다루는 솜씨가 뛰어나 "평화가 유지되었으며, 나는 그에게 아무런 불만이 없다. 나로서는 참으로 마음이 놓이는 일이다"[4]라고 말했다. 그러나 후버도 이제는 조금씩 인내심이 짧아지고 있었다(한 기자는 그를 "전기를 잔뜩 머금은 가느다란 전선다발"[5] 같다고 묘사했다).

후버는 새로 시작된 수사를 수사국의 특별한 사례로 선전하고 싶어 했다.[6] 당시 그는 수사국의 구조개편을 계속 실시하던 중이었다. 번스를 비롯한 타락한 구식 형사들이 만들어놓은 더러운 이미지를 지우기 위해 후버는 비정할 정도로 효율을 중시하는 경영시스템을 옹호한 진보적인 사상가들의 주장을 받아들였다. 이런 시스템의 모델이 된 것은, 산업공학자인 프레더릭 윈슬로 테일러의 이론이었다. 그는 기업을 반드시 '과학적으로' 경영해야 한다면서, 노동자 각자가 처리하는 업무를 세심하게 분석하고 정량화해야 한다고 주장했다. 진보주의자들은 이 방법을 정부에 적용함으로써, 타락한 보스들이 수사기관을 비롯한 정부기관에 자신의 후원자와 돈으로 움직이는 사람들을 가득 채워넣는 낡은 전통에 종지부를 찍으려고 했다. 새로 싹트고 있는 관료체제를 테크노크라트가 허버트 후버 ("위대한 엔지니어")의 방식으로 경영하는 것이 그들의 이상이었다. 후버는 제1차 세계대전 중에 인도적인 구호활동을 몹시 신속하게 해내서 영웅이 된 인물이다.

역사가 리처드 지드 파워스는 J. 에드거 후버가 조직과 사회적 통제에 집착하는 자신의 생각과 비슷한 면을 진보주의에서 찾아냈다고 지적했다. 게다가 책상물림인 후버가 이 방법을 통해 대담한 용사, 현대적인 과학시대를 위해 앞장선 십자군 같은 이미지를 쌓을 수도 있었다. 그가 총을 쏘지 않는다는 사실 또한 이런 이미지를 더욱 빛나게 해주었다. 기자들은 "낡은 탐정의 시대가 끝났다"[7]면서 후버가 "가짜 콧수염으로 변장하고, 빛을 가릴 수 있는 램프를 들고 다니는 과거 수사국 형사의 이미지를 지워버리고, 대신 체계적인 절차를 도입했다"[8]고 지적했다. 한 기사에는 이런 구절이 있었다. "그는 골프를 친다. 구식 형사가 골프를 치는 모습을 상상할 수 있는가?"[9]

하지만 개혁을 향한 진보주의의 열정 밑에는 추악함이 숨어 있는 경우가 많았다. 주로 중산층 출신의 백인 개신교도인 진보주의자들은 이민자와 흑인에 대해 깊은 편견을 갖고 있었으며, 자신들의 미덕과 권위를 워낙 확신하고 있었기 때문에 민주적인 절차를 경멸했다. 후버의 어두운 충동을 거울처럼 비춰주는 진보주의의 일면이다.

후버는 겹치는 부서들을 없애고 권위를 중앙에 집중시키는 등 수사국의 급격한 구조조정을 추진했다. 그동안 화이트는 사건을 책임진 다른 특수요원들과 마찬가지로 현장에서 뛰는 부하들에 대해 과거보다 더 큰 지휘권을 허락받았으나, 그와 동시에 부하 요원들의 모든 행동에 대해 더 많은 책임을 져야 했다. 그는 업무능력 평가서를 끊임없이 작성하고, '지식' '판단력' '외모' '서류작업' '충성심' 등 다양한 항목에 대해 요원들의 점수를 0에서 100까지 매겨야 했다. 모든 항목의 점수를 더해서 평균을 낸 수치가 그 요원의 전체 점수가 되었다. 화이트가 후버에게 가끔 부하 요원에게 100점을 주기도 한다고 말하자, 후버는 서신을 통해 날카로운 반응을 보였다. "유감스럽지만 나는 수사국 관할하에 있는 요원이 완벽하다거나 100점이라는 평가를 받을 자격이 있다고 믿을 수 없습니다."[10]

후버는 자신이 어렸을 때 말을 더듬는 버릇을 극복한 것처럼, 부하들도 각자 결점을 극복해야 한다고 믿었다. 그래서 자신의 엄격한 기준에 도달하지 못한 사람들을 모두 해고해버렸다. "나는 상당수의 직원들을 내보내게 했습니다."[11] 후버는 화이트 등 특수요원들에게 이렇게 알렸다. "개중에는 교육적인 능력이 부족한 사람도 있고, 도덕적인 끈기가 부족한 사람도 있습니다." 후버는 "나아지지 않는다면 퇴보할 뿐이다"[12]라는 격언을 자주 입에 담았다.

후버는 자신이 일부 사람들의 눈에 '광신적'으로 보일 수도 있음을 인정하면서도, 규칙 위반사례에 대해 불같이 화를 냈다. 화이트가 아직 휴스턴에 있던 1925년 봄에 후버는 샌프란시스코 현장사무소의 요원들 여러 명이 술을 마시고 있었다며 그에게 분노를 드러냈다. 그는 이 요원들을 즉시 해고하고, 화이트(동생인 박사를 비롯한 여러 카우보이들과 달리 그는 술을 잘 마시지 않았다)에게 술을 마시다가 들키면 모두 같은 운명을 맞게 될 것임을 직원들에게 알리라고 지시했다. 그는 이렇게 말했다. "이 수사국의 일원이 된 사람이라면, 수사국이 조금이라도 비판이나 공격을 당하지 않게 행동해야 합니다."[13]

후버가 지휘하는 수사국의 경전이라고 할 수 있는 두툼한 지침서에 집대성된 이 새로운 방침들은 일반적인 행동규범을 넘어서는 것이었다. 여기에는 요원들이 정보를 어떻게 수집하고 해석해야 하는지 서술되어 있었다. 과거에 요원들은 전화나 전신, 또는 직접적인 브리핑을 통해 보고서를 제출했다. 따라서 중요한 정보는 물론 사건기록 전체가 아예 사라지는 경우가 많았다.

후버는 법무부에 들어오기 전에 의회도서관의 사무원이었다. 그

톰 화이트와 후버.

의 동료는 이렇게 말했다. "그가 여기 남아 있었다면 틀림없이 도서관장이 됐을 것이다."[14] 어쨌든 이 경력 덕분에 후버는 듀이 십진법을 이용해서 다량의 데이터를 분류하는 법을 훤히 알고 있었다. 그는 하위항목을 숫자로 구분하는 비슷한 분류법을 채택해서, 수사국의 서류와 자료 목록을 정리하게 했다(정치가들을 협박하는 데 사용할 수 있는 정보가 포함된 후버의 '인물 파일'은 비서의 사무실에 별도로 보관되었다). 요원들은 이제 사건보고서를 표준양식에 따라 종이 한 장 분량으로 정리해서 올려야 했다. 그 덕분에 서류의 양(능률을 통계적으로 측정하는 또 하나의 척도)이 줄었을 뿐만 아니라, 검사가 사건의 수사 지속 여부를 평가하는 데 걸리는 시간도 줄어들었다.

화이트 본인도 때로는 아랫사람들에게 많은 것을 요구하는 상사였다. 오클라호마에서 화이트의 부하였던 한 요원은 요원들 각자가 "맡은 일을 분명히 알고 해낼 것"[15]을 화이트가 요구했다고 회상했다. 이보다 나중에 화이트의 휘하에서 일한 또 다른 사람은 화이트가 때로 "상대의 마음에 상처를 줄 정도로 솔직했다"[16]고 말했다. 하지만 후버에 비해 화이트는 인간의 연약함에 대해 더 너그러웠으므로, 후버 국장이 분노할 때면 자신이 부하들의 방패가 되어주려고 애쓸 때가 많았다. 화이트의 요원 한 명이 오세이지 살인사건에 대한 보고서를 종이 한 장짜리 양식에 맞춰 작성하지 못해 후버가 불같이 화를 냈을 때, 화이트는 후버에게 이렇게 말했다. "제가 이 보고서를 미처 제대로 살피지 못하고 결재했으니, 이 일은 전적으로 제 잘못인 것 같습니다."[17]

후버 휘하에서 요원들은 대기업 직원들처럼 서로 호환이 가능한 톱니와 같았다. 보통 해당 지역 출신을 치안관으로 삼던 전통적인 경찰력 운영방식과는 크게 달랐다. 이런 변화 덕분에 요원들은 담당지역에서 부패에 물들지 않고, 진정한 의미의 전국적인 경찰력이 될 수 있었다. 그러나 지역적 차이를 무시한다는 점, 직원들이 어디에도 뿌리를 내리지 못하고 항상 떠돌아다녀야 하기 때문에 인간적인 측면을 잃어버린다는 점이 문제였다. 화이트는 오로지 "수사국의 발전만을 생각하며"[18] 후버에게 쓴 편지에서, 한 지역과 그 주민들에 대해 잘 아는 요원이 더 효과적으로 활동할 수 있을 것이라고 썼다. 그는 오세이지 수사에서 텍사스 출신 목부로 신분을 위장한 자신의 부하가 이렇게 일선에서 뛰는 데는 이상적인 인물이지만, "만약 그를 시카고나 뉴욕이나 보스턴에 배치한다면 거의 쓸모없는 존재가 될 것"이라고 지적했다. 그래도 후버는 꿈쩍도 하지 않았다. 그의 말에 언제나 복종하는 부하들 중 한 명은 다음과 같은 메모를 작성했다. "나는 이 문제와 관련해서 화이트 요원의 말에 전혀 동의하지 않는다. 한 지역 주민들의 특징에만 친숙한 요원은 다른 방면의 일자리를 찾아보는 편이 나을 것이다."[19]

뉴욕에 임시로 마련된 훈련소에서 요원들은 새로운 규정과 수사방법을 주입식으로 교육받았다(후버는 나중에 이 교육프로그램을 발전시켜, 버지니아주 콴티코에 온전한 아카데미를 세웠다). 요원들은 훈련을 통해 지문감식이나 탄도학 등 후버가 '과학수사'라고 찬사를 보낸 방법에 대해 점점 더 많이 배울 수 있었다. 또한 오세이지 사건의 첫 수사에서처럼 수사가 중단되거나 지연되는 일을 피하기 위해 정식으로 증거를 수집하는 규칙도 배웠다.

일부 요원들, 특히 나이가 많은 요원들은 후버의 방식을 무시하고 얕보았다. 한 베테랑 요원은 신참에게 이렇게 조언했다. "네가 가장 먼저 해야 할 일은, 정부에서 너한테 가르쳐준 것을 모두 잊어버리는 거다. 두 번째로 할 일은, 그놈의 망할 지침서를 없애는 거고."[20] 1929년에 한 요원은 후버의 방침이 "범죄자가 아니라 수사국 직원들을 공격하고 있다"[21]면서 사직서를 제출했다.

화이트 역시 때로 후버의 규칙들과 변덕에 성질을 냈다. 하지만 그는 수사국의 일원이 되어 중요한 일들을 겪게 된 것을 분명히 기뻐하고 있었다. 그는 보고서를 타자기로 깔끔하게 작성하려고 애썼으며, 과학수사의 장점을 널리 알렸다. 나중에는 카우보이모자를 중절모로 바꿔 쓰고, 후버처럼 골프를 치기도 했다. 골프장은 돈과 권력과 여가가 있는 미국의 신흥세력 남자들이 모이는 곳이었다. 화이트는 나중에 후버 휘하의 대학 출신 요원들과 거의 구분할 수 없을 만큼 변신했다.

17

권총 빨리 뽑기 기술자, 살인 청부업자, 수프맨

1925년 가을에 화이트는 헤일 일당을 잡아넣을 수 있을 만큼 증거가 충분히 모였다고 후버를 설득하려 애썼다. 화이트는 후버에게 보낸 메모에서 바로 지금 이 순간에도 헤일의 농장에 침투한 비밀요원이 정보를 모으고 있다고 보고했다. 화이트가 압박감을 느끼는 것은 후버 때문만은 아니었다. 그는 이 사건을 맡은 지 얼마 되지 않았지만, 매일 밤 오세이지족 인디언들의 집 주위에서 타오르는 불빛들을 보았다. 이 마을 사람들이 아이들을 시내로 혼자 보내려 하지 않는 것, 집을 팔고 멀리 떨어진 다른 주나 아니면 심지어 멕시코나 캐나다 등 다른 나라로 이주하는 주민들이 점점 늘어나는 것도 보았다(한 오세이지족 인디언은 나중에 이때를 가리켜 '대人이주'[1]라고 묘사했다). 오세이지족의 절박한 사정은 어디에나 드러나 있었다. 수사에 대한 불신 또한 마찬가지였다. 미국 정부가 그들에게 해준 일이 무엇인가? 다른 미국인들과 달리 이 사람들은 왜 자기 돈으로 법무부가 진행하는 수사의 비용을 대주어야 하는가? 왜 범인으로 체포된 사람이 하나도 없는가? 오세이지족의 한 추장은 이렇게 말했다. "나는 백인들과 화해하고, 다시는 무기를 들지 않겠다며 내려놓았지만, 지금 나와 부족민들은 이렇게 고통을 겪고 있다."[2]

화이트는 편견에 찌들고 부패한 백인들이 같은 백인을 인디언의 살인범으로 지목하는 일은 없을 것임을 깨닫고, 전략을 바꾸기로 했다. 오클라호마에서 가장 평판이 나쁘고 위험한 무리, 즉 오세이지 힐스의 무법자들 가운데에서 정보원을 찾기로 한 것이다. 모리슨 같은 정보원들과 요원들의 보고를 종합해보면, 이런 무법자들 중에 살인사건에 대해 아는 자가 여러 명 있는 것 같았다. 그들 역시 인종적인 편견 면에서는 누구 못지않겠지만, 적어도 최근에 체포되거나 유죄판결을 받은 몇 명에 대해서는 화이트가 협상해볼 여지가 있을 것 같았다. 특히 딕 그레그라는 무법자의 이름이 자꾸만 보고서에 나타났다. 스물세 살의 권총강도인 그는 예전에 앨 스펜서 갱단과 함께 다녔으며, 지금은 강도죄로 10년형을 선고받고 캔자스의 한 교도소에서 복역하는 중이었다.

그레그는 예전에 버거 요원에게 살인사건에 대해 아는 것이 있다고 말한 적이 있으나, 친구를 배신할 수 없다면서 조심스럽게 굴었다. 버거 요원은 보고서에서 분통을 터뜨리며 이렇게 말했다. "그레그는 100퍼센트 범죄자라서 아는 것을 최대한 말하지 않으려고 한다."[3] 변호사이자 후견인인 콤스톡은 그레그의 아버지와 잘 아는 사이였기 때문에, 그 집 가족들을 위해 법률자문을 해주고 있었다. 후

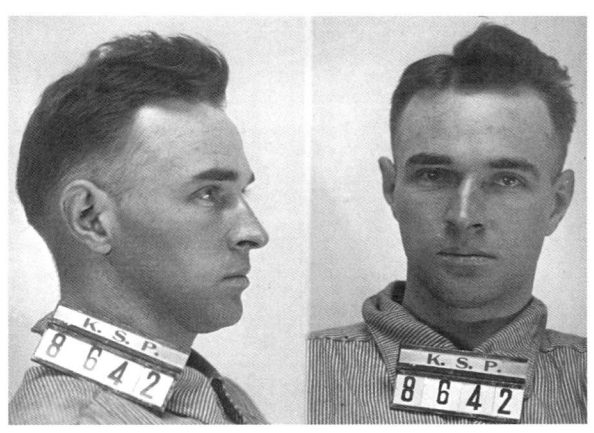

딕 그레그는 앨 스펜서 갱단의 일원이었다.

버는 여전히 콤스톡을 믿지 않았지만, 콤스톡은 그레그의 아버지와 친한 사이라는 점을 이용해서 이 젊은 무법자를 설득해 수사국에 협조하게 만들었다.

  이렇게 해서 화이트는 마침내 그레그를 직접 만났다. 그는 범죄자들을 만날 때마다 그들을 기억 속에 새겨두기 위해 머릿속으로 메모를 하는 버릇이 있었다. 예전 변경에서 활약할 때는 머그샷이나 지문을 이용할 수 없었기 때문에 갈고 닦은 재주였다. 그래서 수십 년이 흐른 뒤, 그레그가 어떤 사람이었는지 설명해달라는 부탁에 화이트는 놀라울 정도로 정확한 답변을 써주었다. "몸집이 아주 작았음. 아마 키는 5피트 6인치(약 168센티미터 — 옮긴이), 몸무게는 125파운드(약 56킬로그램 — 옮긴이)쯤. 얼굴이 하얗고, 푸른 눈과 연한 갈색 머리. 잘생긴 청년."[4] 그레그의 성격은 잘생긴 외모와 딴

판이었다. 한 검사는 그가 "차갑고 잔인하고 계산적인 유형의 범죄자"[5]이며, "살인도 주저하지 않을 것"이라고 말했다. 그래도 화이트가 보기에 그레그는 무법자들 중에서도 선천적으로 악하지는 않은 유형에 속했다. 심지어는 제대로 교육만 받았다면 "성공"[6]할 수도 있었을 것 같았다.

그레그는 권총강도를 할 때 대담하게 굴기로 유명했지만, 헤일에게 맞서는 것을 꺼렸다. 자칫 소문이 새어나가기라도 하면, "나는 파리 목숨이 될 것"[7]이라는 것이었다. 하지만 형량을 깎아줄지도 모른다는 희망에 그는 화이트를 비롯한 여러 요원들에게 아는 것을 털어놓기로 했다. 그는 1922년 여름에 무법자 앨 스펜서에게서 헤일이 그의 무리를 만나고 싶어 한다는 말을 들었다고 했다. 그래서 스펜서와 그레그가 동료 여러 명과 함께 페어팩스 근처에 있는 헤일의 목초지로 향했다. 헤일은 말을 사납게 몰면서 높이 자란 초원의 풀밭 속에서 모습을 드러냈다. 스펜서 일행과 헤일은 개울가에서 위스키를 조금 나눠 마셨다. 그리고 나서 헤일이 스펜서에게 따로 이야기할 것이 있다면서 조금 떨어진 곳으로 걸어갔다. 두 사람이 돌아온 뒤 모임은 끝났고, 스펜서가 일행에게 대화 내용을 전해주었다.

그는 헤일이 적어도 2,000달러를 줄 테니 어떤 놈과 그의 담요, 즉 인디언 여자를 골로 보내달라고 말했다고 전했다. 스펜서는 헤일에게 죽이고 싶은 사람이 누구냐고 물었다. 그러자 헤일은 "빌 스미스와 그의 아내"[8]라고 말했다. 스펜서는 자신이 냉혹한 놈이기는 해도, 돈 때문에 여자를 죽이지는 않는다고 헤일에게 말했다. 그는

앨 스펜서는 1923년 9월 15일에 총에 맞아 죽었다.

이렇게 표현했다. "그런 건 내 스타일이 아니오."⁹ 헤일은 적어도 그레그만은 계획을 실행해주면 좋겠다고 말했다. 하지만 그레그도 스펜서와 같은 생각이었다.

화이트는 그레그가 "정직한 사람"¹⁰이라고 생각했으며, 그가 청부살인 의뢰를 거절한 것은 "무법자지만 조금은 명예를 아는 사람"¹¹임을 보여주는 사실이라고 보았다. 하지만 그레그의 증언이 헤일이 살인을 지시했다는 사실을 그 누구의 증언보다 분명하게 밝혀준다 해도, 법적으로는 가치가 그리 크지 않았다. 형량을 줄이고 싶어 하는 악당의 입에서 나온 진술이기 때문이었다. 게다가 그레그의 증언을 확인해줄 수 있는 인물인 스펜서는 이미 치안관들의 총에 맞아 이 세상 사람이 아니었다(《포허스카 데일리 캐피털》의 보도: "유명한 악당이 한 손에는 1만 달러 상당의 채권, 다른 손에는 윈체스터 라이플을 움켜쥐고 죽어 자신의 피난처가 되어주던 산을 무덤으로 삼다").

17 권총 빨리 뽑기 기술자, 살인 청부업자, 수프맨   245

한 번은 그레그가 요원들에게 컬리 존슨을 찾아보라고 말했다. 존슨은 권총강도 블래키 톰슨과 함께 다니던 무법자였다. "존슨은 스미스 폭파사건에 대해 아주 잘 압니다. 다그치면 다 일러바칠 거예요."[12] 그레그가 단언했다. 하지만 알고 보니 존슨 역시 이미 땅속에서 썩어가고 있었다. 그가 갑자기 세상을 떠난 것은 아직 1년이 채 되지 않은 일이었다. 소문에 따르면 술에 독이 들어 있었다고 했다.

필사적으로 증인을 찾아 헤매던 화이트는 곧 헨리 그래머를 만나게 되었다. 로데오 스타이자 총잡이 밀주업자인 그는 대략 1년에 한 번씩 누군가와 싸우다가 총질을 하는 것 같았다("헨리 그래머 또 총격." 신문에 이런 헤드라인이 실린 적이 있었다[13]). 그래머와 헤일은 대개 행동반경이 달랐지만, 화이트는 그들이 오래전부터, 즉 헤일이 오세이지에 처음 나타난 20세기 초부터 서로 아는 사이였음을 확인했다. 1909년에 열린 로데오 경기에서 두 사람이 오세이지 카우보이스 소속으로 체로키 카우보이스와 겨룬 기록이 남아 있었다. 〈머스코지 타임스 데모크랫〉은 "오세이지 선수들에게 체로키는 상대도 안 돼"라는 제목으로 이 경기를 보도했다.[14] 1925년경 헤일은 이미 과거를 벗어버린 뒤였지만, 이 경기 때 찍은 빛바랜 사진 한 장이 남아 있었다. 사진 속에서 헤일과 그래머는 말 위에 자랑스럽게 앉아서, 둥글게 만 밧줄을 들고 있었다.

스미스의 집이 폭파되기 직전, 헤일은 텍사스주 포트워스에서 열리는 '비육 가축 박람회'에 참석하러 갈 예정이라고 친구들에게 말했다. 화이트가 헤일의 이 알리바이를 더 들여다보았더니, 그래머가 그와 함께 갔다는 증언이 나왔다. 사건이 벌어지기 전에 헤일이

1909년에 헤일(왼쪽에서 네 번째)과 그래머(왼쪽에서 세 번째)가 로데오 경기에 출전했을 때 찍은 사진.

그래머에게 "그 인디언 거래"[15]를 할 준비가 되었다고 말하는 것을 우연히 엿들었다는 증인을 찾아낸 것이다.

그러나 헤일에게 불리한 사실을 알고 있는 다른 잠재적인 증인들과 마찬가지로, 그래머도 이 세상 사람이 아니었다. 스미스의 집이 폭발로 무너지고 3개월 뒤인 1923년 6월 14일에 그래머는 캐딜락을 타고 가다가 갑자기 차가 통제를 벗어나면서 뒤집히는 바람에 목숨을 잃었다. 권총을 빨리 뽑아서 쏘는 솜씨가 일품이었던 그는 인적 없는 시골길에서 과다출혈로 죽었다.[16]

그런데 어떤 금고털이가 화이트의 수사팀에게 이 폭파 음모에 또 다른 증인이 있다고 말해주었다. 금니의 무법자로 그래머의 동료였던 애사 커비가 그 증인이었다. 금고털이는 커비가 그 폭탄을 설계한 '수프맨'(폭탄 전문가)이었다고 말했다. 하지만 조사해보니 커비 역시 증언대에 설 수 없는 상태였다. 그래머가 자동차사고로 목숨을 잃은 지 몇 주 뒤, 그는 한밤중에 어떤 상점에 침입해 숨겨둔 다이아몬드를 훔치려고 했다. 하지만 상점 주인이 그의 계획을 누군가에게 미리 듣고, 12구경 엽총과 함께 그를 기다리고 있었다. 총알이 커비를 순식간에 저세상으로 보내버렸다. 화이트는 상점 주인에게 커비의 계획을 알려준 사람이 윌리엄 K. 헤일임을 알았을 때, 별로 놀라지 않았다.

헤일은 이 도둑질 계획을 미연에 방지하는 공을 세움으로써, 법과 질서를 지키는 시민으로 더욱 명성을 얻었다. 하지만 또 다른 무법자가 화이트에게 해준 말에 따르면, 그 도둑질 계획을 실제로 짠 사람이 바로 헤일이었다. 그가 커비에게 다이아몬드에 대해 알려주고, 침입하기에 가장 좋은 시각이 언제인지도 넌지시 알려주었다는 것이다. 그가 음모 속에 음모를 짜 넣었음이 분명했다. 화이트는 줄줄이 죽어나간 다른 증인들의 경우도 문득 의심스러워졌다. 그래서 그래머의 자동차사고에 대해 조사해본 결과, 그를 잘 아는 사람들에게서 그의 캐딜락 자동차 운전대와 브레이크에 누가 손을 댄 것 같다는 말을 들었다. 한편, 컬리 존슨의 아내는 남편이 살해당했다고 확신하고 있었다. 헤일 일당이 존슨의 술에 일부러 독을 넣었다는 것이 그녀의 주장이었다. 론의 살인사건과 관련해서 화이트가 알아낸 잠재적인 증인 역시 둔기에 맞아 사망한 뒤였다. 누구든 헤

윌리엄 헤일.

일의 범죄를 입증할 수 있는 사람이라면 모두 제거되고 있는 것 같았다. 금고털이는 헤일이 "너무 많은 사람들을 처리하고" 있다면서 "어쩌면 나도 처리당할지 모른다"고 말했다.[17]

살아 있는 증인을 확보하는 데 실패한 화이트는 좌절했다. 헤일은 요원들이 자신을 뒤쫓고 있음을 아는 듯했다. "헤일은 모르는 것이 없어요."[18] 정보원 모리슨은 요원들에게 이렇게 말했다. 모리슨 또한 이중첩자일지 모른다는 징조가 있었다. 요원들이 알아낸 바에 따르면, 그가 한 친구에게 자신이 모든 살인사건에 대한 정보를 알고 있으며, 지금까지 헤일의 "망할 목"[19]을 지켜주었다고 말했다고 했다.

헤일은 자신의 권력을 더욱 단단히 다지기 위해 더욱더 많은 후원활동을 시작했다. 렌 요원은 보고서에서 헤일이 "자신의 이름을 높이기 위해 여러 사람들에게 옷가지와 선물을 주고," 돈을 꿔주는 등 "모든 선전수단을 동원하고 있다"고 썼다.[20] 헤일은 심지어 "어린 소년들에게 망아지도 선물하고" 있었다.

텍사스 출신 목부로 위장한 비밀요원 한 명이 서서히 헤일과 친해졌다. 그는 과거 카우보이 시절을 헤일과 함께 회상했고, 헤일이 자기 목장의 가축들을 검사할 때도 동행했다. 이 요원은 헤일이 수사관들을 조롱하고 있는 것 같다고 보고했다. 그가 요원에게 "내가 워낙 능수능란해서 어려운 지경에 빠질 수가 없어"[21]라고 자랑했다는 것이다.

화이트는 페어팩스의 거리에서 헤일을 보곤 했다. 나비넥타이를 매고 턱을 높이 치켜든 그의 모습은 화이트 형제들과 그의 아버지가 평생 추적해 잡아들이던 범죄자들의 화신 같았다. 그는 "세상이 전부 자기 것인 줄"[22] 아는 것 같았다.

유망한 단서들이 매번 막다른 길에서 끝나면서 압박이 가중되자 화이트는 가끔 라이플을 꺼내 들고 시골로 사라졌다. 거기서 오리나 하늘을 나는 새가 눈에 띄면, 그는 녀석을 겨냥해서 총을 쏘았다. 나중에는 공중에 연기가 자욱하고, 피가 땅에 흠뻑 밸 정도였다.

18
최고의 게임

화이트에게 느닷없이 제보가 들어왔다. 1925년 10월 말, 그는 오클라호마 주지사를 만나 오세이지 사건에 대해 신중하게 이야기를 꺼냈다. 그 뒤 주지사 보좌관 한 사람이 화이트에게 이렇게 말했다. "우리도 매컬리스터의 죄수에게서 정보를 모으고 있었습니다."[1] 매컬리스터는 주립교도소를 뜻했다. "그 죄수는 오세이지 살인사건들에 대해 많은 것을 알고 있다고 주장합니다. 이름이 버트 로슨인데, 한 번 만나보는 것도 괜찮지 싶습니다."

새로운 단서에 목이 말랐던 화이트와 프랭크 스미스 요원은 매컬리스터로 달려갔다. 그들은 로슨이 오세이지 카운티 출신이며, 여러 번 법을 어긴 전력이 있다는 사실 외에는 그에 대해 별로 아는 것이 없었다. 1922년에 로슨은 어부를 살해한 혐의로 기소되었지만, 어부가 먼저 칼을 들고 자신을 공격했다고 주장해서 무죄로 풀려났다. 그리고 3년도 안 돼서 로슨은 우발적인 주거침입 강도 혐의로 징역 7년을 선고받았다.

화이트는 로슨을 심리적으로 흐트러뜨리기 위해서 그에게 친숙하지 않은 장소에서 면담을 진행하고 싶었으므로, 그를 교도소장실에서 조금 떨어진 방으로 데려갔다. 그리고 그를 유심히 살펴보았다. 로슨은 땅딸막한 중년남성이었으며, 유령처럼 하얀 머리를 길게 기르고 있었다. 그는 화이트와 스미스를 자꾸 "섹시한 요원들"[2]이라고 불렀다.

화이트가 그에게 말했다. "주지사실에서 듣기로, 당신이 오세이지 살인사건들에 대해 아는 것이 있다면서요?"[3]

"맞습니다." 로슨이 말했다. "속 시원히 탁 털어놓고 싶소."

연달아 실시된 여러 차례의 면담에서 로슨은 1918년에 자신이 빌 스미스의 농장에서 인부로 일을 시작했으며, 그 뒤 헤일과 그의 조카인 어니스트, 브라이언 형제와 점차 친해졌다고 말했다. 그는 스스로 서명한 진술서에서 이렇게 설명했다. "1921년 초 어느 시점에 나는 내 아내와 (…) 스미스가 친밀한 사이임을 알게 되었고, 그것이 결국 가정파탄으로 이어져 스미스의 농장을 떠나게 되었다."[4] 어니스트는 로슨이 스미스를 증오하는 것을 알고 있었는데, 1년 남짓 시간이 흐른 뒤 그를 찾아왔다. 로슨은 어니스트가 "나를 바라보면서 이렇게 말했습니다. '버트, 자네한테 제안할 것이 있네.' 내가 무엇이냐고 물었더니 어니스트는 '빌 스미스와 그의 아내를 폭탄으로 죽여주었으면 하네'라고 말하더군요"라고 털어놓았다.

로슨이 이 제안을 받아들이지 않자, 헤일이 그를 찾아와서 그 일을 해주면 현금으로 5,000달러를 주겠다고 약속했다. 헤일은 니트로글리세린을 이용하면 된다면서, 스미스의 집 아래에 도화선만 설치하면 되는 간단한 일이라고 말했다. "그러고 나서 헤일은 주머니에서 길이가 3피트(약 90센티미터 ― 옮긴이)쯤 되는 하얀 도화선을 꺼내더니 어떻게 하는 건지 보여주겠다고 말했다. 그리고 주머니칼을 꺼내 도화선을 6인치가량 잘라 (…) 주머니에서 성냥을 꺼내 끝에 불을 붙였다."

로슨은 그래도 제안을 거절했다. 그러고 얼마 되지 않아 그가 어부를 죽인 혐의로 체포되자, 헤일(예비 부보안관 자격으로 감옥을 마음대로 드나들 수 있었다)이 다시 그를 찾아와 말했다. "버트, 곧 변호사가 필요해질 거야. 자네한테 변호사 비용이 없는 걸 알고 있네. 나는 그 일을 해줄 사람을 아직도 구하고 있어."

로슨이 말했다. "알았어요, 빌. 내가 할게요."

그리고 며칠 뒤 밤에 또 다른 부보안관이 감방 문을 열고 로슨을 헤일에게 데려갔다. 헤일은 감옥 바깥의 차 안에 있었다. 헤일은 로슨을 차에 태워 페어팩스의 어떤 건물로 갔다. 어니스트가 거기서 기다리고 있었다. 헤일이 어니스트에게 "그 상자"를 가져오라고 하자, 어니스트가 나무 상자를 꺼내왔다. 그 안에 니트로글리세린이 가득 든 병이 있었다. 주둥이에 긴 도화선이 이미 연결되어서 둥글게 말려 있는 상태였다. 세 사람은 그 상자를 조심스레 차에 실은 뒤, 스미스의 집으로 향했다. 로슨은 이렇게 진술했다. "내가 내려서 상자와 도화선을 꺼냈다. 그러자 헤일과 어니스트는 차를 몰고 가버렸다. 나는 집 뒤로 돌아가서 지하실로 들어가 상자를 안쪽 귀통이에 놓고, 헤일이 가르쳐준 대로 도화선을 펼쳐놓았다. (…) 그리고 어둠 속에 앉아 기다렸다. 집에 불이 켜지는 것이 보였다. 아마 모두들 옷을 갈아입고 잠자리에 들었는지 곧 불이 모두 꺼졌다. 나는 꽤 오랫동안 그 자리에 앉아 있었다. 시간이 얼마나 흘렀는지 알 길이 없었지만, 아마 45분쯤 됐을 것이다. 이제 모두 잠든 것 같아서 나는 잘라낸 도화선에 불을 붙였다. (…) 긴 도화선 끝에서 연기가 나기 시작하자마자 나는 있는 힘껏 도망쳤다." 집이 산산조각 나는 소리가 들렸다. 헤일과 어니스트는 근처에서 그를 기다리고 있다가 차에 태워 감옥으로 다시 데려다주었다. 그리고 부보안관이 그를 감방에 몰래 넣어주었다. 헤일은 자리를 뜨기 전 로슨에게 경고했다. "오늘 일에 대해 누구에게 입이라도 뻥긋하는 날에는 우리 손에 죽을 거야."

화이트와 스미스 요원은 잔뜩 흥분했다. 아직 의문은 남아 있었다. 로슨의 이야기에 수프맨인 커비가 빠져 있다는 점. 하지만 커비가 로슨과는 만나지 않은 채 따로 헤일을 위해 폭탄을 만들어주었을 가능성이 있었다. 아직 메워야 할 틈새들이 있었지만, 헤일과 살인 음모를 직접적으로 연결해줄 수 있는 증인을 마침내 찾아냈다는 점이 중요했다.

화이트는 사건을 맡은 지 석 달 뒤인 1925년 10월 24일에 후버에게 전신을 보냈다. 의기양양한 심정을 감출 수가 없었다. "버트 로슨에게서 빌 스미스의 집에 폭탄을 설치하고 폭파시켰다는 자백을 받았음. 어니스트 버크하트와 W. K. 헤일이 그를 설득하고 재촉했으며, 범행 또한 도왔다고 함."[5]

후버도 흥분했다. 그는 전신으로 화이트에게 재빨리 답장을 보냈다. "축하합니다."[6]

◈

화이트의 수사팀은 로슨의 자백을 세세히 확인하는 동안 헤일과 그의 조카들을 한시라도 빨리 잡아들여야 한다는 생각이 점점 강해졌다. 변호사이자 후견인인 콤스톡도 이미 생명의 위협을 받고 있었다. 이제 화이트는 그가 진심으로 수사를 돕기 위해 증인들을 설득하고 있다는 사실을 의심하지 않았다. 콤스톡은 포허스카 시내에 있는 사무실에서 44구경 잉글리시불도그를 옆에 두고 잠을 자는 형편이었다. "한번은 그가 창문을 열려고 하다가 커튼 뒤에서 다이너마이트를 발견한 적도 있었다."[7] 콤스톡은 폭탄을 처리할 수 있었지만, "헤일 일당은 반드시 그를 죽일 생각이었다." 그의 친척은 나중에 이렇게 회상했다.

화이트는 또한 몰리 버크하트에 대해서도 몹시 걱정하고 있었다. 그녀가 당뇨병을 앓고 있다는 보고서를 받아보기는 했지만, 그는 의심을 떨칠 수 없었다. 헤일은 한 명씩 차례로 사람을 죽여 몰리가 가족들의 재산을 대부분 물려받게 하는 데 성공했다. 하지만 아직 음모가 끝난 것 같지 않았다. 헤일은 어니스트를 통해 몰리의 재산에 손댈 수 있었지만, 어니스트는 아직 그 재산을 직접 좌우할 수 있는 처지가 아니었다. 몰리가 죽고 그가 재산을 물려받아야만 그렇게 될 터였다. 몰리의 집에서 일하는 하인이 요원에게 들려준 이야기에 따르면, 어느 날 밤 어니스트가 술에 취해서, 혹시 몰리가 어떻게 되지나 않을지 두렵다고 중얼거렸다고 했다. 어니스트조차 음모의 필연적인 대단원을 두려워하고 있는 것 같았다.

몰리가 다니는 성당의 신부는 우트족 출신 요원인 존 렌을 만난 자리에서 몰리가 요즘 그녀답지 않게 성당에 나오지 않는다면서, 가족들이 그녀를 강제로 막고 있다는 얘기를 들었다고 말했다. 그러고 나서 신부는 사제로서 비밀엄수 의무를 깨뜨렸다는 사실에 크게 당황했다. 얼마 뒤 신부는 몰리에게서 비밀스러운 연락이 왔다고 요원에게 알렸다. 누군가가 몰리 자신을 독살하려는 것 같아 두렵다는 내용이었다. 위스키에 독을 섞는 것이 이 사건 범인들이 애용하는 방법임을 감안해서, 신부는 몰리에게 "어떤 상황에서든 종류를 막론하고 술을 마시지 말아요"[8]라고 경고하는 답장을 보냈다.

하지만 몰리의 당뇨병이 그녀에게 독을 먹일 수 있는 사악한 통로가 되어준 것 같았다. 쇼운 형제를 포함한 몇몇 의사들이 그녀에게 인슐린 주사를 놓고 있는데도, 몰리의 상태는 좋아지기는커녕 계속 나빠지는 듯했다. 인디언실의 정부 관리들도 몰리가 서서히 독살당하고 있는 것 같다는 의심을 품었다. 법무부의 한 관리는 그녀의 "질병이 아무리 좋게 보아도 몹시 수상쩍다"[9]고 지적했다. 그는 "이 환자를 좋은 병원으로 데려가 남편의 간섭 없이 진단과 치료를 받게 하는 것"이 시급하다고 말을 이었다.

1925년 12월 말에 화이트는 더 이상 미적거릴 수 없다는 결론을 내렸다. 로슨의 자백에서 확인하지 못한 부분들이 아직 많이 남아 있었고, 서로 모순되는 부분도 있었다. 로슨은 커비와 관련된 문제외에도, 헤일이 폭발 당시 그래머와 함께 포트워스에 가지 않고 페어팩스에 있었다고 주장했다. 과거 몇몇 증인들의 증언과 어긋나는 대목이었다. 그래도 화이트는 빌과 리타 스미스 부부 및 두 사람의 하녀인 네티 브룩셔를 죽인 혐의로 헤일과 버크하트에 대한 체포영장을 받아내려고 서둘렀다. 영장은 1926년 1월 4일에 발부되었다. 요원들은 직접 체포에 나설 수 없었으므로, 연방보안관을 비롯한 여러 치안관들과 함께 사방으로 흩어졌다. 그중에는 공직에서 쫓겨난 뒤 다시 보안관으로 선출된 프리스도 포함되어 있었다.

여러 치안관이 어니스트 버크하트의 위치를 금방 찾아냈다. 그는 페어팩스에서 자주 들르는 내기 당구장에 있었다. 치안관들은 그를 포허스카에서 남서쪽으로 약 130킬로미터 떨어진 거스리의 감옥으로 압송했다. 하지만 헤일은 종적을 찾을 수 없었다. 렌 요원은 그가 새 양복을 주문했으며, 언제라도 이 도시를 떠날 수 있게 준비할 계획이라고 말했음을 알아냈다. 수사당국은 헤일이 영원히 사라졌을까 봐 걱정했으나, 그가 어느 날 갑자기 프리스 보안관의 사무실로 한가로이 걸어 들어왔다. 정식 파티에 참석하러 가는 사람처럼 완벽하게 다림질한 정장, 반짝반짝 광을 낸 구두, 펠트 모자 차림이었다. 외투 옷깃에는 다이아몬드가 박힌 프리메이슨 핀이 꽂혀 있었다. "내가 수배 중이라면서요."[10] 헤일이 말했다. 자수하러 왔으니 부하들을 사방으로 내보낼 필요가 없다는 설명이었다.

그가 거스리의 감옥으로 이송되는 동안 지역신문의 기자가 그에게 질문을 던졌다. 헤일의 깊숙한 눈이 타오르는 듯했다. 기자는 그의 움직임을 "줄에 매인 짐승 같았다"[11]고 표현했다.

거스리 감옥 앞의 헤일.

기자가 그에게 물었다. "한 마디 하시겠습니까?"

"당신 뭐야?" 헤일이 다그치듯 물었다. 질문을 받는 데에 익숙하지 않은 탓이었다.

"신문기자입니다."

"내 재판은 신문이 아니라 이 카운티의 법정에서 열릴 거야."

기자는 헤일이 하다못해 개인적인 이야기라도 해줄지 모른다는 희망을 안고 계속 물었다. "나이가 어떻게 되십니까?"

"쉰한 살."

"오클라호마에 오신 지는 얼마나 되셨죠?"

"대략 25년."

"상당한 저명인사시죠?"

"그럴걸."

"친구가 많습니까?"

"그러기를 바라야지."

"단순히 '나는 무고하다'는 말뿐이더라도, 친구분들이 당신의 말을 듣고 싶어 하지 않을까요?"

"내 재판은 신문이 아니라 이 카운티의 법정에서 열릴 거야. 오늘 밤은 춥군, 그렇지?"

"네. 이번 시즌에 목장 사업은 어떻습니까?"

"괜찮았어."

"포허스카에서 여기까지는 먼 길이죠?"

"그래. 하지만 커튼을 단 차가 있으니까."

"이제 한 말씀 해주시죠."

헤일은 거절하고 치안관들에게 끌려갔다. 그는 일시적으로 불편한 기색을 비치기는 했지만, 화이트와 대면할 때쯤에는 이미 자신감을 되찾은 상태였다. 심지어 건방지게 보일 정도라서, 아무도 자신에게 손을 댈 수 없으리라고 확신하고 있음이 분명했다. 그는 화이트가 오판을 했다고 강력히 주장했다. 마치 곤경에 처한 사람이 헤일 본인이 아니라 화이트인 것 같았다.

화이트는 헤일이 결코 자신의 죄를 인정하지 않을 것 같다고 보았다. 수사관 앞에서는 당연히 인정하지 않을 것이고, 그가 자주 입에 올리는 하느님 앞에서조차 인정할 것 같지 않았다. 어니스트 버크하트만이 화이트의 유일한 희망이었다. "어니스트를 보면, 기가 약한 누이 같다는 생각이 들었다."¹² 화이트는 그를 이렇게 묘사했다. 화이트와 함께 일하던 검사의 표현은 더 노골적이었다. "우리 모두 공략 대상으로 어니스트 버크하트를 점찍었다."¹³

∞♡∞

버크하트가 거스리의 연방청사 3층 임시 심문실로 불려왔다. 그는 체포될 때와 똑같은 옷차림이었다. 화이트의 눈에 그는 "값비싼 카우보이 부츠, 화려한 셔츠, 번쩍거리는 타이, 값비싼 맞춤양복을 서부식으로 잘 차려입은 소도시 멋쟁이"¹⁴처럼 보였다. 그는 불안한 얼굴로 입술을 핥았다.

화이트와 프랭크 스미스 요원이 그를 심문했다. "빌 스미스 가족과 애나 브라운의 살인사건과 관련해서 이야기해봅시다."¹⁵ 화이트가 말했다.

"흥, 난 아무것도 몰라요." 버크하트가 주장했다.

화이트는 버트 로슨이라는 사람의 이야기는 달랐다고 그에게 설명했다. 버크하트가 이 살인사건들에 대해 많은 것을 알고 있다는 말을 로슨에게서 들었다고. 어니스트는 로슨의 이름을 듣고도 당황하지 않고, 그자와는 어떤 일도 함께한 적이 없다고 주장했다.

"스미스의 집을 폭파할 때, 당신이 로슨에게 먼저 접촉했다던데." 화이트가 말했다.

"거짓말이에요." 버크하트가 강력하게 말했다. 화이트는 의심에 사로잡혔다. 그동안 내내 아마도 그의 머릿속 어딘가에 잠복하고 있었을 그 의심을 그는 억누르고 있었다. 만약 로슨의 말이 거짓이라면? 그가 이 사건에 대해 이런저런 소문을 들은 다른 무법자들을 감옥에서 만나 정보를 얻은 거라면? 검사가 형량을 줄여줄지도 모른다는 희망 때문에 로슨이 거짓말을 했을 가능성이 있었다. 아니면 그의 자백 전체가 헤일의 지휘로 이루어진 것일 수도 있었다. 그렇다면 그는 이번에도 음모 속에 또 음모를 숨긴 셈이었다. 화이트는 무엇을 믿어야 할지 알 수 없었다. 하지만 만약 로슨의 진술에 거짓이 조금이라도 있다면, 버크하트에게서 자백을 받아내는 것이 훨씬 더 중요하고 시급했다. 그렇지 않으면, 사건이 성립할 수 없었다.

덥고 갑갑한 상자 같은 방에서 화이트와 스미스는 각각의 살인사건에 대해 자신들이 수집한 정황증거들을 몇 시간 동안 제시하면서 버크하트를 무너뜨리려고 했다. 화이트가 보기에 버크하트에게 조금은 후회의 기색이 있는 것 같았다. 아내와 자녀들을 보호하기 위해, 짐을 내려놓고 싶어 하는 것 같았다. 하지만 화이트나 스미스가 헤일의 이름을 언급할 때마다 그는 의자에 앉은 채로 뻣뻣하게 굳었다. 법보다 삼촌이 더 무서운 모양이었다.

"모두 털어놓는 편이 좋아요." 화이트가 거의 간청하듯이 말했다.

"털어놓을 게 하나도 없어요." 버크하트가 말했다.

자정이 지난 뒤 화이트와 스미스는 심문을 포기하고 버크하트를 감방으로 돌려보냈다. 그리고 그다음 날, 화이트는 더 큰 문제와 맞닥뜨렸다. 헤일이 폭발사건 당시 텍사스에 있었다는 사실을 확실히 증명할 수 있다고 나선 것이다. 그는 텍사스에서 전신을 한 통 받고 수령인으로 서명도 했다고 말했다. 만약 이 말이 사실이라면(화이트가 보기에는 사실인 것 같았다), 로슨이 처음부터 거짓말을 했다는 뜻이었다. 화이트가 어떻게든 헤일을 잡고 싶은 마음에, 분명히 앞뒤가 맞지 않는 부분들이 있는데도 믿고 싶은 것만 믿는 최악의 실수를 저지른 것이다. 화이트는 헤일의 변호사들이 이 전신과 관련된 기록을 가져와서 헤일뿐만 아니라 버크하트까지 석방시키는 데는 겨우 몇 시간밖에 걸리지 않으리라는 것을 잘 알고 있었다. 그 몇 시간 뒤면 수사국이 체면을 구겼다는 소문이 흘러나갈 것이고, 그 소식이 후버의 귀에도 들어갈 터였다. 후버의 보좌관 한 명은 후버가 "마음에 들지 않는 사람을 완전히 짓밟아버린다"[16]고 말했다. 헤일의 변호사들은 곧 어떤 기자에게 슬쩍 정보를 흘려주었고, 그 기자는 헤일에게 "완벽한" 알리바이가 있다면서 "그는 두려워하지 않는다"[17]는 기사를 썼다.

화이트는 지푸라기라도 잡는 심정으로, 후버에게 창피를 주고 수사관들이 건드리지 말아야 할 인물이 된 블래키 톰슨에게 매달렸다. 체로키족의 피가 섞인 무법자인 그는 수사국의 초창기 수사에서 정보원 역할을 하겠다는 조건으로 석방되었으나, 경찰관을 살해해서 다시 붙잡히고 말았다. 그 뒤로 그는 계속 주립교도소에 갇혀 있었다. 수사국 입장에서는 보지 않는 편이 가장 좋은 해충 같은 존재였다.

하지만 수사국의 초기 사건보고서들을 살펴본 화이트는 블래키가 살인사건들에 대해 핵심적인 정보를 쥐고 있을 가능성이 있다고 보고, 후버에게 의견을 구하지 않은 채 독단으로 그를 거즈리로 데려오게 했다. 만약 일이 잘못돼서 블래키가 탈출하거나 사람을 다치게 한다면, 화이트도 옷을 벗어야 할 판이었다. 화이트는 앨 스펜서를 쓰러뜨린 치안관 루서 비숍에게 특별히 블래키의 이송을 맡겼다. 연방청사에 도착한 블래키는 사슬에 묶인 채 소규모 부대에 에워싸여 있었다. 화이트는 인근 옥상에 저격수를 배치해서, 창문을 통해 블래키를 겨냥하게 했다.

블래키는 여전히 적대적이고 뚱하고 비열했지만, 화이트가 오세이지 살인사건들에서 헤일과 버크하트가 어떤 역할을 했느냐고 묻자 태도가 바뀌었다. 악의와 편협한 마음이 가득한 그는 예전에 헤일과 어니스트 버크하트가 "너무 유대인 같다. 뭐든지 공짜로 손에 넣으려고 한다"[18]고 투덜거린 적이 있었다.

요원들은 블래키에게 형량을 줄여주는 거래를 할 수 없다고 말했다. 그래서 블래키는 처음에는 마지못해 입을 열었지만, 점차 살인사건들에 대한 정보를 털어놓게 되었다. 그는 버크하트와 헤일이 예전에 빌과 리타 스미스를 죽여달라며 자신과 자신의 오랜 친구 컬리 존슨에게 접근한 적이 있다고 말했다. 두 사람은 청부 대가로 블래키에게 버크하트의 차를 훔쳐가도 좋다고 말했고, 블래키는 어느 날 밤 버크하트가 집에서 몰리와 함께 자고 있을 때 차고에서 그 차를 가져갔다. 그러나 그는 나중에 자동차 절도 혐의로 체포되어 헤일과 버크하트가 의뢰한 살인을 저지르지 않았다.

블래키가 법정에서 이런 증언을 하겠다고 나설지는 알 수 없었지

무법자 블래키 톰슨.

만, 화이트는 이 정보만으로 헤일을 붙잡아둘 수 있기를 바랐다. 그는 경비원들의 감시하에 블래키를 맡겨두고 스미스 요원과 함께 서둘러 달려가 버크하트를 다시 심문했다.

심문실에서 화이트가 버크하트에게 말했다. "어젯밤 당신이 내놓은 답변은 만족스럽지 못했습니다. 당신이 우리에게 말하지 않은 것이 아주 많을 텐데요."

"내가 아는 건 전부 남들도 흔히 하는 얘기들뿐이에요." 버크하트가 말했다.

화이트와 스미스 요원은 최후의 패를 꺼내들었다. 버크하트에게 그가 빌과 리타의 살해계획에 관여했다고 증언할 또 다른 증인이 있다고 말한 것이다. 하지만 버크하트는 요원들이 이미 거짓말로 허세를 부린 것을 알고 있었으므로, 그들의 말을 믿지 않는다고 말했다.

"우리 말을 못 믿겠으면, 내가 지금 가서 증인을 데려오죠." 스미스 요원이 말했다.

"데려오세요." 버크하트가 말했다.

화이트와 스미스는 방을 나가 블래키를 데려왔다. 옥상의 저격수가 창문을 통해 계속 그를 겨누고 있는 가운데, 블래키는 버크하트 맞은편에 앉았다. 버크하트는 아연실색한 얼굴이었다.

스미스 요원이 블래키를 향해 말했다. "블래키, 당신이 어니스트 버크하트에게 받은 제안에 대해 말한 내용이 사실입니까?"

블래키가 대답했다. "그렇습니다."

스미스 요원이 물었다. "빌 스미스를 죽이라는 제안인가요?"

"그렇습니다."

"어니스트가 청부의 대가로 자동차를 한 대 주었다는 말도 사실입니까?"

"그렇습니다."[19]

블래키는 아주 즐거운 표정으로 버크하트를 똑바로 바라보며 말했다. "어니스트, 내가 전부 털어놨어."

버크하트는 기가 죽은 것 같았다. 블래키를 다른 방으로 보낸 뒤, 화이트는 버크하트가 이제 헤일과 관련된 자백을 할 것이라고 생각했다. 하지만 버크하트는 헤일에 관한 얘기가 나올 때마다 말을 멈췄다. 자정쯤에 화이트는 다른 요원들에게 버크하트를 맡겨두고 호텔로 돌아갔다. 이제 더 이상 사용할 수 있는 패가 없었다. 피로와 절망에 지친 그는 그대로 침대에 쓰러져 잠들었다.

하지만 얼마 되지 않아 전화벨 소리에 화들짝 놀라서 깨어났다. 또 뭔가 일이 잘못된 건가(블래키 톰슨이 도망쳤나) 하는 심정으로 수화기를 들자, 부하 요원의 다급한 목소리가 들려왔다. "버크하트가 자백하겠답니다. 하지만 우리한테는 안 하겠대요. 반드시 팀장님이어야 한답니다."

∞◎

화이트가 심문실로 들어가자, 버크하트가 지치고 체념한 얼굴로 의자에 늘어져 있었다. 버크하트는 자신이 그 사람들을 모두 죽이지는 않았지만, 범인을 알고 있다고 말했다. "털어놓고 싶습니다." 그가 말했다.

화이트는 버크하트에게 그의 권리를 알려주었고, 버크하트는 서류에 서명했다. "주의사항을 들었고, 기소를 면하게 해주겠다는 약속도 없었으며, 나의 자유의지로 다음과 같이 진술한다."[20]

버크하트는 윌리엄 헤일에 대한 이야기를 시작했다. 어렸을 때 자신이 삼촌을 숭배한 것, 삼촌을 위해 무슨 일이든 가리지 않은 것, 언제나 삼촌의 지시에 따른 것. "나는 빌 삼촌의 판단력에 의지했습니다."[21] 버크하트는 헤일이 책략에 능하다고 말했다. 헤일의 모든 음모에 자신이 긴밀히 관여한 것은 아니지만, 헤일은 그에게 리타와 빌 스미스의 살인계획에 대해 상세히 말해주었다. 버크하트는 헤일에게서 집 전체를 날려버리겠다는 계획을 듣고 자신이 반대했다고 말했다. 그 집에 사는 사람들이 그의 친척이기 때문이었다. 헤일이 그에게 말했다. 그게 무슨 상관이냐? 어차피 네 아내 손에 돈이 들어올 텐데.

버크하트는 언제나 그랬듯이, 그때도 헤일의 계획을 따랐다고 말했다. 헤일은 먼저 블래키 톰슨과 컬리 존슨에게 접근했다(나중에 다시 진술할 때, 버크하트는 이렇게 회상했다. "헤일이 나더러 컬리 존슨을 만나 그가 얼마나 강한 사람인지, 그가 돈을 벌고 싶어 하는지 알아보라고 했다. 또한 존슨에게는 인디언과 결혼한 백인 남자를 죽이는 일이라고 알려주라고 했다."[22] 여기서 인디언과 결혼한 백인 남자는 바로 빌 스미스였다). 하지만 존슨과 블래키가 그 일을 할 수 없게 되자, 헤일은 앨 스펜서를 찾아냈다. 스펜서에게 거절당한 뒤 헤일은 밀주업자이자 로데오 스타인 헨리 그래머에게 사정을 이야기했고, 그래머는 그 일을 해줄 사람을 구해보겠다고 약속했다. "폭발이 있기 겨우 며칠 전에 에이시(애사 커비)가 그 일을 할 것이라고 그래머가 헤일에게 말했다. 그리고 헤일이 내게 그 사실을 알려주었다."[23]

버크하트는 로슨이 폭파사건과 아무 관련이 없다면서 "엉뚱한 돼지를 잡았다"[24]고 말했다. 나중에 로슨은 화이트에게 거짓말을 했다고 시인했다. "내가 한 얘기는 전부 거짓말이었습니다. 스미스의 집이 폭파된 사건과 관련해서 내가 아는 것은 감옥에서 들은 얘기뿐이에요. (…) 거짓말을 해서 잘못했습니다."[25] 버크하트는 헤일이 알리바이를 만들기 위해 그래머와 함께 포트워스로 갔다고 알려주었다. 헤일은 포트워스로 떠나기 전에 버크하트에게 헨리 그래머

밑에서 일하는 밀주업자이자 소도둑인 존 램지에게 말을 전하라고 지시했다. 커비에게 이제 그 일을 실행할 때가 되었다고 램지가 알려야 한다는 내용이었다. 버크하트는 이 말을 전한 뒤, 폭파 당일 밤에 몰리와 함께 집에 있었다. "그 일이 일어났을 때 나는 아내와 함께 침대에 누워 있었다. 북쪽에서 밝은 빛이 보였다. 아내가 창가로 가서 밖을 내다보았다." 그녀는 누군가의 집에 불이 난 모양이라고 말했다. "아내의 말을 듣자마자 나는 그 빛의 정체를 깨달았다."[26]

버크하트는 헤일이 보험금을 노리고 어떻게 론을 살해했는지에 대해서도 아주 중요한 사실들을 알려주었다. 그는 "누가 헨리 론을 죽였는지 안다"[27]면서 램지를 청부살인자로 지목했다.

이제 사건의 전모가 밝혀졌다. 화이트는 현장에 나가 있던 렌 요원에게 전화를 걸었다. "그쪽에 존 램지라는 용의자가 있어. 당장 체포하게."[28] 화이트가 말했다.

램지도 심문실로 끌려왔다. 그는 키가 크고 호리호리한 몸에 위아래가 붙은 작업복을 입고 있었다. 검은 머리카락은 기름졌고, 걸을 때 다리를 살짝 저는 모습이 위협적이었다. 한 기자는 그가 "과민한 사람처럼, 어쩌면 위험한 사람처럼"[29] 보였다고 말했다.

화이트를 비롯한 여러 요원들의 설명에 따르면, 그는 경계하는 표정으로 요원들을 바라보며 아는 것이 전혀 없다고 주장했다. 버크하트가 서명한 진술서를 화이트가 램지 앞에 놓아주자 그는 종이를 빤히 바라보았다. 마치 그 진술서가 진짜인지 감정이라도 하려는 것 같았다. 화이트와 스미스는 버크하트 앞에 블래키를 데려갔듯이, 이번에는 버크하트를 데려와서 램지에게 진술서가 맞다고 확인해주었다. 그러자 램지가 양손을 위로 들어올리며 말했다. "이젠 내 차례로군. 받아 적을 준비나 해요."[30]

그의 진술과 다른 증언에 따르면, 1923년 초에 그래머가 램지에게 헤일이 "작은 일을 하나 해줄 사람을 구하고 있다"[31]고 말했다. 램지가 무슨 일이냐고 묻자 그래머는 헤일이 어떤 인디언을 쓰러뜨려야 한다고 말했다. 램지는 결국 이 일을 맡겠다고 했고(그는 이 음모를 "최고의 게임"이라고 불렀다), 위스키를 미끼로 론을 협곡으로 꾀어냈다. "우리는 론의 자동차 발판에 앉아서 술을 마셨습니다." 램지가 말했다. "인디언이 출발하려고 차에 탔을 때 내가 그의 뒤통수를 쏘았죠. 그때 인디언과 나의 거리는 1~2피트(1피트는 약 30센티미터—옮긴이)쯤 됐을 겁니다. 일을 마치고 나서 나는 내 차에 올라 페어팩스로 갔습니다."

화이트는 램지가 론의 이름 대신 계속 '인디언'이라고 말하는 점에 주목했다. 마치 자신의 범죄를 정당화하려는 듯이 램지는 "오클라호마의 백인들은 인디언을 죽이는 일을 1724년과 마찬가지로 대수롭지 않게 생각합니다"[32]라고 말했다.

※

화이트는 몰리의 언니 애나 브라운의 죽음에 대해 아직 물어볼 것이 남아 있었다. 어니스트 버크하트는 자신의 동생인 브라이언과 사건의 관련성에 대해 여전히 빈틈을 보이지 않았다. 동생에게 불리한 이야기를 하고 싶지 않은 기색이 역력했다. 하지만 애나가 죽기 직전에 함께 있었던 제3의 남자가 누구인지는 알려주었다. 그는 요원들이 잘 아는 사람, 알아도 너무 잘 아는 사람, 즉 켈시 모리슨이었다. 비밀 정보원으로 일하면서 요원들과 함께 제3의 남자의 정체를 밝히려고 애쓰던 사람. 모리슨은 이중첩자로서 헤일 일당에게 정보를 알려주기만 한 것이 아니었다. 어니스트는 애나 브라운의 머리에 총을 쏜 사람이 바로 모리슨이라고 말했다.

෨෬

수사당국은 모리슨을 체포하러 가면서 의사를 보내 몰리 버크하트의 상태를 확인하게 했다. 그녀는 죽음이 임박한 상태인 것 같았다. 수사당국은 그녀의 증상을 바탕으로, 누군가 몰래 그녀에게 독을 먹였음을 확신했다. 아무도 의심하지 못하게 아주 천천히 독을 먹였음이 분명했다. 나중에 한 요원은 보고서에 이렇게 썼다. "그녀가 버크하트와 헤일의 손에서 벗어나자마자 건강을 회복했음이 확실히 알려져 있다."[33]

버크하트는 몰리의 중독에 대해 끝까지 아무것도 모른다고 주장했다. 어쩌면 이 죄만은 그도 차마 시인할 수 없었던 것인지도 모른다. 아니면 헤일이 그에게 아내를 직접 죽이는 일을 맡기지 않았던 것일 수도 있다.

쇼운 형제도 불려 와서 몰리를 정확히 어떻게 치료했는지 심문을 받았다. 화이트와 함께 일하던 검사 한 명이 제임스 쇼운에게 물었다. "인슐린을 주사하지 않았습니까?"

"아마 그랬을 겁니다."[34]

검사는 점차 화가 났다. "그녀는 지금 당신들의 손에 있지 않고, 포허스카의 병원에 있지요? 당신들이 인슐린을 주사하지 않았습니까?"

쇼운은 자신이 말을 잘못한 것 같다고 말했다. "나쁜 일에 혼란스럽게 휘말리고 싶지 않습니다."

검사는 몰리에게 주사를 놓았느냐고 다시 물었다. "네, 몇 번 놔 주었습니다." 쇼운이 말했다.

"무슨 주사입니까?"

"당뇨병 약이죠."

"그런데 증세가 악화됐어요?"

"저는 모릅니다."

"증세가 악화돼서 포허스카의 병원으로 데려가 당신들에게서 떼어놓고, 다른 의사가 치료를 맡자마자 증세가 좋아졌지요?"

쇼운 형제는 잘못한 일이 없다고 주장했다. 화이트는 둘 중 누가 몰리에게 독을 주었는지 증명할 수 없었다. 몰리도 증세가 나아진 뒤 수사당국의 조사를 받았다. 몰리는 피해자 취급을 싫어했지만, 이번만은 무섭고 당황스럽다고 시인했다. 때로는 영어 통역에게 의지하기도 했다. 이제는 영어가 도저히 이해할 수 없는 비밀을 담고 있는 것처럼 보이는 모양이었다. 검찰 측을 돕는 변호사가 그녀에게 설명했다. "우리는 모두 당신 편입니다."[35] 그는 몰리에게 남편인 어니스트가 살인사건들에 대해 아는 것을 자백했으며, 헤일이 그 사건들은 물론 리타의 집 폭파사건까지도 주도한 것 같다고 알려주었다.

"빌 헤일과 당신 남편은 친척 사이죠?" 그가 물었다.

"네." 몰리가 대답했다.

도중에 변호사는 폭파사건 당시 헤일이 그녀의 집에 있었느냐고 물었다.

"아뇨, 없었습니다. 남편과 아이들만 집에 있었어요."

"그날 밤 아무도 찾아오지 않았습니까?"

"네."

"남편은 저녁 내내 집에 있었습니까?"

"네, 저녁 내내."

그는 어니스트에게서 헤일의 음모에 대한 이야기를 조금이라도 들은 적이 있느냐고 물었다. "남편은 제게 그 일에 대해 아무 말도 하지 않았어요." 몰리는 자기 가족들에게 이런 짓을 한 사람들에게 처벌이 내려지기를 바랄 뿐이라고 말했다.

"그 사람들이 누구인지는 상관없습니까?" 변호사가 물었다.

"네." 그녀의 말투가 강경했다. 하지만 그녀는 어니스트가 이런 음모에 관련되어 있다는 사실을 믿지 못했다. 믿으려 하지 않았다. 나중에 한 작가가 그녀의 말을 인용했다. "남편은 좋은 사람입니다. 상냥한 사람입니다. 그런 짓을 할 사람이 아니에요. 남을 해칠 사람이 못 됩니다. 날 해칠 사람이 아닙니다."[36]

변호사가 물었다. "남편을 사랑하십니까?"

잠시 후 그녀가 대답했다. "네."

어니스트 버크하트와 램지의 진술서로 무장한 화이트와 스미스 요원이 헤일과 대면했다. 화이트는 신사처럼 보이는 헤일의 맞은편에 앉았다. 그는 헤일이 몰리의 식구들을 거의 전부 죽이고, 증인들과 공범들까지 죽여버렸다고 확신했다. 또한 화이트는 그동안 더욱 거슬리는 이야기도 하나 알게 되었다. 애나 브라운과 친한 사람들 여러 명이 들려준 이야기에 따르면, 헤일이 애나와 사귀었으며 애나가 임신한 아기의 아버지가 바로 헤일이라고 했다. 이 말이 사실이라면, 헤일은 아직 태어나지 않은 자기 자식을 죽였다는 뜻이었다.

화이트는 속에서 소용돌이치는 격렬한 감정을 억제하려고 애썼다. 헤일은 그와 스미스 요원에게 체포되었을 때와 똑같이 정중하게 인사했다. 버크하트는 헤일이 "상대가 실체를 제대로 알 때까지는" 세상에서 가장 착한 사람처럼 보인다면서, "만나자마자 호감을 느끼게 될 겁니다. 여자들도 똑같아요. 하지만 삼촌 옆에 오래 있으면 있을수록 영향을 받게 됩니다. 삼촌은 어떤 식으로든 상대를 속이고 이용합니다"라고 말했다.[37]

화이트는 공연한 시간낭비를 하지 않았다. 그의 회상에 따르면, 당시 그는 헤일에게 이렇게 말했다. "헨리 론과 스미스 일가 살인사건에서 당신이 공범이라고 주장하는 진술서를 확보했소. 당신의 죄를 증명하는 증거도 있고."[38]

화이트가 압도적인 증거를 상세히 말해주었는데도 헤일은 꿈쩍도 하지 않았다. 마치 아직도 자신이 우위에 서 있다는 듯한 태도였다. 켈시 모리슨은 예전에 요원들에게 헤일은 "오세이지 카운티에서 어떤 범죄가 일어나든 돈만 있으면 범인이 법의 보호를 받거나 무죄로 방면될 수 있다"[39]고 확신한다고 말한 적이 있었다.

화이트는 앞으로 법정에서 세상을 놀라게 할 지독한 싸움이 벌어질 것이라고는 짐작하지 못했다. 미국 대법원에까지 올라간 이 사건 때문에 나중에 그는 수사관으로서 거의 옷을 벗을 뻔했다. 어쨌든 지금은 이 사건을 최대한 깔끔하고 신속하게 마무리하고 싶었기 때문에 화이트는 마지막으로 한 번 더 헤일의 자백을 유도해보았다. "당신도 [가족들을] 긴 재판과 지저분한 증언 내용에, 그 수치스럽고 당황스러운 상황에 노출시키고 싶지 않겠지."[40]

헤일은 즐겁고 열정적인 얼굴로 화이트를 똑바로 바라보며 말했다. "나는 싸울 것이오."[41]

19

일족의 배신자

끔찍한 범행의 전모와 범인의 체포 사실이 전국을 사로잡았다. 신문들은 "아주 잘 조직되었음이 분명한 무리가 악마처럼 무자비하게, 총탄과 독과 폭탄을 동원해서 석유가 풍부한 오세이지족의 땅을 물려받은 사람들을 죽였다"[1]고 썼다. 이 범죄가 "옛날 개척시대의 범죄보다 더 소름끼친다"[2]는 표현도 있었다. 연방정부의 노력으로 이른바 "살인자들의 왕"[3]이 처벌을 받게 되었다고 쓴 기자도 있었다.

화이트는 그동안 론과 몰리 버크하트의 가족들 사건에만 전념했다. 따라서 살해당한 오세이지족 스물네 명, 그리고 변호사 보건과 석유 사업가 맥브라이드의 죽음과 헤일의 관계는 아직 밝혀지지 않은 상태였다. 그러나 화이트의 수사팀은 헤일이 이 사건들 중 적어도 두 건으로 인해 이득을 보았음을 증명할 수 있었다. 둘 중 첫 번째 사건은 오세이지족 인디언인 조지 빅하트의 죽음이었다. 독살당한 것으로 의심되는 그는 죽기 전에 보건에게 정보를 넘겼다. 화이트는 빅하트가 급히 병원으로 실려 가기 전에 헤일이 그와 함께 있었으며, 그가 죽은 뒤 헤일이 위조된 차용증서를 내놓으며 그의 재산 중 6,000달러를 요구했다는 증언을 들었다. 어니스트 버크하트도 헤일이 차용증서를 제출하기 전에 빅하트의 필체를 흉내 내려고 연습했다고 폭로했다. 헤일은 오세이지족 인디언인 조 베이츠가 1921년에 독살로 보이는 죽음을 맞은 사건에도 관련되어 있었다. 결혼해서 여섯 자녀를 키우고 있던 베이츠가 갑자기 사망한 뒤, 헤일은 그의 땅에 대한 권리증을 내놓았는데, 그 문서가 수상했다. 베이츠의 아내는 나중에 인디언실에 보낸 편지에 이렇게 썼다. "헤일이 1년 넘게 남편에게 계속 술을 먹였습니다. 헤일은 우리 집에 와서 남편에게 물려받은 땅을 팔라고 요구했습니다. 조는 아무리 취한 상태에서도 항상 그 요구를 거절했습니다. 남편이 그 땅을 팔았을 리가 없습니다. 남편은 죽기 며칠 전까지도 팔지 않을 것이라고 내게 계속 말했습니다. (…) 그런데 헤일이 그 땅을 가져갔습니다."[4]

잔혹한 범행 앞에서도 많은 백인들은 섬뜩한 이야기에 대한 열광적인 호기심을 숨기려 하지 않았다. "오세이지 인디언 살인음모의 전율." 〈리노 이브닝 가제트〉는 이런 제목을 달았다.[5] 한 통신사는 "오세이지 살인사건의 땅에는 지금도 옛 서부가 살아 있다"[6]는 제목으로 전국에 기사를 송신했다. 그 살인사건 이야기가 "비록 우울하긴 하지만, 이미 사라진 줄 알았던 낭만적이고 낙천적인 개척시대 서부의 숨결을 타고 실려왔다. 게다가 놀라운 이야기이기도 하다. 어찌나 놀라운지 처음에는 이것이 정말 20세기의 현대적인 미국에서 일어난 일인지 의아할 정도"라는 내용이었다. 영화관에서는 '오세이지 힐스의 비극'[7]이라는 제목이 붙은 뉴스영화가 상영되었다. 이 뉴스영화의 광고지에는 "범죄 역사상 가장 당혹스러운 연쇄살인의 진실" "사랑과 증오와 황금에 대한 욕망의 이야기. 버크하트의 놀라운 자백을 바탕으로 한 실화" 등의 문구가 적혀 있었다.

이런 선정적인 보도 속에서 오세이지족은 헤일 일당이 꼼수를 써서 자유롭게 풀려나지 않게 하는 데에만 모든 신경을 집중했다. 실제로 그런 결과가 빚어질지도 모른다고 걱정하는 사람이 많았다. 베이츠의 아내는 이렇게 말했다. "우리 인디언들은 이 나라 법정에서 우리 권리를 제대로 누리지 못한다. 그래서 내 아이들을 위해 이 땅을 되찾을 가망이 전혀 없다."[8] 1926년 1월 15일에 오클라호마 인디언회의는 다음과 같은 결의안을 발표했다.

> 오세이지족 인디언들은 재산 때문에 비열하게 살해당했다. (…)
> 반면 범인들은 반드시 단호하게 기소되어야 하며, 유죄판결이 나오는 경우 법이 정한 최고형량을 받아야 한다. (…)
> 따라서 본 모임은 이 잔혹한 범죄를 저지른 범죄자들을 찾아내서 기소하기 위해 노력을 기울인 연방정부와 주정부 관리들에게 찬사를 보낸다.[9]

하지만 화이트는 미국의 치안기관들과 마찬가지로 사법기관도 부패에 물들어 있다는 사실을 알고 있었다. 많은 변호사들과 판사들이 뇌물을 받을 기회를 노렸다. 증인들은 강요당하고, 배심원들도 매수되었다. 억압받는 사람들의 수호자인 클레런스 대로(미국의 변호사—옮긴이)조차 배심원 후보를 매수하려다가 기소된 적이 있을 정도였다. 〈로스앤젤레스 타임스〉의 한 부장급 기자는 언젠가 대로에게서 들은 말을 기억하고 있었다. "악당들을 상대할 때는 이쪽도 그들에게 장단을 맞춰야 한다. 내가 그러면 안 되는가?"[10] 헤일은 오클라호마의 힘없는 사법기관들에 엄청난 영향력을 행사할 수 있었다. 이 지역을 찾은 한 기자는 이렇게 묘사했다. "지위를 막론하고 모든 시민들이 그에 대해 말할 때는 숨을 죽인다. 그와 그의 동료들의 영향력이 사방에서 느껴진다."[11]

헤일의 권력이 이 정도였으므로, 연방검사는 오클라호마주의 사법체계로 그를 재판하는 것이 "부질없을 뿐만 아니라 확실히 위험한 일"[12]이라고 경고했다. 하지만 미국 인디언을 대상으로 한 많은 범죄들이 그렇듯이, 어떤 정부기관이 이 사건에 대한 사법관할권을 가지고 있는지 혼란스러웠다. 인디언의 영토에서 발생한 살인사건에 대해서는 연방당국이 사법관할권을 주장할 수 있었다. 하지만 오세이지족의 영토는 이미 분할되었고, 애나 브라운을 포함한 모든 피해자들이 살해당한 땅은 대부분 부족의 소유가 아니었다. 따라서 법무부 관리들은 이 사건을 재판할 수 있는 곳은 오클라호마주뿐이라는 결론을 내렸다.

하지만 그들은 오세이지 살인사건들을 샅샅이 뒤진 결과, 예외가 될 수 있는 사건을 하나 찾아냈다. 헨리 론이 분할되었으나 아직 백인에게 팔리지 않은 오세이지족의 땅에서 살해당했음을 알게 된 것

로이 세인트루이스 검사가 오세이지 살인사건의 방대한 기록들을 살펴보고 있다.

이다. 게다가 이 땅의 주인인 오세이지족 인디언은 후견인의 관리하에 있었으므로, 연방정부의 피후견인이라고 할 수 있었다. 화이트와 팀을 이룬 검사들은 먼저 이 사건부터 기소하기로 결정했다. 따라서 헤일과 램지가 론을 살해한 혐의로 연방법정에 서게 되었다. 그들에게는 최대 사형이 선고될 수 있었다.

이 사건의 재판을 위해 모인 검찰팀은 막강했다. 법무부의 고위관리 두 명과 새로 임명된 젊은 연방검사 로이 세인트루이스, 존 리라는 변호사가 합류했다. 리는 오세이지족 여성과 가정을 이루었으며, 부족위원회의 의뢰로 다양한 재판에 조력자로 참여한 경험이

19 일족의 배신자

있었다.

헤일도 변호사들을 선임했다. 한 신문은 이 변호팀에 대해 "오클라호마에서 가장 유능한 법률가들"[13]이라고 표현했다. 이들 중에 사전트 프렌티스 프릴링은 오클라호마주의 전 법무부장관이었으며, 각 주의 권리를 강력하게 옹호하는 사람이었다. 그는 지역을 자주 돌아다니며 '법률가의 시각에서 본 예수 그리스도의 재판'이라는 제목의 강연을 했다. "소인배가 악당으로서 실컷 나쁜 짓을 하면서 타고난 비열한 천성을 최고로 발휘하고 나서, 평판이 나쁜 변호사를 조력자로 고용한다"[14]는 내용이었다. 헤일은 론에게 직접 총을 쏘았다는 혐의를 받는 존 램지를 위해 짐 스프링어라는 변호사를 고용했다. 그는 악덕 변호사로 유명한 인물이었다. 램지는 스프링어의 조언으로 재빨리 자백을 철회하면서 "나는 아무도 죽이지 않았다"[15]고 주장했다. 어니스트 버크하트는 헤일이 예전에 램지에게 걱정하지 말라고 안심시키면서 "자기가 내부에 사람을 심어 길에서 언뜻 목격한 사람에서부터 주지사에 이르기까지 전부 손을 써놓았다"[16]고 말했다고 화이트에게 알려주었다.

1월 초에 대배심 절차가 시작된 직후, 헤일의 오랜 친구인 목사가 위증 혐의로 기소되었다. 그 뒤로 얼마쯤 지난 뒤에는 헤일의 또 다른 동료가 증인들을 술에 취하게 만들려고 한 혐의로 체포되었다. 재판이 가까워지자 못된 사립탐정들이 증인들을 미행하기 시작했으며, 심지어 그들을 사라지게 만들려고 시도하기도 했다. 수사국은 요원들이 살인청부업자로 의심하던 한 사립탐정의 인상착의를 공고했다.[17] "얼굴이 길고 (…) 회색 양복과 밝은 색 중절모 (…) 금니가 여러 개 (…) 몹시 교활하고 '약삭빠르다'고 알려져 있음."[18]

켈시 모리슨의 전처인 캐서린 콜을 죽이기 위해 고용된 총잡이도 있었다. 콜은 오세이지족이었으며, 검사 측을 위해 증언하기로 한 상태였다. 총잡이는 나중에 이렇게 회상했다. "켈시가 아내 캐서린을 처리하기 위해 모종의 조치를 취하고 싶다고 말했다. 그녀가 애나 브라운 살인사건에 대해 너무 많이 안다는 것이 이유였다. 켈시는 빌 헤일 앞으로 편지를 써줄 테니, 그것을 가져가면 헤일이 준비를 해줄 것이라고 말했다."[19] 헤일은 총잡이에게 돈을 지불하면서 "그 여자를 취하게 만들어서 제거하라"[20]고 말했다. 하지만 총잡이는 마지막 순간에 일을 포기했으며, 나중에 강도 혐의로 경찰에 붙잡힌 뒤 이 살해계획을 수사관들에게 털어놓았다. 그런데도 음모는 계속 진행되었다.

화이트는 부하들에게 안전을 위해 항상 둘씩 짝을 지어 움직이라고 지시했다. 어느 날 앨 스펜서 갱단에 속해 있던 자가 연방요원들을 죽이려고 포허스카에 나타났다는 제보가 들어왔다. 화이트는 스미스 요원에게 이렇게 말했다. "이 일은 막아야겠군."[21] 두 사람은 45구경 자동권총으로 무장하고, 그자가 머무르고 있던 집에서 그자와 대치했다. "당신이 우리를 몰아내겠다고 위협했다는 말을 들었소." 화이트가 말했다.

무법자는 두 요원을 훑어보더니 이렇게 말했다. "난 그저 빌 헤일의 친구일 뿐이오. 우연히 이 도시에 왔을 뿐이라고."

화이트는 곧 후버에게 알렸다. "이 남자는 그 '더러운' 일을 실행에 옮기지 못하고 이곳을 떠났습니다. (…) 여기가 아닌 다른 곳에

가 있는 것이 그에게 더 이롭다는 사실을 그가 이해하게 되었기 때문입니다."[22]

화이트는 어니스트 버크하트의 안전을 특히 걱정했다. 헤일은 나중에 동료에게 자신이 두려워하는 증인은 버크하트뿐이라고 털어놓았다. "무슨 짓을 해도 좋으니까 어니스트에게 손을 써."[23] 헤일은 그 동료에게 이렇게 말했다. 그리고 그렇게 하지 못한다면 "나는 파멸이야"라는 말을 덧붙였다.

1926년 1월 20일에 버크하트는 아직 기소되지 않은 채 협조의 대가로 얼마나 형을 참작받을 수 있는지 결정을 기다리고 있었다. 그런데 그가 화이트에게 틀림없이 "살해당할 것"[24]이라고 털어놓았다.

"정부가 제공할 수 있는 모든 보호조치를 취하겠소."[25] 화이트가 약속했다. "필요한 조치라면 무엇이든."

화이트는 렌 요원과 다른 요원 한 명에게 버크하트를 오클라호마 주 밖으로 데려가 재판 때까지 보호하는 임무를 맡겼다. 두 요원은 호텔에 묵을 때도 숙박부에 결코 버크하트의 이름을 쓰지 않았으며, 그를 'E. J. 어니스트'라는 가명으로 불렀다. 화이트는 후버에게 이렇게 말했다. "우리는 놈들이 버크하트를 죽이려고 할 가능성이 높다고 봅니다. 물론 그런 일을 예방하기 위해 모든 조치를 취하고 있습니다만, 놈들이 일을 저지를 수 있는 방법이 아주 많습니다. 램지와 헤일의 친구들이 버크하트에게 슬그머니 독을 건네는 일은 가능할 것 같습니다."[26]

한편 몰리는 여전히 어니스트가 "의도적으로 죄를 지었다"[27]고 생각하지 않았다. 그런데 그가 며칠 동안 집에 돌아오지 않자, 그녀는 제정신이 아니었다. 온 식구가 사라졌는데, 이제는 남편마저 잃어버릴 것 같았기 때문이다. 검찰 측을 돕는 변호사가 그녀에게 요원들의 안내로 어니스트를 만날 수 있다면 조금 나아지겠느냐고 물었다.

"내가 원하는 건 그것뿐이에요."[28] 몰리가 말했다.

그리고 얼마 뒤 화이트와 몰리가 만났다. 화이트는 어니스트가 곧 돌아올 것이라고 몰리에게 단언했다. 그리고 그때까지 두 사람이 편지를 주고받을 수 있게 해주겠다고 약속했다.

어니스트에게서 잘 있다는 편지를 받은 뒤, 몰리는 답장을 썼다. "여보, 오늘 아침에 당신 편지를 받고 몹시 기뻤어요. 우리도 모두 잘 있어요. 엘리자베스는 다시 학교에 다닐 거예요."[29] 몰리는 자신이 이제 아프지 않다고 밝혔다. "몸이 한결 나아졌어요." 그녀는 결혼생활의 환상을 여전히 꼭 붙든 채로, 편지를 이렇게 끝맺었다. "짧은 편지를 이만 접어야겠어요, 어니스트. 곧 다시 소식을 들을 수 있기를. 당신 아내, 몰리 버크하트가."

ഗര

1926년 3월 1일에 화이트와 검찰 측은 엄청난 좌절을 맛보았다. 판사가 피고 측의 신청을 받아들여, 비록 론의 살인사건이 오세이지족 인디언 개인이 분할받은 땅에서 발생했지만, 그 땅을 부족의 땅으로 볼 수는 없으므로 이 사건의 재판을 오클라호마주 법원에 맡기는 수밖에 없다는 결정을 내린 것이다. 검사들은 미국 대법원에 항소했으나, 대법원의 판결이 내려지려면 몇 달을 기다려야 했으므로 그동안 헤일과 램지를 석방하는 수밖에 없었다. "빌 헤일의 친구들이 예언했듯이, 그의 변호사들이 정부의 가려운 곳을 잘 긁어준 것 같다."[30] 한 작가는 이렇게 표현했다.

헤일과 램지가 법정에서 기뻐하고 있는데, 프리스 보안관이 그들에게 접근했다. 그는 헤일과 악수한 뒤 이렇게 말했다. "빌, 당신의 체포영장을 집행하러 왔소."[31] 화이트와 검사들은 헤일과 램지를 계속 가둬두기 위해서 오클라호마주 법무부장관과 협력하여 주 법원에 폭파사건을 저지른 혐의로 두 사람을 미리 기소해두었다.

화이트와 검사들은 오세이지 카운티의 중심지이자 헤일의 본거지인 포허스카의 법원에서 재판을 진행할 수밖에 없었다. "오세이지 카운티에서 이 일당을 재판할 배심원을 한 명이라도 구할 수 있을 것이라고 믿는 사람은 설사 있더라도 아주 극소수입니다. 갖가지 책략과 속임수가 동원될 것입니다."[32] 화이트는 후버에게 이렇게 말했다.

3월 12일에 예비심문이 열리자, 피살자들과 대부분 친척관계인 많은 오세이지족 인디언들이 법정을 가득 메웠다. 헤일의 아내, 열여덟 살의 딸, 떠들썩한 지지자들은 피고인석 뒤편에 모여 있었다. 기자들도 자리를 확보하려고 밀치락달치락했다. "법정에 이렇게 많은 사람이 모이는 일은 거의 없다."[33] 〈털사 트리뷴〉에서 나온 기자는 이렇게 썼다. "잘 차려입은 사업가들이 서 있을 자리라도 확보하려고 부두노동자들과 다툰다. 사교계 여성들이 화려한 담요를 걸친 인디언 여자들과 나란히 앉아 있다. 챙 넓은 모자를 쓴 카우보이들과 구슬로 장식한 옷을 입은 오세이지족 추장들이 증언에 홀린 듯 귀를 기울인다. 여학생들은 자리에 앉은 채로 증언을 더 잘 들으려고 목을 쭉 뺀다. 세상에서 가장 부유한 이곳, 오세이지 왕국의 다양한 사람들이 피와 황금의 드라마를 보려고 모여들었다." 지역 역사가는 나중에 오세이지 살인사건 재판이 그 전해에 테네시에서 주 정부의 지원을 받는 학교가 진화론을 가르치는 것이 합법적인가를 놓고 벌어진 '원숭이 재판'보다 더 언론의 관심을 받았다고까지 말했다.

많은 방청객들은 방청석에 혼자 조용히 앉아 있는 오세이지족 여성에 대해 이런저런 소문들을 수군거렸다. 그녀는 항상 걸터앉아 있던 두 세계에서 모두 버림받은 몰리 버크하트였다. 두 세계 중 하나이며 헤일에게 충성하는 백인들은 그녀를 멀리했고, 많은 오세이지족 인디언들은 살인범을 끌고 들어온 주제에 여전히 어니스트를 믿는다는 이유로 그녀를 백안시했다. 기자들은 그녀를 "무지한 인디언 여자"로 묘사했다. 신문들은 그녀에게서 한 마디라도 들으려고 쫓아다녔지만, 그녀는 아무 말도 하지 않았다. 나중에 한 기자가 도전적으로 보이는 그녀의 사진을 찍은 뒤, "몰리 버크하트의 독점 사진"[34]으로 전 세계에 전송했다.

헤일과 램지가 법정 안으로 호송되어 들어왔다. 램지는 무심해 보였지만, 헤일은 자신감 넘치는 표정으로 아내와 딸과 지지자들을 바라보았다. "헤일은 자석처럼 사람을 끌어들인다."[35] 〈털사 트리뷴〉의 기자는 이렇게 썼다. "휴식시간마다 그의 친구들이 곁으로 몰려

들고, 사람들이 큰 소리로 쾌활하게 인사를 건넨다." 감옥에서 헤일은 시 한 편을 기억나는 대로 적어두었다.

> 섣불리 판단하지 말라! 유죄의 구름이 그대 형제의 명성을 흐릴 수도 있으니,
> 운명이 누구보다 밝은 이름에 의심의 그늘을 드리운 탓이다.[36]

화이트는 검사 측 탁자에 앉았다. 곧 헤일의 변호사들 중 한 명이 말했다. "재판장님, 오클라호마시티의 연방수사국 지국장인 T. B. 화이트가 무기를 소지했는지 수색하고, 이 법정에서 내보낼 것을 요청합니다."[37]

헤일의 지지자들이 야유를 퍼부으며 발을 굴러댔다. 화이트는 일어서서 옷자락을 벌려 무장하지 않았음을 보여주었다. "재판장께서 나가라고 지시하신다면, 나가겠습니다." 그가 말했다. 판사는 그럴 필요 없다고 말했다. 화이트가 다시 자리에 앉자, 사람들이 조용해졌다. 예비심문은 무난하게 진행되었으나, 오후에 한 남자가 법정으로 들어오면서 분위기가 바뀌었다. 몇 주 동안 오세이지 카운티에서 모습을 볼 수 없던 어니스트 버크하트였다. 몰리는 남편이 불안정한 걸음으로 증인석까지 긴 통로를 걸어가는 모습을 지켜보았다. 헤일은 조카를 이글거리는 눈으로 노려보았다. 헤일의 변호사 한 명은 그를 "일족의 배신자"[38]라고 비난했다. 조금 전 버크하트는 검사에게 자신이 증언한다면 "그들이 날 죽일 것"이라고 속내를 털어놓았다. 버크하트가 증인석에 앉자, 그가 그 자리에 다다를

때까지 간신히 유지하고 있던 힘이 점점 사라지고 있음을 모두 분명히 알 수 있었다.

헤일의 변호사 한 명이 일어나서, 버크하트와 단 둘이 협의하게 해달라고 요구했다. "이 사람은 제 의뢰인입니다!"[39] 변호사가 말했다. 판사는 버크하트에게 저 사람이 정말로 당신의 변호사냐고 물었고, 버크하트는 헤일을 곁눈질하면서 대답했다. "저 사람은 제 변호사가 아닙니다. (…) 하지만 저 사람과 이야기하겠습니다."[40]

화이트와 검사들은 버크하트가 증인석에서 내려와 헤일의 변호사들과 함께 판사실로 들어가는 광경을 지켜보며 경악했다. 5분이 흐르고, 10분이 흐르고, 20분이 흘렀다. 마침내 판사가 법정 경비원들에게 그들을 데리고 나오라고 지시했다. 헤일의 변호사인 프릴링이 판사실에서 나와 이렇게 말했다. "재판장님, 버크하트 씨가 내일까지 피고 측과 협의할 수 있도록 허락해주시기를 청하고 싶습니다." 판사는 이 요청을 수락했다. 그리고 한순간 헤일이 법정에서 버크하트를 붙들고 이야기하고 있었다. 화이트의 눈앞에서 음모가 펼쳐지는 중이었다. 오세이지 부족위원회가 고용한 변호사 리는 이 모든 것이 "지금까지 본 변호사들의 행동 중 이례적이고 가장 고압적"[41]이라고 생각했다. 버크하트가 법정을 떠날 때 화이트는 그와 눈을 마주치려고 애썼지만, 헤일의 지지자들이 버크하트를 감싸서 데리고 나가버렸다.

❧❦

 다음 날 아침 법정에서 검사 한 명의 발표가 있었다. 화이트를 비롯해서 웅성거리는 방청객들 모두가 미리 짐작하던 내용 그대로였다. 어니스트 버크하트가 검사 측 증인으로 나서기를 거부했다는 것. 화이트는 후버에게 보낸 메모에서, 버크하트의 "신경이 더 이상 견디지 못했습니다. 헤일을 만나 다시 한 번 그의 지배를 받게 되자 그가 증언에 나서줄 것이라는 희망이 사라졌습니다"[42]라고 썼다. 버크하트는 검사 측이 아니라 피고인 측의 증인으로 증언대에 섰다. 헤일의 변호사 한 명이 론이나 다른 오세이지족 인디언의 살인사건에 대해 헤일과 이야기한 적이 있느냐고 물었다.
 "그런 적 없습니다."[43] 버크하트가 중얼거리듯이 대답했다.
 헤일이 그에게 론을 죽일 사람을 고용하라고 요구한 적이 있느냐고 변호사가 묻자 버크하트는 또 대답했다. "그런 적 없습니다."
 버크하트는 조용하고 단조로운 목소리로 자신의 진술을 하나씩, 하나씩 철회했다. 검사들은 어떻게든 재판을 살려보기 위해 버크하트를 스미스의 집 폭파사건의 공범으로 지목해서 별도로 기소했다. 버크하트가 일찍 유죄판결을 받는다면 헤일과 램지의 혐의도 굳어질지 모른다는 희망을 안고, 검사들은 버크하트의 재판날짜를 먼저 잡았다. 하지만 헤일의 죄를 입증하는 가장 중요한 두 가지 증거, 즉 버크하트와 램지의 자백이 이미 무너진 뒤였다. 화이트는 법정에서 "헤일과 램지가 의기양양하게 웃으며 우리를 바라보았다"고 말했다. "왕의 귀환이었다."[44]

버크하트의 재판이 5월 말에 시작되자 화이트는 자신의 위기가 한층 더 깊어졌음을 깨달았다. 헤일이 증언대에 서서, 화이트와 스미스 등 수사팀이 심문 중에 자신에게서 억지로 자백을 얻어내려고 잔혹하게 굴었다고 증언했기 때문이었다. 헤일은 수사팀이 사람들의 입을 여는 여러 방법을 알고 있다고 자신에게 말했다고 증언했다. "저는 뒤를 돌아보았습니다. 뒤에서 권총의 공이치기 소리가 들렸기 때문입니다. 바로 그 순간, 스미스가 맞은편에서 확 달려들어 제 한쪽 어깨를 붙잡고 얼굴에 커다란 권총을 들이댔습니다."[45]

헤일은 스미스가 뇌가 곤죽이 될 때까지 패주겠다고 협박했다고 말했다. 화이트가 자신에게 했다는 말도 증언했다. "당신을 전기의자에 앉혀야겠군." 이 말이 끝난 뒤 요원들이 그를 특수한 의자에 밀어서 앉히고, 몸에 전선을 연결하고, 머리에 검은 두건을 씌우고, 얼굴에는 포수의 마스크 같은 도구를 씌웠다는 것이 그의 주장이었다. "그들은 계속 제가 벌을 받아야 마땅하다면서, 전기충격 이야기를 하더니 정말로 전기충격을 주었습니다." 헤일이 말했다.

버크하트와 램지도 비슷한 대접을 받았다고 증언했다. 순전히 그 때문에 자백했다는 것이었다. 헤일은 증언대에서 손짓을 크게 하면서, 전기충격으로 몸이 펄쩍 뛰던 순간을 극적으로 묘사했다. 그는 또한 요원 한 명이 허공에 코를 대고 킁킁 냄새를 맡으면서 이렇게 소리쳤다고 말했다. "사람 살이 타는 냄새가 나지 않아?"

6월 초의 어느 날 오전에 후버는 워싱턴에 있었다. 그는 아침식사로 수란을 얹은 토스트를 좋아했다. 한 친척은 후버가 "음식에 대해 상당히 폭군 같다"[46]고 표현하기도 했다. 달걀노른자가 조금이라도 새어나와 있으면, 수란을 곧바로 주방에 돌려보낸다는 것이었다. 하지만 그날 아침 그의 심기를 거스른 것은 음식이 아니었다. 〈워싱턴 포스트〉를 집어든 그는 접힌 부분 위에서 다음과 같은 헤드라인을 발견하고 아연해졌다.

> 법무부 요원들이
> 심문에서 전기충격을 사용했다고 (…)
> 억지로 살인혐의를 시인하게 만들려는 시도였다고 증언 (…)
> 요원들이 코를 쿵쿵거리며 "살 타는 냄새"라고 말했다고.[47]

후버는 법을 특별히 정밀하게 지켜야 한다고 생각하는 사람은 아니었지만, 어쨌든 화이트가 그런 방법을 쓸 수 있는 사람이라고는 생각할 수 없었다. 후버가 걱정한 것은 스캔들, 아니 그가 즐겨 쓰는 표현을 빌리자면 "난처한 일"이었다. 그는 화이트에게 설명을 요구하는 전신을 급히 보냈다. 화이트는 그 "우스꽝스러운"[48] 주장에 무게를 부여하고 싶지 않았지만, 곧바로 보낸 답장에서 피고들의 주장은 "처음부터 끝까지 조작된 것입니다. 고문은 결코 사용된 적이 없습니다. 저는 평생 그런 방법을 사용한 적이 없습니다"[49]라고 주장했다.

화이트의 수사팀은 피고들의 주장을 반박하기 위해 증언대에 섰다. 하지만 오클라호마주의 연방 상원의원이자 부유한 석유 사업가이며 후견인 제도를 지지하던 윌리엄 B. 파인이 화이트의 수사팀을 수사국에서 해고해야 한다고 정부에 로비를 하기 시작했다.

어니스트 버크하트의 재판에서는 더 이상 차분한 분위기가 유지될 수 없었다. 변호인이 검찰이 협잡을 저질렀다고 주장하면, 검사가 소리를 질렀다. "그 말을 한 사람한테 마당에서 나랑 만나자고 하세요."[50] 결국 변호인과 검사를 따로 떼어놓아야 했다.

검찰 측의 주장에 문제가 생겼으므로, 검사들은 결국 밀주업자이자 수사국의 예전 정보원인 켈시 모리슨을 증인으로 불렀다. 그들은 켈시가 배심원들의 마음을 검찰 쪽에 유리한 방향으로 흔들어놓을 수 있을 것이라고 믿었다. 화이트의 수사팀은 모리슨이 이중첩자였음을 알아낸 뒤, 그에게 직접 캐물은 적이 있었다. 모리슨을 이끄는 힘은 단 하나, 자신의 이득밖에 없는 것 같았다. 그는 헤일이 미국 정부보다 더 강한 것 같다는 생각에 그를 위한 이중첩자가 되었다. 그러다 요원들에게 잡힌 뒤에는, 자신의 운명이 정부의 손에 달렸음을 깨닫고 손바닥 뒤집듯이 마음을 바꿔, 헤일의 음모에서 자신이 담당한 역할을 인정했다.

법정 밖에 천둥을 동반한 비가 내리는 가운데, 모리슨은 헤일이 몰리의 가족들을 모두 제거하려는 계획을 세웠다고 증언했다. 헤일이 "어니스트가 모든 걸 가질 수 있게" "그 망할 떼거지"[51]를 없애버리고 싶다고 모리슨에게 말했다는 것이다.

애나 브라운.

애나 브라운에 대해서는, 헤일이 "그 인디언 여자를 없애버리라"[52]면서 모리슨을 끌어들여 무기를 마련해주었다고 말했다. 무기는 38구경 자동권총이었다. 브라이언 버크하트가 그의 공범 역할을 했다. 애나를 완전히 취하게 만든 뒤, 그들은 차를 몰고 스리마일 개울로 갔다. 당시 모리슨의 아내였던 콜도 함께 있었다. 모리슨은 아내에게 차 안에 있으라고 말하고는, 브라이언과 함께 애나를 붙잡았다. 그녀는 너무 취해서 제대로 걷지도 못했다고 모리슨은 회상했다. 그래서 두 남자가 그녀를 들고 협곡으로 내려가야 했다.

마침내 브라이언이 개울가 바위 위에 애나를 앉혔다. "브라이언이 애나를 일으켜 앉혔습니다." 모리슨이 말했다. 변호사가 물었다. "몸을 잡아당겨 앉혔다고요?"

"네."

법정 안은 고요했다. 몰리 버크하트는 가만히 앉아서 귀를 기울였다.

변호사의 질문이 이어졌다. "애나의 머리에 총을 쏘면서 브라이언에게 그녀를 특정한 자세로 잡고 있으라고 당신이 말했습니까?"

"그렇습니다."

"당신은 협곡 아래에 서서 브라이언에게 술에 취해 움직이지 못하는 인디언 여자를 붙잡고 있으라고 지시하면서, 그녀의 머리에 총을 쏠 준비를 했다고요?"

"그렇습니다."

"그러면 브라이언이 애나를 당신이 원하는 자세로 고정시킨 뒤, 당신이 38구경 자동권총을 쐈습니까?"

"그렇습니다."

"총을 쏜 뒤에 애나의 몸을 움직였나요?"

"아닙니다."

"총을 쏜 뒤에 어떤 일이 있었죠?"

"손을 놓았더니 애나가 다시 쓰러졌습니다."

"그냥 쓰러졌다고요?"

"그렇습니다."

"애나가 소리를 질렀습니까?"

"아닙니다."

"당신은 가만히 서서 애나가 죽는 모습을 지켜보았습니까?"

"아닙니다."

"그 총으로 애나의 머리를 쏘아 죽인 것으로 만족했습니까?"

"그렇습니다."

그 일이 끝난 뒤 무엇을 했느냐는 질문에 그는 이렇게 대답했다. "집에 가서 저녁을 먹었습니다."[53]

이제 모리슨의 전처가 된 콜은 모리슨이 "밟아 죽이겠다"고 위협했기 때문에 사건 직후에 증인으로 나서지 못했다고 말하면서, 모리슨의 증언을 뒷받침했다. 그녀는 이렇게 말했다. "저는 차 안에 25분이나 30분쯤 혼자 있었습니다. 그 뒤에 두 사람이 돌아왔어요. 애나 브라운은 없었습니다. 그리고 그 뒤로도 애나가 살아 있는 모습을 보지 못했습니다."[54]

ഗ∞ര

재판이 한창이던 6월 3일에 몰리에게 다른 일이 생겼다. 어니스트와의 사이에서 낳은 작은 딸 애나가 몰리의 병이 심해진 뒤 친척 집에 맡겨져 있었는데 죽었다는 연락이 온 것이다. 애나의 나이는 네 살이었다. 작은 애나라고 불리던 아이는 최근 몸이 좋지 않았기 때문에 의사들은 그녀의 죽음을 질병 탓으로 돌렸다. 범죄의 증거가 전혀 없는 것 같았다. 하지만 하느님이 데려가신 줄로만 알았던 모든 오세이지족의 죽음이 이제는 의심스러웠다.

몰리는 장례식에 참석했다. 그녀가 아이를 친척집에 맡긴 것은 안전을 위해서였다. 그런데 그 어린 애나가 작고 평범한 상자에 담겨 무덤 속으로 사라지고 있었다. 망자를 위한 옛 기도를 아는 오세이지족이 점점 줄어들고 있었다. 이제 매일 동틀 무렵 누가 그녀를 위해 기도를 읊어줄까?

장례식을 마친 뒤 몰리는 곧바로 법정으로 향했다. 그 차가운 석조건물이 그녀의 슬픔과 절망에 대한 비밀을 쥐고 있는 것 같았다. 그녀는 방청석에 혼자 앉아서, 아무 말 없이 귀를 기울였다.

∞∞

딸이 세상을 떠나고 며칠 뒤인 6월 7일, 어니스트 버크하트가 법정에서 카운티 감옥으로 호송되던 중에 남들의 눈을 피해 부보안관에게 몰래 쪽지를 찔러넣었다. "지금은 보지 마세요."[55] 그가 속삭였다.

나중에 쪽지를 펼쳐보니, 검사 측 변호사인 존 리 앞으로 된 것이었다. 내용은 간단했다. "오늘 밤 카운티 감옥에서 만납시다. 어니스트 버크하트."

부보안관에게서 쪽지를 전달받은 리가 감옥에 갔을 때, 버크하트는 감방 안을 서성거리고 있었다. 눈 아래에 깊은 그늘이 져서, 며칠 동안 잠을 자지 못한 사람 같았다. "이제 거짓말은 지쳤습니다."[56] 버크하트가 말했다. 그의 입에서 말이 마구 쏟아져 나왔다. "이 재판을 더 이상 계속하고 싶지 않아요."

"나는 검사 측 사람이라서 당신한테 조언할 위치가 못 돼요." 리가 말했다. "당신 변호사들에게 이야기해보지 그럽니까?"

"그 사람들한테는 말할 수 없어요." 버크하트가 말했다.

리는 버크하트를 바라보았다. 그가 이제부터 하겠다는 자백이 또 다른 속임수가 아닌지 판단할 수 없었다. 하지만 버크하트는 진지한 표정이었다. 딸의 죽음, 매일 재판에 나타나는 아내의 얼굴, 자신에게 불리한 증거가 계속 쌓이고 있다는 깨달음, 이 모든 것을 견디기가 힘들었다. "난 정말 어떻게 해야 좋을지 모르겠습니다." 버크하트가 말했다. 그리고 자신이 아는 변호사인 플린트 모스에게 만나고 싶다는 말을 전해달라고 리에게 간청했다.

리는 부탁을 받아들였다. 그리고 6월 9일에 버크하트가 법정에 다시 들어섰다. 모스와 이야기를 나눈 뒤였다. 이번에는 버크하트가 헤일의 변호사들이 앉아 있는 피고인석에 앉지 않고, 판사에게 걸어가 뭐라고 작게 속삭였다. 그러고는 뒤로 물러나서 크게 숨을 들이쉬며 말했다. "제 변호사들을 해임하고 싶습니다. 이제부터 모스 씨가 저를 변호할 겁니다."[57]

피고인석에서 항의가 나왔지만, 판사는 버크하트의 요청을 받아들였다. 모스가 어니스트와 나란히 서서 선언했다. "버크하트 씨는 무죄 주장을 철회하고, 유죄를 인정하고자 합니다."

놀란 숨소리가 법정을 가득 채웠다. "당신이 자의로 원하는 일입니까, 버크하트 씨?" 판사가 물었다.

"그렇습니다."

"주정부나 연방정부의 관리들이 당신에게 유죄를 인정한다면 기소를 면제해주거나 자비를 베풀어주겠다고 제의한 적이 있습니까?"

"없습니다."

그는 법정의 자비에 자신을 맡기기로 하고, 이미 모스에게 이렇게 밝힌 뒤였다. "이 모든 게 아주 지긋지긋합니다. (…) 내가 저지른 일을 그대로 인정하고 싶어요."[58]

버크하트는 진술서를 읽었다. 그는 우선 자신이 헤일의 메시지를 램지에게 전달했는데, 그 내용은 스미스의 집을 폭파할 때가 되었음을 커비에게 알리라는 것이었다고 인정했다. "제가 그 일을 한 것은 삼촌인 헤일이 그렇게 하라고 시켰기 때문이라는 생각이 듭니다."[59] 그가 말했다. "제가 한 일을 많은 사람들에게 사실대로 말했습니다. 제가 보기에, 이 재판을 중단하고 진실을 인정하는 것이 정직하고 명예로운 일인 것 같습니다."

판사는 피고인의 유죄 인정을 받아들이기 전에 한 가지 질문할 것이 있다고 말했다. 연방요원들이 버크하트에게 총을 들이대거나 전기충격을 들먹이면서 진술서에 억지로 서명하게 만들었는가? 버크하트는 수사국 요원들이 자신을 늦게까지 잠재우지 않은 것만 빼면, 대우에 아무런 문제가 없었다고 말했다(나중에 버크하트는 헤일의 변호사들 중 일부가 자신에게 증언대에서 거짓말을 하라고 다그쳤다고 말했다).

판사가 말했다. "그렇다면 피고의 유죄 인정을 받아들이겠습니다."[60]

법정에 폭탄이 떨어진 것 같았다. 〈뉴욕타임스〉는 1면에 다음과 같은 헤드라인을 실었다. "버크하트 오클라호마 살인사건 범행 인정: 스미스 폭파사건의 범인을 자신이 고용했다고 자백 (…) 삼촌이 음모를 주동했다고."[61]

화이트는 후버에게 연락했다. 버크하트가 "몹시 동요해서 눈물

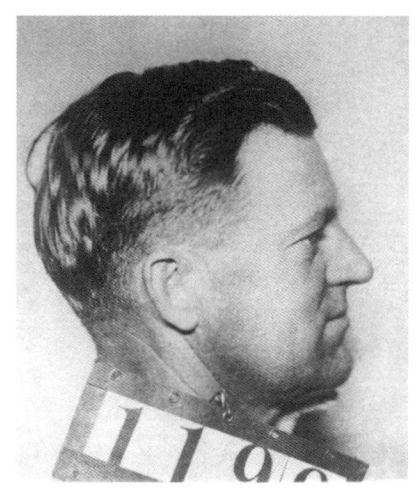
어니스트 버크하트의 머그샷.

을 글썽거리며 자신이 지금까지 거짓말을 했고, 이제부터 진실을 말할 것이라고 제게 말했습니다. (…) 미국의 어느 법정에서든 같은 내용의 증언을 할 것입니다."[62]

버크하트의 진술 이후, 화이트의 수사팀을 쫓아내라는 목소리가 사라졌다. 오클라호마주 법무장관은 이렇게 말했다. "이 수사팀의 공을 아무리 치하해도 부족하다."[63]

하지만 이제 사건의 극히 일부만 종결되었을 뿐이었다. 화이트를 비롯한 수사당국은 브라이언 버크하트와 램지 등 다른 일당에 대해서도 유죄판결을 얻어내야 했다. 게다가 헤일을 무너뜨리는 일에 대해서는 조금도 장담할 수 없었다. 화이트는 어니스트 재판에서 실행된 술수들을 목격한 뒤, 헤일의 유죄판결을 얻어낼 수 있을지 자신감이 엷어졌다. 하지만 마음이 든든해지는 소식이 적어도 하나는 있었다. 론이 살해된 장소가 인디언 땅에 속한다는 미국 대법원의 판결이 나왔다는 소식이었다. "그렇게 해서 우리는 다시 연방지방법원으로 돌아가게 되었다."[64] 화이트는 이렇게 적었다.

1926년 6월 21일에 버크하트는 종신형과 노역을 선고받았다. 그런데도 그의 주위에 있던 사람들은 그의 얼굴에서 안도감을 읽었다. 한 검사는 그가 "고통스러운 영혼에서 무서운 비밀을 덜어내고 이제 참회와 용서를 구하려 하고 있으므로 마음이 편안해진"[65] 것 같았다고 말했다. 수갑을 찬 채 주립교도소로 호송되기 전에 버크하트는 고개를 돌려 몰리를 향해 힘없는 미소를 지었다. 하지만 그녀는 여전히 무표정했다. 어쩌면 차가운 것 같기도 했다.

20

맹세코!

1926년 7월의 마지막 주, 여름 더위로 기온이 지옥 불만큼 치솟고 있을 때, 헨리 론을 살해한 램지와 헤일의 재판이 거스리의 빨간 벽돌 법원에서 시작되었다. "무대가 마련되었다. 오세이지의 커다란 비극의 막이 서서히 오르고 있다. 두 구식 카우보이에 대한, 오랫동안 미뤄졌던 연방재판이다."[1] 〈털사 트리뷴〉은 이렇게 보도했다. "어니스트 버크하트의 재판은 그가 스미스 살해 음모에 헤일이 관련되어 있다고 자백하면서 신파극처럼 화려하게 끝났지만, 그래도 오늘 시작되는 삶과 죽음의 비극에 비하면 프롤로그에 불과했다."

헤일에게 불리한 증언을 하게 될 무법자들을 탈옥시키려는 시도가 있은 뒤, 화이트는 구치소에 추가로 경비원을 배치했다. 블래키 톰슨과 다른 층에 수감되어 있던 헤일은 난방 파이프가 지나가는 천장의 구멍을 통해 블래키에게 쪽지를 전달했다. 블래키는 헤일이 자신에게 "내게 불리한 증언을 하지 않는"² 조건이 무엇이냐고 물었다고 요원들 앞에서 시인했다. 블래키는 또한 "그에게 날 여기서 꺼내주면 불리한 증언을 하지 않겠다는 쪽지를 썼다"고 말을 덧붙였다. 헤일은 블래키에게 한 가지만 더 해주면 탈옥할 수 있게 해주겠다고 약속하는 답장을 보냈다. 그가 블래키에게 추가로 요구한 것은, 어니스트 버크하트가 증언하기 전에 그를 납치해서 사라지게 만들라는 것이었다. "그는 나더러 어니스트 버크하트를 올드 멕시코로 데려가라고 했다." 블래키는 이렇게 말하고 나서, 헤일은 "이 나라에서 버크하트를 죽여서 시체가 발견되는 것"을 원치 않았다고 말을 덧붙였다.

헤일과 램지에게 불리한 증거가 아주 많았기 때문에 화이트는 증인과 배심원에게 뇌물이 통하는지 여부가 판결을 크게 좌우할 것이라고 보았다. 어니스트 버크하트의 재판에서는 헤일이 첫 번째 배심원 후보들을 매수하려고 시도한 증거가 드러나면서 후보들이 모두 탈락했다. 이번 재판에서는 배심원이 선정되기 전에 검사들이 후보들을 조사해서 혹시 누가 그들에게 접근하지 않았는지 확인했다. 그렇게 선정된 배심원 열두 명에게 재판관은 "맹세코!" 법과 증거에 따라 진실된 평결을 내리겠다고 서약할 것을 요구했다.

판사와 검사와 변호인이 배심원들에게 한 번도 묻지 않았지만 재판 진행에 핵심적인 역할을 할 질문이 하나 있었다. 백인 남성 열두 명으로 구성된 배심원단이 미국 인디언을 죽인 백인 남성에게 벌을 줄 것인가? 한 기자는 회의적인 태도를 보였다. "개척지의 목부들이 순혈 인디언을 대하는 태도는 (…) 상당히 잘 알려져 있다."³ 오

연방보안관 두 명과 함께 선 헤일(왼쪽에서 두 번째)과 램지(왼쪽에서 세 번째).

세이지 부족의 한 유력인사는 이보다 노골적이었다. "내가 보기에는 이 배심원단이 이번 사건을 살인사건으로 생각하는지 아닌지가 문제다. 그들은 백인이 오세이지족 인디언을 죽인 사건이 살인인지, 아니면 단순히 동물학대 행위인지 판단해야 할 것이다."[4]

7월 29일에 증언의 무대가 마련되자 수많은 사람이 방청석에 자리를 확보하려고 일찌감치 법원으로 나왔다. 바깥 기온은 32도였고, 법정 안에서도 숨을 쉬기가 힘들었다. 검찰 측에 합류한 변호사 존 리가 일어나서 모두진술을 했다. "배심원 여러분, 윌리엄 K. 헤일은 헨리 론의 살해를 교사하고 도운 혐의로 기소되었고, 존 램지는 살해 혐의로 기소되었습니다."[5] 리는 이 보험금 살인사건에서 이미 밝혀진 사실들을 사무적인 말투로 간략히 설명했다. 한 방청객은 "법정 싸움의 베테랑인 그는 법정에서 감정을 폭발시키거나 과장하지 않았으나, 오히려 조용하고 과묵한 태도가 그의 의도를 더욱 강렬히 강조해주었다"[6]고 지적했다. 헤일은 그 모습을 지켜보며 아주 흐릿한 미소를 지었지만, 램지는 의자에 등을 기대고 앉아 부채질을 하면서 이쑤시개를 씹어댔다.

　7월 30일에 검찰 측은 어니스트 버크하트를 증인으로 소환했다. 버크하트가 또 도망쳐서 삼촌 품으로 돌아갈 것이라고 추측하는 사람들이 있었으나, 이번에는 검사의 질문에 그가 솔직하게 대답했다. 버크하트는 언젠가 헤일과 헨리 그래머가 론을 제거하는 방법을 의논하던 것이 기억난다고 말했다. 그들이 처음에 짠 계획은 램지가 론을 쏘는 것이 아니었다. 헤일은 자신이 즐겨 쓰는 다른 방법, 즉 밀주에 독을 타서 먹이는 방법을 사용하려고 했다. 버크하트의 증언은 오세이지족 인디언들이 이미 오래전부터 알고 있던 사실, 즉 부족원들이 독을 탄 술을 이용한 조직적인 살해계획에 희생당하고 있다는 사실을 비로소 백일하에 드러냈다. 버크하트는 헤일이 결국 총으로 론을 죽이기로 마음을 정했다고 말했다. 하지만 헤일은 램지가 자신의 지시대로 앞에서 론의 머리에 총을 쏘지 않았고 현장에 총도 그냥 두고 왔음을 나중에 알고 노발대발했다. "헤일은 자신이 시킨 대로 존 램지가 그 일을 해냈다면, 모두들 론이 자살한 것으로만 알았을 것이라고 내게 말했습니다."[7] 버크하트가 말했다.

　8월 7일에는 검찰 측이 잠시 휴식을 취했다. 그리고 곧 피고 측이 헤일을 증언대에 올렸다. 그는 배심원들을 향해 고집스럽게 말했다. "저는 론을 살해하는 계획을 짠 적이 없습니다. 그의 죽음을 바란 적도 없습니다."[8] 헤일은 증인으로서 강렬한 인상을 남겼지만, 화이트는 검찰 측이 혐의를 충분히 입증했다고 자신했다. 버크하트 외에 화이트도 램지의 자백에 대해 증언했으며, 헤일이 보험에 가입하기 위해 거짓말을 동원했다고 증언한 증인도 여럿 있었다. 로이 세인트루이스 검사는 헤일을 가리켜 "무자비한 죽음의 약탈자"[9]라고 표현했다. 또 다른 검사는 이렇게 말했다. "지구상에서 가장 부유한 인디언 부족이 백인 남자들의 불법적인 사냥감이 되었습니다. 인디언들이 사라지고 있습니다. 이 재판에는 위대한 원칙이 걸려 있습니다. 미국 국민들도 언론을 통해 이 재판을 지켜보고 있습니다. 이제 배심원 여러분이 맡은 바 역할을 할 때입니다."[10]

8월 20일 금요일에 배심원들이 협의를 시작했다. 시간이 계속 흘렀다. 다음 날에도 교착상태는 풀리지 않았다. 〈털사 트리뷴〉은 검찰 측의 증거가 강력하지만, 거스리 인근에서는 "배심원단이 의견 불일치로 평결을 내리지 못할 가능성을 5대 1"[11]로 보고 있다고 보도했다. 배심원들은 닷새 만에 양측을 법정으로 불러들였다. 재판장이 배심원들에게 물었다. "평결에 합의할 가능성이 있습니까?"[12]

배심장이 일어서서 말했다. "없습니다."

재판장은 검찰 측에게 할 말이 있느냐고 물었다. 세인트루이스가 벌게진 얼굴로 일어나 떨리는 목소리로 말했다. "배심원 여러분 중에는 좋은 사람도 있고 그렇지 않은 사람도 있습니다." 그는 배심원들 중 적어도 한 명이 매수당했다는 정보를 입수했다고 말을 이었다.

재판장은 잠시 생각해본 뒤, 배심원단의 해산을 명하고 재판을

법원을 나서는 헤일.

다시 열겠다고 말했다.

화이트는 기가 막혔다. 수사국이 3년 넘게 매달리고, 그가 1년 넘게 노력한 사건이 막다른 길에 가로막혀 있었다. 브라이언 버크하트가 애나 브라운을 살해한 혐의로 기소된 재판에서도 배심원들은 의견불일치로 평결을 내리지 못했다. 미국 인디언을 살해한 백인 남자에게 유죄평결을 내릴 백인 남자 열두 명을 구하는 것은 불가능한 일 같았다. 오세이지족은 분노했다. 심지어 범인들에게 직접 벌을 내리자는 이야기도 오갔다. 화이트는 요원들을 보내 헤일을 보호해야 하는 처지가 되었다. 정당한 법의 처벌이 그에게 내려지기를 그토록 절박하게 바라면서도 어쩔 수 없었다.

한편 검찰 측은 론을 살해한 혐의로 기소된 헤일과 램지의 두 번째 재판을 준비하기 시작했다. 이 준비의 일환으로 법무부는 화이트에게 첫 번째 재판 때 부정행위가 있었는지 조사해줄 것을 요청했다. 화이트는 뇌물과 위증 등 정당한 사법절차를 방해하려는 음모가 있었음을 금방 밝혀냈다. 한 증인은 피고 측 변호인인 짐 스프링어가 자신에게 증언대에서 거짓말을 하는 대가로 돈을 지불하겠다는 제의를 했다고 말했다. 그가 제의를 거절하자, 스프링어는 주머니 속에 손을 넣은 채로 아마도 총인 듯 싶은 물체로 증인을 겨누고는 이렇게 말했다. "죽여버리겠어."[13] 10월 초에 대배심은 스프링어와 여러 증인들을 기소하라고 권고했다. 그들이 사법절차를 방해하기 위해 극악한 시도를 했다고 본 것이다. 대배심은 성명서를 발표했다. "그러한 행동을 허용해서는 안 된다. 우리 법원이 조롱거리가 되고, 정의가 패배할 우려가 있다."[14] 여러 증인들이 유죄판결을 받았지만, 검사들은 스프링어를 기소하지 않기로 했다. 그가 자신의 재판이 끝날 때까지 헤일과 램지의 두 번째 재판을 연기하려고 할 것이라고 보았기 때문이다.

10월 말에 두 번째 재판이 시작되기 전에, 법무부 관리가 세인트루이스 검사에게 "피고 측의 주장은 모두 거짓투성이입니다. 사실을 파헤치는 것은 우리 몫입니다"[15]라고 조언했다. 그는 또한 "저들이 배심원에게 손을 쓰는 데 성공한다면, 그것에 대해 책임질 사람은 우리뿐입니다"라는 말도 덧붙였다. 화이트의 수사팀은 배심원들을 지키는 임무를 맡았다.

검찰 측은 첫 번째 재판 때와 기본적으로 똑같은 주장을 펼쳤다. 다만 주장을 좀 더 간결하게 다듬었을 뿐이었다. 헤일의 변호인인 프릴링은 몰리를 잠시 증인으로 소환해서 법정 안의 사람들을 깜짝 놀라게 했다.

"이름을 말씀해주시겠습니까?" 프릴링이 몰리에게 물었다.

"몰리 버크하트입니다."

"어니스트 버크하트의 아내입니까?"

"그렇습니다."[16]

프릴링은 곧 이어 몰리가 어니스트에게 오랫동안 숨겨온 비밀을 폭로했다. 헨리 론과 결혼했던 적이 있느냐고 물은 것이다.

"그렇습니다." 몰리가 대답했다.

검찰 측은 중요하지 않은 질문이라고 이의를 제기했고, 판사도 동의했다. 사실 그 질문에는 몰리를 더욱 고통스럽게 만들겠다는 의도 외에 다른 의미가 없는 것 같았다. 몰리는 사진을 통해 론을 확인해준 뒤 증언대에서 내려와 방청석으로 돌아갔다.

어니스트 버크하트가 증언대에 앉자, 검찰 측의 리가 그와 몰리의 결혼에 대해 물었다. "당신의 아내는 오세이지족 인디언입니까?"[17]

"그렇습니다." 어니스트가 대답했다.

이보다 앞서 직업이 무엇이냐는 질문에 그는 이렇게 대답했다. "저는 일하지 않습니다. 오세이지족 여성과 결혼했습니다."[18]

헤일의 변호사 한 명이 어니스트에게 아내의 여동생 집을 폭파해서 그녀를 살해한 혐의를 인정하느냐고 물었다.

"맞습니다." 그가 말했다.

헤일의 변호사는 살인사건의 책임을 어니스트에게 돌리기 위해, 살해당한 몰리의 가족들 이름을 한 명씩 차례로 말했다. "당신과 당신 아내가 낳은 두 아이 외에, 당신 아내에게 살아 있는 가족이 있습니까?"

"없습니다."

모두들 숨을 죽인 가운데 몰리는 계속 지켜보았다. 이제는 그녀의 시선을 피할 도리가 없었다. 겨우 여드레 동안 증언을 들은 뒤, 양측 모두 휴식을 취했다. 검사 한 명이 최종논고에서 다음과 같이 말했다. "이제 여러분이 법과 질서와 품위를 지켜 왕의 왕관을 벗겨낼 때가 왔습니다. 여러분은 용기 있고 품위 있는 사람으로서, 저들을 교수형에 처한다는 평결을 내려야 할 것입니다."[19] 재판관은 배심원들에게 양측에 대한 동정이나 편견을 반드시 잊어버려야 한다고 권고했다. "이 지구상의 모든 나라는 어떤 지점에 도달했을 때 멸망했습니다. (…) 시민들이 '법정에서 정의가 실현되지 않는다'고 말할 때가 바로 그 지점입니다."[20] 재판관이 배심원들에게 경고했다. 10월 28일 저녁부터 배심원들은 협의에 들어갔다. 다음 날 아침이 되자 배심원들이 벌써 결정을 내렸다는 소문이 퍼졌고, 친숙한 얼굴들이 법정을 채웠다.

재판관이 배심장에게 평결이 내려졌느냐고 물었다. "그렇습니다." 배심장은 이렇게 대답하고 나서 종이 한 장을 재판관에게 건넸다. 재판관은 잠시 그것을 본 뒤 서기에게 넘겼다. 법정 안이 어찌나 조용한지 벽시계가 똑딱거리는 소리가 들릴 정도였다. 나중에 한 기자는 이렇게 말했다. "헤일의 얼굴에는 조심스러운 열망이 드러났고, 램지의 얼굴은 가면 같았다."[21] 서기는 고요한 방청석 앞에 서서 배심원들이 존 램지와 윌리엄 K. 헤일의 일급살인 혐의에 대해 유죄평결을 내렸다는 종이의 내용을 소리 내어 읽었다.

헤일과 램지는 충격을 받은 표정이었다. 재판관이 두 사람에게 말했다. "배심원들이 오세이지족 인디언의 살해혐의에 대해 유죄평결을 내렸습니다, 헤일 씨, 램지 씨. 따라서 선고를 내리는 것이 나의 의무입니다. 법에 따라 배심원들은 유죄를 인정했고, 일급살인의 경우 사형이 선고될 수 있습니다. 그러나 본 배심원들은 종신형으로 형량을 제한했습니다."[22] 배심원들은 미국 인디언을 죽인 두 남자를 기꺼이 처벌할 생각이었지만, 교수형까지는 내키지 않는 모양이었다. 재판관은 헤일과 램지에게 말했다. "앞으로 나와서 서세요." 헤일은 재빨리 일어섰고, 램지는 머뭇거렸다. 재판관은 두 사람에게 "자연스러운 수명이 다할 때까지" 징역을 선고한다고 말했다. 그러고는 질문을 던졌다. "하고 싶은 말이 있습니까, 헤일 씨?"

헤일은 텅 빈 눈으로 똑바로 앞만 바라보았다. "없습니다."

"램지 씨는 있습니까?"

램지는 고개만 저었다.

기자들이 기사를 제출하기 위해 법정 밖으로 달려나갔다. 〈뉴욕타임스〉는 "오세이지 힐스의 왕, 살인으로 유죄"[23]라는 제목을 달았다. 리 변호사는 "이 나라에 법과 정의가 살아 있음을 보여준 가장 위대한 사례 중 하나"[24]라고 재판결과를 환영했다. 몰리도 평결을 환영했지만, 아무리 성공적으로 수사가 이루어지고 사법절차가 잘 진행되더라도 결코 되돌릴 수 없는 것이 있는 법이었다.

1년 뒤 애나 브라운의 살인사건이 재판에 회부되었을 때, 몰리는 방청석에 앉아 재판을 보았다. 모리슨은 헤일에게서 혹시 보상을 받을 수 있지 않을까 하는 희망을 안고 다시 입장을 바꿔 자백을 철회한 뒤였다. 당국은 그가 감옥에서 헤일에게 보낸 편지를 압수했다. 이 편지에서 그는 "기회만 생긴다면" 당국을 "태워버리겠다"고 약속했다.[25] 검찰 측은 브라이언 버크하트에게 기소를 면제해주었다. 모리슨의 유죄판결을 얻어내는 데 필요한 조치라고 보았기 때문이다. 재판이 진행되는 동안 몰리는 자신의 시동생인 브라이언이 언니를 취하게 만든 뒤 모리슨이 뒤통수에 총을 쏠 수 있게 언니의 몸을 세워 붙들고 있었다는 잔혹한 사실을 다시 세세히 들어야 했다. 브라이언은 애나를 죽인 것을 "물을 먹였다"[26]고 표현했다.

브라이언은 사건이 벌어지고 일주일 뒤 자신이 몰리와 몰리의 다른 가족들과 함께 범죄현장에 다시 가서 썩어가는 애나의 시체를 확인한 일을 회상했다. 이때의 기억은 몰리의 머릿속에도 남아 있었지만, 그녀는 이제야 비로소 그때의 한 장면, 즉 브라이언이 가까이에 서서 자신이 죽인 사람을 내려다보며 슬픈 척하던 장면을 온전히 이해할 수 있었다.

"그 시체를 보러 간 겁니까?" 검사가 브라이언에게 물었다.

"모두 그 목적으로 간 겁니다." 브라이언이 말했다.

검사는 충격 받은 얼굴로 그에게 물었다. "애나 브라운의 시체가 거기 있다는 것을 당신은 알고 있었지요?"

"그렇습니다."[27]

모리슨도 구경꾼들 속에 있었다. 어니스트도 그 자리에서 몰리를 위로했다. 애나를 죽인 두 범인이 겨우 몇 미터 떨어진 곳에 서 있다는 사실을 알면서도. 어니스트는 리타와 빌 스미스의 집이 폭파

되었을 때도 처음부터 범인을 알고 있었다. 그날 저녁 늦게 몰리와 함께 침대에 누울 때도 진실을 알고 있었고, 그녀가 범인을 찾아내려고 필사적으로 애쓰는 동안 내내 범인을 알고 있었다. 모리슨이 애나를 살해한 혐의로 유죄평결을 받았을 때, 몰리는 더 이상 어니스트를 바라볼 수 없었다. 그녀는 곧 그와 이혼했고, 그 뒤로 남편의 이름이 언급될 때마다 몸서리를 쳤다.

ഈ൦ഇ

후버에게 오세이지 살인사건 수사는 현대적인 수사국을 선전해주는 대표적인 사례였다. 그가 바란 대로, 이 사건은 전문적이고 과학적이며 전국을 무대로 하는 수사기관이 필요하다는 사실을 많은 사람들에게 보여주었다. 〈세인트루이스 포스트 디스패치〉는 이 사건에 대해 다음과 같이 썼다. "보안관들은 수사했으나 아무런 조치도 취하지 않았다. 오클라호마주의 검사들이 수사했으나 아무런 조치도 취하지 않았다. 법무부 장관이 수사했으나 아무런 조치도 취하지 않았다. 정부가 법무부 소속 요원들을 오세이지족의 땅으로 보냈을 때에야 비로소 법이 위엄을 얻었다."[28]

후버는 수사국이 처음에 저지른 실수들이 드러나지 않게 신중을 기했다. 블래키 톰슨이 수사국의 감시를 받다가 탈옥해서 경찰관을 죽인 일, 처음에 방향을 잘못 잡고 헤맨 적이 너무 많아서 계속 살인사건이 발생한 사실 등을 밝히지 않았다. 그 대신 후버는 깨끗한 창조설화를 만들어냈다. 이 신화 속에서 수사국은 그의 지휘를 받아 무법적인 세상에 모습을 드러내 마지막으로 남은 거친 변경지대를 제압했다. 새로운 홍보방법들을 이용하면 관료로서 자신의 힘을 더욱 키우고 개인숭배를 주입할 수 있음을 깨달은 후버는 화이트에게 언론에 공개할 수 있는 자료를 보내달라고 요구했다. "아시다시피, 법적인 측면과 인간적으로 관심이 가는 측면은 서로 다릅니다. 언론의 대표자들은 인간적으로 관심이 가는 측면에 관심을 보일 터이니, 그런 부분을 강조해주기 바랍니다."[29]

후버는 오세이지 사건에 대한 이야기를 우호적인 기자들, 이른바 수사국의 친구들에게 풀어주었다. 윌리엄 랜돌프 허스트의 회사를 통해 배급된 한 기사는 이 사건에 대해 다음과 같이 외쳐댔다.

전대미문!
지구상에서 가장 방대한 지문자료를 보유한 정부가 전대미문의 과학적 방법을 동원해 어떻게 범죄와 싸우고 있는가. 영리한 수사관들이 오세이지족 인디언의 땅에서 고독한 산악지대를 사로잡은 살인과 공포의 시대에 어떻게 종지부를 찍고, 이 나라에서 가장 무모하게 날뛴 무리를 어떻게 체포했는지 밝힌다.[30]

1932년에 수사국은 라디오 프로그램인 〈럭키 스트라이크 아워〉와 손잡고 자신이 다룬 사건들을 극화하기 시작했다. 초창기에 방송된 내용 중에 오세이지 살인사건들을 다룬 것도 있었다. 버거 요원이 후버의 요청으로 허구의 장면들을 만들어내기까지 했고, 이것은 프로그램 제작진에게 전달되었다. 이런 허구의 장면에서 램지는 론을 죽일 때 사용할 예정인 총을 어니스트 버크하트에게 보여주며 이렇게 말했다. "이것 좀 봐. 멋지지?"[31] 라디오 방송은 다음과 같은 말로 이 드라마를 끝맺었다. "이렇게 해서 또 하나의 이야기가 끝났습니다. 이 이야기의 교훈도 이 시리즈의 다른 모든 이야기와 같습니다. (…) 머리를 겨루는 싸움에서 [범죄자는] 워싱턴의 연방요원들에게 상대가 되지 않습니다."[32]

후버는 헤일 일당을 잡은 화이트의 수사팀을 은밀히 칭찬하며 봉급을 조금 인상해주었다("그들의 능력과 근면함을 조금이라도 인정해주기 위한 소소한 보상"[33]). 하지만 이 사건을 홍보에 이용할 때는 수사를 맡은 요원들의 이름을 결코 언급하지 않았다. 후버의 신화 중 일부가 된 대학 출신 신참 요원이 아니기 때문이었다. 게다가 후버는 부하들이 자신을 가릴 정도로 커지는 것을 결코 바라지 않았다.

오세이지 부족위원회는 비밀요원들까지 포함해서 화이트의 수사팀 전원을 공개적으로 지목하며 찬사를 보낸 유일한 단체였다. 부족위원회는 결의안에서 수사팀 전원의 이름을 일일이 언급하면서 다음과 같이 말했다. "혐의를 받는 자들을 수사해서 그들이 합당한 처벌을 받게 하는 놀라운 성과를 거둔 것에 대해 진심으로 감사를 표한다."[34] 오세이지족은 또한 앞으로 또 다른 음모가 발생할 경우를 대비해서 의회를 설득해 새로운 법을 제정하게 했다. 오세이지족의 피가 적어도 절반 이상 섞이지 않은 사람은 균등 수익권을 부족원으로부터 상속받지 못한다고 규정한 법이었다.

헤일과 램지에게 유죄판결이 내려진 직후, 화이트는 중대한 결정을 내려야 했다. 연방교도소 시스템을 감독하는 법무차관이 화이트에게 캔자스주의 리븐워스 교도소 소장 직을 맡아주겠느냐는 제의를 했기 때문이었다. 연방교도소 중 가장 오랜 역사를 지닌 리븐워스 교도소는 당시 미국에서 죄수들이 가장 두려워하는 교도소 중 하나였다. 교도소 내에서 부패가 성행한다는 주장도 있었다. 법무차관은 후버에게 화이트가 그곳의 교도소장으로 가장 이상적인 인물이라고 말했다. "화이트 씨만큼 훌륭한 교도소장을 구할 수 있는 기회를 포기하고 싶지 않습니다."[35]

후버는 화이트가 수사국을 떠나는 것을 원하지 않았다. 그래서 법무차관에게 화이트가 떠난다면 수사국에 엄청난 손실이 될 것이라고 말했다. 하지만 후버는 계속 말을 이었다. "내가 화이트 요원의 영전에 반대하는 것은 옳은 일이 아닐 것 같습니다. 아시다시피, 나는 사적으로도 공적으로도 화이트 요원을 누구보다 존경하고 있습니다."[36]

화이트는 한동안 고민하다가 수사국을 떠나기로 결정했다. 교도소장이 된다면 봉급이 올라갈 뿐 아니라, 아내와 어린 아들들이 한곳에 뿌리를 내리고 살 수 있었다. 또한 아버지에 비해 규모가 훨씬 크기는 해도, 어쨌든 아버지처럼 감옥을 관장하는 일을 할 수 있다는 점도 있었다.

1926년 11월 17일, 화이트가 아직 새로운 일자리에 적응 중일 때, 연방보안관들이 새로운 죄수 두 명을 차에 태워 말굽 모양의 진입로로 들어왔다. 죄수들은 자기들의 이 우울한 종착지를 둘러보았다. 리븐워스는 3만 4,000제곱미터 규모의 요새였다. 예전에 한 죄수는 옥수수밭 가운데에 서 있는 이 건물이 "넓고 넓은 무無의 바다를 떠다니는 거대한 영묘"[37] 같다고 묘사하기도 했다. 화이트는 족쇄를 차고 입구로 다가오는 두 죄수에게 걸어갔다. 둘 다 햇빛을 보지 못해서 얼굴이 창백했지만 화이트는 그들을 알아보았다. 헤일과 램지였다.

"이런, 안녕하시오, 톰." 헤일이 화이트에게 말했다.[38]

"안녕하시오, 빌." 화이트가 대답했다.

램지도 화이트에게 말했다. "안녕하슈."

두 사람은 화이트와 악수를 나눈 뒤, 교도관들에게 이끌려 각자 감방으로 향했다.

21
온실

 마치 기억의 지하묘지 속을 헤매는 것 같았다. 화이트는 줄지어 늘어선 감방들 앞을 걸으면서, 옛날에 만났던 사람들을 보았다. 창살 뒤에서 그들의 눈이 밖을 내다보고, 그들의 몸은 땀으로 번들거렸다. 헤일과 램지가 보였다. 앨 스펜서 갱단의 조직원들, 예전에 참전군인보훈국(제1차 세계대전 참전군인들의 부상치료나 연금지급 등을 관장하던 관청으로 1921년에 설립되었다 ─옮긴이)의 국장이었으나 추문으로 얼룩진 하딩 정부 때 뇌물을 받은 사람도 만났다. 화이트의 형 더들리를 죽인 두 탈영병과도 마주쳤다. 하지만 화이트는 그들에게 괜한 고민을 안겨주기 싫어서, 자신과 더들리의 관계를 말하지 않았다.
 화이트는 교도소 영내에서 가족들과 함께 살았다. 처음에 아내는 잠을 이루지 못했다. "이런 환경에서 어린 사내아이 둘을 어떻게 키워요?"¹ 원래 수감자 1,200명에 맞춰 설계되었으나 그보다 세 배나 많은 죄수들을 수용하고 있는 교도소를 관리하는 일은 너무나 힘들었다. 여름이면 교도소 내부 온도가 무려 46도까지 올라갔다. 그래서 나중에는 수감자들이 리븐워스를 온실이라고 부르게 되었다. 1929년 8월의 어느 날, 기온이 악몽처럼 높이 올라가서 교도소 주방의 우유가 상해버린 그날, 식당에서 폭동이 일어났다. 악명 높은 금고털이인 레드 러든스키는 "추악하고, 위험하고, 살인적인 증오"² 가 있었다고 회상했다. 화이트가 소요를 진압하려고 달려왔다. "화이트 소장은 용감하게 들어와서 내게서 겨우 몇 피트도 떨어지지 않은 곳까지 다가왔다. 고기를 자르는 큰 칼과 깨진 유리병이 그에게서 겨우 몇 인치 거리에 있었는데도."³

화이트는 교도소의 환경을 개선하려고 애썼다.⁴ 나중에 그의 휘하에서 일했던 교도관은 이렇게 회상했다. "소장은 수감자들에게 엄격했지만, 그들에 대한 가혹행위나 조롱을 그냥 넘기는 법이 없었다."⁵ 한번은 화이트가 러든스키에게 쪽지를 보냈다. "자신이 오랫동안 나아가던 방향을 바꾸는 데는 커다란 용기가 필요합니다. 어쩌면 내 생각보다 더 필요할지도 모르겠습니다. 하지만 그런 용기가 당신에게 있다면, 이제 그것을 보여줄 때입니다." 러든스키는 화이트의 이런 응원 덕분에 "희망의 빛을 보았다"⁶고 회상했.

화이트는 재활하려고 노력하는 죄수들을 격려했지만, 온실에 갇혀 있는 많은 죄수들에 대해 환상을 품지는 않았다. 1929년에 무려 스물한 명을 죽였다면서 "나는 양심이 없는 사람"⁷이라고 주장하던 칼 팬즈럼이 교도소 직원 한 명을 때려 죽였다. 그에게 교수형이 선고되었고, 형은 교도소 내에서 집행될 예정이었다. 화이트는 비록 사형에 반대하는 입장이었지만, 처형을 감독하는 음산한 일을 맡았다. 텍사스에서 아버지가 맞닥뜨렸던 상황과 똑같았다. 1930년 9월 5일, 교도소의 둥근 지붕 위로 해가 떠오를 때, 화이트는 팬즈럼을 감방에서 데리고 나와 새로 지은 교수대로 갔다. 그리고 두 아들이 그 자리에 없는 것을 확인했다. 올가미가 목에 걸리자 팬즈럼은 형 집행을 맡은 사람들에게 서두르라고 소리쳤다. "당신들이 우물쭈물하는 동안 나라면 열두 명을 매달았겠다."[8] 오전 6시 3분, 교수대 바닥의 뚜껑문이 열리고 팬즈럼의 몸이 흔들렸다. 화이트가 한 인간의 삶을 끝내는 일에 참여한 것은 그때가 처음이었다.

※

윌리엄 헤일은 리븐워스로 이감된 뒤 결핵 병동에 배치되어 노역을 했다. 나중에는 교도소 내의 농장에서 땀 흘려 일하며 돼지를 비롯한 여러 가축들을 돌봤다. 그가 젊은 시절 개척지에서 하던 일이었다. 교도소의 한 보고서에는 다음과 같은 구절이 있었다. "그는 가축을 돌보는 솜씨가 뛰어나고, 농양을 째거나 동물을 거세하는 수술도 할 수 있다."[9]

1926년 11월에 한 기자가 헤일에 대한 가십이라도 얻을 수 있을까 하고 화이트에게 편지를 보냈다. 화이트는 헤일이 "다른 죄수들과 똑같은 대우를 받을 것"[10]이라면서 아무런 정보도 주지 않았다. 그는 헤일의 아내와 딸이 교도소 직원들에게 무시당하는 느낌을 받지 않게 하는 데에도 신경을 썼다. 헤일의 아내는 화이트에게 보낸 편지에 이렇게 썼다. "다음 월요일에 남편을 만날 수 있게 허락해달라고 말한다면 뻔뻔할까요? 지난번에 다녀온 뒤 거의 3주가 되었습니다. 물론 규정에 따르면 매달 한 번밖에 면회할 수 없다는 것을 알지만 (…) 이번 면회를 허락해주신다면 정말 감사하겠습니다."[11] 화이트는 얼마든지 오셔도 된다고 답장을 보냈다.

헤일은 세월이 흐른 뒤에도 자신이 살인을 지시했다는 사실을 결코 시인하지 않았다. 그에게 유죄판결이 내려진 론 사건에 대해서도, 그가 지휘했다는 증거가 있지만 이미 종신형을 선고받았기 때문에 굳이 기소하지 않은 수많은 다른 사건들에 대해서도 마찬가지였다. 그런데도 그는 재판 중에 증언할 때 인디언의 땅에 대한 수익권을 사취하려 했던 다른 시도에 대해서 다소 냉정한 진술을 했다. 그가 어떤 사람인지를 잘 보여주는 진술이었다. "내게 그것은 사업적인 제안이었습니다."[12]

화이트는 예전에 이런 어둠에 빛을 밝히려고 목사들에게 의지했지만, 이제는 과학적인 설명을 찾으려 했다. 교도소 내에서 헤일에 대한 신경검사와 심리검사가 시행되었다. 검사 담당자는 헤일에게 "억압이나 명백한 정신이상의 증거"[13]가 나타나지 않았지만, 그럼에도 "지극히 사악한 요소들이 그의 기질 안에" 포함되어 있다는 결론을 내렸다. 헤일은 문명인의 껍데기로 야만성을 감춘 채, 아무것도 없는 황무지에서 나라를 일구는 데 기여한 미국의 개척자 행세를 했다. 검사 담당자는 이렇게 말했다. "뻔히 드러난 죄를 지속적으로 부인하고 있다는 사실 또한 그의 형편없는 판단력을 보여주는 증거다. 그의 정서는 적절하지 않다. (…) 그가 혹시 수치심이나 후회를 느꼈다 해도, 이미 그런 감정들을 잊어버렸다." 화이트는 헤일의 심리를 분석한 검사자의 글을 읽어보았다. 그러나 과학을 뛰어넘는 사악함이 존재하는 것 같았다. 헤일은 교도소 규정을 잘 따르면서도 계속 석방을 도모했다. 항소심을 맡은 법원에 뇌물을 주려고 시도했다는 말도 있었다.[14] 이런 노력이 실패한 뒤에도 그는, 검사 담당자가 보고서에 썼듯이, "영향력 있는 친구들을 통해 석방될 가능성이 높다"고 자랑했다.

한편 오세이지 카운티의 사람들은 아주 오랜만에 처음으로 헤일의 압도적인 존재감이 느껴지지 않는 삶을 살아가고 있었다. 몰리 버크하트는 다시 사람들을 만나고, 성당에도 나가기 시작했다. 그러다가 백인과 크리크족의 피가 섞인 존 콥이라는 남자와 사랑에 빠졌다. 친척들은 두 사람이 서로를 진심으로 사랑한다고 말했다. 두 사람은 1928년에 결혼했다.

몰리의 인생에 일어난 극적인 변화는 이것만이 아니었다. 그녀와 오세이지족은 부패한 후견인 제도에 종지부를 찍기 위해 줄곧 투쟁한 끝에 1931년 4월 21일 법원으로부터 몰리가 더 이상 주정부의 피후견인이 아니라는 판결을 얻어냈다. "법원은 또한 다음과 같이 명령하고 판결한다. 오세이지 분할 토지 285번 소유주인 상기 몰리 버크하트는 (…) 이로써 법적인 능력을 회복할 것이며, 따라서 그녀에게 법적인 능력이 없다고 판결한 명령은 철회된다."[15] 몰리는 마흔네 살에야 비로소 자신의 돈을 마음대로 쓸 수 있게 되었으며, 온전한 미국 시민으로 인정받았다.

몰리 버크하트.

1931년 12월 11일에 화이트가 교도소장실에 있을 때 무슨 소리가 들렸다.[16] 그가 일어나서 문을 열자 바로 코앞에 총구가 있었다. 앨 스펜서 갱단의 조직원 두 명과 거대한 덩치 때문에 유개화차(철도에서 화물을 수송하는 화차—옮긴이)라는 별명으로 불리던 도적을 포함해서 가장 위험한 죄수 일곱 명이 탈옥을 시도하던 중이었다. 그들은 윈체스터 라이플, 총신을 톱으로 자른 엽총, 다이너마이트 일곱 개로 무장하고 있었다. 모두 교도소 안으로 몰래 들여온 무기들이었다. 그들은 화이트와 교도소 직원 여덟 명을 인질로 잡고, 그들을 방패 삼아 앞으로 나아갔다. 정문을 나선 뒤에는 다른 인질들을 풀어준 뒤 화이트만 데리고 대로로 향했다. 그들은 화이트를 "보험"이라고 표현했다. 그들은 도로에서 자동차 한 대를 강제로 빼앗은 뒤 화이트를 차에 태우고 속력을 냈다.

그들은 화이트에게 혹시 일이 잘못되면 땅에 묻을 것도 없는 꼴로 만들어주겠다고 말했다. 하지만 모든 일이 잘못 꼬였다. 우선 자동차가 진흙탕 도로에서 미끄러져 발이 묶이는 바람에 죄수들은 도보로 움직일 수밖에 없었다. 그리고 리븐워스 요새의 군인들이 추적에 합류했다. 머리 위로 비행기들이 날아다녔다. 죄수들은 어떤 농가로 뛰어 들어가 열여덟 살 소녀와 그녀의 남동생을 붙잡았다. 화이트는 죄수들에게 간청했다. "너희들이 날 죽일 생각이라는 건 나도 알아. 하지만 이 두 아이는 죽이지 마. 아무 상관도 없는 아이들이잖아."[17]

유개화차가 다른 죄수 한 명과 함께 다시 자동차를 구하러 나가면서 화이트를 데려갔다. 그런데 소녀가 감시를 뚫고 빠져나와 도망치는 것이 보였다. 죄수들은 금방이라도 살인을 저지를 것 같았다. 화이트는 죄수 한 명이 들고 있던 총의 총구를 손으로 붙잡았다. 그러자 그가 유개화차에게 고함을 질렀다. "그놈을 쏴! 놈이 내 총을 잡았어."[18] 유개화차가 화이트의 가슴 앞에 거의 닿을 정도로 엽총을 들이댔다. 화이트는 총알을 막으려고 왼팔을 들어올렸다. 곧 총소리와 함께 총알이 팔의 살과 피와 뼈를 뚫고 들어오는 것이 느껴졌다. 산탄이 조각조각 부서져 그중 일부가 그의 팔을 뚫고 가슴에 박혔다. 하지만 화이트는 쓰러지지 않았다. 기적이 일어난 것 같았다. 총에 맞아 만신창이가 되었는데도 그는 여전히 차가운 12월의 공기를 호흡하고 있었다. 그때 개머리판이 그의 얼굴을 후려쳤다. 몸무게 102킬로그램인 그의 몸이 무너져 도랑으로 빠졌다. 그렇게 방치된 채 피를 흘렸다.

∽∾

거의 10년 뒤인 1939년 12월에 유명기자인 어니 파일이 텍사스주 엘파소 근처의 라투나 교도소에 들렀다. 그가 교도소장을 만나고 싶다고 하자, 교도소 직원이 그를 톰 화이트에게 안내해주었다. 그는 이미 예순 살을 바라보는 나이였다. "화이트가 내게 점심식사를 함께하자고 권했다."[19] 파일은 나중에 이렇게 썼다. "나는 그렇게 하기로 했다. 함께 앉아 이야기를 나누다가 마침내 그가 내게 그 이야기를 해주었다. 내가 내내 바라던 이야기였다. 그의 왼팔에 관한 이야기."

화이트는 유개화차의 총에 맞은 뒤 도랑에 쓰러진 채로 발견돼 서둘러 병원으로 이송되었다고 말했다. 며칠이 지날 때까지도 그가 살 수 있을지 확실하지 않았다. 의사들은 그의 팔을 잘라야 하는지 고민했다. 하지만 그는 어떻게든 살아남았다. 심지어 팔을 자르지도 않았다. 하지만 아직도 산탄 조각들이 박혀 있어서 팔을 쓸 수는 없었다. 파일에게 들려준 이야기 중에 화이트가 말하지 않은 부분이 있었다. 인질로 잡혔던 소녀가 자신과 남동생을 보호해준 공을 화이트에게 돌렸다는 것. "틀림없이 놈들은 우리 모두를 죽일 생각이었을 거예요. 우리가 산 건 순전히 화이트 교도소장님의 용기 덕분이에요."[20] 소녀는 이렇게 말했다.

탈옥수들은 단 한 명도 도망치는 데 성공하지 못했다. 교도소 직원, 특히 교도소장을 건드렸다면 다시 붙잡히지 않는 편이 낫다. 그들 중 한 명은 이렇게 표현했다. "다시 붙잡혀 오면 아주, 아주 힘든 생활을 하게 될 것이다."[21] 그래서 당국이 그들을 따라잡았을 때, 유개화차는 동료 두 명을 총으로 쏜 뒤 자신의 이마에 총알을 박아 넣었다. 다른 죄수들도 다이너마이트를 터뜨려 자살하려 했으나, 도화선에 불을 붙이기도 전에 체포되었다. 그들 중 한 명이 말했다. "웃기는 건, 우리가 교도소로 돌아온 뒤에 당국이 우리를 건드린 적이 없다는 점이다. 화이트 교도소장은 정말 엄청난 인간이었다. 그는 '이 사람들에게 손대지 마라. 가만히 내버려둬. 다른 죄수와 똑같이 대우하라'는 엄격한 지시를 남겨두었다."[22] 그는 계속 말을 이었다. "그런 지시가 없었다면 우리는 머리가 깨졌을 것이다."

화이트는 러든스키가 탈옥을 도와달라는 요청을 받고도 거절한 것을 알게 되었다. "그가 점점 책임감을 배워가고 있었습니다." 화이트는 또 다른 기자에게 이렇게 말했다. "내가 자신을 공정하게 대했으며, 그가 '합법적인' 사회의 일원으로 자리 잡을 수 있게 진심으로 도우려 한다는 사실을 깨달은 겁니다."[23] 1944년에 가석방으로 풀려난 러든스키는 저술가 겸 사업가로 성공을 거뒀다.

화이트는 몸이 충분히 회복된 뒤 라투나의 교도소장으로 취임했다. 리븐워스 교도소장보다는 힘이 덜 드는 자리였다. 파일은 총격 사건에 대해 이렇게 썼다. "그 경험은 화이트 교도소장에게 영향을 미쳤다. 누구라도 그랬을 것이다. 그가 그 일로 인해 두려움을 품게 된 것은 아니지만, 자주 화들짝 놀라면서 그때 일을 잊지 못했다."[24] 파일은 계속 글을 이어갔다. "그런 일을 겪은 사람이 어떻게 죄수들을 보면서 증오가 아닌 다른 감정을 느낄 수 있는지 잘 모르겠다. 어쨌든 화이트 교도소장은 그렇다. 그는 자신의 일을 철저한 프로의 자세로 대하고 있다. 그는 진지하고 유쾌한 사람이며, 감정을 조절할 수 있게 스스로를 단련했다."

❧

오세이지 살인사건 수사가 J. 에드거 후버에게 수사국을 선전하기 위한 도구였다면, 1930년대에 엄청난 화제가 되었던 일련의 범죄들은 사람들의 두려움에 불을 지펴서 후버가 수사국을 오늘날과 같은 강력한 기관으로 탈바꿈시킬 수 있게 해주었다. 찰스 린드버그의 아이가 납치된 사건, 앨 스펜서 갱단의 조직원인 프랭크 '젤리' 내시를 이송하던 중에 총격이 벌어져 여러 경찰관이 목숨을 잃은 캔자스시티 학살극 등이 여기에 포함된다. 화이트의 옛 동료인 프랭크 스미스 요원도 내시의 호송대에 속해 있었지만 살아남았다(언론인인 로버트 엉거는 스미스 요원과 또 다른 요원이 처음에는 총을 쏜 범인들이 누군지 모른다고 주장하다가, 사건을 해결하라는 후버의 압력을 받은 뒤 갑자기 생생하게 기억을 되살리게 된 경위를 나중에 기록으로 남겼다). 이런 사건의 여파로 의회는 일련의 개혁 법안들을 통과시켜, 연방정부에 처음으로 포괄적인 형사법을 안겨주었으며, 수사국에도 관할 구역을 광범위하게 인정해주었다. 요원들이 범인을 체포하는 것도, 무기를 소지하고 다니는 것도 가능해졌다. 수사국의 이름 또한 곧 연방수사국FBI으로 바뀌었다. "작은 수사국의 시대가 끝났다." 후버의 전기를 쓴 커트 젠트리는 이렇게 썼다. "특수요원들이 단순히 수사만 하던 시절 또한 끝났다."[25] 화이트의 동생인 박사는 이 기간 중에 수사국이 다룬 최대의 사건들 중 존 딜린저 같은 공공의 적을 추적하는 임무에서부터 마 바커와 그녀의 아들 프레드가 목숨을 잃은 총격사건(마 바커는 네 아들이 모두 범죄자가 되었으며, 본인도 사악한 범죄자로 알려졌다. 그러나 그녀를 개인적으로 알던 사람들은 FBI와의 총격전에서 그녀가 목숨을 잃은 것을 무마하기 위해 후버가 그녀의 이미지를 만들어냈다고 주장한다 — 옮긴이)에 이르기까지 많은 일에 관련되어 있었다. 톰 화이트의 아들도 수사국에 입사해, 화이트 집안 3대가 치안관이 되었다.

후버는 곧 수사국과 동의어가 되었다. 대통령이 몇 번이나 바뀌었어도, 그는 예전과 달리 허리가 굵어지고 불도그처럼 턱살이 늘어진 모습으로 계속 자리를 지켰다. "시선을 들어 보니 저 멀리 높고 조용한 발코니에 J. 에드거 후버가 있었다. 그는 대통령이 바뀌어도, 세월이 아무리 흘러도 그 자리에 그대로 있는 그의 안개 왕국을 등 뒤에 두고 아래를 내려다보고 있었다."[26] 잡지 〈라이프〉의 기자가 쓴 글이다. 후버의 권력남용 실태는 1972년에 그가 세상을 떠난 뒤에야 밝혀졌다. 화이트는 눈치가 빠른 편인데도 보스의 과대망상증, 수사국의 정치화, 그가 공공의 적으로 점찍은 사람들에 대한 편집증 환자 같은 음모를 알아차리지 못했다. 점점 늘어나기만 하던 후버의 공공의 적 명단에는 미국 인디언 활동가들도 포함되었다.

세월이 흐르는 동안 화이트는 후버에게 주기적으로 편지를 보냈다. 한번은 후버를 친척의 목장으로 초대하기도 했다. "목장이라고 해서 불편하지는 않습니다. 공기를 서늘하게 해주는 장치만 빼고 모든 편의시설이 갖춰져 있으니까요. 그리고 공기를 서늘하게 해주는 장치는 여기에 필요 없습니다."[27] 하지만 후버는 정중히 거절했다. 그는 이미 너무 바쁜 몸이라서, 누가 옆에서 되새겨주어야만 예전의 스타 요원에게 주의를 기울였다. 화이트가 1951년에 일흔 살의 나이로 교도소장 직에서 물러났을 때도, 후버는 다른 요원에게서 화이트가 "국장에게서 직접 은퇴와 관련된 편지를 받으면 좋아할 것"[28]이라는 말을 들은 뒤에야 비로소 카드를 보냈다.

1950년대 말에 화이트는 할리우드에서 〈FBI 이야기〉라는 영화

에드거 후버.

를 찍을 예정이라는 사실을 알게 되었다. 제임스 스튜어트가 범죄를 해결하는 요원으로 출연할 이 영화에 오세이지 살인사건 이야기도 일부 포함되어 있었다. 화이트는 후버에게 편지를 보내 혹시 영화제작자들이 사건에 관해 자신에게 물어볼 것이 있느냐고 물었다. "제가 아는 것들을 처음부터 끝까지 기꺼이 제공할 수 있습니다."[29] 후버는 "틀림없이 당신을 염두에 두겠다"[30]고 답장을 보냈지만 그것으로 끝이었다. 후버는 1959년에 만들어진 그 영화에 카메오로 출연했고, 이것이 사람들의 상상 속에서 그를 더욱더 신화적인 존재로 만들었다.

하지만 영화가 인기를 끌었어도 오세이지 사건은 최근의 더 유명한 사건들에 가려 사람들의 기억에서 점점 희미해지고 있었다. 결국은 대부분의 미국인이 그 사건을 잊었다. 1950년대 말에 화이트는 그 사건을 기록으로 남기기 위해 글을 써야 하는지 고민하고 있었다. 그는 오세이지족 인디언들에게 저질러진 범죄를 기록하고, 자신과 함께 일했던 요원들의 이름이 역사에서 지워지지 않게 해주고 싶었다. 그들은 그 뒤로 모두 무명의 존재로 묻힌 채 죽었다. 가난 속에서 눈을 감은 사람도 많았다. 비밀요원 중 한 명이 죽음을 앞두고 있을 때, 그의 아내가 그에게 퇴직기금이라도 있었다면 좋았을 것이라는 편지를 보낸 적이 있었다. 그러자 그와 아는 사이이던 요원이 후버에게 그들 가족이 "몹시 우울한 상황에 처해 있다"[31]고 알려주었다.

오세이지 살인사건 수사로부터 몇 해가 흐른 뒤, 우트족의 피가 섞인 렌 요원은 또 수사국에서 쫓겨났다. 이번에는 다시는 돌아가지 못했다. 수사국을 떠나면서 그는 욕설과 함께 책상 속의 물건들을 던져버렸다. 그는 나중에 후버에게 보낸 편지에서 자신이 "부당하고, 불공정한"[32] 대우를 받았다고 말했다. 그러나 렌의 분노는 차츰 가라앉았다. 1939년에 세상을 떠나기 전에 후버에게 보낸 편지에는 이렇게 적혀 있었다. "국장님과 수사국 요원들에 대한 글을 읽을 때마다 저는 기쁨과 자부심으로 부풀어 오릅니다. 그리고 곧 옛날 그 시절을 다시 떠올리죠. 국장님이 몹시 자랑스러워서, 저는 지금도 국장님을 나의 옛 대장님이라고 부릅니다. 많은 옛 친구들이 행복한 사냥터로 떠났습니다. 크고 아름답던 나무들도 많이 파괴되었습니다. 백인들이 베어버린 것이 많습니다. 야생 칠면조, 사슴, 야생마, 들소도 사라져서 이제는 산이 있는 아름다운 풍경 속에 살지 않습니다."[33]

화이트는 다른 요원들의 역할을 기록으로 남기면서 동시에 자신 역시 역사 속에서 작으나마 한 자리를 차지할 수 있기를 바랐을 것이다. 비록 스스로 그렇게 말한 적은 없지만. 그는 딱딱한 문체로 몇 페이지쯤 글을 썼다. 그중 일부를 아래에 인용한다.

> J. 에드거 후버 국장은 이 사건의 중요성에 대해 내게 간략히 설명한 뒤 휴스턴으로 돌아가서 그곳의 일들을 정리하고, 최대한 빨리 오클라호마시티 현장사무소의 일을 인계받으라고 지시했다. 국장은 내가 아는 사람들 중에서 이 일에 가장 잘 맞는다고 생각되는 사람들을 뽑아 필요한 수사팀을 꾸리라고 말했다. (…) 우리는 현장에 도착해서 인디언들이 얼마나 겁에 질려 살고 있는지 파악했을 때, 신분을 감추고 활약하는 요원들의 중요성을 그 어느 때보다 통감했다.[34]

화이트는 자신에게 글재주가 별로 없음을 깨달았다. 그래서 1958년 무렵 프레드 그로브와 팀을 이루었다. 그로브는 오세이지족의 피가 섞인 소설가로, 서부를 무대로 한 작품들을 썼다. 스미스의 집 폭파사건이 있던 무렵 아직 어린 나이로 페어팩스에 잠시 머무른 적도 있었다. 그 폭파사건은 그 뒤로 내내 그의 머릿속에서 떠나지 않았다. 화이트는 그로브에게 보낸 편지에서 이 이야기를 3인칭으

톰 화이트.

로 서술할 수 있겠느냐고 물었다. "가능한 한 '나'라는 단어를 배제하고 싶습니다. 내가 곧 그 이야기의 전부인 것처럼 보이고 싶지 않기 때문입니다. 그때 훌륭한 요원들이 함께 뛰어주지 않았다면, 우리는 결코 사건을 해결할 수 없었을 것입니다. 우리의 보스인 FBI 국장 J. 에드거 후버 역시 무시할 수 없습니다."[35] 그는 이렇게 설명했다.

화이트는 후버에게도 편지를 보내서, 혹시 과거의 사건기록 일부를 자신에게 공개해줄 수 있느냐고 물었다. 또한 후버가 직접 짤막한 머리말을 써줄 수 있는지도 물어보았다. "지나친 부탁을 하는 것은 아닌지 모르겠습니다. 우리의 이 훌륭한 조직, 즉 연방수사국에 지대한 관심을 품고 있는 모든 전현직 요원들에게 이 일이 헤아릴 수 없이 중요한 의미를 지니게 될 것 같은 느낌이 듭니다. 초창기 멤버 중에서 남은 사람은 대략 국장님과 저뿐이지 않습니까."[36] 후버의 오랜 동반자로서 혹시 후버와 사귀는 사이가 아니냐는 소문들을 양산했던 수사국 부국장 클라이드 톨슨은 내부 메모에서 "혹시 자료를 공개하더라도 평범한 자료만으로 제한해야 한다"[37]고 말했다.

화이트의 건강이 점점 나빠지기 시작했다. 관절염 때문에 그는 발을 헛디뎌서(그런 일이!) 부상을 입었다. 1959년 9월에 화이트의 아내가 그로브에게 말했다. "종류와 상관없이 모든 질병이 남편에게는 몹시 괴로운 것이라서 남편이 상당히 당황하고 있습니다. 남편이 건강을 회복해서 10월 말에 댈러스에서 열리는 전직 FBI 요원 전국회의에 참석할 수 있다면 좋을 텐데요."[38] 화이트는 병든 몸으로도 원고가 완성될 때까지 그로브를 도왔다. 마치 미해결 사건에

온 정신을 빼앗긴 사람 같았다. 그는 그로브에게 보낸 편지에 다음과 같이 썼다. "세상의 모든 행운이 우리에게 훌륭한 출판사를 보내주면 좋겠습니다."[39] 그는 자신도 행운을 빌고 있겠다고 말했다. 하지만 출판사들은 이 원고에 매력을 느끼지 못했다. 결국 그로브는 이 원고를 소설로 각색해서 《공포의 세월》이라는 제목으로 발표했다. 역사적인 사실을 담은 원래 원고는 끝내 어디서도 출판되지 않았다. "좋은 소식을 알려드리지 못해서 진심으로 죄송합니다."[40] 한 출판사 편집자는 편지에 이렇게 적었다.

ഗര

1969년 2월 11일에 박사가 형 톰과 함께 어린 시절을 보낸 목장에서 여든네 살의 나이로 세상을 떠났다. 화이트는 후버에게 편지로 이 소식을 알리면서, 자신과 형제들이 "이 땅에 태어"났으나 "이제 저만 남았습니다"[41]라고 썼다.

1971년 10월에 화이트는 뇌졸중으로 보이는 발작을 일으켰다. 이미 아흔 살이라서 더 이상 기적적인 회복은 없었다. 12월 21일 이른 아침에 그의 숨이 멎었다. 한 친구는 이렇게 말했다. "그의 죽음도 그의 삶과 같았다. 조용하고 차분하고 품위 있었다."[42] 한 요원은 화이트의 아내에게 애도의 뜻을 표하라고 후버에게 촉구하면서, 화이트의 인사기록에는 "그런 조치를 저해하는"[43] 내용이 전혀 없다고 강조했다. 그래서 후버는 꽃다발을 보냈다. 그 꽃다발은 화이트의 관이 땅속으로 사라질 때 그 위에 놓여 있었다.

이제 역사에서 사라진 존재가 된 화이트에 대해 사람들은 오세이지 살인사건들을 해결한 좋은 사람이었다고 잠시 추모했다. 그리고 오랜 세월이 흐른 뒤 수사국은 오세이지 수사기록 중 상당부분을 공개했다. 이 사건을 국민들의 기억 속에 보존하기 위해서였다. 그러나 이 사건기록과 기타 역사기록에 포함되지 않은 중요한 어떤 것, 화이트 본인조차 미처 알아차리지 못한 어떤 것이 존재했다. 이 사건에 한층 더 깊고 어두우며 훨씬 더 무서운 음모가 도사리고 있었다는 사실. 수사국은 이 사실을 끝내 밝혀내지 못했다.

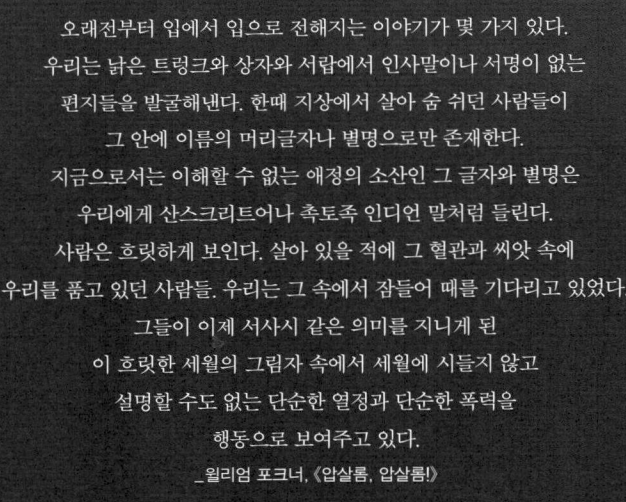

오래전부터 입에서 입으로 전해지는 이야기가 몇 가지 있다.
우리는 낡은 트렁크와 상자와 서랍에서 인사말이나 서명이 없는
편지들을 발굴해낸다. 한때 지상에서 살아 숨 쉬던 사람들이
그 안에 이름의 머리글자나 별명으로만 존재한다.
지금으로서는 이해할 수 없는 애정의 소산인 그 글자와 별명은
우리에게 산스크리트어나 촉토족 인디언 말처럼 들린다.
사람은 흐릿하게 보인다. 살아 있을 적에 그 혈관과 씨앗 속에
우리를 품고 있던 사람들. 우리는 그 속에서 잠들어 때를 기다리고 있었다.
그들이 이제 서사시 같은 의미를 지니게 된
이 흐릿한 세월의 그림자 속에서 세월에 시들지 않고
설명할 수도 없는 단순한 열정과 단순한 폭력을
행동으로 보여주고 있다.
_윌리엄 포크너, 《압살롬, 압살롬!》

연대기 3

기자

22
유령의 땅

많은 것이 사라졌다. 대형 석유회사들도 유정탑의 숲도 사라졌다. 거대한 유전들이 점차 고갈되고 있기 때문이다. 백만 달러 느릅나무도 사라졌고, 철도도 사라졌다. 앨 스펜서 갱단이 1923년에 오클라호마주의 역사상 마지막 열차강도를 저지른 철도도 마찬가지다. 무법자들도 사라졌다. 개중에는 삶만큼이나 화려한 죽음을 맞은 사람들이 많다. 아침부터 밤까지 끓어오르던 신흥도시들도 거의 모두 사라졌다. 남은 것이라고는 덧문이 닫힌 채 박쥐와 쥐와 비둘기와 거미들에게 점령당한 건물들뿐이다. 휘즈뱅은 아예 풀밭 속에 가라앉은 돌 무더기 몇 개밖에 남지 않았다. 몇 년 전, 이런 신흥도시 한 곳의 오랜 주민 한 사람은 이렇게 탄식했다. "상점도 사라지고, 우체국도 사라지고, 기차도 사라지고, 학교도 사라지고, 석유도 사라지고, 아이들도 사라졌다. 사라지지 않은 것은 점점 커지고 있는 묘지뿐이다."[1]

포허스카에도 버려진 건물들이 가득하다. 그래도 포허스카는 아직 도시로서 남아 있기는 하다. 지금은 이런 도시가 몇 군데 되지 않는다. 현재 포허스카에는 3,600명의 인구가 살고 있다. 학교도 있고, 법원도 있다(어니스트 버크하트의 재판이 열린 바로 그곳이다). 맥도널드를 포함한 식당도 여러 곳 있다. 또한 포허스카는 여전히 활기찬 오세이지족의 중심도시 역할을 하고 있다. 오세이지족은 2006년에 자기들만의 새로운 헌법을 비준했다. 현재 2만 명 규모인 오세이지족은 자체적인 투표를 통해 구성한 정부도 갖고 있다. 대다수의 오세이지족은 오클라호마주와 미국의 여러 지역에 흩어져 살고 있지만, 오세이지 카운티에도 약 4,000명이 남아 있다. 오세이지족의 역사를 연구하는 루이스 F. 번스는 자기 부족이 "갈기갈기 찢어진" 뒤 "과거라는 재 속에서" 다시 일어났다고 말했다.[2]

2012년 어느 여름날, 나는 기자로 활동하며 살고 있는 뉴욕을 출발해 처음으로 포허스카를 방문했다. 거의 100년 전에 발생한 오세이지 살인사건들에 대한 정보를 찾을 수 있을까 하는 희망에서였다. 대부분의 미국인들과 마찬가지로 나 역시 학교에 다닐 때는 어느 책에서도 이 사건을 접한 적이 없었다. 마치 이 범죄가 역사에서 삭제된 것 같았다. 그래서 어느 날 우연히 이 살인사건들을 언급한 문장을 접한 뒤 더 깊이 파헤치기 시작했다. 그때부터 나는 FBI의 수사기록에 드러나 있는 빈틈들, 끈질기게 사라지지 않는 의문들을 해결하는 데 온 힘을 쏟았다.

포허스카에서 나는 오세이지 박물관에 들렀다. 거기서 오랫동안

지금은 문을 닫은 랠스턴의 술집. 애나 브라운이 살해당한 날 밤에 브라이언 버크하트가 그녀를 데리고 술을 마시러 간 도시가 랠스턴이다.

이 박물관의 관장으로 일하고 있는 캐스린 레드 콘을 만날 예정이었다. 얼굴이 널찍하고 흰머리를 짧게 자른 70대 여성인 레드 콘은 부드러운 학자 같은 인상이었지만, 그 뒤에 열정적인 성격이 숨어 있었다. 그녀는 땅을 분할받은 부족원 2,229명 중 많은 사람들의 사진이 전시된 곳을 안내해주었다. 1906년에 균등 수익권을 받은 사람들로, 그녀의 친척도 여러 명 거기에 포함되어 있었다. 나는 자매들과 행복한 얼굴로 앉아 있는 몰리 버크하트의 사진을 거기서 찾아냈다. 그녀의 어머니인 리지의 사진도 있었다. 이 전시실을 구경하는 동안 시선을 돌릴 때마다 공포시대에 희생당한 사람들의 얼굴이 있었다. 젊은 시절, 카우보이모자를 멋지게 쓴 조지 빅하트. 머리를 길게 땋아 내린 헨리 론. 양복을 입고 나비넥타이를 맨 멋쟁이 찰스 화이트혼.

이 박물관에서 가장 극적인 사진 하나가 전시실 한 면을 모두 차지하고 있었다. 1924년에 어떤 행사에서 찍은 이 파노라마 사진에는 오세이지 부족원들과 이 지역의 저명한 백인 사업가들, 지도자들이 모두 있었다. 이 사진을 훑어보면서 나는 한 부분이 사라졌음을 알아차렸다. 마치 누가 가위로 잘라낸 것 같았다. 레드 콘에게 물어보니 그녀는 이렇게 대답했다. "여기에 전시하기에는 너무 고통스러워서요."

나는 이유를 물었다. 그녀는 사진의 빈 곳을 가리키며 말했다. "악마가 바로 저기에 서 있었거든요."

그녀는 잠시 사라졌다가 사진에서 사라진 부분을 가지고 돌아왔다. 조금 흐릿해진 작은 조각 속에서 윌리엄 K. 헤일이 차가운 눈으로 카메라를 응시하고 있었다. 오세이지족이 그의 모습을 잘라낸 것은 대다수 미국인들처럼 그 살인사건들을 잊어버리기 위해서가 아니라, 잊을 수가 없기 때문이었다.

레드 콘은 몇 년 전 바틀즈빌에서 어떤 파티에 갔을 때의 일을 이야기해주었다. 어떤 남자가 그녀에게 다가와 "애나 브라운의 두개골을 갖고 있다고 말했어요." 1921년에 장의사가 보관해두었다가 분석을 위해 수사국 요원들에게 넘긴 브라운의 두개골 일부임이 분명했다. 레드 콘은 격분해서 그 남자에게 말했다. "그것을 반드시 여기에 묻어줘야지요." 그녀는 오세이지족 추장에게 연락했고, 그렇게 되찾아온 애나의 두개골은 조용한 매장식을 통해 그녀의 유해

파노라마 사진에서 잘라낸 조각 속의 헤일(맨 왼쪽). 양복차림에 모자와 안경을 쓰고 있다. 전체 사진(여기서도 헤일은 맨 왼쪽에 있다)이 이 책의 4~5쪽에 실려 있다.

가 매장된 곳에 함께 묻혔다.

레드 콘은 그 살인사건들에 대해 알고 있을지도 모른다고 짐작되는 오세이지족 여러 명의 이름을 내게 알려주었다. 그리고 나중에 그 사건과 관련된 자기 할아버지의 이야기도 내게 들려주겠다고 약속했다. "공포시대에 벌어진 일들을 우리는 쉽게 입에 올리지 못해요." 그녀가 설명했다. "어머니나 아버지나 자매나 형제나 사촌을 잃은 오세이지족이 너무 많으니까요. 그 고통이 영영 사라지질 않네요."

22 유령의 땅 345

매년 6월이면 오세이지족은 여러 주에 걸쳐 주말마다 부족 전통 의식의 춤인 '인론슈카'를 추는 행사를 연다.[3] 오세이지족이 1870년 대에 보호구역에 처음 왔을 때 정착한 세 곳, 즉 호미니, 포허스카, 그레이호스에서 각각 다른 시기에 열리는 이 행사는 사라져가는 전통을 보존하고, 부족원들을 하나로 묶어주는 역할을 한다. 이때가 되면 흩어져 살던 오세이지족들이 모두 이곳으로 와서 행사에 참여한다. 그리고 그 덕분에 가족과 친구를 만나 야외에서 음식을 만들어 먹으며 추억에 잠긴다. 역사연구가인 번스는 언젠가 이런 글을 썼다. "오세이지족이 그런 시련 속에서 아무런 상처 없이 살아남았다고 믿는 것은 망상이다. 우리가 그때 어떻게든 잃어버리지 않고 보존한 것들은 그 이유만으로 우리에게 더욱 소중해졌다. 사라진 것들은 바로 예전 우리의 모습이므로 역시 귀중하다. 우리는 과거와 현재를 모아 우리의 존재 속에 깊숙이 보존해두고 내일을 향해 고개를 돌린다. 우리는 지금도 오세이지족이다. 우리는 선조들을 위해 노년에 이를 때까지 살아간다."[4]

나중에 그 지역을 다시 찾았을 때 나는 이 행사를 보기 위해 그레이호스로 향했다. 레드 콘이 추천해준 사람도 한 명 만날 생각이었다. 그 살인사건들로 커다란 영향을 받았다는 사람이었다. 옛날 그레이호스의 모습은 거의 남아 있지 않았다. 썩은 나무 들보들과 벽돌들이 잡초 속에 묻혀 있을 뿐이었다. 잡초가 바람에 유령처럼 물결쳤다.

오세이지족은 전통 춤 행사를 위해 점점 면적을 넓혀가는 황무지에 정자를 하나 지었다. 버섯 모양의 금속 지붕 아래에 둥근 흙바닥이 있고, 그 주위에 나무 벤치들이 동심원을 그리며 여러 줄 놓여 있는 구조였다. 내가 도착한 토요일 오후에 정자는 사람들로 붐비고 있었다. 정자 중앙에 와콘타와 이야기를 나누는 데 사용되는 신성한 북을 중심으로 남자 음악가와 가수 여러 명이 모여 있었다. 그리고 그들을 또 둥글게 에워싼 '여성 가수들'이 있었다. 수십 명의 남자 무용수들은 거기서 더 밖으로 멀어진 곳에 둥글게 원을 그리고 서 있었다. 노소가 섞여 있는 그들은 레깅스와 밝은 색 장식 띠 셔츠 차림이었다. 무릎 아래에는 종이 매달린 끈을 둘렀다. 머리에도 장식을 썼는데, 주로 독수리 깃털, 호저의 가시, 사슴 꼬리로 만든 머리 장식이 모호크족처럼 우뚝 서 있었다.

북소리와 노랫소리가 들려오자 무용수들은 시계 반대방향으로 발을 움직였다. 지구의 자전을 기리기 위해서였다. 그들의 발이 부드러운 흙을 쿵쿵 두드리고, 종이 딸랑거렸다. 북소리와 노랫소리가 한층 강렬해지자, 무용수들은 살짝 몸을 구부리고 발을 더욱 빠르게 놀리며 서로 한 치의 오차도 없이 정확하게 움직였다. 한 남자가 고개를 끄덕이고, 다른 남자는 독수리 날개처럼 팔을 움직였다. 다른 무용수들은 정찰을 하거나 사냥하는 시늉을 했다.

예전에는 이런 행사에서 여자가 춤을 추는 것이 금지되어 있었지만, 지금은 아니었다. 블라우스와 브로드클로스 천으로 만든 치마를 입고, 손으로 짠 허리띠를 맨 여자들은 남자 무용수들을 둥글게 에워싸고 남자들보다 천천히, 점잖게 움직였다. 한 걸음 내디딜 때마다 위아래로 움직이는 상체와 머리는 언제나 꼿꼿했다.

많은 오세이지족이 벤치에 앉아 더위 때문에 부채질을 하며 춤을 지켜보았다. 휴대전화를 슬쩍 들여다보는 사람도 몇 명 있었지만, 대다수는 경건했다. 벤치마다 오세이지 가문의 이름이 하나씩 새겨져 있었다. 나는 정자의 남쪽을 걸으면서 둘러보다가 찾고 싶던 이름을 발견했다. '버크하트.'

오래지 않아 한 오세이지족 여성이 내게 걸어왔다. 50대 초반인 그녀는 아주 연한 파란색 원피스를 입고 세련된 안경을 쓰고 있었다. 길고 반짝이는 검은 머리는 뒤로 당겨 하나로 묶어놓았다. 표정이 풍부한 그녀의 얼굴이 어렴풋이 낯익은 것 같았다. "안녕하세요. 마지 버크하트입니다." 그녀가 한 손을 내밀며 말했다. 몰리 버크하트의 손녀였다. 오세이지족을 위한 보건 서비스를 지휘하는 위원회에서 근무하는 그녀는 이 전통 춤 행사를 위해 털사에서 남동쪽으로 112킬로미터 떨어진 탈레콰의 집에서 남편 앤드루 로와 함께 차를 몰고 왔다고 했다. 앤드루는 크리크세미놀족이다.

우리 세 사람은 나무 벤치에 앉아서 춤을 구경하며 마지의 가족에 대한 이야기를 나눴다. 세상을 떠난 그녀의 아버지 제임스 '카우보이' 버크하트는 몰리와 어니스트 버크하트의 아들이었다. 카우보이는 역시 지금은 세상을 떠난 누이 엘리자베스와 함께 아버지의 비밀이 숨겨져 있던 집에서 공포시대를 직접 목격했다. 마지는 어니스트에 대해 이렇게 말했다. "그 사람은 우리 아버지에게서 모든 것을 빼앗아갔습니다. 아버지의 이모들, 사촌들, 믿음." 카우보이는 어니스트가 저지른 짓을 알고 괴로워했지만, 몰리에게는 극진했다.

몰리와 어니스트의 손녀인 마지 버크하트.

"아버지가 할머니에 대해 이야기할 때는 항상 애정이 넘쳤어요. 어렸을 때 아버지가 귀가 심하게 아팠던 적이 있는데, 할머니가 고통이 빨리 사라지게 귀에 입김을 불어주셨다더군요." 마지는 이렇게 회상했다.

몰리는 어니스트와 이혼한 뒤 재혼한 남편 존 콥과 함께 인디언 보호구역에서 살았다. 마지가 듣기로는 그때가 할머니에게 행복한 시기였다고 했다. 몰리는 1937년 6월 16일에 세상을 떠났다. 수상적은 낌새가 전혀 없는 그녀의 죽음에 관심을 보인 언론은 거의 없었다. 〈페어팩스 치프〉는 짤막한 부고를 실었다. "몰리 콥 부인이 (…) 수요일 밤 11시 자택에서 향년 50세로 세상을 떠났다. 그녀는 얼마 전부터 병석에 누워 있었으며, 순혈 오세이지족이었다."[5]

그해 말에 어니스트 버크하트가 가석방되었다. 오세이지 부족위원회는 결의안을 통해 "그토록 사악하고 야만적인 범죄로 유죄판결을 받은 사람을 범죄현장에 다시 자유로이 돌려보내서는 안 된다"[6]고 항의했다. 〈캔자스시티 타임스〉는 사설에서 이렇게 지적했다. "오클라호마주 교도소에서 어니스트 버크하트가 가석방되면서 남서부의 역사상 아마도 가장 대단한 살인사건, 즉 오세이지족 인디언들이 석유와 관련된 권리 때문에 무차별적으로 살해당한 사건을 되새기게 되었다. (…) 그 냉혹한 음모에서 중요한 역할을 한 범인이 종신형 중 고작 10여 년을 복역한 뒤 석방되었다는 사실에서 가석방 제도의 고질적인 약점 중 하나를 엿볼 수 있을 것 같다."[7]

마지는 어니스트가 석방된 뒤 어떤 오세이지족의 집에 침입해 강도짓을 하는 바람에 다시 감옥에 갇혔다고 말했다. 1947년에도 어니스트는 여전히 감옥에 있었으나, 헤일은 리븐워스에서 20년을 복역한 뒤 석방되었다. 가석방 위원회의 관리들은 헤일의 나이(일흔두 살)가 고령이라는 점과 모범적인 복역기록을 감안해서 그런 결정을 내렸다고 주장했다. 오세이지족의 한 지도자는 헤일이 "저지른 죗값으로 교수형을 당해야 마땅한 인물"[8]이라고 말했다. 오세이지 부족원들은 가석방 위원회의 결정이 헤일의 정치적 영향력의 마지막 흔적이라고 확신했다. 그는 다시 오클라호마에 발을 들여놓는 것이 금지되었지만, 그의 친척들에 따르면 그가 그들을 찾아와 이런 말을 했다고 한다. "그 망할 놈의 어니스트만 입을 다물었다면 우리는 지금 부자가 됐을 거야."

마지는 헤일을 만난 적이 없다고 말했다. 헤일은 1962년에 애리조나의 요양원에서 세상을 떠났다. 마지는 어니스트가 1959년에 다시 출소한 뒤 그를 만났다. 오클라호마로 돌아오는 것이 금지된 그는 처음에 뉴멕시코 주로 가서 양치기로 일하며 월급 75달러를 받았다. 한 기자는 당시 이런 글을 썼다. "석유로 부자가 된 오세이지족 인디언 여성의 남편으로서 풍족하게 살던 시절과는 천양지차일 것이다."[9] 1966년에 어니스트는 오클라호마로 돌아갈 수 있을지도 모른다는 희망을 안고 사면을 신청했다. 그때의 기록은 지금 존재하지 않지만, 오클라호마에서 5인의 심의위원회에 회부된 그의 신청서에는 수사국의 살인사건 수사에 그가 협조했다는 사실이 신청사유 중 하나로 적혀 있었다(화이트는 버크하트의 자백 덕분에 수사를 성공적으로 마무리할 수 있었다고 항상 말했다). 심의위원회는 오세이지족의 강력한 반대에도 불구하고 3대 2로 사면을 허용했다. 그리고 주지사도 이 결정에 서명했다. 〈오클라호먼〉은 "살인범 사면"이라는 제목 밑에 "오세이지족 공포에 휩싸여"라는 말을 덧붙였다.[10]

머리숱도 줄어들고 허리도 굽은 어니스트는 오세이지 카운티로 돌아와 처음에는 동생 브라이언의 집에 머물렀다. 마지는 그때의 기억을 떠올렸다. "내가 어니스트를 만난 건 막 10대로 접어든 무렵이었어요. 그가 너무나 할아버지 같은 모습이라서 나는 깜짝 놀랐죠. 몸은 몹시 말랐고, 머리는 하얗게 세어 있었습니다. 눈빛은 아주 상냥했고요. 감옥에서 오랜 세월을 보냈는데도 전혀 거칠지 않았어요. 이런 사람이 그런 짓을 저질렀다고는 상상이 가지 않아서…" 강렬한 북소리 속에서 그녀의 목소리가 잦아들었다. 얼마 뒤 그녀가 다시 말을 이었다. "우리 아버지는 아주 힘들어했습니다. 아버지와 고모가 부족 사람들에게서 따돌림을 당했거든요. 두 분 모두 상처를 많이 받았어요. 가족들의 지지와 응원이 필요했는데 아무도 없었으니까요."

그로 인해 그의 아버지는 세상을 향해 분노하게 되었다. 마지의 남편 앤드루는 엘리자베스도 역시 커다란 영향을 받았다고 말했다. "일종의 편집증 환자 같았죠."

마지가 고개를 끄덕였다. "엘리자베스 고모는 한 곳에 오래 머물지 못해서 항상 이사를 다니면서 전화번호까지 바꿔버렸어요."

엘리자베스는 어니스트를 만날 생각이 없는 것 같았다. 어니스트는 나중에 오세이지 카운티 외곽에 있는, 쥐가 들끓는 트레일러로 이사했다. 카우보이가 그를 가끔 만나러 갔다. "내 생각에 우리 아버지에게는 아버지를 그리워하는 마음이 있었던 것 같아요." 마지가 말했다. "하지만 자기 아버지가 무슨 짓을 저질렀는지 알고 있었죠. 아버지는 어니스트를 다이너마이트 영감이라고 불렀어요." 어니스트는 1986년에 세상을 떠나 화장되었다. 그리고 상자에 담긴 그의 재가 카우보이에게 전달되었다. 어니스트는 자신의 재를 오세이지 힐스에 뿌려달라는 부탁을 카우보이에게 남겼다. "그 재는 며칠 동안 집 안에 그냥 놓여 있었어요." 마지가 말했다. "그러다 어느 날 밤 아버지가 완전히 화가 나서 상자를 가지고 나가 다리 위에서

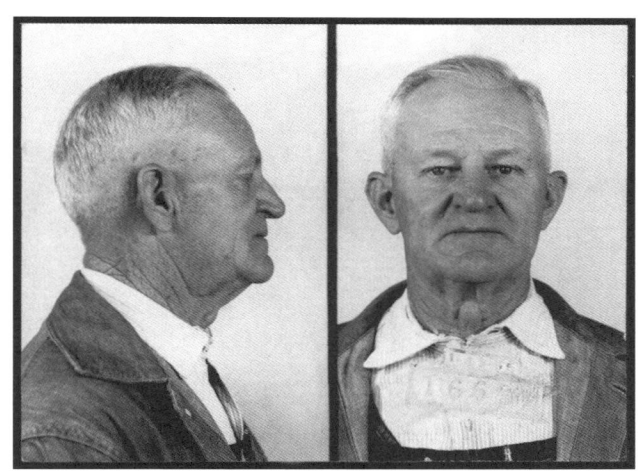

어니스트 버크하트.

카우보이와 엘리자베스가 아버지인 어니스트와 함께 찍은 사진. 어니스트의 얼굴이 없는 것은 나중에 사진에서 찢어버렸기 때문이다.

던져버렸죠."

☙❧

해가 점점 낮아지기 시작할 무렵, 잠시 휴식시간이 있었다. 마지는 그레이호스를 내게 구경시켜주겠다고 제안했다. 우리는 그녀의 차에 올랐다. 그녀는 흙먼지가 날리는 좁은 길을 달리기 시작했다. 정자에서 그리 멀지 않은 곳에 이제 그레이호스에 몇 채 남지 않은 주택 중 한 채가 검은 떡갈나무 사이에 거의 숨겨져 있었다. "여기가 내가 어렸을 때 살던 집이에요." 마지가 말했다. 놀랍게도 그것은 작고 검소한 목조주택이었다. 저택이라기보다는 오두막에 더 가까웠다. 그렇지 않아도 후견인들과 도둑들 때문에 줄어들고 있던 재산을 대공황으로 완전히 잃어버린 오세이지족이 많았다. 마지는 몰리도 예외가 아니었다고 말했다. 경제가 호황일 때 배럴당 3달러 넘게 올랐던 석유 값이 1931년에는 65센트로 곤두박질쳤다. 따라서 오세이지족 인디언 한 사람에게 매년 지급되는 액수도 800달러 이하로 떨어졌다. 그다음 해에 〈리터러리 다이제스트〉는 "석유로 일군 오세이지의 재산이 사라지고 있다"[11]는 제목의 기사를 실었다. 그 내용은 다음과 같았다. "이 인디언들은 화려하고 편안한 생활에 익숙하다. 하지만 지금은 (…) 석유로 들어오는 수입이 급속히 사라지고 있는데, 그들의 재산은 사실상 그것이 전부다." 설상가상으로 유전에 매장돼 있던 석유도 점차 고갈되기 시작했다. 1929년, 아직 주식시장이 붕괴하기 전에 한 전국지에는 이런 기사가 실렸다. "석유 매장량 지도가 계속 이렇게 바뀐다면, 앞으로 5년 뒤 오세이지족은 다시 일을 시작해야 할지도 모른다."[12]

그 뒤로 수십 년 동안 그레이호스를 포함한 대부분의 신흥도시들이 점차 죽어갔다. "어렸을 때는 유정에서 석유를 퍼올리는 소리를 들을 수 있었어요. 그런데 어느 날 그 소리가 멎었죠." 마지가 말했다. 현재 보호구역 전역에 1만 곳이 넘는 유정이 여전히 흩어져 있지만, 대부분 석유업계 사람들이 '스트리퍼' 유정이라고 부르는 것들이다. 다시 말해서 유정 하나당 1일 생산량이 15배럴이 되지 않는다는 뜻이다. 오세이지 토지 임차권 경매가 2012년에 털사에서 열렸을 때, 도합 세 필지만이 1만 5,000달러에 못 미치는 금액에 팔렸다. 아버지에게서 토지의 균등 수익권 중 절반이 조금 넘는 권리를 상속받은 마지는 지금도 분기마다 한 번씩 광물 트러스트에서 자기 몫의 배당금을 받고 있다. 금액은 석유 값의 변동에 따라 달라지지만, 최근 몇 년 동안은 대개 몇 천 달러 수준이다. "확실히 도움이 되는 금액이지만 그 돈만으로 먹고살기는 힘들어요." 마지가 말했다.

오세이지족은 새로운 수입원을 찾아냈다. 그들의 땅에 세워진 카지노 일곱 곳도 거기에 포함된다(이들의 옛날 이름은 '백만 달러 느릅나무 카지노'였다). 이런 수입원에서 나오는 수천만 달러의 돈 덕분에 오세이지족은 정부를 운영하고, 교육 프로그램을 실행하고, 의료 혜택을 부족원들에게 제공할 수 있다. 오세이지족은 또한 미국 정부가 수십 년 동안 형편없이 관리해온 석유기금 중 적어도 일부를 되찾을 수 있었다. 정부는 11년에 걸친 소송전 끝에 2011년에 오세이지족에게 합의금 3억 8,000만 달러를 지급하기로 했다.

차를 몰고 그레이호스를 둘러보던 중, 숲속에 낡은 공동묘지가 나타났다. 우리는 차에서 내렸다. 마지가 몰리 버크하트의 이름이 적힌 묘비 앞에서 걸음을 멈췄다. 묘비에는 "상냥하고 애정 넘치는 아내이자 다정한 어머니이자 모두의 친구였다"는 말이 새겨져 있었다. 살해당한 몰리의 자매들과 제부 빌 스미스, 어머니 리지, 그리고 첫 남편 헨리 론의 묘도 근처에 있었다. 마지는 무덤들을 둘러보며 말했다. "어떻게 사람이 이런 짓을 할 수 있죠?"

마지는 전에 와서 이 무덤들에 놓아둔 꽃을 다시 가지런히 정리했다. "난 항상 무덤에 꽃을 놓아두려고 해요." 그녀가 말했다.

우리는 다시 차에 올라 초원을 가르는 흙길을 따라 달렸다. 무성하게 자란 풀밭이 한없이 뻗어 있었다. 그 초록색 풍경 속에 보이는 것이라고는 작고 녹슨 석유 펌프 몇 개, 여기저기서 풀을 뜯는 소떼뿐이었다. 그날 일찍 차를 몰고 그레이호스로 오면서 나는 초원에서 들소들이 어슬렁거리는 모습을 보고 화들짝 놀랐다. 털이 많고 육중한 몸과 숙인 머리를 지탱하는 다리가 하도 가늘어서 과연 버틸 수 있을지 의심스러웠다. 19세기에 들소는 초원에서 멸종되었지만, 몇 년 전부터 자연보호에 힘쓰는 사람들이 그들을 다시 풀어놓았다. 언론재벌 테드 터너는 페어팩스와 포허스카 사이에 있는 4만 에이커 규모의 목장에서 들소를 길렀는데, 오세이지족 정부가 2016년에 이 목장을 사들였다.

마지 부부와 나는 계속 초원을 달렸다. 땅의 경계선 위에 완벽한 오렌지색 원 모양으로 떠 있던 해가 곧 절반으로, 4분의 1로 줄어들

몰리와 그녀의 살해당한 가족들이 여기에 묻혀 있다.

더니 눈부신 빛을 마지막으로 한 번 확 터뜨리면서 사라졌다. 마지가 말했다. "하늘이 이렇게 분홍색으로 물들 때가 좋아요."

우리가 탄 차는 구불구불하게 뻗은 땅을 오르락내리락하면서 정처 없이 달리고 있는 것 같았다. 파도를 타고 출렁거리는 배와 비슷했다. 차가 어느 오르막길 꼭대기에 다다랐을 때 마지가 갑자기 차를 세웠다. 저 멀리 협곡이 보이고, 그 아래에 개울이 구불구불 흐르고 있었다. "저기 저쪽, 애나가 총에 맞은 데가 거기예요." 마지가 말했다. "아버지가 나를 말에 태워서 저기를 가르쳐줬어요. 나는 어렸고, 옆에는 우리가 타고 온 말들밖에 없었죠. 좀 무서웠어요."

22 유령의 땅

2009년에 엘리스 퍼션이라는 오세이지족이 〈위기이〉라는 시를 발표했다. 오세이지족 언어로 '기도'라는 뜻이다. 몰리 버크하트의 시점으로 서술된 이 시는 애나 브라운의 살인사건을 다루고 있다.

> 협곡이 개울로 떨어지는 곳에서 그녀가 죽었으므로
> 그들이 그녀를 개울로 끌고 갔으므로
> 그녀는 파란 브로드클로스 치마를 입고 죽었다.
> 서리가 담요처럼 풀을 덮었으나 그녀는 샘에서 발을 식혔다.
> 내가 발로 통나무를 돌렸으므로
> 그녀의 슬리퍼가 물살을 따라 하류의 댐으로 흘러갔다.
> 얼음이 녹은 뒤 사냥꾼들이 그녀의 시신을 발견했으므로.[13]

이 시는 다음과 같은 구절로 끝난다.

> 스타카지가체테 동안에, 꽃을 죽이는 달 The Killer of the Flowers Moon 이여.
> 나는 검은 물고기, 수달, 비버가 있는 강을 헤쳐 건널 것이다.
> 나는 수양버들이 영원히 살아 있는 강둑으로 올라갈 것이다.

마지가 다시 차를 출발시킬 무렵에는 초원이 밤의 어둠 속에 잠겨 있었다. 헤드라이트 불빛만이 흙먼지 이는 도로를 비췄다. 마지는 어니스트와 헤일이 저지른 짓을 어렸을 때 부모에게서 처음 들었다고 말했다. "그래서 나는 뭔가 나쁜 짓을 저지를 때마다 '혹시

내 핏줄이 원래 나쁜 건가?' 하고 걱정했어요." 마지는 지역 텔레비전 채널에서 가끔 〈FBI 스토리〉를 방송해줬는데, 가족들과 함께 그것을 보면서 울음을 터뜨리곤 했다고 말해주었다.

그녀의 말을 들으면서 나는 공포시대가 지금에 이르기까지 몇 세대에 걸쳐 파괴적인 영향을 미치고 있음을 깨달았다. 헨리 론의 증손자는 이 살인사건들의 영향에 대해 다음과 같이 말했다. "그 일이 우리 마음 깊숙한 곳 어딘가에 항상 있는 것 같다. 우리가 그 존재를 알지 못한다 해도, 그 일은 분명히 거기에 있다. 가족이 그때 살해당한 사람이라면 더욱더. 그 일이 항상 머릿속 한구석에 있기 때문에 우리는 아무도 믿지 못한다."[14]

우리는 초원을 빠져나와 페어팩스 시내로 향했다. 이곳은 아직 공식적으로는 소도시의 지위를 유지하고 있지만, 금방이라도 망각 속에 묻혀버릴 것처럼 보였다. 해가 갈수록 인구가 줄어들어서 이제는 1,400명도 채 되지 않았다. 중앙대로 양편에는 호황기에 서부식으로 지어진 건물들이 늘어서 있지만, 인적이 없다. 우리는 가장 커다란 상점 앞에 차를 세웠다. 진열창이 얼룩과 거미줄로 시커멓게 변해 있었다. "여기가 빅힐 무역회사였어요." 마지가 말했다. "내가 어렸을 때만 해도 여기가 아직 영업 중이었죠. 엄청 큰 가게였어요. 멋진 나무 난간과 오래된 나무 바닥이 있어서 사방에서 나무 냄새가 났어요." 나는 거리를 바라보며 몰리 버크하트와 톰 화이트가 보았을 풍경을 상상해보았다. 피어스애로 자동차, 카페, 석유 사업가, 귀족적인 오세이지족, 한때 이곳에서 타올랐을 거친 분노. 지금은 토요일 밤인데도 마지의 말마따나 "유령도시" 같았다.

그녀가 다시 차를 몰고 중앙대로에서 방향을 꺾어 작은 주택가로 들어섰다. 옛날 저택들이 아직 몇 채 남아 있었지만, 폐가가 되어 허물어지는 중이었다. 덩굴에 완전히 갇혀버린 집들도 있었다. 마지가 뭔가를 찾는 사람처럼 속도를 늦췄다.

"뭘 찾아?" 그녀의 남편이 물었다.

"그 집이 폭파된 곳."

"그건 저쪽 길 아니야?"

"아냐, 그건… 아, 여기다." 마지가 차를 세우며 말했다. 폭파사건이 있은 뒤로 새로 지은 집이 그 자리에 서 있었다.

그때 마지가 FBI의 기록 어디에서도 보지 못한 이야기를 내게 해주었다. 폭파사건이 있던 날 밤, 그녀의 아버지와 고모와 몰리가 스미스의 집에서 밤을 보낼 계획이었다는 말을 아버지에게서 직접 들었다는 것이다. 하지만 카우보이의 귀가 심하게 아파와서 그들은 그냥 집에 있었다. "그래서 그 세 사람은 무사할 수 있었어요. 운명이죠." 마지가 말했다. 나는 한순간 멈칫한 뒤에야 이 말의 의미를 제대로 이해했다. "우리 아버지는 당신 아버지가 당신을 죽이려 했다는 사실을 평생 알고 있었어요." 마지가 말했다.

우리는 어둠 속에서 한동안 차 안에 앉아 이렇게 오랜 세월이 흐른 뒤에도 도무지 이해할 수 없는 일을 이해하려고 애써보았다. 마침내 마지가 몸을 앞으로 기울이며 말했다. "자, 이제 다시 춤을 보러 갈까요?"

23

아직 끝나지 않은 사건

역사는 무자비한 판관이다. 우리의 비극적인 실수와 멍청한 부주의를 낱낱이 드러내고, 우리의 가장 내밀한 비밀을 폭로하며, 처음부터 미스터리 소설의 결말을 알고 있는 오만한 탐정처럼 아는 척을 한다. 나는 역사기록들을 샅샅이 훑으면서, 몰리가 남편에게서 무엇을 보지 못했는지 알 수 있었다(한 오세이지족이 내게 이런 말을 했다. "나와 결혼한 사람이 돈을 노리고 내 가족을 죽일 거라고 의심할 사람이 어디 있겠어요?"). 화이트가 로슨의 거짓 자백이나 후버의 못된 저의를 알아차리지 못한 것도 이해할 수 있었다. 오세이지 살인사건들을 더 깊이 파고 들어가서 흐릿하기만 한 검시 기록과 증인들의 증언과 유언 검인 기록을 살피는 동안, 수사국의 수사에서 몇 가지 빈틈이 점차 내 눈에 들어오기 시작했다.

수사당국은 헤일과 그의 공범들이 종신형을 선고받은 뒤, 범인을 모두 잡아들였다고 주장했다. 화이트가 리븐워스의 교도소장으로 취임한 뒤에는 의기양양하게 사건을 종결했다. 헤일과 스물네 건의 살인사건이 아직 모두 연결되지 않았는데도 그랬다. 그가 정말로 그 모든 살인을 저질렀을까? 워싱턴에서 석유 사업가 맥브라이드를 납치한 사람이나, 달리는 열차에서 W. W. 보건을 내던진 사람은 누구였을까?

헤일은 직접 피를 보는 일을 다른 사람들에게 시켰다. 하지만 헤일이 자주 이용하던 패거리, 그러니까 브라이언 버크하트, 애사 커비, 존 램지, 켈시 모리슨 등이 미국 수도까지 맥브라이드를 미행했거나 보건과 함께 기차에 탄 증거는 없다. 이 두 사람을 죽인 범인이 누군지는 몰라도, 아무 벌도 받지 않고 빠져나간 듯하다.

나는 맥브라이드 사건에 대해 새로운 단서를 전혀 찾아내지 못했다. 하지만 어느 날 오클라호마시티에서 자료조사를 하다가 W. W. 보건의 손녀인 마사 보건에게 전화를 걸었다. 그녀는 오클라호마시티에서 250킬로미터 넘게 떨어진 샐리소에서 사회복지사로 일하고 있었다. 그녀는 할아버지에 관한 이야기를 나누는 데 적극적인 태도를 보이면서 직접 차를 몰고 나를 만나러 오겠다고 말했다. "스커빈 호텔에서 만나요. 거기에 가면 석유가 오클라호마를 얼마나 부유하게 만들어주었는지 직접 볼 수 있을 거예요."

호텔에 도착한 뒤 나는 그녀의 말을 이해했다. 1910년에 석유 사업가 W. B. 스커빈이 지은 이 호텔은 한때 남서부 최고의 호텔로 일컬어졌다. 500석 규모의 볼룸이 하나 있고, 샹들리에는 오스트리아에서 수입한 것이며, 기둥 위에는 그리스의 주신酒神 바커스의 흉상이 있었다. 헤일의 변호사 사전트 프렌티스 프릴링은 이 호텔의 객실에서 솔리테르(혼자서 하는 카드놀이 — 옮긴이)를 하다가 죽었다(뇌출혈이었던 것 같다). 1988년 석유업계가 급전직하하는 와중에 이 호텔도 문을 닫았다. 하지만 거의 20년 뒤 5,500만 달러를 들인 수리 끝에 힐튼 호텔 체인점으로 다시 문을 열었다.

나는 로비에서 마사를 기다렸다. 나무로 지은 아치형 로비 입구는 처음 건물이 지어질 때부터 있었던 것이고, 바커스의 얼굴들도 천장에서 나를 내려다보고 있었다. 마사는 사촌인 멜빌 보건과 함께 나타났다. 그는 센트럴 오클라호마 대학의 생물학 교수였다. "멜빌이 할아버지에 대해 아주 잘 알고 있어요." 마사가 말했다.

멜빌은 두툼한 서류철 두 개를 들고 있었다. 함께 바에 자리를 잡고 앉은 뒤, 그가 내 앞에 서류철을 펼쳐 보였다. 보건 가문이 수십 년 동안 W. W. 보건의 살인사건에 대해 강박적으로 수집한 자료가 그 안에 가득했다. 색바랜 신문기사("포허스카 주민 알몸 시신으로 발견"[1]), 보건의 사망증명서, 보건이 살해당하기 직전에 "헤일을 전기의자에 앉힐 수 있을 만큼 충분한 증거"[2]를 모았다고 말했다고 누군가가 FBI에 진술한 내용.

마사와 멜빌은 보건의 아내인 로자가 혼자서 열 명의 자식들을 키워야 했지만, 수입원이 전혀 없었다고 말했다. 그래서 그들은 2층짜리 집에서 창고로 이사해야 했다. "끼니를 때울 돈도 없었대요." 마사가 말했다. "오세이지족이 힘을 모아 사실상 로자와 아이들을 먹여살리다시피 했죠." 보건의 아이들 중 마사의 아버지를 비롯한 몇 명은 오세이지족의 여러 가정으로 흩어져 오세이지족의 말을 쓰고, 그들의 전통 춤을 배우며 자랐다. "우리 아버지는 오세이지족과 함께 있을 때 안정감이 들었대요." 마사가 말했다.

그녀의 설명에 따르면, 많은 집안사람들은 헤일이 보건의 입을 막고 싶어 했다는 말에 동의하지만, 그의 죽음이 단순한 살인사건은 아닐 것이라고 보고 있다. 그들은 범인이 누구이며, 어떤 방식으로 살인이 이루어졌는지 알고 싶어 한다. 보건은 이미 살해당한 뒤 기차에서 내던져진 것인가, 아니면 기차에서 땅에 떨어지는 충격으로 사망한 것인가? 누군가 영향력을 지닌 사람이 검시 배심원에게 손을 썼는지, 보건의 사인은 '불명'으로 기록되어 있다.

우리는 한동안 이 살인사건의 여러 요소들에 대해 토론했다. 멜빌은 보건이 건장하고 힘도 셌다고 말했다. 그렇다면 범인 역시 힘이 센 사람이거나, 공범이 있었을 것이다. 내가 기억하기로 보건은 그 살인사건들에 대한 증거(와 가족들을 위한 돈)를 비밀장소에 숨겨 두었다고 아내에게 말했다. 나는 멜빌과 마사에게 범인이 그 비밀장소를 어떻게 알아냈을 것 같으냐고 물었다. 마사는 두 가지 가능성이 있다고 말했다. 하나는 범인이 보건을 기차에서 내던지기 전에 그에게서 억지로 정보를 알아냈을 가능성. 또 하나는 보건이 그 정보를 솔직히 털어놓을 만큼 신뢰하던 사람이 범인일 가능성.

멜빌은 헤일이 감옥에 간 뒤, 한 친척이 이 사건을 계속 조사하려고 했으나 익명의 협박을 받았다고 말했다. 그와 그의 가족들이 조사를 계속한다면, 모두 W. W. 보건과 같은 꼴이 될 것이라는 협박이었다. 그 이후로 그들은 조사를 그만두었다. 마사가 말했다. "가장 연세가 많으신 숙부님과 했던 이야기가 기억납니다. 숙부님이 돌아가시기 전에 우리 자매가 그분을 찾아뵙고 이렇게 말했죠. '보건 할아버지에게 누가 그런 짓을 했을까요?' 숙부님은 식구들이 경고를 받았던 일을 언급하면서 그 문제에 대해서는 관심을 갖지 말라고 하셨습니다. 여전히 겁에 질려 있었어요."

나는 로자든 누구든 집안사람들이 헤일 외의 잠재적인 용의자를 언급한 적이 있느냐고 물었다.

마사는 없다고 대답했지만, 보건이 죽은 뒤 그의 돈을 횡령한 사람이 있었다. 로자는 그에게 민사소송을 제기했다. 그 남자의 이름이 뭐냐고 물었더니 마사는 "성이 버트였어요"라고 말했다.

"맞습니다. H. G. 버트." 멜빌이 말했다. "어떤 은행의 은행장이었어요."

나는 수첩에 그 이름을 적었다. 그러고 나서 고개를 들었더니 두 사람이 열렬한 눈으로 나를 바라보고 있었다. 내가 공연히 헛된 희망에 불을 붙인 것은 아닌지 갑자기 걱정스러웠다. "오래전 일이기는 하지만 제가 있는 힘껏 조사해보겠습니다." 내가 말했다.

※

미국 국립문서보관소 남서부 지점은 텍사수 주 포트워스의 한 창고에 있으며, 웬만한 격납고보다도 크다. 안에 들어가면 습도가 조절되는 공간에 부피가 무려 2,800세제곱미터가 넘는 기록물들이 4.5미터 높이로 줄줄이 쌓여 있다. 여기에는 미국 연방 오클라호마 지방법원의 재판 기록(1907~1969), 1900년의 무시무시한 허리케인

갤버스턴에 대한 기록, 존 F. 케네디의 암살에 관한 자료, 노예제와 남북전쟁 이후 재통합 기간과 관련된 서류, 인디언국의 많은 현장 사무소에서 보내온 보고서 등이 포함된다. 이 문서보관소는 모든 행동과 지시를 기록하고, 기근과 역병과 자연재해와 범죄와의 전쟁이라는 무질서에 행정적인 깔끔함이라는 베일을 드리우고 싶어 하는 인간의 욕망을 반영한다. 나는 이 방대한 자료들 속에서 W. W. 보건의 살인사건에 대한 단서를 찾을 수 있기를 기원했다.

로자 보건이 H. G. 버트를 상대로 제기한 소송 관련 법원 기록은 이미 살펴보았다. 1923년에 시작된 이 송사는 언뜻 평범해 보였다. 포허스카의 한 은행 은행장이던 버트는 보건과 절친한 사이로 알려져 있었으며, 보건은 오랫동안 버트의 고문 변호사 중 한 명이었다. 로자에 따르면 버트는 보건에게 1만 달러의 빚이 있었다. 그녀는 소송을 통해 이 빚을 받아내고자 했다.

하지만 악마는 세세한 부분 속에 숨어 있다. 나는 더욱 깊숙이 조사해 들어가다가, 문제의 돈이 공포시대의 희생자 중 한 명인 조지 빅하트와 연관되어 있음을 알게 되었다. 보건은 빅하트의 변호사이기도 했다. 빅하트는 보건에게 살인사건에 대한 중요한 정보를 밝히기 전에, 그리고 오클라호마시티의 병원에서 독살로 의심되는 죽음을 맞기 전에, 당국으로부터 법적인 능력을 인정하는 증서를 받아내려고 했다. 그 증서가 있으면, 그가 정부가 지정해주는 후견인을 받아들일 필요가 없었으며, 석유가 매장된 땅에서 들어오는 돈을 마음대로 쓸 수 있었다. 보건은 그가 이 신청서를 제출할 수 있도록 훌륭하게 도와주었다. 빅하트는 이 일을 비롯한 여러 법률적인 서비스의 대가로 그에게 무려 1만 달러를 지불할 계획이었다. 오늘날의 가치로 환산하면 거의 14만 달러나 되는 돈이다. 하지만 어찌 된 영문인지 버트가 그 돈을 손에 넣었다. 그리고 며칠 뒤 빅하트와 보건 모두 목숨을 잃었다.

로자 보건이 버트를 상대로 제기한 소송에서 버트를 대리한 법률회사는 살인사건 재판에서 헤일을 변호한 바로 그 법률회사였다. 주법원은 처음에 이 소송을 기각했다. 마사에 따르면, 집안사람들은 배심원들에게 누군가가 손을 썼다고 확신했다. 하지만 항소심에서 오클라호마 대법원이 판결을 뒤집어, 버트가 로자 보건에게 5,000달러와 이자를 지급해야 한다고 판결했다. "남편을 잃고 돈 한 푼 없이 아이 열 명을 길러야 하는 여자에게서 돈을 훔쳐가는 사람이 어디 있어요?" 마사는 내게 이렇게 말했다.

문서보관소의 여러 자료뿐만 아니라 다른 곳에서 구한 정보도 훑어보는 과정에서 버트라는 인물의 모습이 점차 뚜렷해졌다. 1874년에 미주리에서 태어난 그는 농부의 아들이었다. 인구조사 기록을 보면, 1910년에 그는 포허스카에 살고 있었다. 아마도 꿈과 욕망을 안고 필사적으로 달려온 이주민 중 한 명이었을 것이다. 그는 상점을 열어 운영하다가 나중에 은행장이 되었다. 1926년에 찍은 사진에서 그는 헤일과 똑같이 날렵한 양복을 차려입고 모자를 쓴 모습이다. 떠돌이 농부의 아들이 점잖은 사업가로 변신한 것이다.

하지만 그의 재산은 대부분 심하게 부패한 '인디언 사업'에서 흘러 들어온 것이었다. 백만장자인 오세이지족에게서 사취한 돈이었다는 뜻이다. 한 법원 기록에는 버트가 오세이지족을 겨냥한 대부업체를 운영했다고 적혀 있다. 1915년에 미국 인디언들의 상황을 조사하던 의회 합동위원회 청문회에서 부족의 변호사는 버트가 다른 백인들에게서 빌린 돈을 오세이지족에게 천문학적인 이자로 빌려주고 있다고 말했다. "버트 씨는 포허스카에서 벌어지는 일들의 내부자라고 할 수 있는 인물입니다."[3] 변호사는 이렇게 증언했다. "그는 자신이 이 돈의 이자로 고작 6퍼센트만 지불하고 있는데, 이 돈을 인디언들에게 다시 빌려주는 일로 그보다 훨씬 많은 돈을 벌 수 있다고 내게 말했습니다. 그는 이자 6퍼센트로 돈을 빌려서 십중팔구… 선불리 짐작할 수는 없지만… 어쨌든 10~50퍼센트의 이자를 받을 수 있었을 겁니다."

버트는 자신이 오세이지족에게 사기를 치고 있음을 감추기 위해 괴상한 회계방법을 도입했다. 조지 빅하트가 사망한 뒤 유언 검인 청문회에서 한 변호사는 버트의 은행에서 오세이지족에게 대출되었다는 돈이 어째서 버트의 개인 수표로 발행되었는지 모르겠다며 당황스러운 심정을 표출했다. 버트는 자신이 "굳이 숨겨야 하는 거래를 한 적이 없다"고 주장했다.

"인신공격을 할 생각은 없었습니다, 버트 씨. 하지만 이것이 조금 이상한 일이기는 합니다."

"우리는 항상 그렇게 일합니다."

포트워스의 문서보관소에서 나는 오클라호마 서부지구 담당 미국 연방지방검찰청의 기록 중 오세이지 살인사건 관련 기록을 꺼내서 읽어보았다. 여기에는 어디에서도 보지 못한 자료가 들어 있었다. 1926년에 오세이지 살인사건들을 조사한 대배심의 비밀 증언.

이때의 증인들 중에는 어니스트 버크하트와 딕 그레그 등 사건의 중요한 인물들이 많이 포함되어 있었다. 버트가 증언한 기록은 없었다. 그러나 헤일을 헨리 론의 보험금 수령인으로 지정한 보험을 판매한 생명보험 판매인은 버트가 보험금 음모의 과녁으로 또 다른 인디언을 추천했다고 증언했다.

  수사국이 문서보관소에 제출한 수천 쪽의 기록에서 나는 나중에 버트가 언급된 자료 두 건을 더 찾아냈다. 첫 번째 자료는 한 요원이 믿을 만한 정보원에게서 들은 정보를 기록한 보고서였다. 정보원은 버트와 헤일이 사업상 "매우 친밀한"[4] 관계라고 말했다. 그 정보원은 또한 버트와 헤일이 "노획품 때문에 갈라섰다"[5]고 말했다. 여기서 '노획품'이란 빅하트에게서 손에 넣은 돈을 뜻한다. 이 보고서에는 그 금액이 정확히 얼마였는지 분명히 적혀 있지 않지만, 수사국은 빅하트가 사망한 뒤 헤일이 가짜 차용증서를 제출해서 6,000달러에 대한 권리를 확보하는 데 성공했다고 적어두었다. 어쩌면 '노획품'에는 버트가 떼어먹으려고 했던 1만 달러 역시 포함되어 있었는지 모른다.

  그러나 몰리의 가족들이 살해당한 원인이 된 균등 수익권이나 론의 죽음의 원인이 된 생명보험금 2만 5,000달러와 달리, 이 기록 속의 금액은 둘이 나눠 갖는다고 가정할 경우 살인을 불사할 만큼 대단하지 않았다. 법무부도 그래서 헤일을 빅하트의 살해혐의로 기소하거나 버트를 계속 추적하지 않은 것인지 모른다. 하지만 화이트의 수사팀이 버트를 깊이 의심했음은 분명하다. 내가 수사국 서류철에서 찾아낸 두 번째 자료에서 요원들은 버트를 "살인자"로 지칭했다.[6]

❧❦

나는 여러 날 동안 문서보관소를 드나들며 빅하트의 살인사건에 경제적 동기가 얽혀 있는지 조사해봤다. 그의 죽음으로 이득을 본 사람이 누구인지 알아보려고 유언 검인 기록도 살펴봤다. 마사는 내게 보낸 이메일에서 "우리 아버지가 항상 하시던 말씀처럼 돈을 따라가면 돼요"라고 썼다. 하지만 헤일이든 버트든 아니면 다른 백인 남자든 빅하트의 재산을 물려받았다는 증거가 없었다. 그의 재산은 빅하트의 아내와 어린 딸에게 상속되었다. 그러나 빅하트의 딸에게 후견인이 있었으므로, 그 남자가 돈을 좌우했을 것이다. 나는 자료들을 훑어본 끝에 결국 그 후견인의 이름을 찾아냈다. H. G. 버트.

내가 알아낸 사실들을 다시 훑어보면서 가슴이 두근거리기 시작했다. 버트는 사업상 헤일과 가까운 관계였고, 헤일은 오세이지족을 체계적으로 착취하는 일에 관련되어 있었다. 버트는 빅하트의 딸의 후견인이 됨으로써 그의 재산에 손댈 수 있었다. 정부 기록에 따르면, 버트의 후견을 받는 오세이지족이 여러 명 더 있었고 그중 한 명은 세상을 떠났다. 버트는 빅하트가 독에 당해서 쓰러질 무렵에 그와 함께 있었다. 빅하트가 숨을 거두기 직전에 버트와 헤일이 모두 빅하트를 만나러 왔다는 치안관의 증언이 있었다. 그리고 수사국은 버트를 살인자로 생각했다.

다른 증거들 역시 버트가 범죄와 관련되어 있음을 암시했다. 예를 들어 법원 기록에는 버트가 보건의 절친한 친구로 알려져 있었는데도, 빅하트가 보건에게 주려던 돈을 가로챘다고 나와 있다. 어쩌면 보건이 친구의 검은 속을 알지 못하고, 자신이 조사하고 있던 일을 언급하면서 돈과 증거를 숨겨둔 장소를 이야기해주었는지도 모른다. 그리고 보건이 죽음을 앞둔 빅하트를 만나러 갔을 때, 빅하트가 헤일뿐만 아니라 버트 역시 살인음모에 관련되어 있다고 말해주었는지 모른다.

하지만 버트가 빅하트와 보건의 살인사건에 관련되어 있을 것이라는 가설을 뒷받침해주는 것은 여전히 정황증거뿐이었다. 보건이 기차에서 내던져질 때 누가 그와 함께 있었는지도 아직은 알 수 없었다. 그런데 옛날 신문들을 뒤지던 중 〈포허스카 데일리 캐피털〉에 실린 보건의 장례식 기사가 눈에 들어왔다. 기사 중간쯤에 버트가 오클라호마시티에서 보건과 함께 기차에 올랐으며, 보건이 자리에서 사라졌을 때도 기차 안에 있었다는 내용이 있었다. 이 신문의 또 다른 기사에 따르면, 보건이 사라졌다고 신고한 사람도 버트였다.

나는 포트워스의 문서보관소를 떠나기 전에, 수사국 정보원과의 면담 내용이 실린 서류철을 우연히 발견했다. 헤일과 가까운 사이였던 이 정보원은 다른 살인사건들에서 헤일에게 불리한 결정적인 증거를 제공한 인물이었다. 그는 보건의 살인사건에 대해 아는 것이 있느냐는 물음에 이렇게 대답했다.

"있습니다. 허브 버트가 그 일을 했을 겁니다."[7]

ஐ

질문에 대답하거나 스스로 변호할 수도 없는 사람을 상대로 그가 끔찍한 범죄를 저질렀을 것이라고 의심하는 일이 불공정하다는 사실을 나는 의식하고 있었다. 그래서 내가 알아낸 사실들을 알려주려고 마사 보건에게 전화를 걸었을 때, 나는 우리가 확실하게 알아낼 수 있는 일에 한계가 있음을 강조했다. 그러고는 내가 모은 자료들을 알려주었다. 나는 또한 뉴멕시코의 어떤 도서관에서 페어팩스 연방보안관과의 인터뷰 중 일부를 우연히 찾아냈다는 사실도 알려주었다. 어디에도 발표되지 않은 이 인터뷰의 주인공은 오세이지 살인사건들을 직접 수사한 사람이었다. 그는 버트가 보건의 살인사건과 관련되어 있으며, 신흥도시 중 한 곳의 시장(그 일대에서 활동하던 불량배)이 버트를 도와 보건을 기차 밖으로 던졌음을 시사했다. 그는 또한 1925년에 수사국이 오세이지 살인사건들을 수사 중일 때 버트가 겁에 질린 나머지 도주를 생각했다는 말도 했다. 실제로 버트는 그해에 갑자기 캔자스로 이주했다. 마사는 내 설명을 모두 들은 뒤 가만히 있다가 작게 흐느꼈다.

"죄송합니다." 내가 말했다.

"아뇨, 마음이 놓여서 그래요. 우리 집안사람들 마음에 아주 오랫동안 걸려 있던 일이니까요."

나는 이 살인사건들을 조사하면서 점차 흐릿해지는 역사를 뒤쫓고 있다는 생각이 자주 들었다. 나는 마사와 이야기를 나눈 뒤 얼마 되지 않아서 그녀가 심장마비로 세상을 떠났다는 소식을 들었다. 겨우 예순다섯 살이었다. 슬픔에 잠긴 멜빌이 내게 말했다. "과거와의 연결고리가 또 하나 사라졌어요."

24
두 세계에서

2013년 5월의 어느 날 밤, 포허스카의 콘스탄틴 극장에서 오세이지 발레 〈와자제〉 공연 녹화본의 상영이 예정되어 있었다. 오세이지족은 오래전부터 고전발레의 세계와 연이 닿아서, 가장 위대한 발레리나 중 두 명인 마리아 톨치프와 마조리 톨치프 자매를 배출해냈다. 미국 최초의 주요 프리마 발레리나로 꼽히는 마리아는 1925년에 페어팩스에서 태어났다. 그녀는 자서전에서 석유가 가져다준 부를 회상하면서, 오세이지족인 자신의 아버지가 그 도시 전체를 소유하고 있는 것처럼 보였다고 썼다. "어디에나 아버지의 재산이 있었다. 메인 스트리트의 영화관, 그 맞은편의 당구장이 아버지의 것이었다. 방이 열 개나 되는 우리의 테라코타 벽돌집은 보호구역을 굽어보는 언덕 위에 높이 서 있었다."[1] 그녀는 또한 근처의 어떤 집에서 "폭탄이 터져 그 안에 있던 사람들이 모두 죽었다. 석

어니스트 버크하트의 재판이 열렸던 법원은 지금도 포허스카에 우뚝 서 있다.

유가 매장된 토지의 균등 수익권 때문에 살해당한 것"[2]이라는 기억도 자서전에 적어넣었다.

〈와자제〉는 공포시대를 포함해서, 오세이지족의 역사 전체를 담은 작품이다. '와자제'는 '오세이지'를 뜻한다. 나는 공연을 동영상으로 담은 것에 불과할지라도 그 발레 영상을 꼭 보고 싶었다. 그래서 표를 구입한 뒤, 포허스카의 그 극장으로 들어갔다. 과거에 몰리와 어니스트 버크하트도 이 극장에서 벨벳 커버를 입힌 의자에 앉은 적이 있고, 석유재벌들은 날씨가 나쁜 날 이곳에서 경매에 참여

했다. 1980년대 초에 이 극장은 철거되기 직전까지 갔지만, 시민들 일부가 자진해서 건물 복원에 나섰다. 그들은 거미줄과 벌레들을 제거하고, 정문의 놋쇠 장식판을 반짝반짝 닦고, 로비 바닥에 몇 겹이나 쌓인 때와 오물을 제거해 별 모양의 모자이크가 다시 모습을 드러내게 했다.

극장에는 사람이 가득했다. 나는 조명이 희미해지면서 영화가 시작될 무렵에 내 좌석을 찾았다. 도입부에 소개글이 나타났다. "초창기 선교 기록에서 오세이지족은 대개 '세상에서 가장 행복한 사람들'로 묘사되었습니다. (…) 그들은 아무것도 소유하지 않았고, 그 무엇에도 소유당하지 않았으므로 자유가 무엇인지 알고 있었습니다. 하지만 오세이지족은 유럽 세계의 경제적 사업에 방해가 되었습니다. (…) 그들에게 익숙한 삶이 다시는 돌아오지 않았습니다. 오늘날 우리는 두 세계 사이에서 갈피를 잡지 못합니다. 우리는 강하고 용감하게 이 두 세계를 걷는 법을 배우며, 인디언이 아닌 사람들이 압도적인 다수를 차지하는 사회에서 우리의 문화와 전통에 아슬아슬하게 매달려 있습니다. 우리 역사, 우리 문화, 우리 마음, 우리 고향은 앞으로도 언제나 초원을 가로질러 다리를 쭉 뻗으면서 아침 햇빛 속에서 노래를 부르고, 심장 박동처럼 울리는 북소리에 맞춰 발을 내디딜 것입니다. 우리는 두 세계를 걷습니다."

발레는 서로 충돌하는 이 두 세계를 강렬하게 연상시켰다. 이 작품은 오세이지족이 초원을 돌아다니며 살던 때부터 유럽인 탐험가나 선교사들과 처음 마주칠 때까지, 그리고 검은 황금인 석유로 부를 누릴 때까지의 역사를 보여주었다. 무용수들은 왈가닥 아가씨처럼 분장하고 나와서 재즈 음악에 맞춰 신나게 빙빙 돌았다. 그러다 갑자기 폭발 소리가 그들의 춤을 방해했다. 슬픈 음악에 맞춰 슬픈 장례식 춤이 몇 번이나 이어지면서 공포시대를 묘사했다. 추도객 중 헤일로 분장한 무용수는 사악한 얼굴을 가리기 위해 가면을 쓰고 있었다.

그 뒤에 이어진 장면에서는 미국의 군대에 복무한 오세이지족의 이야기가 묘사되었다. 오세이지족의 일원인 클레런스 레너드 팅커는 미국 인디언 최초로 소장까지 진급했으며, 제2차 세계대전 중에 비행기를 타고 가다가 사망했다. 그런데 그때 놀랍게도 내게 친숙한 얼굴이 화면에 나타났다. 바로 마지 버크하트였다. 그녀는 떠나는 병사 중 한 명의 어머니 역할을 맡아 잠깐 등장했다. 춤은 추지 않았다. 하지만 그녀는 예전에 인디언 담요를 두르고 다니던 몰리처럼 어깨에 숄을 두른 모습으로, 무대를 우아하게 가로질렀다.

상영이 끝난 뒤에도 많은 관객들이 쉽사리 자리를 뜨지 못했다. 관객들 중에 마지의 모습은 보이지 않았다. 그녀는 이 발레에서 공포시대를 묘사하는 장면을 처음 보았을 때 "배를 한 대 맞은 것 같았다"고 나중에 내게 말했다. 그녀의 말은 계속 이어졌다. "내가 그렇게 충격을 받을 줄은 몰랐어요. 이루 말할 수 없이 많은 감정이 느껴졌습니다." 나는 그날 관객들 중에서 박물관장인 캐스린 레드 콘과 마주쳤다. 그녀는 내게 자료조사가 잘 되느냐고 물었다. 나는 그때까지 그 살인사건들과 공개적으로 연관된 적이 없는 H. G. 버트가 사건과 관련되어 있을지도 모른다고 말했다. 그러자 그녀는 별로 놀란 기색 없이, 다음 날 오전에 박물관으로 오라고 내게 말했다.

다음 날 그녀는 박물관 내의 자기 사무실 책상에 앉아 있었다. 주위에는 유물들이 가득했다. "이걸 좀 보세요." 그녀가 내게 금방이라도 바스라질 것처럼 오래된 편지의 복사본을 건넸다. 필체는 깔끔했으며, 1931년 11월 27일이라는 날짜가 적혀 있었다. "맨 아래의 서명을 보세요." 레드 콘이 말했다. 서명된 이름은 'W. K. 헤일'이었다.

그녀는 헤일이 이 편지를 감옥에서 오세이지 부족원에게 보냈다고 설명했다. 그런데 얼마 전에 그 부족원의 후손이 이 편지를 박물관에 기증했다는 것이다. 편지를 읽으면서 나는 경쾌한 말투에 충격을 받았다. "내 건강은 완벽하네. 몸무게는 185파운드(약 84킬로그램—옮긴이)야. 아직 흰머리도 전혀 나지 않았어."[3] 그는 출소한 뒤 보호구역으로 돌아가고 싶다고 편지에 적었다. "세상 어느 곳보다도 그레이호스에서 살고 싶다네." 그는 또한 다음과 같이 고집스럽게 주장했다. "나는 언제까지나 오세이지족의 진정한 친구로 살 걸세."

레드 콘이 고개를 절레절레 저었다. "기가 막히죠?"

그녀는 이 편지를 보여주려고 나를 박물관으로 부른 것 같았다. 하지만 나는 곧 다른 이유가 하나 더 있음을 알게 되었다. "내가 전에 언급했던 우리 할아버지 이야기를 이제 당신에게 해줘도 괜찮을 것 같습니다." 그녀가 말했다. 그녀의 할아버지는 할머니와 이혼한 뒤 백인 여성과 결혼했는데, 1931년부터 자신의 두 번째 아내인 그 백인 여성이 자신에게 독을 먹이고 있는 것 같다고 의심하기 시작했다고 한다. 레드 콘은 친척들이 할아버지 집에 가보면, 할아버지가 겁에 질려 있었다고 회상했다. 할아버지는 친척들에게 이런 말을 하곤 했다. "이 집에서는 먹지도 마시지도 마." 그러고 얼마 되지 않아 레드 콘의 할아버지가 갑자기 세상을 떠났다. 겨우 마흔여섯 살이었다. "그때까지 할아버지는 건강했어요." 레드 콘이 말했다. "몸에 아무런 이상이 없었죠. 할아버지가 돌아가신 뒤 할아버지의 아내는 많은 돈을 가지고 사라졌어요." 가족들은 할아버지가 독살당했다고 확신했지만 수사는 이뤄지지 않았다. "그때는 다들 진실을 은폐했어요. 장의사도, 의사도, 경찰도."

레드 콘이 아는 것은 친척들에게서 들은 이 단편적인 이야기뿐이었다. 그래서 내가 자기 할아버지의 죽음 또한 조사해주기를 바랐다. 한참 침묵한 뒤에 그녀가 말했다. "공포시대에는 사람들이 아는 것보다 훨씬 더 많은 살인이 있었어요. 훨씬 더."

   ✽

오세이지 살인사건들을 조사하던 몇 년 동안 뉴욕의 내 작은 사무실은 어두운 창고로 변했다. 바닥과 선반에는 수천 쪽에 이르는 FBI 기록, 검시 보고서, 유언장, 범죄현장 사진, 재판 기록, 위조서류와 지문에 대한 분석, 탄도학과 폭발물에 대한 연구서, 은행기록, 목격자 진술서, 자백서, 중간에 가로챈 죄수들의 편지, 대배심 증언, 사립탐정들의 기록, 머그샷 등이 잔뜩 쌓여 있었다. 나는 레드 콘이 내게 보여준 헤일의 편지 사본 같은 새로운 문서가 손에 들어올 때마다 거기에 꼬리표를 붙여서 서류 더미 사이에 놓았다(후버의 서류정리 시스템을 한심하게 흉내 낸 것이다). 자료들의 내용은 어두웠지만, 새로운 자료가 발견될 때마다 나는 역사기록의 빈틈을 메울 수 있을지도 모른다는 희망을 품었다. 증언도, 피해자 본인의 목소리도 없이 오로지 무덤의 침묵만이 존재하는 듯한 빈틈들이 있었기 때문이다.

레드 콘의 할아버지도 그런 빈틈들 중 하나였다. 그의 죽음을 아무도 수사하지 않았고 주요 인물들이 모두 세상을 떠났기 때문에 나는 추적할 만한 단서를 전혀 찾아내지 못했다. 그 할아버지의 삶

1934년에 탈옥했다가 총에 맞아 쓰러진 블래키 톰슨의 사망 당시 현장사진.

과 죽음, 그가 겪은 열정과 분투, 그리고 어쩌면 그가 맞닥뜨렸을지도 모르는 잔혹한 폭행의 흔적은 거의 모두 사라져버린 것 같았다.

하지만 레드 콘과의 대화에 자극을 받은 나는 오세이지 살인사건들 중 아마도 가장 오리무중이라고 해도 될 찰스 화이트혼의 살인사건을 더 깊이 파보기로 했다. 헤일이 지휘한 흔적이 잔뜩 배어 있는 이 사건은 1921년 5월에 발생했다. 공포시대 4년의 시작지점으로 꼽힌다는 점에서, 애나 브라운의 살인사건과 같은 시간대다. 하지만 화이트혼의 사건에서는 헤일 일당의 범행임을 보여주는 증거가 하나도 드러나지 않았다.

이 사건은 영원히 미제로 남았지만, 처음에는 수사관들의 관심을 한 몸에 받았다. 나는 뉴욕으로 돌아온 뒤 이 범죄와 관련된 증거자료들을 모았다. 내 사무실에서 흔들거리고 있던 서류더미들 중 한 곳에서 나는 화이트혼이 죽은 뒤 그의 사건을 조사한 사립탐정들의 기록을 찾아냈다. 그들의 보고서는 마치 싸구려 소설에서 몇 페이지를 그냥 찢어온 것처럼 보인다. 예를 들면 이런 식이다. "이 비밀 정보는 믿을 만한 소식통에게서 나온 것이다."[4]

나는 이 보고서들을 읽으면서 핵심적인 사항을 메모했다.

> 화이트혼이 살아 있는 모습은 1921년 5월 14일 포허스카에서 마지막으로 목격되었다. 목격자는 그가 저녁 8시경에 콘스탄틴 극장 앞에 있었다고 말했다.
>
> 시체는 2주 뒤 발견되었다. 포허스카 시내에서 1.5킬로미터쯤 떨어진 산 위에 있었다.
>
> 장의사에 따르면, "시체의 자세를 보면, 그가 죽은 뒤 이리로 옮겨진 것이 아니라 이 자세로 쓰러진 것 같다."
>
> 범행에 사용된 무기는 32구경 리볼버. 미간을 두 번 쏘았음. 전문가의 솜씨?

보고서들에는 보건 변호사가 사립탐정들을 열심히 도왔다고 적혀 있었다. "인디언들과 잘 아는 사이인 보건은 자신이 진심으로 원하는 것은 (…) 죄를 지은 사람이 기소되게 하는 것이라고 말했다."[5] 사립탐정들도 보건도, 보건 본인이 나중에 범행대상이 될 것이라고는 짐작도 하지 못했다. 그러나 그는 그로부터 2년도 되지 않아 살해당했다. 나는 나도 모르게 그들에게 왜 이것을 알아차리지 못하느냐고 애원하고 있었다.

처음에 후버의 의심을 받았지만 결국 믿을 만한 사람으로 증명된 변호사 겸 후견인인 콤스톡도 사립탐정들을 도우려고 했다. "콤스톡 씨가 몇 가지 정보를 입수했다."[6] 한 사립탐정은 보고서에 이렇게 썼다. 나중에 화이트혼의 시체가 발견된 장소에서 5월 14일에 정체를 알 수 없는 남자가 은밀히 움직이는 모습이 목격되었다는 사실을 콤스톡이 알려주었다는 내용이었다.

화이트혼 사건은 공식적으로 미제로 남았기 때문에 나는 관련 증거들을 추적해봤자 그 끝에는 혼란만이 있을 것이라고 예상했다. 그러나 보고서들의 내용은 명확했다. 사립탐정들이 여러 정보원의 증언과 정황증거를 근거로 범행에 대한 깔끔한 가설을 세우기 시작했기 때문이다. 화이트혼이 죽은 뒤, 백인과 샤이엔족의 피가 섞인 그의 아내 해티는 르로이 스미서먼이라는 불량한 남자와 결혼했다. 사립탐정들은 포허스카에서 하숙집을 경영하는 미니 새비지가 이 결혼을 주선했음을 알게 되었는데, 한 사립탐정은 그녀에 대해 "약삭빠르고, 부도덕하고, 유능한 여자"[7]라고 표현했다. 사립탐정들은 그녀와 스미서먼이 다른 공범들과 함께 화이트혼의 재산을 빼앗기 위해 그의 살인계획을 세웠다고 보았다. 그리고 시간이 흐르면서 많은 사립탐정들은 남편이 죽은 뒤 그의 재산 중 일부를 순식간에 탕진해버린 해티 화이트혼 역시 공범이라고 믿게 되었다. 한 정보원은 해티 화이트혼이 "찰스 화이트혼의 살해를 주도"[8]했음이 분명하다고 말했다.

한 사립탐정이 신분을 감추고 새비지의 하숙집에 침투했다. "그는 전화통화 내용을 들을 수 있었다."[9] 다른 사립탐정이 보고서에 쓴 문장이다. 그는 하숙집에 침투한 탐정이 "잘해내겠지만 조언이 좀 필요할 것 같다"고 덧붙였다. 한편 미니 새비지의 자매가 사립탐정들에게 훌륭한 정보원 역할을 했다. 그녀는 살인에 쓰인 무기일 가능성이 높은 총을 본 적이 있다고 폭로했다. "미니가 침대를 정리하고 있었는데, 베개 밑에 총이 있었어요. 미니가 그것을 집어 들었죠. (…) 크기가 큰 편이고, 어두운 색이었어요."[10] 이런 정보가 있었는데도 사립탐정들은 어찌 된 영문인지 용의자들을 기소할 수 있을 만큼 충분한 증거를 모으지 못했다. 어쩌면 그들이 매수당했던 건지도 모른다.

수사국에서 처음으로 파견된 연방요원들도 1923년에 이 사건을 조사해본 뒤 새비지, 스미서먼, 해티 화이트혼이 범인이라는 결론을 내렸다. 한 요원은 "지금까지 수집한 증거를 보면, 해티 화이트혼이 그의 재산을 손에 넣기 위해 그의 살해를 계획"한 것으로 보인다고 썼다.[11] 해티는 혐의를 모두 부인했지만, 한 요원에게 이렇게 말했다. "나도 당신만큼 머리가 좋아요. 당신을 조심하라는 말을 미리 들었어요. 당신은 내 비밀을 자꾸 파고드는데, 만약 내가 그 비밀을 말하면 당신은 날 전기의자로 보내겠죠."[12]

이때까지 이 사건의 조사과정에서 거슬리는 반전이 여러 번 있었다. 먼저 해티의 새로운 남편인 스미서먼이 그녀의 차와 상당한 액수의 돈을 가지고 멕시코로 도망쳤다. 그 이후 J. J. 포크너라는 남자(한 요원은 그를 "파렴치하고 위선적인 사기꾼"[13]이라고 묘사했다)가 해티의 주변에 넌지시 나타나더니, 그녀가 화이트혼의 살인사건에 대해 말해준 정보를 가지고 그녀를 협박했다(해티의 자매들 중 한 명이 포크너에게 개자식이라고 욕하면서 해티를 그만 괴롭히라고 소리 지르는 것을 들은 사람이 있었다. 포크너는 그 살인사건에 대해 자기가 다 알고 있으니 자기한테 함부로 말하지 말라고 쏘아붙였다). 버거 요원과 또 다른 요원은 보고서에 다음과 같이 썼다. "우리는 포크너가 해티에게서 모종의 자백을 얻어내는 데 성공했으며, 그것을 폭로하겠다는 협박으로 그녀를 마음대로 휘두르고 있다고 확신한다. 그의 목적은 그녀를 손아귀에 넣어 (…) 그녀가 사망한 뒤 재산을 차지할 뿐만 아니라 그녀가 살아 있는 동안에도 그녀에게서 돈을 받아내는 것임이 분명하다."[14]

오래지 않아 해티가 불치병에 걸렸다. 요원들은 그녀가 "금방이라도 죽을 것"[15]처럼 보였다고 적었다. 놀랍게도 요원들은 공포시대에 많은 사람들이 독살되었음을 알면서도 그녀가 병에 걸린 경위에 대해 전혀 의심하지 않았다. 포크너에게는 아내가 있었는데, 그녀는 요원들에게 그가 "해티를 병원에 보내지 않으려 한다. (…) 그녀를 계속 마음대로 휘두르기 위해서다"[16]라고 말했다. 해티의 자매들에 따르면, 포크너는 그녀가 "마약에 취해"[17] 있을 때 그녀에게서 돈을 훔쳤다고 한다.

자매들은 결국 해티를 병원에 입원시키는 데 성공했다. 요원들은 그녀가 죽음을 앞두고 있다고 확신했으므로, 그녀에게 이만 자백하라고 설득했다. 요원들은 그녀가 "자신이 아는 사실을 아무에게도 말하지"[18] 않았으며, 화이트혼이 살해되던 순간에 "그들"(아마 미니 새비지를 비롯한 다른 공범들인 듯하다)이 그녀를 다른 곳으로 보냈음을 콤스톡에게 시인했다고 보고서에 썼다. 그러나 해티는 그 이상 아무 말도 하지 않았다. 그녀가 포크너의 손아귀에서 벗어난 뒤 기적처럼 건강을 회복한 것은 놀라운 일이 아니다.

톰 화이트가 나타나 수사를 시작한 1925년에 수사국은 화이트혼 사건을 거의 포기하고 있었다. 버거 요원은 이것이 "별개의 사건"[19]이라면서 조직적인 살인사건들과 관련되어 있지 않다고 썼다. 이 사건은 오세이지 살인사건들에 대해 수사국이 세운 극적인 가설, 즉 이 모든 살인사건을 한 사람이 주도했으며, 헤일 일당을 체포하면 오세이지 살인사건을 해결하는 것이라는 가설에 들어맞지 않았다. 그러나 지금 생각해보면, 헤일이 화이트혼 사건에서 아무런 역할을 하지 않은 것처럼 보인다는 사실이 바로 이 사건이 중요한 이유가 된다. 레드 콘의 할아버지가 수상쩍은 죽음을 맞이했듯이, 화이트혼의 살인사건과 그의 아내를 죽이려다 실패한 음모는 공포시대의 비밀스러운 이면을 보여준다. 사악한 헤일이 그 시대에 보기 드문 존재가 아니었다는 것.

25
사라진 원고

"가서 당신 눈으로 직접 보세요." 내가 2015년 6월에 오세이지족의 땅을 다시 찾았을 때 캐스린 레드 콘이 내게 한 말이다. 나는 그녀의 말을 받아들여 차를 몰고 포허스카를 통과해 서쪽의 초원의 높이 자란 풀밭을 지났다. 그러자 마침내 그녀가 생생하게 묘사했던 광경, 수십 개의 금속 탑이 하늘을 침범하는 광경이 눈앞에 나타났다. 탑의 높이는 각각 128미터로 30층짜리 고층건물 높이와 맞먹었으며, 세 개의 날개가 돌고 있었다. 각각의 날개는 비행기 날개만큼 길었다. 이 탑들은 8,000에이커 넘게 펼쳐진 풍력발전소의 일부였다. 이 발전소는 궁극적으로 오클라호마주의 약 4만 5,000가구에 전기를 공급하게 될 예정이었다.

오세이지족의 땅에서 석유가 발견된 지 100년이 넘게 흐른 지금, 새롭고 혁명적인 에너지원이 이 지역을 바꿔놓고 있었다. 하지만 이번에는 오세이지족이 이 변화를 자신들의 지하 보호구역에 대한 위협으로 받아들였다. "봤어요?" 레드 콘이 박물관으로 돌아온 내게 물었다. "그 회사가 여기 들어와서 우리 허락도 없이 그걸 세웠다고요." 연방정부가 오세이지족을 대변해서 이 풍력발전소의 소유주인 이탈리아의 에너지 거대기업 에넬을 상대로 소송을 제기했다. 연방정부는 1906년에 제정된 토지분할법을 근거로, 이 회사가 풍력 터빈의 기초공사 과정에서 석회암을 비롯한 여러 광물을 채굴했으므로, 사업을 계속하려면 오세이지족의 승인이 필요하다고 주장했다. 승인을 얻지 못한다면, 에넬의 행동은 지하 보호구역에 대한 오세이지족의 주권을 침범하는 행위였다. 에넬은 광업은 자신들의 사업분야가 아니므로 오세이지족에게서 땅을 임차할 필요가 없다고 주장했다. "우리는 광물자원을 건드리지 않습니다."[1] 이 프로젝트의 대표자는 언론에 이렇게 말했다.

2015년 7월 10일 동틀 무렵에 오세이지족 추장 한 명과 부족원 20여 명이 풍차들 아래에 모여 와콘타에게 기도를 드렸다. 이제 막 떠오른 햇빛이 옅은 파란색 안개를 뚫고 풍차 날개에 부딪혀 반짝일 때, 기도를 주도하는 역할을 맡은 사람이 오세이지족은 "겸손한 종족이며, 당신의 도움을 청한다"고 말했다.

그러고 얼마 되지 않아, 법원은 에넬에게 유리한 판결을 내렸다. 토지분할법에 대한 정부의 해석이 오세이지족에게 이득이 되는 것은 분명하지만, "피고는 광물을 광고하거나 판매하는 등 광물개발사업에 전혀 관여하지 않았다. 따라서 임차권을 취득할 필요가 없다"[2]고 본 것이다. 오세이지 카운티에 두 번째 풍력발전소를 세울

오세이지족의 지하 보호구역 위에 세워진 풍력발전소.

계획이 벌써 진행 중이었다.

정부가 석유 채굴과 관련해서 새로 내놓은 환경규제는 오세이지족의 지하 보호구역에 훨씬 더 심대한 영향을 미쳤다. 2014년에 나온 이 규제를 지키려면 많은 비용을 들여야 했으므로, 석유 사업가들이 새로운 유정의 개발을 사실상 멈추다시피 했다. 새로운 유정에서 기껏해야 최소한의 수익밖에 거둘 수 없다고 보았기 때문이다. 한 석유 사업가는 기자에게 이렇게 말했다. "100년 만에 처음으로 오세이지 카운티에서 유정 개발이 멈췄다."[3]

나는 오세이지 살인사건들에 대한 조사를 계속했지만 더 이상 조사할 문서보관소도 몇 군데 되지 않았고, 새로 발견되는 문서도 별로 없었다. 그러던 어느 날 포허스카의 공립도서관에서 나는 여러 권 분량의 오세이지 역사책 중간에 끼어 있는, 스프링으로 제본한 원고를 발견했다. "메리 드노야-벨리외-루이스 살인사건"이라는 제목이었다. 컴퓨터로 프린트한 원고를 손으로 제본한 것 같았다. 1998년 1월로 시기가 밝혀져 있는 머리말에 따르면, 이 원고를 작성한 사람은 메리 루이스의 4대 후손으로 조카뻘인 애나 마리 제퍼슨이었다. "내 증조모께서 (…) 메리에 관한 이야기를 처음으로 해주었다." 제퍼슨은 이렇게 썼다. "내가 이 이야기를 처음으로 들은 것은 1975년경이다." 제퍼슨은 친척들의 이야기, 신문기사, 여러 기록 등을 통해 이 살인사건에 대한 정보를 모으기 시작했다. 무려 20년에 걸친 작업이었다. 그녀는 이 이야기가 역사의 틈새로 빠져버리면 안 된다는 생각에 원고를 도서관에 맡긴 것 같았다.

나는 자리에 앉아 원고를 읽기 시작했다. 메리 루이스는 1861년생으로, 토지를 분할받은 부족원이었다. "이 돈으로 그녀는 부유한 생활을 즐길 수 있었다." 제퍼슨은 이렇게 썼다. 루이스는 두 번 결혼했으나 두 번 모두 이혼했고, 50대 중반이던 1918년에는 열 살짜리 아이를 입양해서 기르고 있었다. 그해 여름에 루이스는 딸을 데리고 텍사스주 리버티로 여행을 갔다. 휴스턴에서 약 64킬로미터 떨어진 이 작은 도시는 트리니티 강변에 있었다. 루이스는 당시 두 백인 남자와 동행했다. 그녀의 친구인 토머스 미들턴과 그의 친구였다. 그들은 루이스의 돈으로 숙박이 가능한 요트를 사서 강에 띄워놓고 거기에 머물렀다. 그런데 8월 18일에 루이스가 사라졌다. 당국이 수사에 나서지 않자("그들은 아무것도 하지 않으려 했다." 루이스의 친척 한 명은 이렇게 말했다) 그녀의 가족들이 사립탐정을 고용했다. 그는 루이스가 사라진 뒤 미들턴이 양아들 행세를 하며 그녀의 수표 여러 장을 현금으로 바꿨음을 알아냈다. 경찰이 미들턴과 그 친구를 구금한 뒤 1919년 1월에 사립탐정이 두 사람을 심문했다. 그는 미들턴에게 "그 노부인이 죽지 않고 살아서 발견되는 편이 당신에게 100배는 더 좋을 것"이라면서 "그녀를 찾아낼 수 있는 정보를 제공한다면 당신에게 도움이 될 것"이라고 말했다.

미들턴은 그녀가 어디에 있는지 모른다고 고집스레 주장했다. "난 하나도 무섭지 않아요." 그가 말했다.

그와 그의 친구는 아무런 정보도 내놓지 않았다. 하지만 루이스가 사라지던 날 그녀의 요트에서 몇 킬로미터 떨어진 곳에서 뱀이 우글거리는 늪으로 향하는 자동차를 보았다는 목격자가 두 명 나타났다. 1919년 1월 18일에 수사관들은 바지자락을 걷어 올리고 빽빽한 수풀 속을 샅샅이 훑기 시작했다. 한 기자는 치안관 한 명이 "늪에 발을 디디자마자 발을 제대로 움직이지 못해 몸부림쳤다. 그가 발을 빼내려고 손을 바닥으로 뻗었을 때, 여자의 굵은 머리채가 딸려 나왔다"[4]고 말했다. 곧이어 늪 바닥을 훑었더니 다리뼈가 나왔다. 그다음에는 인간의 상체와 두개골이 나왔는데, 무거운 금속 물체에 얻어맞은 것 같은 모습이었다. "섬뜩한 발견으로 메리 루이스

수색 종료."⁵ 지역신문은 이런 헤드라인을 기사에 붙였다.

미들턴의 친구가 망치로 루이스의 머리를 때렸다고 자백했다. 음모를 꾸민 사람은 미들턴이었다. 그들은 루이스를 죽인 뒤, 여성 동료를 그녀처럼 꾸며서 그녀에게 지급되는 석유 수익금을 자기들끼리 나눠 가질 예정이었다(그들만 이런 전략을 쓴 것이 아니다. 가짜 상속자는 흔한 골칫거리였다. 빌 스미스가 폭발사건으로 사망한 뒤에도, 정부는 사기꾼이 그의 상속자라 주장하며 나설 것을 걱정했다). 1919년에 미들턴은 살인 혐의로 유죄판결을 받고 사형이 선고되었다. "메리의 가족들은 시련이 끝났다는 생각에 한때 마음을 놓았다." 제퍼슨은 이렇게 썼다. "그러나 만족감 다음에 찾아온 것은 어이없음과 분노였다." 미들턴의 사형은 종신형으로 감형되었다. 그러고는 겨우 6년 반을 복역한 뒤, 텍사스 주지사의 사면을 받았다. 미들턴에게는 애인이 있었는데, 루이스의 가족들은 그녀가 당국에 뇌물을 주었을 것이라고 확신했다. "살인범은 그저 손등을 한 대 찰싹 맞았을 뿐이다." 제퍼슨은 이렇게 썼다.

루이스의 살인사건을 기록한 이 원고를 다 읽은 뒤 내 머릿속에 자꾸만 떠오르는 사실이 하나 있었다. 그녀가 석유가 매장된 땅에 대한 균등 수익권 때문에 1918년에 살해되었다는 것. 대부분의 역사기록에 따르면, 오세이지족의 공포시대는 헤일이 애나 브라운을 살해한 1921년 봄에 시작해서 헤일이 체포된 1926년 1월에 끝났다. 하지만 루이스의 살인사건은 석유의 수익금을 노린 살인사건이 그보다 적어도 3년 전부터 시작되었음을 뜻한다. 또한 레드 콘의 할아버지가 1931년에 정말로 독살된 것이라면, 헤일이 체포된 뒤에도 살인이 계속되었다는 뜻이다. 이런 사건들은 석유 수익금을 노리고 오세이지족을 살해할 계획을 세운 사람이 헤일뿐만이 아님을 보여주었다. 헤일이 가장 오랫동안 가장 잔혹하게 피해자들을 살해한 인물일 수는 있다. 그러나 헤아릴 수 없이 많은 다른 살인사건들이 존재했다. 그 사건들은 공식적인 추정치에 포함되지도 않았으며, 몰리 버크하트의 살해된 가족들이나 루이스의 경우처럼 조사가 이루어지지도 않았다. 게다가 그중 일부는 아예 살인사건으로 분류되지도 않았다.

26
피가 부르짖는다

나는 포트워스의 문서보관소를 다시 찾아가서 곰팡내가 나는 수많은 상자와 서류철을 다시 조사하기 시작했다. 사서가 가장 최근의 상자들을 카트에 실어 작은 열람실로 가져다주고, 다 본 상자들을 가져갔다. 내가 과거의 모든 비밀을 풀어줄 만능열쇠를 찾아낼 수 있을 것이라는 환상은 이미 사라졌다. 대부분의 기록은 지출장부, 인구조사 보고서, 석유 임차권 현황 등 건조하고 사무적인 것들이었다.

그런데 한 상자에 천으로 된 표지가 너덜너덜한 일지가 들어 있었다. 인디언실이 공포시대 동안 후견인으로 활동한 사람들의 이름을 적어놓은 자료였다. 손으로 작성한 그 일지는 후견인의 이름 밑에 그가 맡은 오세이지족 피후견인들의 이름이 죽 적혀 있는 형태였다. 피후견인이 사망하면, 이름 옆에 '사망'이라는 단어를 적어넣었다.

나는 W. W. 보건의 살해 용의자인 H. G. 버트의 이름을 찾아보았다. 일지에 따르면 그는 조지 빅하트의 딸뿐만 아니라 다른 오세이지족 네 명의 후견인이었다. 이 피후견인들 중 한 명의 이름 옆에 '사망'이라는 단어가 있었다. 이어서 나는 빅힐 무역회사의 주인인 스콧 매시스의 이름을 찾아보았다. 일지에 따르면 그는 애나 브라운과 리지 모녀를 포함해서 오세이지족 아홉 명의 후견인이었다. 명단을 훑어보니, 매시스가 후견을 맡은 오세이지족 인디언 중 세 번째, 네 번째, 다섯 번째, 여섯 번째 피후견인이 사망한 것이 눈에 띄었다. 그가 후견을 맡은 아홉 명 중, 모두 일곱 명이 사망했다. 그리고 그들 중 적어도 두 명은 살해당한 것으로 알려져 있었다.

나는 이 시기에 오세이지족의 후견인으로 활약한 다른 사람들도 찾아보았다. 한 후견인은 오세이지족 열한 명을 맡았는데, 그중 여덟 명이 사망했다. 또 다른 후견인은 열세 명을 맡았는데, 그중 절반 이상이 사망한 것으로 되어 있었다. 한 사람이 맡은 다섯 명의 피후견인이 모두 사망한 경우도 있었다. 이런 기록이 끝도 없이 이어졌다. 너무 엄청난 숫자라서, 자연스러운 사망률과는 전혀 일치하지 않았다. 이 죽음들은 대부분 조사된 적이 없기 때문에, 의심스러운 죽음을 맞은 사람이 정확히 몇 명인지 파악하기가 불가능했다. 누가 이런 짓을 저질렀는지 알아내는 것은 말할 필요도 없었다.

그래도 살인이 만연했음을 보여주는 강력한 낌새들이 있었다. 나는 FBI 기록에서 애나 샌포드의 이름을 발견했다. 인디언실의 일지에서 이름 옆에 '사망'이라는 단어가 적혀 있던 사람이었다. 그녀의 죽음은 살인으로 분류되지 않았지만, 요원들은 확실히 독살을 의심하고 있었다.

또 다른 오세이지족 피후견인인 흘루아토미는 공식적으로는 결핵으로 사망했다. 하지만 서류들 속에 한 정보원이 연방검사에게 보낸 전신이 섞여 있었다. 흘루아토미의 후견인이 고의로 그녀의 치료를 막고, 그녀를 병원에 보내는 것도 거부했다는 내용이었다. 이 후견인은 "그녀가 그곳에 가야만 살 수 있으며, 그레이호스에 남아 있으면 반드시 죽을 것임을 알고 있었다."[1] 정보원은 흘루아토미가 죽은 뒤 후견인이 스스로 그녀의 재산관리인이 되었다고 말했다.

1926년에 세상을 떠난 이브스 톨 치프라는 오세이지족의 경우도 수상했다. 그는 술 때문에 죽은 것으로 되어 있었으나, 당시 증인들은 그가 결코 술을 마시지 않았으며 독살되었다고 주장했다. "고인의 가족들은 겁에 질려 있었다."[2] 1926년에 나온 한 신문기사는 이렇게 주장했다.

또한 오세이지족 피후견인이 일지에 살아 있는 것으로 기록되어 있다 해도, 그것이 곧 그 사람이 안전하다는 뜻은 아니었다. 오세이지족 피후견인인 메리 엘킨스는 무려 일곱 개 이상의 균등 수익권을 상속받아서 부족원들 중 가장 부유한 사람이었다. 그녀는 스물한 살 때인 1923년 5월 3일에 2류 권투선수인 백인 남성과 결혼했다. 당시 인디언실의 한 관리가 작성한 보고서에 따르면, 이 남성은 그녀를 집에 가두고 매질을 했으며, "그녀의 죽음을 앞당겨 그녀의 엄청난 유산을 손에 넣기 위해 그녀에게 마약, 아편, 독한 술"을 주었다.³ 그러나 정부 관리가 개입한 덕분에 그녀는 살아남을 수 있었다. 조사결과 이 권투선수가 혼자 행동한 것이 아니라, 여러 시민들로 이루어진 무리의 지휘를 받았다는 증거가 발견되었다. 관리는 이 사람들을 기소해야 한다고 주장했으나, 아무도 기소되지 않았다. 이 시민들의 신원도 끝까지 밝혀지지 않았다.

시빌 볼튼의 경우도 있었다. 포허스카 출신의 오세이지족인 그녀의 후견인은 백인 의붓아버지였다. 지역신문사의 기자가 "이 도시에서 자라난 가장 아름다운 여성 중 한 명"⁴이라고 표현했던 볼튼은 1925년 11월 7일에 가슴에 총을 맞은 시신으로 발견되었다. 그녀의 의붓아버지는 겨우 스물한 살인 그녀의 죽음을 자살로 신고했고, 사건은 검시 한 번 없이 신속하게 종결되었다. 1992년에 볼튼의 손자이자 〈워싱턴 포스트〉 기자인 데니스 매콜리프 주니어가 공식 기록에서 여러 모순과 거짓말을 발견하고 그녀의 죽음을 조사했다. 그리고 그 결과를 1994년에 발표한 회고록 《시빌 볼튼의 여러 죽음들》에 자세히 담았다. 이 책에 따르면, 그녀가 받은 석유 수익금 대부분이 사라졌으며, 그녀가 집 앞 잔디밭에서 살해되었음을 암시하는 증거가 있었다. 당시 생후 16개월이던 아기(매콜리프의 어머니)는 그녀의 옆에 있었다. 인디언실의 일지에 따르면, 그녀의 후견인은 그녀 외에 다른 오세이지족 네 명도 맡고 있었다. 그들 역시 사망했다.

수사국은 오세이지 살인사건의 피해자를 스물네 명으로 추정했지만, 실제로는 이보다 훨씬 더 많았음이 분명하다. 수사국은 헤일 일당을 잡은 뒤 수사를 종결했다. 그러나 수사국 내에서도 적어도 일부는 이보다 훨씬 많은 살인사건들이 조직적으로 은폐되어 알려지지 않았음을 확신했다. 한 요원은 보고서에서 이런 살인수법 중 하나를 다음과 같이 설명했다. "많은 인디언들의 원인을 알 수 없는 죽음과 관련해서, 범인들은 인디언을 술에 취하게 만든 뒤 의사를 불러 그가 술에 취했다는 진단을 하게 한다. 그러고 나서 의사는 피하주사로 인디언에게 모르핀을 투여한다. 의사가 떠난 뒤 범인은 인디언의 겨드랑이에 엄청난 양의 모르핀을 주사해 그를 죽음에 이르게 한다. 그러면 의사의 사망증명서에는 '알코올 중독으로 인한 사망'이라고 적히게 된다."[5] 오세이지 카운티의 여러 사람들이 남긴 기록에도 수상쩍은 죽음의 원인이 '소모성 질병'이나 '원인불명'으로 잘못 처리되는 일이 일상이었다는 내용이 있다. 그 뒤로 지금까지 이 살인사건들을 파헤쳐본 학자들과 수사관들은 오세이지의 사망자 수가 설사 수백 명 단위는 아니더라도 수십 명 단위는 된다고 보고 있다. 매콜리프는 이 숫자를 좀 더 명확하게 이해하기 위해서 《진정한 오세이지 인디언 명부》를 살펴보았다. 처음에 땅을 분할받은 많은 부족원들의 사망기록이 담겨 있는 책이었다. 매콜리프는 이렇게 썼다. "1907년부터 1923년까지 16년 동안 오세이지족 605명이 사망했다. 연평균 약 38명이며, 인구 1,000명당 연간 사망률로 계산하면 약 19명이다. 현재의 전국적인 사망률은 1,000명당 약 8.5명이다. 1920년대에는 통계를 내는 방법이 그리 정확하지 않았고 백인과 흑인의 통계가 따로 분리되어 있었는데, 백인의 경우 평균 사망률은 1,000명당 거의 12명이었다. 오세이지족은 생활수준이 높았으므로 미국 백인보다 사망률이 낮았어야 맞다. 그런데 오세이지족의 사망률은 전국 평균보다 1.5배 이상 높았다. 그것도 1907년 이후에 태어나 이 인명부에 이름이 오르지 않은 오세이지족을 제외한 숫자였다."[6]

오세이지족의 역사를 연구한 저명한 학자 루이스 F. 번스도 다음과 같이 말했다. "내가 아는 오세이지족은 모두 석유의 균등 수익권 때문에 가족 중에 적어도 한 명을 잃었다."[7] 또한 화이트가 등장하기 전에 이 사건 수사를 접은 수사국 요원들 중 적어도 한 명은 살인이 문화가 되어버린 것 같다는 생각을 했다. 그 요원은 정보원과의 면담을 기록한 글에서 다음과 같이 말했다. "이런 살인사건들이 너무나 많다. 수백 건이나 된다."[8]

                        ೂೂ

심지어 수사국이 인지하고 있던 사건에도 미처 드러나지 않은 측면들이 있었다. 나는 2015년 6월에 보호구역을 다시 찾았을 때, 오세이지족 법원으로 갔다. 오세이지족은 요즘 이곳에서 많은 형사사건들을 처리해서 범인들에게 스스로 판결을 내린다. 오세이지족의 한 변호사는 공포시대가 "우리 역사의 끝이 아니"라면서 "우리 가족들은 이 음모의 피해자였지만 우리는 피해자가 아니다"라고 내게 말했다.

나는 그곳의 한 법정에서 마빈 스텝슨을 만났다. 70대의 오세이지족 남성인 그는 하얗게 센 눈썹이 인상적이었으며, 태도는 신중했다. 이곳 법원의 수석판사인 그는 1922년에 독살로 의심되는 죽

마빈 스텝슨은 공포시대 희생자 중 한 명인 윌리엄 스텝슨의 손자다.

음을 맞은 스티어로핑 챔피언 윌리엄 스텝슨의 손자였다. 당국은 스텝슨의 사건과 관련해서 아무도 기소하지 않았지만, 사람들은 켈시 모리슨(애나 브라운을 죽인 사람)이 범인일 것이라고 믿게 되었다. 1922년에 모리슨은 오세이지족 출신인 아내와 이미 이혼한 뒤였으며, 스텝슨이 죽은 뒤 그의 아내인 틸리와 결혼해서 그녀의 두 자녀의 후견인이 되었다. 모리슨의 동료 한 명은 수사국 요원에게 모리슨이 틸리와 결혼해서 재산을 손에 넣으려고 스텝슨을 죽였다는 사실을 자신에게 시인했다고 말했다.

스텝슨의 죽음은 보통 공포시대에 발생한 공식적인 살인 건수에 포함되었다. 그러나 마빈은 법정의 긴 나무의자에 나와 함께 앉아서 그의 가족을 겨냥한 범죄가 그의 할아버지로 끝나지 않았다고 말했다. 틸리는 모리슨과 결혼한 뒤 점점 그를 의심하게 되었다. 그가 스트리크닌이라는 독약의 효과에 대해 이야기하는 것을 그녀가 언뜻 엿들은 것이 결정적이었다. 틸리는 모리슨이 자신의 재산을 상속받지 못하게 하고 싶다면서 자녀들에 대한 그의 후견인 자격도 무효화하고 싶다고 변호사에게 털어놓았다. 그러나 그녀는 이런 생각을 미처 실천에 옮기지 못하고 1923년 7월에 독살로 의심되는 죽음을 맞았다. 모리슨은 그녀의 재산을 대부분 손에 넣었다. 모리슨이 쓴 여러 통의 편지에 따르면, 그는 부당하게 손에 넣은 이 재산 중 일부를 다른 사람도 아닌 H. G. 버트에게 팔 계획이었다. 보건의 살인사건에 연루된 것으로 보이는 은행가 버트 말이다. 틸리의 죽음은 수사대상이 된 적이 없지만, 모리슨은 한 동료에게 자신이 그녀를 죽였음을 시인하면서 그에게도 인디언 여자를 얻어 똑같이 하면 되지 않겠느냐고 말했다. 마빈 스텝슨은 조부모의 사연을 오랫동안 조사했다. 그가 내게 말했다. "켈시는 내 조부모 두 분을 모두 죽이고, 내 아버지를 고아로 만들었다."

음모는 이것으로 끝이 아니었다. 윌리엄 스텝슨과 틸리가 죽은 뒤, 당시 세 살이던 마빈의 아버지와 아홉 살이던 고모가 다음 범죄의 표적이 되었다. 모리슨은 애나 브라운을 죽인 혐의로 복역 중이던 1926년에 헤일에게 편지를 보냈으나, 교도관들이 이를 중간에서 가로챘다. 문법적인 오류가 가득한 이 편지의 내용은 다음과 같았다. "빌, 틸리 애들이 몇 년 지나면 20~30만 달러를 받는다는 거 알죠? 내가 걔들 양아버지예요. 여기서 나간 뒤에 내가 그 돈을 어떻게 손에 넣을 수 있을까요? 내가 애들을 주 경계선 밖으로 데려갈 수 있다는 것 알죠? 걔들은 아무것도 못 해요. (…) 내가 유괴했다고 잡히는 일은 없어요."[9] 모리슨은 두 아이를 모두 죽일 작정인 것 같았다. 어떤 오세이지족 학자는 이런 말을 했다. "오세이지 공동묘지를 걸으면서 그 시기에 세상을 떠난 젊은 사람들이 얼마나 터무니없이 많았는지 보여주는 묘비들을 보면 등골이 서늘해진다."[10]

마빈 스텝슨은 평생 법을 섬기는 일을 해온 사람답게 사리분별이 분명해 보였다. 하지만 그도 모리슨이 자기 가족들에게 저지른 짓을 처음 알게 되었을 때는 두려운 마음이 들었다고 내게 말했다. "만약 모리슨이 지금 당장 이 방 안으로 걸어 들어온다면, 나는…" 그의 목소리가 잦아들었다.

인류에 대한 범죄를 저지른 사람들이 당대에 처벌을 피하는 경우에도 세월이 흐르다 보면 최소한 어느 정도까지는 사실을 밝혀낼 수 있을 때가 많다. 사람들은 사건 현장을 감식하듯이 살인사건을 기록하고, 범인이 누구인지 폭로한다. 하지만 오세이지족의 살인사건들은 지금도 너무나 잘 은폐되어 있는 경우가 많아서 역사적으로 진실을 밝혀낼 수 있을 것이라는 가망이 없다. 대부분의 경우 피해자의 가족들은 뭔가가 해결되었다는 느낌을 받을 수 없다. 많은 후손들이 개인적으로 조사를 진행하지만, 그런 조사에는 끝이 없다. 그들은 의심을 품고 살면서 이미 세상을 떠난 친척이나 오래된 친구나 후견인을 의심한다. 그들이 실제로 범인일 수도 있고 아닐 수도 있다.

매콜리프는 할머니를 죽인 범인을 찾겠다고 나섰을 때 처음에는 백인인 할아버지 해리를 의심했다. 당시 해리는 이미 세상을 떠난 뒤였으나, 그가 재혼한 아내가 아직 생존해 있었다. 그녀가 매콜리프에게 말했다. "부끄러운 줄 알아, 데니스. 볼튼 집안의 일을 파헤치다니. 네가 왜 이런 짓을 하는지 모르겠구나."[11] 그러고 나서 그녀는 계속 같은 말을 되풀이했다. "해리가 한 짓이 아니야. 해리는 그 일과 아무 상관이 없어."[12]

나중에 매콜리프는 아무래도 그녀의 말이 맞는 것 같다는 결론을 내렸다. 그리고 해리 대신 시빌의 의붓아버지를 범인으로 지목하게 되었다. 하지만 그의 결론이 옳은지 확인할 방법이 없다. "나는 할머니를 죽인 범인이 누군지 증명하지 못했다." 매콜리프는 이렇게 썼다. "하지만 나의 문제로 인해 실패한 것이 아니다. 그들이 역사에서 너무 많은 페이지를 찢어버렸기 때문이다. (…) 거짓이 너무 많고, 너무 많은 문서가 파기되었고, 당시 할머니의 죽음을 기록하려는 노력이 너무 적었다. (…) 살해당한 인디언의 가족들은 지나간 범죄에 대해 응분의 처벌을 내리고 만족감을 느낄 권리가 없다. 심지어 자신의 자녀, 어머니, 아버지, 형제, 자매, 조부모를 죽인 사람이 누구인지 알 수도 없다. 그들은 그저 추측할 수밖에 없다. 내가 어쩔 수 없이 그랬던 것처럼."[13]

❦

나는 오세이지 카운티를 떠나기 전에 메리 조 웹을 만나러 갔다. 은퇴한 교사인 그녀는 공포시대에 사망한 할아버지의 수상쩍은 사

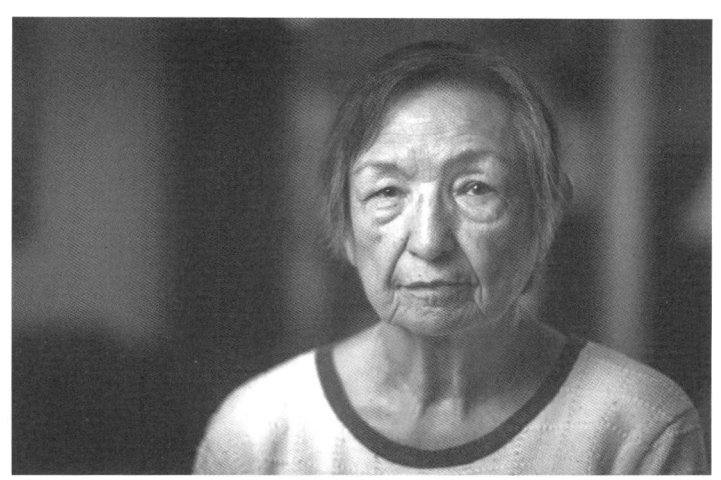

메리 조 웹.

인을 조사하는 데 수십 년을 바쳤다. 이제 80대가 된 웹은 페어팩스에서 1층짜리 목조주택에 살고 있다. 스미스의 집이 폭발한 자리에서 멀지 않은 곳이다. 몸집이 자그마하고 목소리가 가늘게 떨리는 그녀와 나는 거실에 함께 앉았다. 내가 미리 전화로 방문 사실을 알렸기 때문에 그녀는 나를 기다리면서 문서가 들어 있는 상자를 여러 개 꺼내놓았다. 그녀가 할아버지 폴 피스의 사건을 조사하면서 모은 후견인 지출보고서, 유언 검인 보고서, 법정 증언 등 다양한 문서들이 거기에 있었다. "할아버지는 FBI 기록에 등장하지도 않고, 살인범이 잡히지도 않은 피해자 중 한 명이었어요." 웹이 말했다.

1926년 12월에 피스는 백인 아내가 자신에게 독을 먹이고 있다고 의심했다. 서류에도 나와 있듯이, 그는 콤스톡 변호사를 찾아갔다. 웹은 당시 점잖은 백인 변호사가 몇 명 되지 않았는데, 콤스톡이 그중 한 명이었다고 설명했다. 피스는 유언장을 바꿔서 아내의 상속권을 없애고, 아내와 이혼하고 싶어 했다. 나중에 나온 증언에 따르면, 피스는 아내가 자신에게 "일종의 독을 먹여서 죽이고 있다"고 주장했다.

내가 웹에게 할아버지가 어떻게 독을 섭취한 것 같으냐고 물어보자 그녀는 이렇게 말했다. "의사들이 있었어요. 형제 의사였는데, 어머니 말씀으로는 사람들이 오세이지족에게 먹일 독을 그 사람들한테서 구한다는 사실을 모르는 사람이 없었다고 해요."

"그 의사들 이름이 뭐였죠?" 내가 물었다.

"쇼운 형제요."

나도 쇼운 형제를 기억하고 있었다. 애나 브라운의 목숨을 앗아간 총알이 어디론가 사라졌다고 주장한 의사들이 바로 그들이었다. 그들은 또한 빌 스미스가 헤일과 그 하수인을 지목한 최후진술을 숨겼다. 자기들 두 사람 중 한 명이 가치를 헤아릴 수 없을 만큼 많은 리타 스미스의 재산관리인이 되기 위해서였다. 수사관들은 몰리 버크하트에게 인슐린 대신 독을 준 의사들이 바로 그들이라고 의심했다. 많은 사건이 침묵하는 공모자들의 그물망 속에 걸려 있는 것 같았다. 빅힐 무역회사의 주인이자 애나 브라운과 리지 모녀의 후견인이었던 매시스는 총알을 찾아내지 못한 애나 브라운 검시 배심원단에 속해 있었다. 그는 또한 몰리의 가족들을 대신해서 사립탐정단을 꾸렸으나, 그들은 어떤 사건도 해결하지 못했다. 한 증인은 수사국 요원들에게 헨리 론이 살해된 뒤 헤일이 원래 그의 장례를 맡은 장의사에서 빅힐 무역회사의 장의사로 빨리 시체를 가져오려고 안달했다고 말했다. 살인음모에서 의사들은 사망증명서를 위조하는 중요한 역할을 했다. 장의사들도 재빨리 조용하게 시체를 묻어버렸다. 매콜리프가 자신의 할머니를 죽인 범인으로 의심한 후견인은 부족을 위해 일하는 저명한 변호사였으나 자신의 코앞에서 활동하는 범죄자들의 조직적인 활동에 단 한 번도 제동을 걸지 않았다. 살인범으로 의심되는 버트를 포함해서 여러 은행가들도 마찬가지였다. 그들은 '인디언 사업'이라는 범죄에서 오히려 이득을 보고 있었다. 페어팩스의 타락한 시장은 헤일의 동맹이었으며, 본인도 인디언의 후견인이었다. 수많은 치안관, 검사, 판사도 역시 이 피 묻은 돈에 손을 댔다. 1926년에 오세이지족의 지도자 베이컨 라인드는 이렇게 말했다. "백인들 중에도 정직한 사람이 있기는 하지만, 엄청나게 드물다."¹⁴ 오세이지족의 문화를 연구하는 인류학자 개릭 베일리는 "만약 헤일이 아는 것을 모두 털어놓았다면, 그 지역의 유력한 시민들 중 상당수가 감옥에 갇혔을 것"이라고 내게 말했다. 정말로 사회를 구성하는 거의 모든 중요 인물들이 이 살인계획의 공모자였다. 그러니 이 공모자들 중 거의 모든 사람이 워싱턴에서 일어난 맥브라이드 살인사건의 범인일 가능성이 있었다. 그가 헤일뿐만 아니라, 거액의 돈을 부정하게 거둬들이고 있는 거대한 범죄 시스템을 무너뜨리려고 했기 때문이다.

폴 피스는 아내가 자신을 독살하려 하는 것 같다면서 상속권을 빼앗고 이혼하겠다고 다짐한 지 몇 주가 흐른 1927년 2월 23일에 뺑소니차에 치여 길에 쓰러진 채 과다출혈로 숨을 거뒀다. 웹은 이

포허스카 북쪽의 광활한 초원.

미 친숙한 세력들이 공모해서 그의 죽음을 얼버무렸다고 말했다. "당신이 한 번 살펴보세요." 그녀가 말했다. 나는 고개를 끄덕였지만, 나 역시 톰 화이트나 몰리 버크하트처럼 안갯속을 헤매고 있는 처지였다.

웹이 정면 포치까지 나를 배웅해주었다. 저물녘이라서 하늘 가장자리가 이미 어두웠다. 거리에는 아무도 없었고, 도시 풍경 너머의 초원 역시 텅 비어 있었다. "이 땅에는 피가 가득해요." 웹이 말했다. 그러고는 잠시 침묵했다. 떡갈나무 이파리들이 바람 속에서 계속 바스락거렸다. 카인이 아벨을 죽인 뒤, 하느님이 카인에게 했던 말을 웹이 되풀이했다. "피가 땅에서 부르짖는다."

감사의 말

이 책을 쓰는 데 도움을 준 모든 사람들에게 감사한다. 그들 중에서 특히 내게 자신들의 이야기를 털어놓고 더 깊이 조사해보라고 격려해준 오세이지족의 여러 사람들만큼 고마운 사람은 없다. 많은 오세이지족이 내게 자신의 생각을 들려주었을 뿐만 아니라 우정도 나눠주었다. 마지 버크하트, 캐스린 레드 콘, 찰스 레드 콘, 레이먼드 레드 콘, 조 코너, 돌로레스 굿이글, 데니스 매콜리프, 엘리스 퍼션, 마빈 스텝슨, 메리 조 웹, 고故 조지 톨 치프에게 감사한다.

자료조사를 하면서 나는 그 밖에도 너그러운 사람들을 많이 만났다. 고故 마사 보건과 그녀의 사촌 멜빌은 자신들의 할아버지 W. W. 보건에 대해 말해주었다. 제임스 M. 화이트, 진 화이트, 존 시햔 화이트, 톰 화이트 3세 등 톰 화이트의 가족들도 가치를 헤아릴 수 없을 만큼 귀중한 정보원이었다. 톰 화이트 3세의 배우자인 스타이 라우스는 자료 사진들을 찾아내서 현상해주었다. 알렉산드라 샌즈는 자신의 할아버지이자 화이트의 수사팀에서 활약한 비밀요원이었던 제임스 알렉산더 스트리트에 대해 자세히 이야기해주었다. 프랭크 파커 시니어는 자신의 아버지이자 또 다른 비밀요원인 유진 파커의 사진과 관련 서류들을 내게 보내주었다. 호머 핀캐넌과 빌 핀캐넌 형제는 증조부인 A. W. 콤스톡에 관해 풍부한 정보를 알려주었다.

나의 한없는 질문에 끈기 있게 답변해준 학자들과 전문가들도 많다. 오세이지 문화를 연구하는 인류학자 개릭 베일리는 단순히 의례적인 수준을 넘어서서, 내 원고를 출판 전에 처음부터 끝까지 읽어주었다. 이 책의 내용 중에 그가 책임을 져야 할 것은 전혀 없지만, 그의 도움 덕분에 내 원고는 한없이 개선되었다.

FBI 역사 전문가인 존 F. 폭스는 정말이지 대단한 정보원이었다. 오클라호마주 수사국의 전직 특수요원으로 서부의 치안관들에 대해 조사해서 글을 쓰는 데 많은 세월을 바친 디 코드리도 마찬가지다. 개릿 하트니스, 로저 홀 로이드, 아서 슈메이커도 오세이지 카운티의 역사에 대한 방대한 지식을 일부 내게 나눠주었다. 미네소타대학 사회학과 명예교수인 데이비드 A. 워드는 톰 화이트를 인질로 잡았던 죄수들 중 한 명을 면담한 기록을 내게 제공해주었다.

〈빅하트 타임스〉의 발행인이자 지칠 줄 모르는 기자인 루이스 레드 콘은 나를 위해 사진들을 찾아주었고, 내가 오세이지 카운티에 갈 때마다 남편인 레이먼드와 함께 친절하게 맞아주었다. 조 코너와 캐럴 코너 부부도 면담을 진행하는 중요한 장소로 자신들의 집을 제공해주었다. 가이 닉슨은 자신의 오세이지족 조상들에 대해 말해주었다. 오세이지족 의회의 일원인 아치 L. 메이슨은 윌리엄 헤일이 오세이지족과 함께 찍은 놀라운 파노라마 사진을 내게 보내주었다.

책을 쓰는 사람에게 뉴욕 공립도서관의 '학자와 작가를 위한 도로시와 루이스 B. 컬먼 센터'만큼 귀한 선물은 없다. 컬먼 지원금 덕분에 나는 자료조사에 시간을 할애하고, 이 도서관의 기적 같은 자료들을 뒤져볼 수 있었다. 진 스트라우스, 마리 도리니, 폴 들레이버댁과 여러 연구원 등 센터의 모든 사람들이 내게 생산적이고 즐거운 1년을 선사해주었다.

컬먼 지원금은 또한 뜻밖의 정보원에게 나를 이끌어주는 역할도 했다. 어느 날 도서관의 온라인 서비스 담당인 케빈 윙클러가 오세이지 살인사건들에 대해 알고 있다고 내게 말했다. 알고 보니 그는 어니스트 버크하트와 브라이언 버크하트의 형제인 호러스 버크하트의 손자였다. 호러스는 어떤 범죄에도 관련되지 않았기 때문에 형제들 중에서 착한 사람으로 평가되었다. 윙클러의 도움으로 나는 그의 어머니인 진 크라우치와 고모인 마사 키, 루바이앤 서리트를 만날 수 있었다. 그들은 어니스트를 알고 있었다. 슬프게도 나중에 세상을 떠난 키는 몰리도 알고 있었다. 이 세 여성은 집안의 과거에 대해 솔직하게 말해주었으며, 어니스트가 죽기 직전에 녹화한 영상도 보여주었다. 그 영상에서 그는 몰리와 자신의 과거에 대해 이야기했다.

여러 연구소들과 그곳의 직원들도 이 책을 쓰는 데 아주 중요한 역할을 했다. 특히 사서인 데이비드 S. 페리에로, 국립문서보관소의 그레그 보그니치, 제이크 어슬랜드, 크리스티나 존스, 에이미 리타, 로드니 로스, 바버라 러스트 등 여러 직원들, 오세이지 박물관의 루 브룩, 폴라 패리드 등 모든 직원들과 전 박물관장인 캐스린 레드 콘, 바틀즈빌 지역 역사박물관의 데비 니스, 오클라호마 역사학회의 맬러리 코빙턴, 제니퍼 데이, 레이철 모스먼, 데브라 오스본 스핀들, 캔자스 역사학회의 새라 케카이슨, 몬태나 역사학회의 레베카 콜, 뉴멕시코 주립대학 도서관의 제니퍼 차베즈, 오세이지 카운티 역사학회 박물관의 조이스 라이언스, 셜리 로버츠, 메리 K. 워런, 헌트 카운티 역사위원회의 캐럴 테일러, 오클라호마주 문서보관소의 캐럴 길리엄스, 텍사스 기마경찰대 명예의전당과 박물관의 어맨다 크롤리, 국립 카우보이 및 서부유산 박물관의 케라 뉴비, 오클라호마 대학교 서부 역사 컬렉션의 재클린 D. 리스에게 감사하고 싶다.

여러 재능 있는 연구자들이 방방곡곡에 흩어진 자료들을 찾아내는 데 도움을 주었다. 레이철 크레이그, 랠프 엘더, 제시카 루디스, 어맨다 월드루프가 그들이다. 수전 리에게는 감사의 말을 몇 번이나 해도 모자랄 지경이다. 몹시 뛰어난 기자인 그녀는 기록들을 찾아내고 시간을 할애해서 사실을 확인해주는 등 이 책을 쓰는 데 필수불가결한 존재였다.

에런 톰린슨은 오세이지 카운티의 사진을 훌륭하게 찍어주었으며, 여행 동료로도 멋진 사람이었다. 워런 코헨, 일론 그린, 데이비드 그린버그는 훌륭한 기자이자 더욱 훌륭한 친구로서 작업을 하는 동안 내내 지혜로운 조언과 응원을 아끼지 않았다. 또한 내 친구이자 가장 똑똑한 저술가 중 한 명인 스티븐 멧캐프는 내가 생각을 정리할 수 있도록 언제나 열심히 도와주었다.

〈뉴요커〉에서 헨리 파인더, 도로시 위킨든, 리오 케리, 버지니아 캐넌, 앤 골드스타인, 메리 노리스 등 나보다 뛰어난 수많은 사람들의 조언을 들을 수 있었던 것이 내게는 축복이다. 에릭 래치는 가차 없이 사실을 확인해주었을 뿐만 아니라, 편집자로서 예리한 제안들을 내놓았다. 버크하드 빌저, 태드 프렌드, 래피 카차두리언, 래리사 맥파퀴, 닉 파움가튼, 엘리자베스 피어슨그리피스에게도 정말 많은 신세를 졌다. 그들은 원고의 일부 또는 전부를 꼼꼼히 읽어본 뒤, 내가 생각을 더 명확하게 정리할 수 있게 도와주었다. 대니얼 잘러프스키는 글쓰기에 대해 내게 누구보다도 많은 가르침을 주었으며, 내 원고에도 마법의 가루를 뿌려주었다. 데이비드 렘닉은 내가 〈뉴요커〉에서 일을 시작한 뒤부터 언제나 나를 든든히 뒷받침해주면서, 내가 열정을 추구하며 저술가로서 발전할 수 있게 해주었다.

로빈스 오피스의 캐시 로빈스와 데이비드 핼펀, 그리고 CAA의 매슈 스나이더는 최고의 에이전트라는 호칭으로도 부족한 사람들이다. 그들은 나의 동지이자 막역한 친구였다.

저술가인 내게 더블데이 출판사는 완벽한 집 같은 곳이다. 뛰어난 편집자 빌 토머스가 없었다면 이 책은 세상에 나올 수 없었을 것이다. 그는 이 주제를 계속 조사해보라고 가장 먼저 격려해주었으며, 좋을 때나 힘들 때나 나의 길잡이가 되어주고, 이 책을 우아하고 지혜롭게 편집해서 출판해주었다. 크노프 더블데이 출판그룹의 소니 메타 회장의 끊임없는 지원이 없었다면 역시 이 책은 세상에 나올 수 없었을 것이다. 더블데이 출판사의 토드 도티, 수잰 허즈, 존

폰태나, 마리아 캐렐라, 로레인 하일랜드, 마리아 매시, 로즈 코토, 마고 식맨터 등 뛰어난 팀도 마찬가지다.

  가족들은 내게 무엇보다도 큰 축복이다. 장인어른과 장모님인 존 단턴과 니나 단턴은 내 원고를 한 번도 아니고 두 번이나 읽어본 뒤 내게 계속 앞으로 나아갈 수 있는 용기를 주셨다. 누이 앨리슨과 형제 에드워드는 언제나 중심을 잡아주었다. 어머니 필리스는 그녀만의 솜씨로 원고에 대해 완벽한 조언을 해주셨으며, 아버지 빅터는 언제나 나를 격려하셨다. 내 소원은 아버지가 완성된 책을 읽어보실 수 있을 만큼 건강하셨으면 하는 것뿐이다.

  마지막으로 고마운 마음을 말로는 도저히 다 표현할 수 없는 사람들이 있다. 재커리와 엘라. 두 아이 덕분에 우리 집은 미친 듯이 소동을 피우는 동물들과 아름다운 음악과 삶의 즐거움으로 가득하다. 또한 아내 카이라는 나의 가장 좋은 독자이자, 가장 훌륭한 친구이자, 영원한 사랑이다.

자료에 대해서

이 책은 발표되지 않은 많은 1차 자료들을 참고했다. 여기에는 수천 쪽에 달하는 FBI 기록, 대배심의 비밀증언, 재판 기록, 정보원들의 진술서, 사립탐정들의 일지, 사면과 가석방 기록, 개인서신, 수사관 한 명이 쓴 미간행 원고, 일기, 오세이지 부족위원회 기록, 구전역사, 인디언국에 제출된 보고서, 의회기록, 법무부 메모와 전신, 범죄현장 사진, 유언장, 후견인 보고서, 살인범들의 자백 등이 포함된다. 전국의 문서보관소에서 찾아낸 자료들이다. 정보자유법 덕분에 손에 넣은 기록도 있지만, 정부가 일부 편집한 FBI 기록의 원본을 전직 수사관이 제공해준 경우도 있다. 또한 공포시대 희생자들의 후손과 친척이 직접 건네준 개인문서도 있다. 나는 이 사람들과 인터뷰를 하면서 더 많은 정보를 들었다.

당시의 신문기사들과 기타 인쇄기록도 내게 도움이 되었다. 오세이지족의 역사를 추적하는 과정에서 오세이지족 역사가인 루이스

F. 번스와 산문시인 존 조지프 매슈스의 연구가 없었다면 나는 도중에 길을 잃었을 것이다. 버클리 캘리포니아 대학의 아메리카 원주민 연구 담당 교수를 지낸 테리 윌슨의 연구, 오세이지족을 연구하는 인류학자 개릭 베일리의 연구도 내게 커다란 도움이 되었다.

데니스 매콜리프, 로런스 호건, 디 코드리, 고故 프레드 그로브가 오세이지 살인사건을 조사해서 남긴 저서들도 내게 엄청난 도움이 되었다. 버던 F. 애덤스의 짤막한 전기 《톰 화이트: 치안관의 생애》도 마찬가지다. 마지막으로 J. 에드거 후버와 FBI 성립 과정에 대해서는 여러 뛰어난 책, 특히 커트 젠트리의 《J. 에드거 후버》, 샌퍼드 엉거의 《FBI》, 리처드 지드 파워스의 《비밀과 권력》, 브라이언 버로의 《공공의 적》을 참고했다.

참고문헌 목록에 이 책들과 다른 중요한 자료들을 적어두었다. 원고를 쓰는 과정에서 특히 도움이 된 책은 주에도 출전을 밝혀두었다. 본문에서 따옴표로 인용한 내용은 모두 재판 기록, 일기, 서신 등에서 가져온 것이다. 화자가 나와 대화를 나누고 있음이 명확히 드러난 경우가 아니면, 이 인용문들의 출전을 주에 명시했다.

문서보관소 소장자료와 미간행 자료

Comstock Family Papers, private collection of Homer Fincannon
FBI   Federal Bureau of Investigation declassified files on the Osage Indian Murders
FBI/FOIA   Federal Bureau of Investigation records obtained under the Freedom of Information Act
HSP   Historical Society of Pennsylvania
KHS   Kansas Historical Society
LOC   Library of Congress
NARA-CP   National Archives and Records Administration, College Park, Md.
                 Record Group 48, Records of the Office of the Secretary of the Interior
                 Record Group 60, Records of the Department of Justice
                 Record Group 65, Records of the Federal Bureau of Investigation
                 Record Group 129, Records of the Bureau of Prisons
                 Record Group 204, Records of the Office of the Pardon Attorney
NARA-DC   National Archives and Records Administration, Washington, D.C.
                 Records of the Center for Legislative Archives
NARA-FW   National Archives and Records Administration, Fort Worth, Tex.
                 Record Group 21, Records of District Court of the United States, U.S. District Court for the Western District

	Record Group 75, Records of the Bureau of Indian Affairs, Osage Indian Agency
	Record Group 118, Records of U.S. Attorneys, Western Judicial District of Oklahoma
NMSUL	New Mexico State University Library
	Fred Grove Papers, Rio Grande Historical Collections
OHS	Oklahoma Historical Society
ONM	Osage Nation Museum
OSARM	Oklahoma State Archives and Records Management
PPL	Pawhuska Public Library
SDSUL	San Diego State University Library
TSLAC	Texas State Library and Archives Commission
UOWHC	University of Oklahoma Western History Collections

Vaughan Family Papers, private collection of Martha and Melville Vaughan

주

1 실종

1. '꽃을 죽이는 달'이라는 오세이지족의 개념에 대해 더 알고 싶다면, 매슈스Mathews의 *Talking to the Moon* 참조.
2. Ibid., p.61.
3. 애나 브라운의 실종과 그녀가 몰리 버크하트의 집에 마지막으로 왔을 때의 일들은 기본적으로 당시 그 자리에 있었던 목격자들의 증언을 토대로 묘사했다. 많은 목격자가 FBI 요원과 사립탐정 등 여러 수사관에게 여러 차례 증언했으며, 법정에도 증인으로 많이 출석했다. 더 자세한 것을 알고 싶다면, NARA-CP와 NARA-FW의 기록 참조.
4. Franks, *Osage Oil Boom*, p.117에서 재인용.
5. Sherman Rogers, "Red Men in Gas Buggies", *Outlook*, Aug. 22, 1923.
6. Estelle Aubrey Brown, "Our Plutocratic Osage Indians", *Travel*, Oct. 1922.
7. William G. Shepherd, "Lo, the Rich Indian!", *Harper's Monthly*, Nov. 1920.
8. Brown, "Our Plutocratic Osage Indians."
9. Elmer T. Peterson, "Miracle of Oil", *Independent* (N.Y.), April 26, 1924.
10. Harmon, *Rich Indians*, p.140에서 재인용.
11. Ibid., p.179.
12. Brown, "Our Plutocratic Osage Indians."

13. *Oklahoma City Times*, Oct. 26, 1959.
14. 그의 원래 이름은 바이런이지만, 보통 브라이언으로 불렸다. 혼란을 피하기 위해 이 책에서는 줄곧 '브라이언'이라는 이름을 사용했다.
15. H. S. 트레일러H. S. Traylor의 진술, U.S. House Subcommittee on Indian Affairs, *Indians of the United States: Investigation of the Field Service*, p.202.
16. 톰 와이스Tom Weiss와 존 버거John Berger의 보고서, Jan. 10, 1924, FBI.
17. 마사 도티Martha Doughty의 대배심 증언, NARA-FW.
18. 애나 시털리Anna Sitterly의 대배심 증언, NARA-FW.
19. Ibid.
20. 화이트혼의 실종에 관한 정보는 주로 국립문서보관소에서 찾아낸 지역신문, 사립탐정과 FBI의 보고서에서 가져왔다.
21. 한 신문은 화이트혼의 아내가 체로키족 혼혈이라고 말했음을 밝혀두어야겠다. 그러나 FBI 기록에는 그녀가 샤이엔족 혼혈로 되어 있다.
22. *Pawhuska Daily Capital*, May 30, 1921.
23. 그날 시체를 발견한 사람들이 대배심에 출석해서 증언한 내용이다, NARA-FW.
24. 와이스와 버거의 보고서, Jan. 10, 1924, FBI.
25. F. S. 터턴F. S. Turton의 대배심 증언, NARA-FW.
26. 앤디 스미스Andy Smith의 대배심 증언, NARA-FW.

2 신의 부름인가, 사람의 짓인가?

1. 검시에 대한 설명은 주로 쇼운 형제 등 목격자들의 증언을 토대로 했다. 더 자세히 알고 싶다면, NARA-CP와 NARA-FW 참조.
2. A. L. Sainer, *Law Is Justice: Notable Opinions of Mr. Justice Cardozo* (New York: Ad Press, 1938), p.209에서 재인용.
3. Wagner, *Science of Sherlock Holmes*, p.8에서 재인용.
4. 앤디 스미스의 대배심 증언, NARA-FW.
5. Cordry, *Alive If Possible — Dead If Necessary*, p.238에서 재인용.
6. Thoburn, *Standard History of Oklahoma*, p.1833.
7. 로이 셰릴Roy Sherrill의 대배심 증언, NARA-FW.
8. "religion, law enforcement": *Shawnee News*, May 11, 1911.
9. 데이비드 쇼운의 대배심 증언, NARA-FW.
10. Wilson, "Osage Indian Women During a Century of Change", p.188에서 재인용.
11. 장례식에 대한 설명은 장의사 등 목격자들의 진술과 후손들을 직접 인터뷰한 내용

을 토대로 했다.
12. A. F. 모스A. F. Moss가 M. E. 트랩M. E. Trapp에게, Nov. 18, 1926, OSARM.
13. A. T. 우드워드A. T. Woodward의 진술, U.S. House Committee on Indian Affairs, *Modifying Osage Fund Restrictions*, p.103.
14. 오세이지족은 원래 땅 위의 원추형 돌무덤에 망자를 장사지냈다. 오세이지족 추장이 19세기 말에 땅속에 묻혔을 때, 그의 아내는 이렇게 말했다. "나는 남편의 얼굴에 그림을 그리고, 몸을 담요로 감싸주면 될 것이라고 말했다. 남편은 백인의 무덤에 묻히고 싶어 했다. 나는 그것도 괜찮다고 말했다. 나는 우리가 남편의 얼굴에 그림을 그려줄 테니 인디언의 천국에서 남편이 길을 잃지 않을 것이라고 말해주었다."
15. Mathews, *Osages*의 머리말에서.

3 오세이지 힐스의 왕

1. *Pawhuska Daily Capital*, May 28, 1921.
2. Louis F. Burns, *History of the Osage People*, p.442.
3. *Modesto News-Herald*, Nov. 18, 1928.
4. 나는 법원 기록, 오세이지족의 구전역사, FBI 기록, 당시 신문기사, 헤일의 서신, 후손들과의 직접 인터뷰 등 여러 자료를 토대로 윌리엄 헤일을 묘사했다.
5. 사전트 프렌티스 프릴링Sargent Prentiss Freeling의 모두진술, *U.S. v. John Ramsey and William K. Hale*, Oct. 1926, NARA-FW.
6. Merwin Eberle, "'King of Osage' Has Had Long Colorful Career", n.p., OHS.
7. *Guthrie Leader*, Jan. 5, 1926.
8. 포니 빌Pawnee Bill이 제임스 A. 핀치James A. Finch에게, n.d., NARA-CP.
9. C. K. 코트먼C. K. Kothmann이 제임스 A. 핀치에게, n.d., NARA-CP.
10. M. B. 프랜티스M. B. Prentiss가 제임스 A. 핀치에게, Sept. 3, 1935, NARA-CP.
11. 헤일이 윌슨 커크Wilson Kirk에게, Nov. 27, 1931, ONM.
12. *Tulsa Tribune*, June 7, 1926.
13. J. 조지 라이트J. George Wright가 찰스 버크Charles Burke에게, June 24, 1926, NARA-CP.
14. 몰리 버크하트가 부족 변호사와 여러 관리들 앞에서 증언한 내용, NARA-FW.
15. 브라이언 버크하트의 검시 증언, 수사국 보고서, Aug. 15, 1923, FBI.
16. 어니스트 버크하트의 대배심 증언, NARA-FW.
17. Boorstin, *Americans*, p.81.
18. 제임스 G. 핀들레이James G. Findlay가 윌리엄 J.번스William J. Burns에게, April 23, 1923, FBI.

19. McConal, *Over the Wall*, p.19.
20. *Arizona Republican*, Oct. 5, 1923.
21. 보고서에 포함된 사립탐정 일지, July 12, 1923, FBI.
22. Ibid.
23. *Pawhuska Daily Capital*, July 29, 1921.
24. *Pawhuska Daily Capital*, July 23, 1921.
25. Crockett, *Serial Murderers*, p.352에서 재인용.
26. Roff, *Boom Town Lawyer in the Osage*, p.106.
27. Ibid., p.107.
28. F. S. 터턴의 대배심 증언, NARA-FW.
29. *Pawhuska Daily Capital*, May 30, 1921.
30. Frank F. Finney, "At Home with the Osages", Finney Papers, UOWHC.

4 지하 보호구역

1. 여기 서술된 오세이지족의 역사는 여러 훌륭한 문헌들을 참고한 것이다. Louis F. Burns, *History of the Osage People*; Mathews, *Wah'kon-Tah*; Wilson, *Underground Reservation*; Tixier, *Tixier's Travels on the Osage Prairies*; and Bailey, *Changes in Osage Social Organization* 참조. 또한 Records of the Osage Indian Agency, NARA-FW에 보관된 부족위원회 문서와 보고서도 참고했다.
2. Louis F. Burns, *History of the Osage People*, p.140.
3. Ibid.
4. Ambrose, *Undaunted Courage*, p.343에서 재인용.
5. Mathews, *Osages*, p.271.
6. 현존하는 기록에는 그녀의 오세이지족 이름이 나와 있지 않다.
7. 몰리의 어머니 리지의 유언 검인 기록, "Application for Certificate of Competency", Feb. 1, 1911, NARA-FW.
8. Tixier, *Tixier's Travels on the Osage Prairies*, p.191.
9. Ibid., p.192.
10. Brown, *Frontiersman*, p.245에서 재인용.
11. Wilder, *Little House on the Prairie*, p.46-7.
12. Wilson, *Underground Reservation*, p.18에서 재인용.
13. Isaac T. Gibson to Enoch Hoag, in *Report of the Commissioner of Indian Affairs to the Secretary of the Interior for the Year 1871*, p.906.

14. Mathews, *Wah'kon-Tah*, p.33-4
15. Louis F. Burns, *History of the Osage People*, p.448에서 재인용.
16. 인디언실은 1947년에 인디언국으로 이름이 바뀌었다.
17. Gibson to Hoag, in *Report of the Commissioner of Indian Affairs to the Secretary of the Interior for the Year 1871*, p.487.
18. Finney and Thoburn, "Reminiscences of a Trader in the Osage Country", p.149.
19. Merchant, *American Environmental History*, p.20에서 재인용.
20. Mathews, *Wah'kon-Tah*, p.30.
21. 오세이지 대표단에 대한 정보와 인용문은 Ibid., pp.35-38에 나오는 매슈스의 설명을 참고했다.
22. Frank F. Finney, "At Home with the Osages."
23. Ibid.
24. Louis F. Burns, *History of the Osage People*, p.91.
25. Mathews, *Wah'kon-Tah*, p.79.
26. Mathews, *Sundown*, p.23.
27. McAuliffe, *Deaths of Sybil Bolton*, p.215-6에서 재인용.
28. Mathews, *Wah'kon-Tah*, p.311.
29. *Daily Oklahoma State Capital*, Sept. 18, 1893.
30. *Daily Oklahoma State Capital*, Sept. 16, 1893.
31. Trachtenberg, *Incorporation of America*, p.34에서 재인용.
32. *Wah-sha-she News*, June 23, 1894.
33. Russell, "Chief James Bigheart of the Osages", p.892.
34. Thoburn, *Standard History of Oklahoma*, p.2048.
35. *Leases for Oil and Gas Purposes, Osage National Council*, p.154에서 재인용.
36. *Indians of the United States: Investigation of the Field Service*, p.398.
37. 많은 백인 이주민들이 꼼수를 동원해서 이 명부에 이름을 올렸고, 결국 오세이지족의 소유가 되어야 할 석유 수익금으로 거액을 거둬들였다. 인류학자 개릭 베일리는 오세이지족이 이렇게 빼앗긴 액수가 적어도 1억 달러는 될 것이라고 추산했다.
38. Franks, *Osage Oil Boom*, p.75.
39. Mathews, *Life and Death of an Oilman*, p.116.
40. Gregory, *Oil in Oklahoma*, p.13-4.
41. Miller, *House of Getty*, p.1881에서 재인용.

5 악마의 사도들

1. 애나 브라운의 유언 검인 기록, "Application for Authority to Offer Cash Reward", NARA-FW.
2. H. L. Macon, "Mass Murder of the Osages", *West*, Dec. 1965.
3. *Ada Weekly News*, Feb. 23, 1922.
4. Summerscale, *Suspicions of Mr. Whicher*, p.xii.
5. '악마의 사도'라는 표현의 기원에 대해 더 자세히 알고 싶다면, Lukas, *Big Trouble*, p.76 참조.
6. Pinkerton's National Detective Agency, *General Principles and Rules of Pinkerton's National Detective Agency*, LOC.
7. McWatters, *Knots Untied*, p.664-5.
8. Shepherd, "Lo, the Rich Indian!"
9. William J. Burns, *Masked War*, p.10.
10. *New York Times*, Dec. 4, 1911.
11. Hunt, *Front-Page Detective*, p.104에서 재인용.
12. 사립탐정들의 활동에 대한 설명은 그들의 일지를 토대로 한 것이다. 제임스 핀들레이의 수사국 보고서(July 1923, FBI)에 이 일지들이 포함되어 있었다.
13. 핀들레이의 보고서, July 10, 1923, FBI.
14. 애나 시털리의 대배심 증언, NARA-FW.
15. 핀들레이의 보고서, July 10, 1923, FBI.
16. Ibid.
17. Ibid.
18. Pinkerton's National Detective Agency, *General Principles and Rules of Pinkerton's National Detective Agency*, LOC.
19. Ibid.
20. 핀들레이의 보고서, July 13, 1923, FBI.
21. Ibid.
22. 핀들레이의 보고서, July 10, 1923, FBI.
23. *Mollie Burkhart et al. v. Ella Rogers*, 오클라호마주 대법원, NARA-FW.
24. Ibid.
25. Ibid.
26. "Scientific Eavesdropping", *Literary Digest*, June 15, 1912.
27. 밥 카터Bob Carter의 대배심 증언, NARA-FW.

28. 웨어 대 비치Ware v. Beach의 재판 기록, 오클라호마주 대법원, Comstock Family Papers.
29. 핀들레이의 보고서, July 13, 1923, FBI.
30. Christison, *Treatise on Poisons in Relation to Medical Jurisprudence, Physiology, and the Practice of Physic*, p.684.
31. Ibid.
32. Oscar T. Schultz and E. M. Morgan, "The Coroner and the Medical Examiner", *Bulletin of the National Research Council*, July 1928.
33. *Washington Post*, Nov. 17, 1935.
34. *Washington Post*, Sept. 6, 1922.
35. *Washington Post*, July 14, 1923.
36. *Washington Post*, March 12, 1925.

6 백만 달러 느릅나무

1. *Pawhuska Daily Journal*, March 18, 1925.
2. *Pawhuska Daily Capital*, June 14, 1921.
3. *Pawhuska Daily Capital*, April 5, 1923.
4. Rister, *Oil!*, p.190.
5. *Daily Oklahoman*, Jan. 28, 1923.
6. *Ada Evening News*, Dec. 24, 1924.
7. *Daily Journal-Capital*, March 29, 1928.
8. Gunther, *The Very, Very Rich and How They Got That Way*, p.124.
9. Allen, *Only Yesterday*, p.129에서 재인용.
10. McCartney, *The Teapot Dome Scandal*, p.113에서 재인용.
11. *Pawhuska Daily Capital*, April 6, 1923.
12. 경매에 대한 설명은 지역신문의 기사들, 특히 *Daily Oklahoman*(Jan. 28, 1923.)의 상세한 기사를 토대로 했다.
13. Thoburn, *Standard History of Oklahoma*, 1989.
14. *Daily Oklahoman*, Jan. 28, 1923.
15. Shepherd, "Lo, the Rich Indian!"
16. Brown, "Our Plutocratic Osage Indians."
17. Harmon, *Rich Indians*, p.181에서 재인용.
18. Ibid., p.185.
19. 이 주제에 대해 더 알고 싶다면, 위의 자료 참조.

20. F. Scott Fitzgerald, *The Crack-Up* (1945; repr., New York: New Directions, 2009), p.87.
21. Gregory, *Oil in Oklahoma*, p.40.
22. Ibid., p.43.
23. *Modifying Osage Fund Restrictions*, p.73.
24. 바넷 대 바넷Barnett v. Barnett 판례, 오클라호마주 대법원, July 13, 1926.
25. *Indians of the United States: Investigation of the Field Service*, 399.
26. H. S. 트레일러가 케이토 셀스Cato Sells에게, *Indians of the United States: Investigation of the Field Service*, p.201에서.
27. Ibid., p.204.
28. *Modifying Osage Fund Restrictions*, p.60.
29. *Pawhuska Daily Capital*, Nov. 19, 1921.
30. 오세이지 부족위원회 의사록, Nov. 1, 1926, ONM.
31. *Pawhuska Daily Capital*, Dec. 22, 1921.
32. *Indians of the United States: Investigation of the Field Service*, p.281.

7 이 어둠이라는 것

1. 론의 시신이 발견된 경위와 검시에 대한 설명은 치안관들을 포함해서 당시 그 자리에 있었던 목격자들의 증언을 토대로 했다. 더 자세히 알고 싶다면, NARA-FW와 NARA-CP 참조.
2. J. R. 로즈J. R. Rhodes의 대배심 증언, NARA-FW.
3. Ibid.
4. 피츠 비티Pitts Beatty가 제임스 A. 핀치에게, Aug. 21, 1935, NARA-CP.
5. Lamb, *Tragedies of the Osage Hills*, p.178.
6. 윌리엄 K. 헤일의 증언, *U.S. v. John Ramsey and William K. Hale*, Oct. 1926, NARA-FW.
7. *Tulsa Daily World*, Aug. 19, 1926.
8. J. R. 로즈의 대배심 증언, NARA-FW.
9. Ibid.
10. *Osage Chief*, Feb. 9, 1923.
11. Charles W. Sanders, *The New School Reader, Fourth Book: Embracing a Comprehensive System of Instruction in the Principles of Elocution with a Choice Collection of Reading Lessons in Prose and Poetry, from the Most Approved Authors; for the Use of Academies*

and Higher Classes in Schools, Etc. (New York: Vison & Phinney, 1855), p.155.
12. 몰리가 비밀에 부친 론과의 결혼 사실은 나중에 *U.S. v. John Ramsey and William K. Hale*, Oct. 1926, NARA-FW에서 밝혀졌다.
13. *Daily Oklahoman*, Jan. 6, 1929.
14. 핀들레이의 보고서, July 13, 1923, FBI.
15. 그로브가 화이트와 함께 작성한 미간행 논픽션 원고, NMSUL.
16. *Manitowoc Herald-Times*, Jan. 22, 1926.
17. 이 시기와 폭파사건 당시의 빌 스미스와 리타 스미스에 대한 설명은 주로 증인들이 수사관들에게 진술한 내용과 법정에서 증언한 내용을 토대로 했다. 지역신문 기사, 그로브가 화이트와 함께 작성한 미간행 논픽션 원고에서도 일부 정보를 인용했다. 더 자세히 알고 싶다면, NARA-CP와 NARA-FW의 기록들 참조.
18. 그로브가 화이트와 함께 작성한 미간행 논픽션 원고, NMSUL.
19. Ibid.
20. 렌의 보고서, Oct. 6, 1925, FBI.
21. *Osage Chief*, June 22, 1923.
22. Shoemaker, *Road to Marble Hills*, p.107.
23. 그로브가 화이트와 함께 작성한 미간행 논픽션 원고, NMSUL.
24. 어니스트 버크하트의 진술, Jan. 6, 1926, FBI.
25. Hogan, *Osage Murders*, p.66에서 재인용.
26. Gregory, *Oil in Oklahoma*, p.56에서 재인용.
27. *Osage Chief*, March 16, 1923.
28. 데이비드 쇼운의 대배심 증언, NARA-FW.
29. 그로브가 화이트와 함께 작성한 미간행 논픽션 원고, NMSUL.
30. 렌의 보고서, Dec. 29, 1925, FBI.
31. 호러스 E. 윌슨Horace E. Wilson의 대배심 증언, NARA-FW.
32. F. S. 터턴의 대배심 증언, NARA-FW.
33. 버거와 와이스의 보고서, Aug. 12, 1924, FBI.
34. 프랭크 스트리트Frank Smith, 제임스 알렉산더 스트리트James Alexander Street, 버서, J. V. 머피J. V. Murphy의 보고서, Sept. 1, 1925, FBI.
35. 로버트 콜럼브Robert Colombe의 대배심 증언, NARA-FW.
36. 데이비드 쇼운의 대배심 증언, NARA-FW.
37. *Osage Chief*, March 16, 1923.
38. 렌의 보고서, Dec. 29, 1925, FBI.
39. *Indiana Evening Gazette*, Sept. 20, 1923.

40. 보건의 조사와 살인에 대한 정보는 FBI 기록, 신문기사, 보건 가족들의 자료, 후손들과의 인터뷰에서 얻었다.
41. 보건이 카운티 검사로 출마했을 때의 광고, Vaughan Family Papers.
42. 조지 빅하트의 입학지원 서류, Dickinson College's Carlisle Indian School Digital Resource Center의 웹사이트에서 볼 수 있으며, Record Group 75, Series 1327, at NARA-DC에 보관되어 있다.
43. *Tulsa Daily World*, July 1, 1923.
44. 호러스 E. 윌슨의 대배심 증언, NARA-FW.
45. *Literary Digest*, April 3, 1926.
46. *Manitowoc Herald-Times*, Jan. 22, 1926.
47. John Baxter, "Billion Dollar Murders", Vaughan Family Papers.
48. C. A. 쿡C. A. Cook의 대배심 증언, NARA-FW.
49. 프랭크 V. 라이트Frank V. Wright의 보고서, April 5, 1923, FBI.
50. 찰스 커티스는 나중에 허버트 후버 대통령 정부의 부통령이 되었다.
51. 파머가 커티스에게, Jan. 28, 1925, FBI.
52. 프랭크 스미스의 증언, 어니스트 버크하트의 사면기록에 포함, NARA-CP.
53. 수사국 보고서, "The Osage Murders", Feb. 3, 1926, FBI.
54. 몰리 버크하트의 후견인 기록, Jan. 1925, NARA-CP.

8 헤프고 방종한

1. 화이트가 후버에게, Nov. 10, 1955, FBI/FOIA.
2. Tracy, "Tom Tracy Tells About — Detroit and Oklahoma."
3. Gentry, *J. Edgar Hoover*, p.112에서 재인용.
4. 톰 화이트와의 인터뷰, NMSUL.
5. 제임스 M. 화이트James M. White(톰 화이트의 동생 '닥터'의 조카손자)와의 인터뷰.
6. Hastedt, "White Brothers of Texas Had Notable FBI Careers."
7. J. 에드거 후버와 FBI의 초기 역사에 관해 더 자세히 알고 싶다면, Gentry's *J. Edgar Hoover*; Ungar's *FBI*; Powers's *Secrecy and Power*; Burrough's *Public Enemies* 참조. 티포트 돔 추문의 배경에 대해 더 자세히 알고 싶다면, McCartney's *Teapot Dome Scandal*; Dean's *Warren G. Harding*; Stratton's *Tempest over Teapot Dome* 참조.
8. Lowenthal, *Federal Bureau of Investigation*, p.292에서 재인용.
9. Gentry, *J. Edgar Hoover*, p.129에서 재인용.
10. *Cincinnati Enquirer*, March 14, 1924.

11. J. M. 타울러J. M. Towler가 후버에게, Jan. 6, 1925, FBI/FOIA.
12. 후버가 버던 애덤스Verdon Adams에게, Oct. 19, 1970, FBI/FOIA.
13. Burrough, *Public Enemies*, p.51에서 재인용.
14. C. S. 위클리C. S. Weakley가 핀들레이에게, Aug. 16, 1923, FBI.
15. W. D. 볼링W. D. Bolling이 후버에게, April 3, 1925, FBI.
16. 와이스와 버거의 보고서, May 24, 1924, FBI.
17. Ibid.
18. 핀들레이가 에버스타인Eberstein에게, Feb. 5, 1925, FBI.
19. 후버가 볼링에게, March 16, 1925, FBI.
20. 파머가 커티스에게, Jan. 28, 1925, FBI.
21. 후버가 화이트에게, Aug. 8, 1925, FBI/FOIA.
22. 후버가 화이트에게, May 1, 1925, FBI/FOIA.
23. 화이트와의 인터뷰, NMSUL.
24. 후버가 화이트에게, Sept. 21, 1925, FBI/FOIA.
25. 화이트가 후버에게, Aug. 5, 1925, FBI/FOIA.
26. 후버가 볼링에게, Feb. 3, 1925, FBI.

9 비밀요원 카우보이

1. 와이스와 버거의 보고서, April 29, 1924, FBI.
2. 화이트와의 인터뷰, NMSUL.
3. 와이스와 버거의 보고서, Aug. 12, 1924, FBI.
4. 화이트와의 인터뷰, NMSUL.
5. 화이트의 수사팀에 대한 정보는 주로 정보자유법을 통해 확보한 요원들의 인사기록, 화이트의 FBI 보고서, 서신, 직접 쓴 글, 신문기사, 요원들의 후손과의 인터뷰 등에서 가져왔다.
6. 전직 뉴멕시코 보안관의 이름은 제임스 알렉산더 스트리트James Alexander Street였다.
7. 유진 홀 파커Eugene Hall Parker는 전직 텍사스 기마경관으로, 화이트의 비밀요원팀에 속해 있었다.
8. 파커의 인사기록, April 9, 1934, FBI/FOIA.
9. 이 비밀요원의 이름은 찰스 데이비스Charles Davis였다.
10. 스미스의 인사기록, Aug. 13, 1932, FBI/FOIA.
11. 스미스의 인사기록, Oct. 22, 1928, FBI/FOIA.
12. 루이스 드넷Louis DeNette이 번스에게, June 2, 1920, FBI.

13. 후버가 렌에게, March 28, 1925, FBI/FOIA.
14. 와이스와 버거의 보고서, Dec. 31, 1923, FBI. 톰 화이트가 수사를 맡기 전에 버거는 톰 F. 와이스 요원과 함께 이 사건을 수사했다. 버거의 보고서는 모두 와이스와 공동명의로 제출되었다.
15. 와이스의 보고서, Nov. 19, 1923, FBI.
16. 해럴드 네이선Harold Nathan이 거스 T. 존스Gus T. Jones에게, Aug. 10, 1925, FBI.

10 불가능을 제거하라

1. 수사국의 수사과정에 대한 설명은 FBI 보고서, 요원들의 인사기록, 대배심 증언, 법원 기록, 화이트의 개인 서신과 글 등 여러 자료를 참고했다.
2. 렌은 때로 목장과 관련된 일에서 대변인 행세를 하기도 했다.
3. 화이트가 후버에게, Feb. 2, 1926, FBI/FOIA.
4. 호러스 E. 윌슨의 대배심 증언, NARA-FW.
5. Ibid.
6. 데이비드 쇼운의 대배심 증언, NARA-FW.
7. Arthur Conan Doyle, *The Sign of Four* (London: Spencer Blackett, 1890), p.93.
8. 와이스의 보고서, Sept. 1, 1923, FBI.
9. 버거와 와이스의 보고서, April 22, 1924, FBI.
10. Ibid.
11. 위클리의 보고서, Aug. 7, 1923, FBI.
12. 와이스와 버거의 보고서, Feb. 2, 1924, FBI.
13. Ibid.
14. Ibid.
15. Ibid.
16. Tarbell, "Identification of Criminals."
17. 수사국의 신원확인과는 처음에 미국 교정국이 리븐워스Leavenworth 교도소에 보관 중이던 기록과 국제경찰청장연합의 기록에서 지문을 수집했다.
18. Powers, *Secrecy and Power*, p.150에서 재인용.
19. 와이스와 버거의 보고서, Feb. 2, 1924, FBI.
20. 처음에 모리슨은 로즈가 범행과 관련해서 자신의 남자친구를 지목했다는 거짓주장을 했다.
21. 와이스와 버거의 보고서, Feb. 2, 1924, FBI.
22. 와이스와 버거의 보고서, Aug. 16, 1924, FBI.

11 제3의 남자

1. 후버가 화이트에게, June 2, 1926, FBI.
2. 후버가 볼링에게, June 1925, FBI.
3. 와이스와 버거가 윌리엄 J. 번스에게, March 24, 1924, FBI.
4. 에드 헤이니Ed Hainey의 대배심 증언, NARA-FW.
5. 베리 헤이니Berry Hainey의 재판 증언, *State of Oklahoma v. Kelsie Morrison*, OSARM.
6. 위클리의 보고서, Aug. 15, 1923, FBI.
7. 와이스와 버거의 보고서, Jan. 8, 1924, FBI.
8. 와이스와 버거의 보고서, Jan. 10, 1924, FBI.
9. Ibid.

12 거울의 황야

1. 스미스의 보고서, Sept. 28, 1925, FBI.
2. Ibid.
3. 핀들레이가 번스에게, Dec. 19, 1923, FBI.
4. 스미스가 법무장관에게, March 15, 1925, FBI.
5. 와이스와 버거의 보고서, July 2, 1924, FBI.
6. Ibid.
7. 와이스와 버거의 보고서, July 12, 1924, FBI.
8. 와이스와 버거의 보고서, July 2, 1924, FBI.
9. 와이스와 버거의 보고서, Aug. 16, 1924, FBI.
10. 화이트와의 인터뷰, NMSUL.
11. 와이스와 버거의 보고서, Feb. 11, 1924, FBI.
12. 와이스와 버거의 보고서, April 11, 1924, FBI.
13. 와이스와 버거의 보고서, Aug. 14, 1924, FBI.
14. 엘버트 M. 파이크Elbert M. Pike의 대배심 증언, NARA-FW.
15. 와이스의 보고서, Nov. 19, 1923, FBI.

13 사형집행인의 아들

1. Daniell, *Personnel of the Texas State Government*, p.389.
2. Adams, *Tom White*, p.6.

3. *Austin Weekly Statesman*, March 31, 1892.
4. *Bastrop Advertiser*, Aug. 5, 1899.
5. *Austin Weekly Statesman*, Sept. 1, 1892.
6. *Austin Weekly Statesman*, Nov. 22, 1894.
7. *Austin Weekly Statesman*, Nov. 16, 1893.
8. *Austin Weekly Statesman*, Jan. 11, 1894.
9. *Dallas Morning News*, Jan. 13, 1894.
10. Ibid.
11. Adams, *Tom White*, p.8.
12. Parsons, *Captain John R. Hughes*, p.275에서 재인용.
13. Leonard Mohrman, "A Ranger Reminisces", *Texas Parade*, Feb. 1951.
14. 톰 화이트와의 인터뷰, NMSUL.
15. Robinson, *Men Who Wear the Star*, p.79에서 재인용.
16. 톰 화이트는 6연발 권총으로 사격연습을 했다. 치안관들이 단발식 라이플을 다시 장전하기도 전에 화살을 일제히 쏘아 보낼 수 있는 인디언 전사들과의 싸움에서 오랫동안 압도당한 기마경찰대는 이 연발식 리볼버의 혁명적인 힘을 잘 알고 있었다. 1844년 일단의 기마경관들은 5연발 콜트 권총을 시험하는 과정에서 자기들보다 많은 수의 코만치족을 괴멸시켰다. 이때의 기마경관 중 한 명은 나중에 이 총의 제작자인 새뮤얼 콜트에게 이 총을 조금 더 개선한다면 "세상에서 가장 완벽한 무기"가 될 수 있을 것이라고 말해주었다. 콜트는 이 의견을 받아들여 치명적인 6연발 권총 (한 역사가는 이것을 "서부의 의붓자식"이라고 불렀다)을 설계했다. 그리고 이 총은 초원의 인디언 부족과 백인 이주민 사이의 힘의 균형을 영원히 바꿔놓는 데 일조했다. 이 총의 탄창에는 기마경관들이 코만치족을 상대로 승리를 거두는 모습이 새겨져 있었다.
17. 화이트는 사격 실력을 갈고 닦기 위해 토끼와 말똥가리는 물론 프레리도그에 이르기까지 거의 모든 생물을 상대로 사격연습을 했다. 총을 가장 빨리 뽑는 것보다 목표를 정확히 맞히는 실력이 더 중요하다는 사실을 깨달았기 때문이다. 그의 동생 박사는 이렇게 말했다. "상대를 확실히 맞히지 못한다면, 총을 빨리 뽑는 것이 무슨 소용인가?" 박사는 서부 총잡이들에 대한 많은 전설이 "허튼소리"라고 말했다. "와이엇 어프Wyatt Earp가 총을 빨리 뽑는 기술이 뛰어났다는 얘기는 과장이다. 그는 그저 사격실력이 좋았을 뿐이다."
18. Adams, *Tom White*, p.19.
19. 벤 M. 에드워즈Ben M. Edwards가 프랭크 존슨Frank Johnson에게, Jan. 25, 1908, TSLAC.
20. Hastedt, "White Brothers of Texas Had Notable FBI Careers."

21. Adams, *Tom White*, p.16.
22. Parsons, *Captain John R. Hughes*, p.xvii에서 재인용.
23. 토머스 머치슨Thomas Murchinson이 부관 참모Adjutant General에게, March 2, 1907, TSLAC.
24. Alexander, *Bad Company and Burnt Powder*, p.240에서 재인용.
25. Adams, *Tom White*, p.24.
26. 부관 참모가 톰 로스Tom Ross에게, Feb. 10, 1909, TSLAC.
27. *Beaumont Enterprise*, July 15, 1918.
28. 부관 참모가 J. D. 포텐베리J. D. Fortenberry에게, Aug. 1, 1918, TSLAC.

14 죽음 앞에서 남긴 말

1. 데이비드 쇼운의 대배심 증언, NARA-FW.
2. Ibid.
3. Ibid.
4. 제임스 쇼운의 대배심 증언, NARA-FW.
5. 데이비드 E. 존슨David E. Johnson의 대배심 증언, NARA-FW.
6. Ibid.
7. 제임스 쇼운의 대배심 증언, NARA-FW.
8. 스미스, 스트리트, 버거, 머피의 보고서, Sept. 1, 1925, FBI.
9. 데이비드 쇼운의 대배심 증언, NARA-FW.
10. Ibid.
11. *Survey of Conditions of Indians*, p.23018.
12. Gertrude Bonnin, "Oklahoma's Poor Rich Indians: An Orgy of Graft and Exploitation of the Five Civilized Tribes and Others", 1924, HSP.
13. Ibid.
14. *St. Louis Post-Dispatch*, May 10, 1925.
15. 거트루드 보닌Gertrude Bonnin의 비망록, "Case of Martha Axe Roberts", Dec. 3, 1923, HSP.
16. Ibid.
17. Shepherd, "Lo, the Rich Indian!"

15 숨겨진 얼굴

1. 렌, 데이비스, 파커의 보고서, Sept. 10, 1925, FBI.
2. 존 매클레인John McLean의 대배심 증언, NARA-FW.
3. Ibid.
4. 앨프리드 T. 홀Alfred T. Hall의 대배심 증언, NARA-FW.
5. *Tulsa Tribune*, Aug. 6, 1926.
6. 버트 패러Bert Farrar가 로이 세인트 루이스Roy St. Lewis에게, Dec. 22, 1928, NARA-FW.
7. 존 매클레인의 대배심 증언, NARA-FW.
8. W. H. 에런W. H. Aaron의 대배심 증언, NARA-FW.
9. *U.S. v. John Ramsey and William K. Hale*, Oct. 1926, NARA-FW.
10. 그로브가 화이트와 함께 작성한 미간행 논픽션 원고, NMSUL.
11. 버거와 와이스의 보고서, Aug. 12, 1924, FBI.
12. 헤일의 사면신청서, Nov. 15, 1935, NARA-CP.
13. 라이트의 보고서, April 5, 1923, FBI.
14. 와이스와 버거의 보고서, Jan. 10, 1924, FBI.
15. "The Osage Murders"라는 제목의 보고서, Feb. 3, 1926, FBI.

16 수사국의 발전을 위하여

1. 에드윈 브라운Edwin Brown이 후버에게, March 22, 1926, FBI/FOIA.
2. 렌의 보고서, Oct. 6, 1925, FBI.
3. "Osage Indian Murder Cases"라는 제목의 보고서, July 10, 1953, FBI.
4. 후버가 화이트에게, Nov. 25, 1925, FBI/FOIA.
5. Nash, *Citizen Hoover*, p.23에서 재인용.
6. 후버가 수사국을 변화시킨 과정에 대해 더 자세히 알고 싶다면, Gentry, *J. Edgar Hoover*; Powers, *Secrecy and Power*; Burrough, *Public Enemies*; and Ungar, *F.B.I.* F진보주의의 어두운 면에 대해 알고 싶다면, Thomas C. Leonard's journal articles "American Economic Reform in the Progressive Era"와 "Retrospectives" 참조.
7. *San Bernardino County Sun*, Dec. 31, 1924.
8. Powers, *Secrecy and Power*, p.146에서 재인용.
9. *San Bernardino County Sun*, Dec. 31, 1924.
10. 후버가 화이트에게, Sept. 21, 1925, FBI/FOIA.
11. 후버가 화이트에게, May 1, 1925, FBI/FOIA.

12. Gentry, *J. Edgar Hoover*, p.149에서 재인용.
13. 후버가 화이트에게, April 15, 1925, FBI/FOIA.
14. Gentry, *J. Edgar Hoover*, p.67에서 재인용.
15. Tracy, "Tom Tracy Tells About — Detroit and Oklahoma."
16. Adams, *Tom White*, p.133.
17. 화이트가 후버에게, Sept. 28, 1925, FBI/FOIA.
18. 화이트가 후버에게, June 10, 1925, FBI/FOIA.
19. 후버를 위한 비망록, May 12, 1925, FBI/FOIA.
20. Gentry, *J. Edgar Hoover*, p.170에서 재인용.
21. Powers, *Secrecy and Power*, p.154에서 재인용.

17 권총 빨리 뽑기 기술자, 살인 청부업자, 수프맨

1. 메리 조 웹Mary Jo Webb, 저자와의 인터뷰.
2. *Osage Chief*, July 28, 1922.
3. 와이스와 버거의 보고서, Aug. 12, 1924, FBI.
4. 화이트가 그로브에게, June 23, 1959, NMSUL.
5. 딕 그레그Dick Gregg의 범죄기록, Jan. 9, 1925, KHS.
6. 화이트가 그로브에게, June 23, 1959, NMSUL.
7. 와이스와 버거의 보고서, July 24, 1924, FBI.
8. 딕 그레그의 진술, June 8, 1925, FBI.
9. 프레드 그로브Fred Grove의 기사에서 재인용, *The War Chief of the Indian Territory Posse of Oklahoma Westerners* 2, no. 1 (June 1968).
10. 화이트가 그로브에게, June 23, 1959, NMSUL.
11. Ibid.
12. 와이스와 버거의 보고서, Aug. 14, 1924, FBI.
13. Lamb, *Tragedies of the Osage Hills*, p.119.
14. *Muskogee Times-Democrat*, Aug. 5, 1909.
15. 버거의 보고서, Nov. 30, 1928, FBI.
16. 그래머의 왼쪽 겨드랑이 근처에 총상도 있었다는 이야기가 있었다.
17. 존 마요John Mayo의 대배심 증언, NARA-FW.
18. 와이스와 버거의 보고서, July 2, 1924, FBI.
19. 와이스와 버거의 보고서, Aug. 16, 1924, FBI.
20. 렌의 보고서, Nov. 5, 1925, FBI.

21. "Osage Indian Murder Cases"라는 제목의 문서, July 10, 1953, FBI.
22. 화이트와의 인터뷰, NMSUL.

18 최고의 게임

1. 그로브가 화이트와 함께 작성한 미간행 논픽션 원고, NMSUL. 수사국 기록에 로슨 Lawson의 이름은 'Burt'로 적혀 있다. 다른 기록에는 'Bert'로 표기된 경우도 있다. 혼란을 피하기 위해 이 책에서는 그의 이름을 'Burt'로 통일했다.
2. 화이트가 그로브에게, May 2, 1959, NMSUL.
3. 그로브가 화이트와 함께 작성한 미간행 논픽션 원고, NMSUL.
4. Smith와 Murphy의 보고서, Oct. 27, 1925, FBI.
5. 화이트가 후버에게, Oct. 24, 1925, FBI.
6. 후버가 화이트에게, Oct. 26, 1925, FBI.
7. 호머 핀캐넌Homer Fincannon, 저자와의 인터뷰.
8. 렌의 보고서, Oct. 6, 1925, FBI.
9. 에드윈 브라운이 조지 라이트에게, July 18, 1925, NARA-CP.
10. 그로브가 화이트와 함께 작성한 미간행 논픽션 원고, NMSUL.
11. *Guthrie Leader*, Jan. 6, 1926.
12. 화이트와의 인터뷰, NMSUL.
13. 대배심에서 루링Luhring의 진술, NARA-FW.
14. 화이트와의 인터뷰, NMSUL.
15. 그로브가 화이트와 함께 작성한 미간행 논픽션 원고, NMSUL.
16. Gentry, *J. Edgar Hoover*, p.386.
17. *Tulsa Tribune*, Jan. 5, 1926.
18. 와이스와 버거의 보고서, April 30, 1924, FBI.
19. 스미스의 대배심 증언, Jan. 5, 1926, NARA-CP.
20. 어니스트 버크하트의 진술, Jan. 6, 1926, FBI.
21. 그로브가 화이트와 함께 작성한 미간행 논픽션 원고, NMSUL.
22. 어니스트 버크하트의 진술, Feb. 5, 1927, NARA-CP.
23. 어니스트 버크하트의 진술, Jan. 6, 1926, FBI.
24. 프랭크 스미스의 대배심 증언, NARA-FW.
25. 화이트와의 인터뷰, NMSUL.
26. 어니스트 버크하트의 진술, Jan. 6, 1926, FBI.
27. 프랭크 스미스의 대배심 증언, NARA-FW.

28. 그로브가 화이트와 함께 작성한 미간행 논픽션 원고, NMSUL.
29. *Tulsa Tribune*, March 13, 1926.
30. 스미스의 대배심 증언, NARA-FW.
31. 존 램지John Ramsey의 진술, Jan. 6, 1926, FBI.
32. 그로브가 화이트와 함께 작성한 미간행 논픽션 원고, NMSUL.
33. M. A. 존스M. A. Jones가 루이스 B. 니콜스Louis B. Nichols를 위해 남긴 비망록, Aug. 4, 1954, FBI.
34. 제임스 쇼운의 대배심 증언, NARA-FW.
35. 부족의 변호사와 다른 관리들 앞에서 몰리 버크하트가 한 증언, NARA-FW.
36. Macon, "Mass Murder of the Osages."
37. Gregory, *Oil in Oklahoma*, p.57에서 재인용.
38. 그로브가 화이트와 함께 작성한 미간행 논픽션 원고, NMSUL.
39. 와이스와 버거의 보고서, Feb. 2, 1924, FBI.
40. 그로브가 화이트와 함께 작성한 미간행 논픽션 원고, NMSUL.
41. Ibid.

19 일족의 배신자

1. *Literary Digest*, Jan. 23, 1926.
2. *Evening Independent*, Jan. 5, 1926.
3. Holding, "King of the Killers."
4. 리지 준 베이츠Lizzie June Bates가 조지 라이트에게, Nov. 21, 1922, NARA-FW.
5. *Reno Evening-Gazette*, Jan. 4, 1926.
6. *Evening Independent*, March 5, 1926.
7. 화이트가 후버에게, Sept. 18, 1926, FBI.
8. 베이츠가 라이트에게, Nov. 21, 1922, NARA-FW.
9. 오클라호마 인디언회의 결의안, NARA-FW.
10. Irwin, *Deadly Times*, p.331에서 재인용.
11. *Lima News*, Jan. 29, 1926.
12. 에드윈 브라운이 A. G. 리글리A. G. Ridgley에게, July 21, 1925, FBI.
13. *Sequoyah County Democrat*, April 9, 1926.
14. Sargent Prentiss Freeling vertical file, OHS.
15. Lamb, *Tragedies of the Osage Hills*, p.174.
16. 버크하트의 증언조서, Feb. 5, 1927, NARA-CP.

17. 1926년 12월의 어느 날 밤, 오세이지 살인사건의 수사를 도왔던 오클라호마주 치안관 루서 비숍Luther Bishop이 자택에서 총에 맞아 숨졌다. 그의 아내가 살인 혐의로 기소되었으나 나중에 배심원들은 무죄 평결을 내렸다. 전직 수사관이자 저술가인 디 코드리Dee Cordry는 이 사건을 조사해서 2005년에 발간한 책 *Alive If Possible — Dead If Necessary*에서 헤일이 최후의 복수로 이 살인을 지시했을 가능성이 있다고 보았다.
18. W. A. 키친W. A. Kitchen의 보고서, March 2, 1926, FBI.
19. 스미스의 보고서, Feb. 8, 1926, FBI.
20. 듀이 셀프Dewey Selph의 대배심 증언, NARA-FW.
21. 그로브가 화이트와 함께 작성한 미간행 논픽션 원고, NMSUL.
22. 화이트가 후버에게, March 31, 1926, FBI.
23. 버거의 보고서, Nov. 2, 1928, FBI.
24. 버크하트의 대배심 증언, NARA-FW.
25. 화이트와의 인터뷰, NMSUL.
26. 화이트가 후버에게, June 26, 1926, FBI.
27. 라이트가 찰스 버크에게, June 24, 1926, NARA-CP.
28. 부족 변호사와 다른 관리들 앞에서 몰리 버크하트가 한 증언, NARA-FW.
29. 몰리가 어니스트 버크하트에게, Jan. 21, 1926, NARA-FW.
30. 그로브가 화이트와 함께 작성한 미간행 논픽션 원고, NMSUL.
31. Ibid.
32. 화이트가 후버에게, July 3, 1926, FBI.
33. *Tulsa Tribune*, March 13, 1926.
34. *Bismarck Tribune*, June 17, 1926.
35. *Tulsa Tribune*, March 13, 1926.
36. Hogan, *Osage Murders*, p.195에서 재인용.
37. 그로브가 화이트와 함께 작성한 미간행 논픽션 원고, NMSUL.
38. *Tulsa Daily World*, Aug. 20, 1926.
39. *Tulsa Daily World*, March 13, 1926.
40. 그로브가 화이트와 함께 작성한 미간행 논픽션 원고, NMSUL.
41. 리Leahy의 비망록, 사면 기록, NARA-CP.
42. 화이트가 후버에게, June 5, 1926, FBI.
43. 예심에서 어니스트 버크하트의 증언, *U.S. v. John Ramsey and William K. Hale*, NARA-FW에 포함된 것.
44. 화이트와의 인터뷰, NMSUL.

45. *Tulsa Tribune*, May 30, 1926.
46. Gentry, *J. Edgar Hoover*, p.117에서 재인용.
47. *Washington Post*, June 8, 1926.
48. 화이트가 그로브에게, Aug. 10, 1959, NMSUL.
49. 화이트가 후버에게, June 8, 1926, FBI.
50. 그로브가 화이트와 함께 작성한 미간행 논픽션 원고, NMSUL.
51. 켈시 모리슨Kilsie Morrison의 증언, *State of Oklahoma v. Morrison*, OSARM.
52. 어니스트 버크하트의 재판에서 모리슨의 증언, 나중에 위의 자료에 포함되었음.
53. Ibid.
54. 캐서린 콜Katherine Cole의 진술, Jan. 31, 1926, NARA-FW.
55. 버크하트가 무죄 주장을 유죄로 바꿨다는 설명은 지역신문의 재판 관련 기사와 그로브의 논픽션 원고, 그리고 1927년에 리가 작성했으며 현재 NARA-CP에서 버크하트의 사면기록에 포함되어 있는 편지를 토대로 했다.
56. *Tulsa Daily World*(June 10, 1926)와 Grove의 논픽션 원고.
57. *Tulsa Daily World*, June 10, 1926.
58. 그로브가 화이트와 함께 작성한 미간행 논픽션 원고, NMSUL.
59. *Daily Journal-Capital*, June 9, 1926.
60. *Tulsa Daily World*, June 10, 1926.
61. *New York Times*, June 10, 1926.
62. 화이트가 후버에게, June 15, 1926, FBI.
63. 쇼트Short가 루링에게 1926년에 보낸 서한에서 재인용, NARA-FW.
64. 화이트와의 인터뷰, NMSUL.
65. *Tulsa Daily World*, Aug. 19, 1926.

20 맹세코!

1. *Tulsa Tribune*, July 29, 1926.
2. 버거의 보고서, Nov. 2, 1928, FBI.
3. *Tulsa Tribune*, Aug. 21, 1926.
4. Ibid.
5. *Tulsa Daily World*, July 30, 1926.
6. *Tulsa Tribune*, July 29, 1926.
7. *Tulsa Daily World*, July 31, 1926.
8. Lamb, *Tragedies of the Osage Hills*, p.179.

9. *Tulsa Daily World*, Aug. 19, 1926.
10. *Daily Journal-Capital*, Aug. 20, 1926.
11. *Tulsa Tribune*, Aug. 21, 1926.
12. 이 인용문과 기타 자세한 설명을 보고 싶다면, *Oklahoma City Times*, Aug. 25, 1926 참조.
13. H. E. 제임스H. E. James의 보고서, May 11, 1928, FBI.
14. *Daily Oklahoman*, Oct. 8, 1926.
15. 오스카 R. 루링Oscar R. Luhring이 로이 세인트 루이스에게, Sept. 23, 1926, NARA-FW.
16. *U.S. v. John Ramsey and William K. Hale*, Oct. 1926, NARA-FW.
17. Ibid.
18. 어니스트 버크하트가 1926년 자신의 재판에서 진술한 내용, NMSUL.
19. 오스카 R. 루링의 최종논고, *U.S. v. John Ramsey and William K. Hale*, Oct. 1926, NARA-FW.
20. Ibid.
21. *Daily Oklahoman*, Oct. 30, 1926.
22. *Tulsa Daily World*, Oct. 30, 1926.
23. *New York Times*, Oct. 30, 1926.
24. 레이히Leahy가 법무장관에게, Feb. 1, 1929, FBI/FOIA.
25. 모리슨이 헤일에게, *State of Oklahoma v. Kelsie Morrison*, OSARM에 포함된 자료.
26. 브라이언 버크하트의 증언, *State of Oklahoma v. Kelsie Morrison*, OSARM.
27. Ibid.
28. *St. Louis Post-Dispatch*, Nov. 4, 1926.
29. 후버가 화이트에게, Jan. 9, 1926, FBI.
30. 신문기사, n.p., n.d., FBI.
31. 버거의 비망록, Oct. 27, 1932, FBI.
32. *The Lucky Strike Hour*, Nov. 15, 1932, accessed from http://www.otrr.org/.
33. 후버가 화이트에게, Feb. 6, 1926, FBI/FOIA.
34. Adams, *Tom White*, p.76에서 재인용.
35. 마블 워커 윌브랜트Mabel Walker Willebrandt가 후버에게, Feb. 15, 1927, FBI/FOIA.
36. 후버가 윌브랜트에게, Dec. 9, 1926, FBI/FOIA.
37. Earley, *The Hot House*, 30.
38. *Daily Oklahoman*, n.d., and transcript of interview with White, NMSUL.

21 온실

1. Adams, *Tom White*, p.84.
2. Rudensky, *Gonif*, p.32.
3. Ibid., p.33.
4. 죄수들이 계속 바쁘게 움직이는 것이 중요하다고 믿었기 때문에, 화이트는 살인죄로 복역 중인 로버트 스트라우드Robert Stroud가 감방에서 약 300마리의 카나리아를 키우는 것을 허용했다. 그래서 그는 버드맨Birdman으로 불리게 되었다. 스트라우드의 어머니는 편지에서 화이트에게 "인간의 본성과 약한 부분들을" 이해하는 분이 자신의 아들을 감시하는 자리에 있는 것이 정말 다행한 일이라고 말했다.
5. Adams, *Tom White*, p.133.
6. Rudensky, *Gonif*, p.27.
7. 칼 팬즈램Carl Panzram의 자서전, Nov. 3, 1928, Panzram Papers, SDSUL.
8. Nash, *Almanac of World Crime*, p.102.
9. 헤일에 대한 리븐워스 보고서, Oct. 1945, NARA-CP.
10. 화이트가 모리스 F. 무어Morris F. Moore에게, Nov. 23, 1926, NARA-CP.
11. W. K. 헤일 부인Mrs. W. K. Hale이 화이트에게, Sept. 29, 1927, NARA-CP.
12. 헤일의 증언조서, Jan. 31, 1927, NARA-CP.
13. 헤일에 대한 리븐워스 보고서, Aug. 1, 1941, NARA-CP.
14. 1928년에 열린 헤일의 항소심에서 놀랍게도 평결이 뒤집혔다. 그리고 변호인단의 조수로 일했던 남자가 그 뒤 헤일이 "손을 썼다"고 고백했다. 그러나 헤일은 곧바로 다시 열린 재판에서 램지처럼 유죄판결을 받았다.
15. 몰리 버크하트의 유언 검인 기록, File No. 2173, NARA-FW.
16. 탈옥시도에 관한 설명은 정보자유법을 통해 확보한 FBI 기록, 저술가 데이비드 A 워드David A. Ward가 당시의 죄수 중 한 명과 인터뷰한 내용, 톰 화이트의 편지, 신문 기사, Adams, *Tom White*를 주로 참조했다.
17. *Dunkirk Evening Observer*, Dec. 12, 1931.
18. Adams, *Tom White*, p.114
19. *Pittsburgh Press*, Dec. 14, 1939.
20. *Dunkirk Evening Observer*, Dec. 12, 1931.
21. Ward, *Alcatraz*, p.6.
22. Ibid.
23. Adams, *Tom White*, pp.109-10.
24. *Pittsburgh Press*, Dec. 14, 1939.

25. Gentry, *J. Edgar Hoover*, p.169.
26. Ibid., p.58에서 재인용.
27. 화이트가 후버에게, July 1, 1938, FBI/FOIA.
28. 엘파소 지부를 담당한 특수요원이 후버에게, Feb. 12, 1951, FBI/FOIA.
29. 화이트가 후버에게, Sept. 3, 1954, FBI/FOIA.
30. 후버가 화이트에게, Sept. 9, 1954, FBI/FOIA.
31. 거스 T. 존스가 후버에게, June 16, 1934, FBI/FOIA.
32. 렌이 후버에게, Aug. 2, 1932, FBI/FOIA
33. 렌이 후버에게, Oct. 4, 1936, FBI/FOIA.
34. 화이트가 후버에게, Nov. 10, 1955, FBI/FOIA.
35. 화이트가 그로브에게, Aug. 10, 1959, NMSUL.
36. 화이트가 후버에게, March 20, 1958, FBI/FOIA.
37. M. A. 존스가 고든 니스Gordon Nease에게, April 4, 1958, FBI/FOIA.
38. 베시 화이트Bessie White가 그로브에게, Sept. 21, 1959, NMSUL.
39. 톰 화이트가 그로브에게, Jan. 4, 1960, FBI/FOIA.
40. J. E. 윔스J. E. Weems가 그로브에게, June 28, 1963, NMSUL.
41. 화이트가 후버에게, Feb. 15, 1969, FBI/FOIA.
42. Adams, *Tom White,* in postscript.
43. 엘파소 지부를 담당한 특수요원이 후버에게, Dec. 21, 1971, FBI/FOIA.

22 유령의 땅

1. Morris, *Ghost Towns of Oklahoma*, p.83.
2. Louis F. Burns, *History of the Osage People*, p.xiv.
3. 오세이지족의 춤에 대해 더 자세히 알고 싶다면, Callahan, *Osage Ceremonial Dance I'n-Lon-Schka* 참조.
4. Louis F. Burns, *History of the Osage People,* p.496.
5. Fairfax Chief, June 17, 1937.
6. 오세이지 부족위원회 결의안, No. 78, Nov. 15, 1937, NARA-FW.
7. *Kansas City Times*, Dec. 21, 1937.
8. *Daily Journal-Capital*, Aug. 3, 1947.
9. *Oklahoma City Times*, Oct. 26, 1959.
10. *Daily Oklahoman*, Feb. 14, 1966
11. *Literary Digest*, May 14, 1932.

12. *Hamilton Evening Journal*, Sept. 28, 1929.
13. Paschen, "Wi'-gi-e", in *Bestiary*.
14. Webb-Storey, "Culture Clash", p.115.

23 아직 끝나지 않은 사건

1. *Daily Oklahoman*, July 2, 1923.
2. 스미스의 보고서, Sept. 28, 1925, FBI.
3. *Hearings Before the Joint Commission of the Congress of the United States*, p.1505.
4. 와이스와 버거의 보고서, April 11, 1924, FBI.
5. Ibid.
6. 렌의 보고서, Nov. 5, 1925, FBI.
7. 스미스의 보고서, April 3, 1926, FBI.

24 두 세계에서

1. Tallchief, *Maria Tallchief*, p.4.
2. Ibid., p.9.
3. 헤일이 윌슨 커크에게, Nov. 27, 1931, ONM.
4. 핀들레이의 보고서, July 13, 1923, FBI.
5. Ibid.
6. Ibid.
7. 버거의 보고서, Aug. 12, 1924, FBI.
8. 핀들레이의 보고서, July. 13, 1923, FBI.
9. Ibid.
10. Ibid.
11. 버거의 보고서, Aug. 12, 1924, FBI.
12. 버거의 보고서, Aug. 13, 1924, FBI.
13. 와이스와 버거의 보고서, Jan. 10, 1924, FBI.
14. Ibid.
15. 와이스와 버거의 보고서, Dec. 26, 1923, FBI.
16. 와이스와 버거의 보고서, Jan. 2, 1924, FBI.
17. 와이스와 버거의 보고서, Jan. 10, 1924, FBI.
18. 와이스와 버거의 보고서, Dec. 26, 1923, FBI.

19. 버거의 보고서, Aug. 13, 1924, FBI.

25 사라진 원고

1. U.S. District Court for the Northern District of Oklahoma, *U.S. v. Osage Wind, Enel Kansas, and Enel Green Power North America*, Sept. 30, 2015.
2. Ibid.
3. *Tulsa World*, Feb. 25, 2015.
4. *Pawhuska Daily Capital*, Jan. 30, 1919.
5. "The Murder of Mary Denoya-Bellieu-Lewis", PPL에서 재인용.

26 피가 부르짖는다

1. E. E. 셰퍼드E. E. Shepperd가 미국 연방지방검찰청에, Jan. 8, 1926, NARA-FW.
2. *Daily Oklahoman*, Oct. 25, 1926.
3. Wilson, *Underground Reservation*, p.144에서 재인용.
4. McAuliffe, *Deaths of Sybil Bolton*, p.109에서 재인용.
5. "Murder on Indian Reservation"라는 제목의 수사국 보고서, Nov. 6, 1932, FBI.
6. McAuliffe, *Deaths of Sybil Bolton*, p.251.
7. Ball, *Osage Tribal Murders*.
8. F. G. 그림스 주니어F. G. Grimes Jr.와 에드윈 브라운이 시행한 인터뷰, June 17, 1925, FBI.
9. 스미스의 보고서, Oct. 30, 1926, FBI.
10. Robert Allen Warrior, "Review Essay: The Deaths of Sybil Bolton: An American History", *Wicazo Sa Review* 11 (1995): p.52.
11. McAuliffe, *Deaths of Sybil Bolton*, p.137.
12. Ibid., p.139
13. McAuliffe, *The Deaths of Sybil Bolton*의 개정판인 *Bloodland: A Family Story of Oil, Greed, and Murder on the Osage Reservation* (San Francisco: Council Oak Books, 1999), p.287.
14. Wallis, *Oil Man*, p.152에서 재인용.

참고문헌

Ackerman, Kenneth D. *Young J. Edgar: Hoover, the Red Scare, and the Assault on Civil Liberties*. New York: Carroll & Graf, 2007.

Adams, Verdon R. *Tom White: The Life of a Lawman*. El Paso: Texas Western Press, 1972.

Adcock, James M., and Arthur S. Chancellor. *Death Investigations*. Burlington, Mass.: Jones & Bartlett Learning, 2013.

Alexander, Bob. *Bad Company and Burnt Powder: Justice and Injustice in the Old Southwest*. Denton: University of North Texas Press, 2014.

Allen, Frederick Lewis. *Only Yesterday: An Informal History of the 1920s*. New York: John Wiley & Sons, 1997.

Ambrose, Stephen E. *Undaunted Courage: Meriwether Lewis, Thomas Jefferson, and the Opening of the American West*. New York: Simon & Schuster, 2002.

Anderson, Dan, Laurence J. Yadon, and Robert B. Smith. *100 Oklahoma Outlaws, Gangsters, and Lawmen, 1839-1939*. Gretna, La.: Pelican, 2007.

Babyak, Jolene. *Birdman: The Many Faces of Robert Stroud*. Berkeley, Calif.: Ariel
Vamp Press, 1994.

Bailey, Garrick Alan. *Changes in Osage Social Organization, 1673-1906*. University
of Oregon Anthropological Papers 5. Eugene: Department of Anthropology, University of Oregon, 1973.

_____. "The Osage Roll: An Analysis". *Indian Historian* 5 (Spring 1972): 26-29.

Bailey, Garrick Alan, Daniel C. Swan, John W. Nunley, and E. Sean Standing Bear. *Art of the Osage*. Seattle: St. Louis Art Museum in association with University of Washington Press, 2004.

Bailey, Garrick Alan, and William C. Sturtevant, eds. *Indians in Contemporary Society. Vol. 2, Handbook of North American Indians*. Washington, D.C.: Smithsonian Institution, 2008.

Baird, W. David. *The Osage People*. Phoenix: Indian Tribal Series, 1972.

Ball, Larry D. *Desert Lawmen: The High Sheriffs of New Mexico and Arizona, 1846-1912*. Albuquerque: University of New Mexico Press, 1996.

Bates, James Leonard. *The Origins of Teapot Dome: Progressives, Parties, and Petroleum, 1909-1921*. Urbana: University of Illinois Press, 1964.

Blum, Howard. *American Lightning: Terror, Mystery, the Birth of Hollywood, and the Crime of the Century*. New York: Three Rivers Press, 2008.

Boatright, Mody C., and William A. Owens. *Tales from the Derrick Floor: A People's History of the Oil Industry*. Garden City, N.Y.: Doubleday, 1970.

Boorstin, Daniel J. *The Americans: The Democratic Experience*. New York: Vintage, 1974.

Breuer, William B. *J. Edgar Hoover and His G-Men*. Westport, Conn.: Praeger, 1995.

Brown, Meredith Mason. *Frontiersman: Daniel Boone and the Making of America*. Baton Rouge: Louisiana State University Press, 2009.

Burchardt, Bill. "Osage Oil". *Chronicles of Oklahoma* 41 (Fall 1963): 253-9.

Burns, Louis F. *A History of the Osage People*. Tuscaloosa: University of Alabama Press, 2004.

_____. *Osage Indian Customs and Myths*. Tuscaloosa: University of Alabama Press, 2005.

Burns, William J. *The Masked War: The Story of a Peril That Threatened the United States*. New York: George H. Doran, 1913.

Burrough, Bryan. *Public Enemies: America's Greatest Crime Wave and the Birth of the FBI, 1933-4*. New York: Penguin, 2009.

Caesar, Gene. *Incredible Detective: The Biography of William J. Burns*. New York: Prentice-Hall, 1989.

Callahan, Alice Anne. *The Osage Ceremonial Dance I'n-Lon-Schka*. Norman: University of Oklahoma Press, 1993.

Cecil, Matthew. *Hoover's FBI and the Fourth Estate: The Campaign to Control the Press and the Bureau's Image*. Lawrence: University Press of Kansas, 2014.

Chapman, Berlin B. "Dissolution of the Osage Reservation, Part One". *Chronicles of Oklahoma* 20 (Sept.-ec. 1942): 244-4.

──────. "Dissolution of the Osage Reservation, Part Two". *Chronicles of Oklahoma* 20 (Sept.-ec. 1942): 375-7.

──────. "Dissolution of the Osage Reservation, Part Three". *Chronicles of Oklahoma* 21 (March 1943): 78-8.

──────. "Dissolution of the Osage Reservation, Part Four". *Chronicles of Oklahoma* 21 (June 1943): 171-2.

Christison, Sir Robert. *A Treatise on Poisons in Relation to Medical Jurisprudence, Physiology, and the Practice of Physic*. Edinburgh: Adam Black, 1832.

Collins, Michael L. *Texas Devils: Rangers and Regulars on the Lower Rio Grande, 1846-1861*. Norman: University of Oklahoma Press, 2008.

Connelly, William L. *The Oil Business as I Saw It: Half a Century with Sinclair*. Norman: University of Oklahoma Press, 1954.

Cope, Jack. *1300 Metropolitan Avenue: A History of the United States Penitentiary at Leavenworth, Kansas*. Leavenworth, Kans.: Unicor Print Press, 1997.

Cordry, Dee. *Alive If Possible—Dead If Necessary*. Mustang, Okla.: Tate, 2005.

Cox, James. *Historical and Biographical Record of the Cattle Industry and the Cattlemen of Texas and Adjacent Territory*. St. Louis: Woodward & Tiernan, 1895.

Cox, Mike. *Time of the Rangers*. New York: Tom Doherty Associates, 2010.

Crockett, Art. *Serial Murderers*. New York: Pinnacle Books, 1993.

Daniell, L. E. *Personnel of the Texas State Government, with Sketches of Distinguished Texans, Embracing the Executive and Staff, Heads of the Departments, United States Senators and Representatives, Members of the Twenty-First Legislature*. Austin: Smith, Hicks & Jones, 1889.

Daugherty, H. M., and Thomas Dixon. *The Inside Story of the Harding Tragedy*. New York: Churchill, 1932.

Dean, John W. *Warren G. Harding*. New York: Times Books, 2004.

Debo, Angie. *And Still the Waters Run: The Betrayal of the Five Civilized Tribes*. Princeton, N.J.: Princeton University Press, 1991.

Demaris, Ovid. *The Director: An Oral Biography of J. Edgar Hoover*. New York: Harper's Magazine Press, 1975.

Dennison, Jean. *Colonial Entanglement: Constituting a Twenty-First-Century Osage Nation*. Chapel Hill: University of North Carolina Press, 2012.

Dickerson, Philip J. *History of the Osage Nation: Its People, Resources, and Prospects: The East Reservation to Open in the New State.* Pawhuska, Okla.: P. J. Dickerson, 1906.

Dickey, Michael. *The People of the River's Mouth: In Search of the Missouria Indians.* Columbia: University of Missouri Press, 2011.

Doherty, Jim. *Just the Facts: True Tales of Cops and Criminals.* Tucson: Deadly Serious Press, 2004.

Earley, Pete. *The Hot House: Life Inside Leavenworth Prison.* New York: Bantam Books, 1993.

Ellis, William Donohue. *Out of the Osage: The Foster Story.* Oklahoma City: Western Heritage Books, 1994.

Finney, Frank F. "John N. Florer". *Chronicles of Oklahoma* 33 (Summer 1955): 142-4.

———. "The Osages and Their Agency During the Term of Isaac T. Gibson Quaker Agent". *Chronicles of Oklahoma* 36 (Winter 1958-9): 416-8.

———. "Progress in the Civilization of the Osage". *Chronicles of Oklahoma* 40 (Spring 1962): 2-1.

Finney, James Edwin, and Joseph B. Thoburn. "Reminiscences of a Trader in the Osage Country". *Chronicles of Oklahoma* 33 (Summer 1955): 145-8.

Finney, Thomas McKean. *Pioneer Days with the Osage Indians: West of '96.* Pawhuska, Okla.: Osage County Historical Society, 1972.

Fixico, Donald Lee. *The Invasion of Indian Country in the Twentieth Century: American Capitalism and Tribal Natural Resources.* Niwot: University Press of Colorado, 1998.

Foley, William E., and C. David Rice. *The First Chouteaus: River Barons of Early St. Louis.* Urbana: University of Illinois Press, 2000.

Forbes, Gerald. "History of the Osage Blanket Lease". *Chronicles of Oklahoma* 19 (March 1941): 70-81.

Foreman, Grant. "J. George Wright". *Chronicles of Oklahoma* 20 (June 1942): 120-3.

Franks, Kenny Arthur. *The Osage Oil Boom.* Oklahoma City: Western Heritage Books, 1989.

Franks, Kenny Arthur, Paul F. Lambert, and Carl N. Tyson. *Early Oklahoma Oil: A Photographic History, 1859-1936.* College Station: Texas A&M University Press, 1981.

Friedman, Lawrence M. *Crime and Punishment in American History.* New York: Basic Books, 1993.

Gaddis, Thomas E., and James O. Long, eds. *Panzram: A Journal of Murder.* Los Angeles:

Amok Books, 2002.

Gage, Beverly. *The Day Wall Street Exploded: A Story of America in Its First Age of Terror*. New York: Oxford University Press, 2009.

Gentry, Curt. *J. Edgar Hoover: The Man and the Secrets*. New York: W. W. Norton, 2001.

Getty, Jean Paul. *As I See It: The Autobiography of J. Paul Getty*. Los Angeles: J. Paul Getty Museum, 2003.

――――――. *How to Be Rich*. New York: Jove Books, 1983.

――――――. *My Life and Fortunes*. New York: Duell, Sloan & Pearce, 1963.

Gilbreath, West C. *Death on the Gallows: The Story of Legal Hangings in New Mexico, 1847-1923*. Silver City, N.M.: High-Lonesome Books, 2002.

Glasscock, Carl Burgess. *Then Came Oil: The Story of the Last Frontier*. Indianapolis: Bobbs-Merrill, 1938.

Graves, W. W. *Life and Letters of Fathers Ponziglione, Schoenmakers, and Other Early Jesuits at Osage Mission: Sketch of St. Francis' Church; Life of Mother Bridget*. St. Paul, Kans.: W. W. Graves, 1916.

――――――. *Life and Letters of Rev. Father John Schoenmakers, S.J., Apostle to the Osages*. Parsons, Kans.: Commercial, 1928.

Graybill, Andrew R. *Policing the Great Plains: Rangers, Mounties, and the North American Frontier, 1875-1910*. Lincoln: University of Nebraska Press, 2007.

Gregory, Robert. *Oil in Oklahoma*. Muskogee, Okla.: Leake Industries, 1976.

Gross, Hans. *Criminal Psychology: A Manual for Judges, Practitioners, and Students*. Montclair, N.J.: Patterson Smith, 1968.

Grove, Fred. *The Years of Fear: A Western Story*. Waterville, Maine: Five Star, 2002.

Gunther, Max. *The Very, Very Rich and How They Got That Way*. Hampshire, U.K.: Harriman House, 2010.

Hagan, William T. *Taking Indian Lands: The Cherokee (Jerome) Commission, 1889-1893*. Norman: University of Oklahoma Press, 2003.

Hammons, Terry. *Ranching from the Front Seat of a Buick: The Life of Oklahoma's A. A. "Jack" Drummond*. Oklahoma City: Oklahoma Historical Society, 1982.

Hanson, Maynard J. "Senator William B. Pine and His Times". Ph.D. diss., Oklahoma State University, 1983.

Harmon, Alexandra. *Rich Indians: Native People and the Problem of Wealth in American History*. Chapel Hill: University of North Carolina Press, 2010.

Harris, Charles H., and Louis R. Sadler. *The Texas Rangers and the Mexican Revolution:*

Hastedt, Karl G. "White Brothers of Texas Had Notable FBI Careers". *Grapevine*, Feb. 1960.

Hess, Janet Berry. *Osage and Settler: Reconstructing Shared History Through an Oklahoma Family Archive*. Jefferson, N.C.: McFarland, 2015.

Hicks, J. C. "Auctions of Osage Oil and Gas Leases". M.A. thesis, University of Oklahoma, 1949.

Hofstadter, Richard. *The Age of Reform: From Bryan to F.D.R.* New York: Knopf, 1955.

Hogan, Lawrence J. *The Osage Indian Murders: The True Story of a Multiple Murder Plot to Acquire the Estates of Wealthy Osage Tribe Members*. Frederick, Md.: Amlex, 1998.

Horan, James D. *The Pinkertons: The Detective Dynasty That Made History*. New York: Crown, 1969.

Hoyt, Edwin. *Spectacular Rogue: Gaston B. Means*. Indianapolis: Bobbs-Merrill, 1963.

Hunt, William R. *Front-Page Detective: William J. Burns and the Detective Profession, 1880–1930*. Bowling Green, Ohio: Popular Press, 1990.

Hunter, J. Marvin, and B. Byron Price. *The Trail Drivers of Texas: Interesting Sketches of Early Cowboys and Their Experiences on the Range and on the Trail During the Days That Tried Men's Souls, True Narratives Related by Real Cowpunchers and Men Who Fathered the Cattle Industry in Texas*. Austin: University of Texas Press, 1985.

Hynd, Alan. *Great True Detective Mysteries*. New York: Grosset & Dunlap, 1969.

Indian Rights Association. *Forty-Fourth Annual Report of the Board of Directors of the Indian Rights Association (Incorporated) for the Year Ending December 15, 1926*. Philadelphia: Office of the Indian Rights Association, 1927.

Irwin, Lew. *Deadly Times: The 1910 Bombing of the "Los Angeles Times" and America's Forgotten Decade of Terror*. New York: Rowman & Littlefield, 2013.

Johnson, David R. *American Law Enforcement: A History*. Wheeling, Ill.: Forum Press, 1981.

_____. *Policing the Urban Underworld: The Impact of Crime on the Development of the American Police, 1800–1887*. Philadelphia: Temple University Press, 1979.

Johnston, J. H. *Leavenworth Penitentiary: A History of America's Oldest Federal Prison*. Leavenworth, Kans.: J. H. Johnston, 2005.

Jones, Mark, and Peter Johnstone. *History of Criminal Justice*. New York: Elsevier, 2012.

Jones, Mary Ann. "The Leavenworth Prison Break". *Harper's Monthly*, July 1945.

Kessler, Ronald. *The Bureau: The Secret History of the FBI*. New York: St. Martin's Paperbacks, 2003.

Keve, Paul W. *Prisons and the American Conscience: A History of U.S. Federal Corrections*. Carbondale: Southern Illinois University Press, 1991.

Knowles, Ruth Sheldon. *The Greatest Gamblers: The Epic of American Oil Exploration*. Norman: University of Oklahoma Press, 1980.

Kraisinger, Gary, and Margaret Kraisinger. *The Western: The Greatest Texas Cattle Trail, 1874-1886*. Newton, Kans.: Mennonite Press, 2004.

Kurland, Michael. *Irrefutable Evidence: Adventures in the History of Forensic Science*. Chicago: Ivan R. Dee, 2009.

Kvasnicka, Robert M., and Herman J. Viola, eds. *The Commissioners of Indian Affairs, 1824-1977*. Lincoln: University of Nebraska Press, 1979.

La Flesche, Francis. *The Osage and the Invisible World: From the Works of Francis La Flesche*. Edited by Garrick Alan Bailey. Norman: University of Oklahoma Press, 1995.

―――. *The Osage Tribe: Rite of the Chiefs; Sayings of the Ancient Men*. Washington, D.C.: Bureau of American Ethnology, 1921.

Lamb, Arthur H. *Tragedies of the Osage Hills*. Pawhuska, Okla.: Raymond Red Corn, 2001.

Lambert, Paul F., and Kenny Arthur Franks. *Voices from the Oil Fields*. Norman: University of Oklahoma Press, 1984.

Lenzner, Robert. *The Great Getty: The Life and Loves of J. Paul Getty, Richest Man in the World*. New York: New American Library, 1987.

Leonard, Thomas C. "American Economic Reform in the Progressive Era: Its Foundational Beliefs and Their Relationship to Eugenics". *History of Political Economy* 41 (2009): 109-1.

―――. "Retrospectives: Eugenics and Economics in the Progressive Era". *Journal of Economic Perspectives* 19 (2005): 207-4.

Lloyd, Roger Hall. *Osage County: A Tribe and American Culture, 1600-1934*. New York: iUniverse, 2006.

Lombroso, Cesare. *Criminal Man*. Translated by Mary Gibson and Nicole Hahn Rafter. Durham, N.C.: Duke University Press, 2006.

Look Magazine, ed. *The Story of the FBI*. New York: E. Dutton, 1947.

Lowenthal, Max. *The Federal Bureau of Investigation*. Westport, Conn.: Greenwood Press, 1971.

Lukas, J. Anthony. *Big Trouble: A Murder in a Small Western Town Sets Off a Struggle for the Soul of America*. New York: Touchstone Books, 1998.

Lynch, Gerald. Roughnecks, *Drillers, and Tool Pushers: Thirty-Three Years in the Oil Fields*. Austin: University of Texas Press, 1991.

Mackay, James A. *Allan Pinkerton: The First Private Eye*. New York: J. Wiley & Sons, 1997.

Mathews, John Joseph. *Life and Death of an Oilman: The Career of E. W. Marland*. Norman: University of Oklahoma Press, 1989.

———. *The Osages: Children of the Middle Waters*. Norman: University of Oklahoma Press, 1973.

———. *Sundown*. Norman: University of Oklahoma Press, 1988.

———. *Talking to the Moon*. Norman: University of Oklahoma Press, 1981.

———. *Twenty Thousand Mornings: An Autobiography*. Norman: University of Oklahoma Press, 2012.

———. *Wah'kon-Tah: The Osage and the White Man's Road*. Norman: University of Oklahoma, 1981.

McAuliffe, Dennis. *The Deaths of Sybil Bolton: An American History*. New York: Times Books, 1994.

McCartney, Laton. *The Teapot Dome Scandal: How Big Oil Bought the Harding WhiteHouse and Tried to Steal the Country*. New York: Random House Trade Paperbacks, 2009.

McConal, Patrick M. *Over the Wall: The Men Behind the 1934 Death House Escape*. Austin: Eakin Press, 2000.

Merchant, Carolyn. *American Environmental History: An Introduction*. New York: Columbia University Press, 2013.

Miller, Russell. *The House of Getty*. New York: Henry Holt, 1985.

Millspaugh, Arthur C. *Crime Control by the National Government*. Washington, D.C.: Brookings Institution, 1937.

Miner, H. Craig. *The Corporation and the Indian: Tribal Sovereignty and Industrial Civilization in Indian Territory, 1865-1907*. Norman: University of Oklahoma Press, 1989.

Miner, H. Craig, and William E. Unrau. *The End of Indian Kansas: A Study of Cultural*

Revolution, 1854-1871. Lawrence: University Press of Kansas, 1990.

Morgan, R. D. *Taming the Sooner State: The War Between Lawmen and Outlaws in Oklahoma and Indian Territory, 1875-1941.* Stillwater, Okla.: New Forums Press, 2007.

Morn, Frank. *"The Eye That Never Sleeps": A History of the Pinkerton National Detective Agency.* Bloomington: Indiana University Press, 1982.

Morris, John W. *Ghost Towns of Oklahoma.* Norman: University of Oklahoma Press, 1978.

Nash, Jay Robert. *Almanac of World Crime.* Garden City, N.Y.: Anchor Press, 1981.

_____. *Citizen Hoover: A Critical Study of the Life and Times of J. Edgar Hoover and His FBI.* Chicago: Nelson-Hall, 1972.

Nieberding, Velma. "Catholic Education Among the Osage". *Chronicles of Oklahoma* 32 (Autumn 1954): 290-07.

Noggle, Burl. *Teapot Dome: Oil and Politics in the 1920's.* New York: W. W. Norton, 1965.

Office of the Commissioner of Indian Affairs. *Report of the Commissioner of Indian Affairs to the Secretary of the Interior, for the Year 1871.* Washington, D.C.: Government Printing Office, 1872.

Ollestad, Norman. *Inside the FBI.* New York: Lyle Stuart, 1967.

Osage County Historical Society. *Osage County Profiles.* Pawhuska, Okla.: Osage County Historical Society, 1978.

Osage Tribal Council, *United States, Bureau of Indian Affairs, and Osage Agency. 1907-1957, Osage Indians Semi-centennial Celebration: Commemorating the Closing of the Osage Indian Roll, the Allotment of the Lands of the Osage Reservation in Severalty and the Dedication of the Osage Tribal Chamber.* Pawhuska, Okla.: Osage Agency Campus, 1957.

Osage Tribal Murders. Directed by Sherwood Ball. Los Angeles: Ball Entertainment, 2010. DVD.

Parker, Doris Whitetail. *Footprints on the Osage Reservation.* Pawhuska, Okla.: the author, 1982.

Parsons, Chuck. *Captain John R. Hughes: Lone Star Ranger.* Denton: University of North Texas Press, 2011.

Paschen, Elise. *Bestiary.* Pasadena, Calif.: Red Hen Press, 2009.

Pawhuska Journal-Capital. *Cowboys, Outlaws, and Peace Officers.* Pawhuska, Okla.:

Pawhuska Journal-Capital, 1996.

_____. *Reflections of Pawhuska, Oklahoma*. Pawhuska, Okla.: Pawhuska Journal-Capital, 1995.

Pinkerton, Allan. *Criminal Reminiscences and Detective Sketches*. New York: Garrett Press, 1969.

_____. *Thirty Years a Detective*. Warwick, N.Y.: 1500 Books, 2007.

Powers, Richard Gid. *G-Men: Hoover's FBI in American Popular Culture*. Carbondale: Southern Illinois University Press, 1983.

_____. *Secrecy and Power: The Life of J. Edgar Hoover*. New York: Free Press, 1988.

Prettyman, William S., and Robert E. Cunningham. *Indian Territory: A Frontier Photographic Record by W. S. Prettyman*. Norman: University of Oklahoma Press, 1957.

Prucha, Francis Paul. *The Churches and the Indian Schools, 1888-1912*. Lincoln: University of Nebraska Press, 1979.

Ramsland, Katherine M. *Beating the Devil's Game: A History of Forensic Science and Criminal Investigation*. New York: Berkley Books, 2014.

_____. *The Human Predator: A Historical Chronicle of Serial Murder and Forensic Investigation*. New York: Berkley Books, 2013.

Red Corn, Charles H. *A Pipe for February: A Novel*. Norman: University of Oklahoma Press, 2002.

Revard, Carter. *Family Matters, Tribal Affairs*. Tucson: University of Arizona Press, 1998.

Rister, Carl Coke. *Oil! Titan of the Southwest*. Norman: University of Oklahoma Press, 1957.

Roff, Charles L. *A Boom Town Lawyer in the Osage, 1919-1927*. Quanah, Tex. : Nortex Press, 1975.

Rollings, Willard H. *The Osage: An Ethnohistorical Study of Hegemony on the Prairie-Plains*. Columbia: University of Missouri Press, 1995.

_____. *Unaffected by the Gospel: Osage Resistance to the Christian Invasion (1673-1906): A Cultural Victory*. Albuquerque: University of New Mexico Press, 2004.

Rudensky, Red. *The Gonif*. Blue Earth, Minn.: Piper, 1970.

Russell, Orpha B. "Chief James Bigheart of the Osages". *Chronicles of Oklahoma* 32 (Winter 1954-55): 884-94.

Sbardellati, John. *J. Edgar Hoover Goes to the Movies: The FBI and the Origins of Hollywood's Cold War*. Ithaca, N.Y.: Cornell University Press, 2012.

Shirley, Glenn. *West of Hell's Fringe: Crime, Criminals, and the Federal Peace Officer in Oklahoma Territory, 1889-1907*. Norman: University of Oklahoma Press, 1990.

Shoemaker, Arthur. *The Road to Marble Halls: The Henry Grammer Saga*. N.p.: Basic Western Book Company, 2000.

Spellman, Paul N. *Captain J. A. Brooks, Texas Ranger*. Denton: University of North Texas Press, 2007.

Stansbery, Lon R. *The Passing of 3-D Ranch*. New York: Buffalo-Head Press, 1966.

Starr, Douglas. *The Killer of Little Shepherds: A True Crime Story and the Birth of Forensic Science*. New York: Alfred A. Knopf, 2010.

Sterling, William Warren. *Trails and Trials of a Texas Ranger*. Norman: University of Oklahoma Press, 1959.

Stratton, David H. *Tempest over Teapot Dome: The Story of Albert B. Fall*. Norman: University of Oklahoma Press, 1998.

Strickland, Rennard. *The Indians in Oklahoma*. Norman: University of Oklahoma Press, 1980.

Sullivan, William, and Bill Brown. *The Bureau: My Thirty Years in Hoover's FBI*. New York: Pinnacle Books, 1982.

Summerscale, Kate. *The Suspicions of Mr. Whicher: A Shocking Murder and the Undoing of a Great Victorian Detective*. New York: Bloomsbury, 2009.

Tait, Samuel W. *The Wildcatters: An Informal History of Oil-Hunting in America*. Princeton, N.J.: Princeton University Press, 1946.

Tallchief, Maria. *Maria Tallchief: America's Prima Ballerina*. With Larry Kaplan. New York: Henry Holt, 1997.

Tarbell, Ida M. *The History of the Standard Oil Company*. Edited by David Mark Chalmers. New York: Harper & Row, 1966.

_____. "Identification of Criminals". *McClure's Magazine*, March 1894.

Thoburn, Joseph Bradfield. *A Standard History of Oklahoma: An Authentic Narrative of Its Development from the Date of the First European Exploration Down to the Present Time, Including Accounts of the Indian Tribes, Both Civilized and Wild, of the Cattle Range, of the Land Openings and the Achievements of the Most Recent Period*. Chicago: American Historical Society, 1916.

Thomas, James. "The Osage Removal to Oklahoma". *Chronicles of Oklahoma* 55 (Spring 1977): 46-5.

Thorne, Tanis C. *The World's Richest Indian: The Scandal over Jackson Barnett's Oil*

Fortune. New York: Oxford University Press, 2003.

Tixier, Victor. *Tixier's Travels on the Osage Prairies*. Norman: University of Oklahoma Press, 1940.

Toledano, Ralph de. J. *Edgar Hoover: The Man in His Time*. New Rochelle, N.Y.: Arlington House, 1973.

Trachtenberg, Alan. *The Incorporation of America: Culture and Society in the Gilded Age*. New York: Hill and Wang, 2007.

Tracy, Tom H. "Tom Tracy Tells About —Detroit and Oklahoma: Ex Agent Recalls Exciting Times in Sooner State Where Indians, Oil Wells, and Bad Guys Kept Staff on the Go". *Grapevine*, Feb. 1960.

Turner, William W. *Hoover's FBI*. New York: Thunder's Mouth Press, 1993.

Ungar, Sanford J. *F.B.I.* Boston: Little, Brown, 1976.

Unger, Robert. *The Union Station Massacre: The Original Sin of J. Edgar Hoover's FBI*. Kansas City, Mo.: Kansas City Star Books, 2005.

U.S. Bureau of Indian Affairs and Osage Agency. *The Osage People and Their Trust Property, a Field Report*. Pawhuska, Okla.: Osage Agency, 1953.

U.S. Congress. House Committee on Indian Affairs. *Modifying Osage Fund Restrictions, Hearings Before the Committee on Indian Affairs on H.R. 10328*. 67th Cong., 2nd sess., March 27-9 and 31, 1922.

U.S. Congress. House Subcommittee of the Committee on Indian Affairs. *Indians of the United States: Investigation of the Field Service: Hearing by the Subcommittee on Indian Affairs*. 66th Cong., 2nd sess., 1920.

_____. *Leases for Oil and Gas Purposes, Osage National Council, on H.R. 27726: Hearings Before a Subcommittee of the Committee on Indian Affairs*. 62nd Cong., 3rd sess., Jan. 18-1, 1913.

U.S. Congress. Joint Commission to Investigate Indian Affairs. *Hearings Before the Joint Commission of the Congress of the United States*. 63rd Cong., 3rd sess., Jan. 16 and 19 and Feb. 3 and 11, 1915.

U.S. Congress. Senate Committee on Indian Affairs. *Hearings Before the Senate Committee on Indian Affairs on Matters Relating to the Osage Tribe of Indians*. 60th Cong., 2nd sess., March 1, 1909.

_____. *Survey of Conditions of the Indians in the U.S. Hearings Before the United States Senate Committee on Indian Affairs, Subcommittee on S. Res. 79*. 78th Cong., 1st sess., Aug. 2 and 3, 1943.

U.S. Dept. of Justice. Federal Bureau of Investigation. *The FBI: A Centennial History, 1908-2008*. Washington, D.C.: U.S. Government Printing Office, 2008.

Utley, Robert M. *Lone Star Justice: The First Century of the Texas Rangers*. New York: Berkley Books, 2003.

Wagner, E. J. *The Science of Sherlock Holmes: From Baskerville Hall to the Valley of Fear, the Real Forensics Behind the Great Detective's Greatest Cases*. Hoboken, N.J.: John Wiley & Sons, 2006.

Walker, Samuel. *Popular Justice: A History of American Criminal Justice*. New York: Oxford University Press, 1998.

Wallis, Michael. *Oil Man: The Story of Frank Phillips and the Birth of Phillips Petroleum*. New York: St. Martin's Griffin, 1995.

_____. *The Real Wild West: The 101 Ranch and the Creation of the American West*. New York: St. Martin's Press, 1999.

Ward, David A. *Alcatraz: The Gangster Years*. Berkeley: University of California Press, 2009.

Warehime, Lester. *History of Ranching the Osage*. Tulsa: W. W. Publishers, 2001.

Webb, Walter Prescott. *The Texas Rangers: A Century of Frontier Defense*. Austin: University of Texas Press, 2014.

Webb-Storey, Anna. "Culture Clash: A Case Study of Three Osage Native American Families". Ed.D. thesis, Oklahoma State University, 1998.

Weiner, Tim. *Enemies: A History of the FBI*. New York: Random House, 2012.

Welch, Neil J., and David W. Marston. *Inside Hoover's FBI: The Top Field Chief Reports*. Garden City, N.Y.: Doubleday, 1984.

Welsh, Herbert. *The Action of the Interior Department in Forcing the Standing Rock Indians to Lease Their Lands to Cattle Syndicates*. Philadelphia: Indian Rights Association, 1902.

Wheeler, Burton K., and Paul F. Healy. *Yankee from the West: The Candid, Turbulent Life Story of the Yankee-Born U.S. Senator from Montana*. Garden City, N.Y.: Doubleday, 1962.

White, E. E. *Experiences of a Special Indian Agent*. Norman: University of Oklahoma Press, 1965.

White, James D. *Getting Sense: The Osages and Their Missionaries*. Tulsa: Sarto Press, 1997.

Whitehead, Don. *The FBI Story: A Report to the People*. New York: Random House, 1956.

Wiebe, Robert H. *The Search for Order, 1877-1920*. New York: Hill and Wang, 1967.
Wilder, Laura Ingalls. *Little House on the Prairie*. New York: Harper & Brothers, 1935. Reprinted, New York: HarperCollins, 2010.
Wilson, Terry P. "Osage Indian Women During a Century of Change, 1870-1980". *Prologue: Journal of the National Archives* 14 (Winter 1982): 185-01.
_____. "Osage Oxonian: The Heritage of John Joseph Mathews". *Chronicles of Oklahoma* 59 (Fall 1981): 264-3.
_____. *The Underground Reservation: Osage Oil*. Lincoln: University of Nebraska Press, 1985.
Zugibe, Frederick T., and David Carroll. *Dissecting Death: Secrets of a Medical Examiner*. New York: Broadway Books, 2005.

도판 출처

4쪽	Archie Mason
14쪽	Credit: Corbis
16쪽	Courtesy of Raymond Red Corn
18쪽	Courtesy of Raymond Red Corn
29쪽	Courtesy of the Federal Bureau of Investigation
33쪽	Courtesy of the Osage Nation Museum
41쪽	(top) Courtesy of the Bartlesville Area History Museum
41쪽	(bottom) Courtesy of the Oklahoma Historical Society
47쪽	Courtesy of the Bartlesville Area History Museum
48쪽	Courtesy of the Bartlesville Area History Museum
61쪽	Courtesy of the Western History Collections, University of Oklahoma Libraries, Finney No. 231
63쪽	Osage Nation Museum
65쪽	Courtesy of the Western History Collections, University of Oklahoma Libraries, Finney No. 215
66쪽	Courtesy of the Western History Collections, University of Oklahoma Libraries, Finney No. 224
69쪽	Courtesy of Raymond Red Corn
72쪽	Courtesy of the Western History Collections, University of Oklahoma Libraries,

	Cunningham No. 184
78쪽	Courtesy of the Bartlesville Area History Museum
85쪽	Courtesy of the Osage Nation Museum
86쪽	Courtesy of the Library of Congress
93쪽	Credit: Corbis
97쪽	Courtesy of the Osage Nation Museum
102쪽	Courtesy of the Bartlesville Area History Museum
104쪽	Courtesy of the Bartlesville Area History Museum
108쪽	Courtesy of Guy Nixon
109쪽	Courtesy of the Osage County Historical Society Museum
110쪽	Courtesy of Raymond Red Corn
119쪽	Credit: Corbis
125쪽	Courtesy of the Montana Historical Society
127쪽	Courtesy of the Federal Bureau of Investigation
131쪽	(top) Credit: Corbis
131쪽	(bottom) Credit: Corbis
137쪽	Courtesy of Melville Vaughan
140쪽	Courtesy of the Osage Nation Museum
147쪽	Courtesy of the Western History Collections, University of Oklahoma Libraries, Rose No. 1525
154쪽	Courtesy of the Library of Congress
164쪽	Courtesy of Frank Parker Sr.
171쪽	Courtesy of the Federal Bureau of Investigation
179쪽	Courtesy of Homer Fincannon
184쪽	Courtesy of the National Archives at Kansas City
189쪽	Courtesy of Alexandra Sands
194쪽	Courtesy of James M. White
197쪽	Austin History Center, Austin Public Library
203쪽	(top) Courtesy of James M. White
203쪽	(bottom) Courtesy of the Western History Collections, University of Oklahoma Libraries, Rose No. 1525
210쪽	Courtesy of the Western History Collections, University of Oklahoma Libraries, Rose No. 1806
219쪽	Courtesy of Raymond Red Corn

229쪽	Courtesy of the Oklahoma Historical Society, Oklahoman Collection
236쪽	Unknown
243쪽	Courtesy of the Kansas Historical Society
245쪽	Courtesy of the Bartlesville Area History Museum
247쪽	Courtesy of the National Cowboy and Western Heritage Museum
249쪽	Courtesy of the Federal Bureau of Investigation
260쪽	Courtesy of the Oklahoma Historical Society, Oklahoman Collection
266쪽	Credit: Corbis
281쪽	Courtesy of the Oklahoma Historical Society, Oklahoman Collection
294쪽	Courtesy of the Osage Nation Museum
300쪽	Courtesy of Raymond Red Corn
305쪽	Courtesy of the Oklahoma Historical Society, Oklahoman Collection
308쪽	Courtesy of the Oklahoma Historical Society, Oklahoman Collection
324쪽	Courtesy of Margie Burkhart
331쪽	Credit: Neal Boenzi/The New York Times
334쪽	Courtesy of Tom White III
343쪽	Aaron Tomlinson
345쪽	Courtesy of Archie Mason
349쪽	Aaron Tomlinson
353쪽	(top) Courtesy of the Oklahoma Historical Society, Oklahoman Collection
353쪽	(bottom) Courtesy of Margie Burkhart
357쪽	Aaron Tomlinson
374쪽	Aaron Tomlinson
380쪽	Credit: Corbis
389쪽	Aaron Tomlinson
401쪽	Aaron Tomlinson
405쪽	Aaron Tomlinson
408쪽	Aaron Tomlinson

플라워 문

1판 1쇄 펴냄 2018년 10월 10일
1판 3쇄 펴냄 2023년 9월 18일

지은이   데이비드 그랜
옮긴이   김승욱

펴낸곳   프시케의숲
펴낸이   성기승
출판등록   2017년 4월 5일 제406-2017-000043호
주 소   (우)10885, 경기도 파주시 책향기로 371, 상가 204호
전 화   070-7574-3736
팩 스   0303-3444-3736
이메일   pfbooks@pfbooks.co.kr
SNS   @PsycheForest

ISBN   979-11-89336-01-1   03940

책값은 뒤표지에 표시되어 있습니다.

이 책의 내용을 이용하려면 반드시 저작권자와
도서출판 프시케의숲에 동의를 받아야 합니다.